仲裁立法的自由化、国际化和本土化
——以贸法会仲裁示范法为比较

The Liberalization, Internationalization and Nationalization of
Arbitration Legislations: in Comparison with Uncitral Arbitration Model Law

张 志 著

中国社会科学出版社

图书在版编目(CIP)数据

仲裁立法的自由化、国际化和本土化：以贸法会仲裁示范法为比较／
张志著 . —北京：中国社会科学出版社，2016.12

（中国社会科学博士后文库）

ISBN 978 - 7 - 5161 - 9531 - 4

Ⅰ.①仲…　Ⅱ.①张…　Ⅲ.①仲裁法—立法—研究—中国
Ⅳ.①D925.701

中国版本图书馆 CIP 数据核字（2016）第 320482 号

出　版　人	赵剑英
责任编辑	梁剑琴
责任校对	闫　萃
责任印制	王　超

出　　　版	中国社会科学出版社
社　　　址	北京鼓楼西大街甲 158 号
邮　　　编	100720
网　　　址	http://www.csspw.cn
发　行　部	010 - 84083685
门　市　部	010 - 84029450
经　　　销	新华书店及其他书店

印刷装订	北京君升印刷有限公司
版　　　次	2016 年 12 月第 1 版
印　　　次	2016 年 12 月第 1 次印刷

开　　　本	710×1000　1/16
印　　　张	18.25
字　　　数	298 千字
定　　　价	68.00 元

序　言

　　博士后制度在我国落地生根已逾30年，已经成为国家人才体系建设中的重要一环。30多年来，博士后制度对推动我国人事人才体制机制改革、促进科技创新和经济社会发展发挥了重要的作用，也培养了一批国家急需的高层次创新型人才。

　　自1986年1月开始招收第一名博士后研究人员起，截至目前，国家已累计招收14万余名博士后研究人员，已经出站的博士后大多成为各领域的科研骨干和学术带头人。这其中，已有50余名博士后当选两院院士；众多博士后入选各类人才计划，其中，国家百千万人才工程年入选率达34.36%，国家杰出青年科学基金入选率平均达21.04%，教育部"长江学者"入选率平均达10%左右。

　　2015年底，国务院办公厅出台《关于改革完善博士后制度的意见》，要求各地各部门各设站单位按照党中央、国务院决策部署，牢固树立并切实贯彻创新、协调、绿色、开放、共享的发展理念，深入实施创新驱动发展战略和人才优先发展战略，完善体制机制，健全服务体系，推动博士后事业科学发展。这为我国博士后事业的进一步发展指明了方向，也为哲学社会科学领域博士后工作提出了新的研究方向。

　　习近平总书记在2016年5月17日全国哲学社会科学工作座谈会上发表重要讲话指出：一个国家的发展水平，既取决于自然科学发展水平，也取决于哲学社会科学发展水平。一个没有发达的自然科学的国家不可能走在世界前列，一个没有繁荣的哲学社会科学的国家也不可能走在世界前列。坚持和发展中国特色社会主义，需要不断在实践和理论上进行探索、用发展着的理论指导发展着的实践。在这个过程中，哲学社会科学具有不可替代的重要地位，哲学社会科学工作者具有不可替代的重要作用。这是党和国家领导人对包括哲学社会科学博士后在内的所有哲学社会科学领域的研究者、工作者提出的殷切希望！

中国社会科学院是中央直属的国家哲学社会科学研究机构，在哲学社会科学博士后工作领域处于领军地位。为充分调动哲学社会科学博士后研究人员科研创新积极性，展示哲学社会科学领域博士后优秀成果，提高我国哲学社会科学发展整体水平，中国社会科学院和全国博士后管理委员会于2012年联合推出了《中国社会科学博士后文库》（以下简称《文库》），每年在全国范围内择优出版博士后成果。经过多年的发展，《文库》已经成为集中、系统、全面反映我国哲学社会科学博士后优秀成果的高端学术平台，学术影响力和社会影响力逐年提高。

下一步，做好哲学社会科学博士后工作，做好《文库》工作，要认真学习领会习近平总书记系列重要讲话精神，自觉肩负起新的时代使命，锐意创新、发奋进取。为此，需做到：

第一，始终坚持马克思主义的指导地位。哲学社会科学研究离不开正确的世界观、方法论的指导。习近平总书记深刻指出：坚持以马克思主义为指导，是当代中国哲学社会科学区别于其他哲学社会科学的根本标志，必须旗帜鲜明加以坚持。马克思主义揭示了事物的本质、内在联系及发展规律，是"伟大的认识工具"，是人们观察世界、分析问题的有力思想武器。马克思主义尽管诞生在一个半多世纪之前，但在当今时代，马克思主义与新的时代实践结合起来，愈来愈显示出更加强大的生命力。哲学社会科学博士后研究人员应该更加自觉坚持马克思主义在科研工作中的指导地位，继续推进马克思主义中国化、时代化、大众化，继续发展21世纪马克思主义、当代中国马克思主义。要继续把《文库》建设成为马克思主义中国化最新理论成果的宣传、展示、交流的平台，为中国特色社会主义建设提供强有力的理论支撑。

第二，逐步树立智库意识和品牌意识。哲学社会科学肩负着回答时代命题、规划未来道路的使命。当前中央对哲学社会科学愈发重视，尤其是提出要发挥哲学社会科学在治国理政、提高改革决策水平、推进国家治理体系和治理能力现代化中的作用。从2015年开始，中央已启动了国家高端智库的建设，这对哲学社会科学博士后工作提出了更高的针对性要求，也为哲学社会科学博士后研究提供了更为广阔的应用空间。《文库》依托中国社会科学院，面向全国哲学社会科学领域博士后科研流动站、工作站的博士后征集优秀成果，入选出版的著作也代表了哲学社会科学博士后最高的学术研究水平。因此，要善于把中国社会科学院服务党和国家决策的大智库功能与《文库》的小智库功能结合起来，进而以智库意识推动品牌意识建设，最终树立《文库》的智库意识和品牌意识。

第三，积极推动中国特色哲学社会科学学术体系和话语体系建设。改革开放30多年来，我国在经济建设、政治建设、文化建设、社会建设、生态文明建设和党的建设各个领域都取得了举世瞩目的成就，比历史上任何时期都更接近中华民族伟大复兴的目标。但正如习近平总书记所指出的那样：在解读中国实践、构建中国理论上，我们应该最有发言权，但实际上我国哲学社会科学在国际上的声音还比较小，还处于有理说不出、说了传不开的境地。这里问题的实质，就是中国特色、中国特质的哲学社会科学学术体系和话语体系的缺失和建设问题。具有中国特色、中国特质的学术体系和话语体系必然是由具有中国特色、中国特质的概念、范畴和学科等组成。这一切不是凭空想象得来的，而是在中国化的马克思主义指导下，在参考我们民族特质、历史智慧的基础上再创造出来的。在这一过程中，积极吸纳儒、释、道、墨、名、法、农、杂、兵等各家学说的精髓，无疑是保持中国特色、中国特质的重要保证。换言之，不能站在历史、文化虚无主义立场搞研究。要通过《文库》积极引导哲学社会科学博士后研究人员：一方面，要积极吸收古今中外各种学术资源，坚持古为今用、洋为中用；另一方面，要以中国自己的实践为研究定位，围绕中国自己的问题，坚持问题导向，努力探索具备中国特色、中国特质的概念、范畴与理论体系，在体现继承性和民族性，体现原创性和时代性，体现系统性和专业性方面，不断加强和深化中国特色学术体系和话语体系建设。

新形势下，我国哲学社会科学地位更加重要、任务更加繁重。衷心希望广大哲学社会科学博士后工作者和博士后们，以《文库》系列著作的出版为契机，以习近平总书记在全国哲学社会科学座谈会上的讲话为根本遵循，将自身的研究工作与时代的需求结合起来，将自身的研究工作与国家和人民的召唤结合起来，以深厚的学识修养赢得尊重，以高尚的人格魅力引领风气，在为祖国、为人民立德、立功、立言中，在实现中华民族伟大复兴中国梦征程中，成就自我、实现价值。

是为序。

王京清

中国社会科学院副院长
中国社会科学院博士后管理委员会主任
2016 年 12 月 1 日

摘　要

　　自 20 世纪 80 年代初以来，全球仲裁立法经历了深刻的变革。在这场超过 100 个国家或独立法域对其仲裁程序法进行改革的进程中，有 70 余个将《联合国国际贸易法委员会国际商事仲裁示范法》（以下简称《示范法》）吸纳为本国法。各国如此集中地开展仲裁法律制度改革是前所未有的。研究表明，全球仲裁立法改革从整体上展现出自由化、国际化和本地化的趋势。自由化趋势表现为各国仲裁法普遍加强有关私人自治的内容，缩小法院对仲裁的司法监督范围，国家放松对仲裁的管制，扩大对仲裁的支持。国际化趋势表现为国际商事仲裁立法进一步趋向协调化和统一化，特别是《示范法》所确立的"国际标准"，对各国仲裁立法现代化起到了基础性指引作用。本地化趋势表现为各国在吸纳《示范法》或采用仲裁立法国际标准时，为使其适应本国法律制度，进行了有关修改和补充。以德国为例，其通过仲裁立法改革扩大了可仲裁范围，限制了法院的审查，从"程序理论"转向国际通行的"属地原则"，全面吸纳了《示范法》的各项原则与规定，并对《示范法》进行了有益的修改和补充，较为集中地反映了上述全球仲裁立法改革趋势。

　　我国 1994 年《仲裁法》颁布以来，国内仲裁机构进行了重新组建，加之经济快速增长，我国国内和涉外仲裁事业都得到快速发展。香港和澳门回归以后，我国仲裁实践显得更加多样。但是，现行《仲裁法》依然存在仲裁协议生效条件过严、未准许临时仲裁程序、仲裁庭职权不足、法院对国内仲裁裁决仍进行实体审查、对法院涉及仲裁的程序规定不明确等问题。经过研究，笔者提出未来我国《仲裁法》改革应顺应全球仲裁立法改革自由化、国际化和本地化趋势，鉴于《示范法》已经成为各国实现仲裁立法现代化主要标准和途径，我国《仲裁法》也应当通过采纳《示范法》，从而克服现有法律缺陷，解决我国仲裁理论和司法审查实践工作的诸多问题，真正实现仲裁程序中的私法自治。同时在经济全球化背景下增进我国与其他国家仲裁法律的协调，提高我国广泛参与国际商事仲裁业竞争的能力。

关键词： 仲裁　自由化　国际化　本地化　立法改革　贸法会　示范法

Abstract

In the past three decades, with the growing acceptance of arbitration, the global legislation of arbitration law has experienced profound changes: more than 100 countries (autonomous) reformed their arbitration laws. These legislative reforms exhibit tendencies of liberalization, internationalization and nationalization. In the first part of the book, these "tendencies" of the arbitration legislation are discussed. An essential engine for the legislative modernization is the UNCITRAL Model Law on International Commercial Arbitration, which has been implemented in 70 countries (autonomous) worldwide. The first part of the book is finished with an examination of "tendencies" in the adoption of the UNCITRAL Model Law by the German Arbitration Law 1998.

China passed the first Arbitration Act in 1994. The new law reformed the previous "administrative arbitration system". Thereafter, Chinese domestic and foreign arbitration have evolved rapidly in cases and arbitration institutions in concert with the high speed economic growth. However, the existing Arbitration Act remains problematic due to strict qualification for arbitration agreement, forbidding of *ad - hoc* arbitration, lack of competence of tribunal, substantive examination of court, etc. Further reforms are necessary and the future reform of Arbitration Act should conform to global legislative trend in arbitration. Therefore, in the second part of the report, the possibility of adoption and supplement of the Model Law is discussed. Based on the liberal Model Law and in the spirit of true private autonomy, legal defects in the existing of Arbitration Act will be thereby overcome.

The comparative study in the report will be understood as a contribution to modernization of Chinese legislation of arbitration law. With the introduction of global arbitration legislations, the research is also helpful in bridging cultural differences in international dispute resolution and the harmonization of international arbitration legal system.

Keywords: Arbitration, liberalization, internationalization, nationalization, law reform, UNCITRAL, Model Law

目　录

Contents

引　言

一　研究背景与目的

　　自 20 世纪 80 年代以来，全球仲裁立法经历了一场深刻的变革。有超过 100 个国家或独立法域新制定或大幅修订了其仲裁法，而其中有 74 个直接将《联合国国际贸易法委员会国际商事仲裁示范法》（以下简称《示范法》）吸纳为本国（地）仲裁法。如此集中地实行仲裁法改革是前所未有的。① 我国也于 1994 年 9 月 1 日颁布了历史上第一部《仲裁法》。该法自实施以来，极大促进了我国仲裁事业的迅速发展。然而，经过二十年的实践，《仲裁法》也面临诸多难以克服的问题，实务界和学术界对修改仲裁法的呼声很高。全国人大早在 2003 年就将修改《仲裁法》列入五年立法规划。② 2014 年十八届四中全会通过的《中共中央关于全面推进依法治国若干重大问题的决定》中，也明确提出要"完善仲裁制度，提高仲裁公信力"。因此，考察各国在实现仲裁法"现代化"进程中所呈现出的总趋势，不仅能够增进我们对现代仲裁制度的理解，还可以为我国仲裁立法进一步改革提供借鉴和立法准备。

　　本课题主要探讨在我国是否能够通过吸纳《示范法》，弥补现行《仲裁法》的有关弱点，并通过研究近年来各国仲裁立法改革的总体趋势，以及有关国家在改革中吸纳《示范法》的经验，试图对将来我国仲裁立法改革的途径和具体方式有所贡献。此外，本次研究的目的还在于进一步加强

---

① 有关吸纳《示范法》的国家或地区和其他实行仲裁法改革的国家或地区，参见第二章第二节介绍及附录 1。

② 庄会宁：《全国人大五年立法规划正式出台五年立法：人民利益至上》，《瞭望新闻周刊》2003 年第 49 期。

我国《仲裁法》的私法自治，促进我国仲裁立法的进一步现代化，推动经济全球化背景下我国与其他国家仲裁法律的协调，对实现全球仲裁法制的统一有所帮助。由于近年来国际贸易正以惊人的速度不断增长，而大多数国际经济贸易合同中都含有仲裁条款，① 所以了解各国仲裁法律制度和国际商事仲裁实践发展也是十分必要的。而以《示范法》为基础，通过对我国和德国等国家的仲裁法进行讨论，有助于减少因东西方法律文化差异而引起的纠纷解决方式的不信任。从这个角度，课题研究目的还包括提出公平争端解决机制改进建议，促进国际经济贸易投资的进一步发展。

二 本书结构与研究方法

本书整体上可以分为两大部分。前四章为第一部分，第一章至第三章主要分析全球仲裁立法的最新趋势，即自由化、国际化和本地化。第四章主要讨论德国仲裁法在上述国际商事仲裁立法趋势影响下进行改革的经验。第五章至第七章为第二部分，主要论述我国自颁布《仲裁法》以来仲裁事业的发展以及当前具体存在的问题。第一部分内容主要为第二部分有关我国的仲裁立法改革内容，提供改革背景和立法原则。

第一章主要论述全球仲裁立法改革中的自由化趋势。这种趋势主要体现为各国仲裁法普遍加强有关私人自治的内容，缩小法院对仲裁的司法监督范围，以及进一步限制有关体现国家强制性的规定。② 第二章主要总结了全球仲裁立法改革中的国际化趋势。这一章不仅梳理了国际商事仲裁立法协调化和统一化的历程，还特别指出《示范法》所确立的"国际标准"，对各国实现仲裁立法现代化具有基础性意义。接下来的第三章主要分析本地化趋势。通过比较各国在仲裁立法改革中修改和补充《示范法》的做法，总结各国如何使《示范法》适应本国法律制度的经验。第四章主要讨论德国在吸纳《示范法》过程中的所做的修改和补充。作为一个例证，德国仲裁法改革的各种做法，以及改革后仲裁领域的发展，集中反映了上述国际商事仲裁立法的各种趋势。由于1994年以来国内仲裁机构进行了重新组建以及经济快速增长，我国国内和涉外仲裁事业都得到非常快

---

① Gottwald, *Internationale Schiedsgerichtsbarkeit*, S. 3.

② Jaeger, *Die Umsetzung des UNCITRAL-Modellgesetzes über die internationale Handelsschiedsgerichtsbarkeit im Zuge der nationalen Reformen*, S. 22.

的发展。香港和澳门回归以后我国的仲裁实践显得更加丰富多样。鉴于上述发展，第五章首先对我国仲裁作了概述介绍。紧接着，第六章对现行我国《仲裁法》的有关问题，以及把吸纳《示范法》作为解决问题的途径进行讨论，通过比较《示范法》和德国《民事诉讼法》第十章规定，就有关我国《仲裁法》的修改提出具体建议。第七章主要述及未来我国仲裁法改革中如果吸纳《示范法》，还应该在哪些方面对《示范法》进行增补。结论部分对本书内容进行了总结。附录中列举了全球自1985年以来仲裁法改革的情况，德国《民事诉讼法》第十章与《示范法》的条文对比，以及最高人民法院有关仲裁的司法解释和文件情况。

　　从方法论的角度，本书主要采用比较方法，以《示范法》为基准对德国和我国的《仲裁法》进行比较。与倾向于以国内法律为主要对象的法律解释方法相比，法律比较作为一种现实的方法则开辟了更为广阔的问题解决模式。[1] 法律比较研究在对其他法律制度考察过程中能够为法律问题提供"解决方案储备"。[2] 因此，特别是在开展法律改革之前，进行有关法律比较是必不可少的，以便立法者在相关解决方案中作出正确选择。有关比较法的基础研究，在德国仲裁法改革中也发挥了重要作用。[3] 法律比较的另一个重要功能就是促进国际法制统一。[4]《示范法》在起草过程中就曾细致地进行了各国法律比较，[5] 如今，《示范法》的成功又极大地促进了各国仲裁法律制度的协调和统一。《示范法》所建立的各种国际准则被各国所认可，能够在解决国际贸易争端中提供更好的可预见性和法律确定性。法律比较还可以促进人们更好地理解本国的法律规范和制度，以及有关法律学说和法律批评。一些通过与其他法律法规进行比较而得出的观点、理念和论据，往往是人们仅通过研究本国法律所不能获取的。[6] 法律比较的方法在此次研究中贯穿始终。基于民事程序法规范要求的相同属性，以及国际贸易争议解决的国际性，以《示范法》为基准开展对我国仲裁法与德国等国仲裁法的比较，其可比性是不言自喻的。

---

[1]　Zweigert/Kötz, *Einführung in die Rechtsvergleichung auf dem Gebiete des Privatrechts*, S. 16.

[2]　Zweigert, "Die kritische Wertung in der Rechtsvergleichung", in Fabricius（ed.）, *Law and International Trade*, S. 403（408）.

[3]　参见《德国仲裁法草案政府立法说明》，BT-Drucks. 13/5274 vom 12. Juli 1996, S. 24.

[4]　Zweigert/Kötz, *Einführung in die Rechtsvergleichung auf dem Gebiete des Privatrechts*, S. 26.

[5]　Holtzmann/Neuhaus, *A Guide to the UNCITRAL Model Law*, pp. 11 – 13.

[6]　Rheinstein, *Einführung in die Rechtsvergleichung*, S. 27.

第一章　仲裁立法改革中的
自由化趋势

第一节　仲裁的法律性质

一　研究仲裁法律性质的意义

对仲裁性质的学术性探讨有时也被称为"茶杯里的风暴"。① 尽管历史上曾有过相当长时间的争论，但该问题被认为在实践中意义不大。② 然而在仲裁立法改革中，往往需要对仲裁性质作出一个基本定位。③ 究其原因，主要是立法机关在法律修改过程中必须对以下两个基本问题进行重新考量：一方面，需要仲裁在社会治理中进一步发挥什么样的作用；另一方面，仲裁要在整个法律制度体系中占据什么样的地位。这两个问题都与仲裁的法律性质相关。第一个问题取决于立法者从政治角度对仲裁法律功能的期待。而在历史上，对仲裁性质的不同理解则是影响立法者对仲裁法律

---

① 对有关仲裁法律性质的讨论，参阅诸如 David, *Arbitration in International Trade*, para. 83 - 90; Schlosser, *Das Recht der internationalen privaten Schiedsgerichtsbarkeit*, Rn. 40 - 53; Samuel, *Jurisdictional Problems in International Commercial Arbitration*, pp. 31 - 74; Sanders, *International Encyclopedia of Comparative Law*, Vol. XVI (Civil Procedure), Chapter 12, Arbitration, para. 5; Lew/Mistelis/Kröll, *Comparative International Commercial Arbitration*, para. 5 - 1 to 5 - 33; Sanders, *International Encyclopedia of Comparative Law*, Vol. XVI (Civil Procedure), Chapter 12, Arbitration, para. 5 f.; Solomon, *Die Verbindlichkeit von Schiedssprüchen in der internationalen privaten Schiedsgerichtsbarkeit*, S. 288 - 300.

② Carbonneau, *Cases and Materials on the Law and Practice of Arbitration*, p. 740; Lew/Mistelis/Kröll, *Comparative International Commercial Arbitration*, para. 5 - 5.

③ Samuel, *Jurisdictional Problems in International Commercial Arbitration*, p. 32.

功能进行设计的重要因素。第二个问题则涉及如何在国家法律体系中安排仲裁法律制度。而澄清仲裁的法律性质则有助于协调仲裁与其他法律制度的关系，从而进一步明确仲裁程序的法律适用、法律解释等规则。① 从历史上对仲裁法律性质的讨论来看，其核心问题主要集中在仲裁到底属于实体法范畴还是程序法范畴。②

二 有关仲裁法律性质的四种学说

自 19 世纪以来，理论和实务界对仲裁的法律性质有过持续的讨论，主要观点包括以下四种理论：契约论、司法论、折中论和自治论。③

在契约理论中，还存在经典契约理论和现代契约理论。根据前者，在仲裁裁决获得法院的授权取得与法院判决同等效力之前，仲裁裁决以及与它构成一体的仲裁协议都符合合同的性质，而仲裁裁决也是由作为双方当事人共同委托代理人的仲裁员所缔结的。④ 这一观点以法国学者梅林（Merlin）为代表，曾在 19 世纪的法国和其他欧洲国家被普遍接受。⑤ 然而，这种将仲裁裁决归类于合同、将仲裁员视为当事人的代理人的观点，不久就受到了批判。原因是，仲裁员的任务并不是为了双方当事人达成一份有法律强制效力的协议，而是对争议作出裁决。⑥ 此外，有关仲裁裁决的撤销也无法用传统的合同法理论来解释。⑦ 仲裁员也不可能充当双方当事人的代理人，因为这时代理人（仲裁员）所实施的法律行为（特指裁决行为），是被代理人（当事人）自己根本无法实施的。此外，如果把仲裁

---

① See David, *Arbitration in International Trade*, p. 77；Solomon, *Die Verbindlichkeit von Schiedssprüchen in der internationalen privaten Schiedsgerichtsbarkeit*, p. 300.

② Schlosser, *Das Recht der internationalen privaten Schiedsgerichtsbarkeit*, Rn. 40；Lionnet/Lionnet, *Handbuch der internationalen und nationalen Schiedsgerichtsbarkeit*, S. 48.

③ See Lew, *Applicable Law in International Commercial Arbitration*, para. 64；Samuel, *Jurisdictional Problems in International Commercial Arbitration*, p. 32；Lew/Mistelis/Kröll, *Comparative International Commercial Arbitration*, para. 7.

④ Schlosser, *Das Recht der internationalen privaten Schiedsgerichtsbarkeit*, Rn. 41.

⑤ See Samuel, *Jurisdictional Problems in International Commercial Arbitration*, p. 34；Mayer, "The Trend towards Delocalisation in the Last 100 Years", in Hunter/Marriott/Veeder (ed.), *The Internationalisation of International Arbitration*, p. 37 (39).

⑥ Solomon, *Die Verbindlichkeit von Schiedssprüchen in der internationalen privaten Schiedsgerichtsbarkeit*, S. 291.

⑦ Samuel, *Jurisdictional Problems in International Commercial Arbitration*, p. 37.

员当成当事人的代理人，仲裁员就要受到当事人指示的约束，这也与仲裁员中立性准则不符。① 于是到了 20 世纪初，就出现了现代契约论。该理论虽然认为仲裁裁决并非合同，仲裁员也不是当事人的代理人，但仲裁从本质上还是建立在合同效力基础之上的。克莱因（Klein）认为，仲裁具备两个最主要的合同特征，一方面体现在当事人之间达成的仲裁协议，另一方面体现在当事人与仲裁员达成的仲裁庭组成协议。② 与法院判决不同，仲裁裁决仅是仲裁协议约定的直接后果，也只能成为一个实体法意义上的合同。③ 所以仲裁协议和仲裁裁决只能被视为"一次手术中的两个步骤"。④ 对这一理论的批评，主要集中在无法圆满解释仲裁裁决的强制执行效力，因此该理论日益与现代各国仲裁法以及国际公约等立法的实践不相符合。⑤ 综观契约论的观点，其主要强调仲裁应视为一种合同自由的结果，因此在仲裁程序中应当遵循尽可能不加限制的私法自治。⑥ 如今，英国仍可以被视为契约论的"大本营"。⑦ 英国现行 1996 年《仲裁法》第 1 条所规定的三大原则之一的"自由约定纠纷解决"，依然能追寻到契约论的踪影。

根据司法论的观点，仲裁法律制度的主要功能是保障民间管理的司法系统，而对这种在国家主权范围内建立的非官方司法体制，国家予以容忍甚至积极推动。⑧ 该理论主要由法国的莱恩（Lainé）于 20 世纪基于 Del Drago 所创立。⑨ 根据莱恩的理论，仲裁员与法官一样，其主要任务是——正如当事人订立仲裁协议时所设定的那样——作出裁决。⑩ 该理论的出发点是国家对司法权的垄断。⑪ 但由于仲裁能够履行公共职能，所以国家向

① See Samuel, *Jurisdictional Problems in International Commercial Arbitration*, p. 37; Solomon, *Die Verbindlichkeit von Schiedssprüchen in der internationalen privaten Schiedsgerichtsbarkeit*, S. 291.

② Samuel, *Jurisdictional Problems in International Commercial Arbitration*, p. 41 f.

③ Samuel, *Jurisdictional Problems in International Commercial Arbitration*, p. 43 f.

④ Bernard, *L'arbitrage volontaire en droit privé*, para. 481.

⑤ Samuel, *Jurisdictional Problems in International Commercial Arbitration*, pp. 47 – 50.

⑥ Lew/Mistelis/Kröll, *Comparative International Commercial Arbitration*, para. 5 – 20.

⑦ Weigand, *Practitioner's Handbook on International Arbitration*, Part 1, Rn. 27.

⑧ Lew/Mistelis/Kröll, *Comparative International Commercial Arbitration*, para. 5 – 10.

⑨ Samuel, *Jurisdictional Problems in International Commercial Arbitration*, p. 32.

⑩ Samuel, *Jurisdictional Problems in International Commercial Arbitration*, p. 51.

⑪ See Klein, *Considérations sur l'arbitrage en droit international privé*, para. 105; Samuel, *Jurisdictional Problems in International Commercial Arbitration*, p. 55; Solomon, *Die Verbindlichkeit von Schiedssprüchen in der internationalen privaten Schiedsgerichtsbarkeit*, S. 296.

个人（仲裁员）让渡了对争议进行裁决的权力。① 根据曼（F. A. Mann）的观点，仲裁员的任何权利（抑或权力）都源自本国法律制度的授予（lex facit arbitrum）。② 仲裁裁决的强制力源于仲裁裁决与法院判决性质相同，仲裁裁决实际上是国家司法权力的一种表现。③ 然而，批评者认为，由于仲裁裁决和法院判决在效力上存在显著差异，司法论也存在着诸多问题。仲裁裁决的既判力并不被官方直接认可，其法律效力也不及于第三人；鉴于有被撤销的可能性，一个仲裁裁决的存续力也远远小于一个生效的法院判决。④ 司法论最初在法国和德国的立法中获得认可并得到贯彻施行。⑤ 如今，该理论在瑞士也获得支持，联邦法院承认仲裁属于一种司法性的程序活动。⑥

折中论（或称混合论、交叉论）综合了上述两种理论对仲裁契约性和司法性特点的观点。⑦ 并由此推导出仲裁具有"双重性"。⑧ 该理论由绍泽－哈勒（Sauser-Hall）于 20 世纪中叶提出，其理论出发点在于，尽管仲裁源自仲裁协议，但是它主要适用程序法规则，因此仲裁含有司法性的法律本质。⑨ 有关仲裁的规范必然在程序法中进行规定，也只有程序法才能规范有关排除法院管辖权，以及仲裁裁决可执行性等问题。仲裁员具有准司法职权，但这并不意味着行使了国家司法权。⑩ 与国家司法权相反，仲

---

① Samuel, *Jurisdictional Problems in International Commercial Arbitration*, p. 55 f.

② Mann, "Lex Facit Arbitrum", in Sanders（ed.）, *International Arbitration*, p. 157（159－160）.

③ Guldener, *Schweizerisches Zivilprozessrecht*, p. 596 Fn. 8.

④ See Solomon, *Die Verbindlichkeit von Schiedssprüchen in der internationalen privaten Schiedsgerichts-barkeit*, S. 297；Schwab/Walter, *Schiedsgerichtsbarkeit*, Kap. 21 Rn. 6 f.；Schlosser, in Stein/Jonas, *ZPO*, § 1055 Rn. 4 f.；Münch, in MünchKomm, *ZPO*, § 1055 Rn. 15；Schlosser, *Das Recht der internationalen privaten Schiedsgerichtsbarkeit*, Rn. 48.

⑤ Lionnet/Lionnet, *Handbuch der internationalen und nationalen Schiedsgerichtsbarkeit*, S. 48 f.；其他涉及德国的文献见于 Schlosser, *Das Recht der internationalen privaten Schiedsgerichtsbarkeit*, Rn. 42 Fn. 6.

⑥ 有关瑞士联邦法院判决（BGE）介绍参见 Schlosser, *Das Recht der internationalen privaten Schieds-gerichtsbarkeit*, Rn. 43 Fn. 7；参阅 Lionnet/Lionnet, *Handbuch der internationalen und nationalen Schiedsgerichtsbarkeit*, S. 49 f.

⑦ Solomon, *Die Verbindlichkeit von Schiedssprüchen in der internationalen privaten Schiedsgerichtsbarkeit*, S. 299.

⑧ Weigand, *Practitioner's Handbook on International Arbitration*, Part 1, Rn. 28.

⑨ Samuel, *Jurisdictional Problems in International Commercial Arbitration*, p. 60.

⑩ Lew/Mistelis/Kröll, *Comparative International Commercial Arbitration*, para. 5－25.

裁员的选定以及仲裁庭组成，以及程序的其他细节都依赖当事人之间的协议。① 现今，这一理论在全球范围内占有主导地位，并在国际商事仲裁立法和实践中被普遍采纳。②

自治论最初是由鲁贝林－德维希（Rubellin-Devichi）于1965年所提出的，该理论把仲裁界定为一种独立的、自治的体系。③ 根据这一所谓的自治理论，仲裁的法律性质应通过它的目的和功能来确定，而非通过其在法律结构中的地位来确定。④ 仲裁的目的是实现当事人对仲裁的期待（如灵活、公正和可强制执行性），它的功能是促进商人法（lex mercatori）的发展。因此，达到完整的自治对仲裁的全面发展是必要的。⑤ 这一理论也被称为"细化了的混合论"，并与国际商事仲裁实践中发展而来的"非国家（本地）化"理论一脉相承。⑥

三　仲裁——建立在私法自治基础上的民间司法

温故而知新。上述讨论和各种观点的碰撞，为我们更深入地认识仲裁法律性质拓宽了思路。近年来，一些学者甚至开始从人权和经济全球化的角度研究仲裁的法律性质。⑦ 但无论如何，在过去30多年间，无论是国际还是国内层面，仲裁立法所经历的深刻变革显示，国家对仲裁显得愈加

---

① See Lew/Mistelis/Kröll, *Comparative International Commercial Arbitration*, para. 5 – 24；Berger, *Private dispute resolution in international business Bd. II：Handbook*, Rn. 16 – 20.

② 例如 Fouchard/Gaillard/Goldman, *On International Commercial Arbitration*, para. 11；Redfern/Hunter, *Law and Practice of International Commercial Arbitration*, Rn. 1 – 19；Lew/Mistelis/Kröll, *Comparative International Commercial Arbitration*, para. 5 – 26；Solomon, *Die Verbindlichkeit von Schiedssprüchen in der internationalen privaten Schiedsgerichtsbarkeit*, S. 299.

③ Lew/Mistelis/Kröll, *Comparative International Commercial Arbitration*, para. 5 – 29.

④ Samuel, *Jurisdictional Problems in International Commercial Arbitration*, p. 72.

⑤ Ibid.

⑥ Lew/Mistelis/Kröll, *Comparative International Commercial Arbitration*, para. 5 – 31, 5 – 33；有关非国家化理论参见第三章第一节。

⑦ 详细讨论见 Jaksic, *Arbitration and Human Rights*, p. 221 及以下；Briner/von Schlabrendorff, *Article 6 of the European Convention on Human Rights and its bearing upon international arbitration*, in FS Böckstiegel, p. 89 ff.；Lew/Mistelis/Kröll, *Comparative International Commercial Arbitration*, para. 5 – 54 to 5 – 74；Lynch, *The Forces of Economic Globalization：Challenges to the Regime of International Commercial Arbitration*, p. 37 ff.

"友好"而非"敌意"，对仲裁更为支持而非干预。① 仲裁作为诉讼以外重要的一种替代性争议解决方式，已经通过《纽约公约》和《示范法》得到广泛承认。可以说，将仲裁定位为私法自治基础上的民间社会司法，是近数十年来国际私法领域最重要的法律发展成果之一。②

（一）私法自治

上述无论哪一种理论都不否认仲裁中的私法自治。③ 有人考据，自古希腊和罗马时代，仲裁就作为根据当事人意愿、通过不同形式、在国家法院以外的一种解决争端方式而存在。④ 然而，直到法国大革命废除了封建主义，有关个人自由和当事人自治才作为人权得以树立。⑤ 除了实体法与冲突法以外，在程序法中的当事人自治也被视为私法自治的一部分。⑥ 当事人拥有的独立的程序性权利，如提交仲裁和对仲裁程序的约定，都可以被称为"私法自治"。当事人之间达成仲裁协议，将一个通常由国家法院作出裁判的民事法律争议，交由一个由独任或多个仲裁员组成的私人仲裁庭进行裁决，正是源自私法自治这个法律制度，继而取得其合法性。⑦ 基于私法自治，当事人有权选择仲裁地（并由此选择适用仲裁程序法）、指定仲裁员，以及对具体仲裁程序进行约定，以避免不利或不适当的所谓的

---

① Lew, Arb. Int'l 22（2006），179（192）．

② Lionnet/Lionnet, *Handbuch der internationalen und nationalen Schiedsgerichtsbarkeit*, S. 50.

③ 德国法中对私法自治（Privatautonomie）和当事人自治（Parteiautonomie）进行了概念区分。通常将国际私法中的允许当事人自由选择法律的原则称为当事人自治，而将实体法中当事人的合同自由原则称为私法自治。参见 Lew, *Applicable Law in International Commercial Arbitration*, pp. 72 – 75；Redfern/Hunter, *Law and Practice of International Commercial Arbitration*, Rn. 2 – 34；Leible, *Parteiautonomie im IPR-Allgemeines Anknüpfungsprinzip oder Verlegenheitslösung？in FS Jayme*, S. 485；然而，如果不考虑这种概念称谓上的区别功能，鉴于二者首先都是关于当事人意思的主导性，因此严格区分私法自治和当事人自治并无实质意义。亦因如此，在英美法中尽管二者还存在部分定性上的分化，但这种实体法上或冲突法上的决定自由均被称为"当事人自治"（party autonomy）；见 Berger, *RIW 1994*, 12（14 Fn. 14）；本书下文中如果没有特别提及冲突法，将当事人在仲裁中能够产生程序效果的上述自由均统一表述为"私法自治"。

④ 有关仲裁发展历史的简要介绍参见 Domke, *Domke on Commercial Arbitration*, *Practice Guide*, para. 2：01－2：06；或 Lew, Arb. Int'l 22（2006），179（180－185）．

⑤ 当事人自治以人权和公民自由为基础，参阅 Jayme, *Internationale Juristenvereinigung Osnabrück*, Jahresheft 1991/92, 8（25）；亦参阅 Jayme, *Internationales Privatrecht und Völkerrecht, Gesammelte Schriften Bd. 3*, S. 109.

⑥ See Prütting, *Schiedsgerichtsbarkeit und Verfassungsrecht*, in FS Schlosser, p. 705（708）．

⑦ See Jaksic, *Arbitration and Human Rights*, p. 225.

"诉讼技巧"。①

私法自治是仲裁的基础。② 首先，私法自治具有宪法依据。私法自治的宪法渊源来自现代宪法对人的行为自由权作为一项人权而予以承认。只要当事人对存有争议的法益享有和解能力和处分权，③ 且不侵犯他人权利和不违反基本伦理道德、公共秩序以及社会公共利益，④ 那么基于各方自愿提交仲裁的行为就不违宪。⑤ 此外，根据私法自治原则，国家对仲裁的干预理应受到必要的限制。在评判一个仲裁裁决是否实体公正时，法官必须有意识地告诫自己：双方当事人既然自主决定将纠纷提交仲裁，就应当对自己的行为负责并对由此产生的后果承担风险。法治国家的任务仅是确保任何一方当事人不得基于自己的优势地位而对另一方进行强迫。⑥ 这种由当事人任命的仲裁庭并非国家的代表或者"公共部门"（public authority）。⑦ 仲裁裁决也无须对司法判例的发展（法律研修）作出贡献。⑧ 而将仲裁定位为一种"公共服务"则存在一种危险，⑨ 即国家会以公共任务为借口过度干涉仲裁。私法自治对仲裁的第三层意义，就是当事人通过量身定制的仲裁程序能够实现经济自由。⑩ 冷战结束后，一些国家放弃封闭的计划经济体制，世界经济往来不断活跃、全球跨国贸易日益增长，国际商事仲裁案件也随之快速增长。无论是在国际市场中的前社会主义国家的国家进出口公司，还是在国内公开市场经济中的以自由竞争为基础的市场主体，都必须面临相同的问题：盈利。不同的权益主体之间发生有关纠纷是不可避免的。而前计划经济国家所谓的"经济仲裁"并不需要以仲裁协议为基础进行仲裁。仲裁建立在私法自治的

---

① Carbonneau, *The Law and Practice of Arbitration*, p. 23.

② See Lachmann, *Handbuch für die Schiedsgerichtspraxis*, Rn. 3；Schütze, *Schiedsgericht und Schiedsverfahren*, Rn. 6；Lionnet/Lionnet, *Handbuch der internationalen und nationalen Schiedsgerichtsbarkeit*, S. 54；Geimer, in：Zöller, *ZPO*, vor § 1025 Rn. 3；Lörcher/Lörcher, *Das Schiedsverfahren-national/international-nach deutschem Recht*, Rn. 13.

③ Prütting, Schiedsgerichtsbarkeit und Verfassungsrecht, in FS Schlosser, S. 705 (708).

④ 见联合国《世界人权宣言》第 29 条第 2 款。

⑤ Schlosser, in：Stein/Jonas, *ZPO*, vor § 1025 Rn. 3 unter Hinweise auf Art. 2 Abs. 1 GG.

⑥ Geimer, in：Zöller, *ZPO*, vor § 1025 Rn. 4.

⑦ See Robinson/Kasolowsky, Arb. Int'l 18 (2002), 453 (456 f.)；Berkovits, Arbitration 71 (2005), 189 (196).

⑧ Nariman, Arb. Int'l 16 (2000), 261 (273).

⑨ Bernstein/Tackaberry/Marriott/Wood, *Handbook of Arbitration Practice*, para. 2 – 06.

⑩ See Lionnet/Lionnet, *Handbuch der internationalen und nationalen Schiedsgerichtsbarkeit*, S. 55.

基础之上，有利于建立当事人各方之间的互信，① 同时促进在仲裁程序中当事人和仲裁员进行合作，推动程序进展。② 最后，如果不以私法自治为基础，当事人的意思自治受到侵害，根据《纽约公约》，仲裁裁决可能不予承认或不予执行。③ "强制仲裁"④ 或 "非协议仲裁"⑤ 必须通过专门立法并以国家救济途径为保障或通过国际条约，⑥ 才能取得强制执行的效力。否则，未经当事人同意仲裁程序，就会缺乏合法性，其裁决也会缺乏法律效力。

在近代各国仲裁立法现代化进程中可以明显看出，有关限制私法自治的规定正逐渐缩小。实际上，国际商事立法的整体趋势也表现出，要尽量为经济运行提供最大的私法自治保障。⑦

（二）仲裁作为民间司法

在大多数国家的法律制度中，仲裁程序中的私法自治仅在以下几个领域受到限制：①涉及法律对可仲裁性的规定以及法院就公共政策（ordre public）方面的实体审查；②涉及仲裁条款相对于主合同独立性问题；③有关仲裁庭的自裁管辖权；⑧ ④有关仲裁庭作出临时措施或保全措施的职权；⑤涉及仲裁员免责问题；⑥涉及法院对仲裁裁决的司法审查问题；⑦涉及仲裁裁决强制执行问题。⑨ 存在上述限制规定，主要是与仲裁的功能密切相关。仲裁的任务是对法律纠纷进行裁判。正是基于这种裁判功能，仲裁裁决在解决纠纷方面才获得与国家法院判决相同效果，尤其是

---

① Chatterjee, J. Int'l Arb. 20 (2003), 539 (540).

② Nariman, Arb. Int'l 16 (2000), 261 (273).

③ 见《纽约公约》第 4 条第 1 款 b 和第 5 条第 1 款 d。参阅 Lionnet/Lionnet, *Handbuch der internationalen und nationalen Schiedsgerichtsbarkeit*, S. 55.

④ 例如美国的 "强制仲裁"（compulsory aritration）以及许多大陆法系国家的劳动仲裁；See Schlosser, in: Stein/Jonas, *ZPO*, vor § 1025 Rn. 4.

⑤ 例如协会、交易所等规定仲裁管辖。参阅 Geimer, Nichtvertragliche Schiedsgerichte, in FS Schlosser, S. 197 (198 – 200).

⑥ 比如通过美国和伊朗释放人质条约设立的 "海牙仲裁庭"；参阅 Schlosser, *Das Recht der internationalen privaten Schiedsgerichtsbarkeit*, Rn. 14.

⑦ Böckstiegel, Die Anerkennung der Parteiautonomie in der internationalen Schiedsgerichtsbarkeit, in FS Schütze, S. 141 (143).

⑧ 由于仲裁庭可基于无效仲裁协议裁定自身无管辖权，因此自裁管辖权原则的理论基础并非仅在于仲裁协议，更重要的是基于各国的法律规定和认可。参见 Fouchard/Gaillard/Goldman, *On International Commercial Arbitration*, para. 658.

⑨ Chatterjee, J. Int'l Arb. 20 (2003), 539 (552 f.).

在实体既判力和强制执行效果上均被国家所承认。① 在经济全球化背景下，仲裁在解决国际纠纷方面的独特功能也是不可替代的：根据《纽约公约》，仲裁裁决的可执行性要远远大于法院判决。② 仲裁庭有权对自身管辖权进行裁决，以及有权发出临时保全措施，都是旨在促进仲裁程序的开展。仲裁庭的上述职权必须基于法治国家对程序规则的要求予以承认。原则上，对于程序和裁判实体上的错误，仲裁员的责任不应超过他在国家司法机关中所对应的同事——法官。因此，仲裁员的中立性和独立性基于裁判职权，也应当像法官一样得到立法机关的确认。仲裁庭对法律纠纷进行裁决，以及所包含的实际意义上的司法性的任务，已得到普遍承认。③

上述司法性，也是仲裁区别于调解和其他替代性争议解决方法的重要方面。④ 仲裁解决纠纷是一种以私法自治为基础的独立的争端解决机制，它是由当事人自主选择的作为替代国家司法管辖的一种制度。⑤ 仲裁作为民间的司法，其前提是民主国家既不对法律的创制行为也不对司法行为享有垄断权力。⑥ 从区分国家与社会的角度上，如果法律争议的双方当事人能够私下对解决争议方式达成一致，那么属于公权力的国家司法权就应保持一定程度的"克制"。⑦ 这种"克制"可以说是个体自由和社会发展的必然结果。⑧ 因此，仲裁程序法的立法任务并非对仲裁活动的严格控制，

① Solomon, *Die Verbindlichkeit von Schiedssprüchen in der internationalen privaten Schiedsgerichtsbarkeit*, S. 341.

② Schütze/Tscherning/Wais, *Handbuch des Schiedsverfahrens*, Rn. 18.

③ Solomon, *Die Verbindlichkeit von Schiedssprüchen in der internationalen privaten Schiedsgerichtsbarkeit*, S. 330 Fn. 205; vgl. *BGHZ* 51, 255 (258); *BGHZ* 54, 392 (395); *BGHZ* 65, 59 (61 f.); *BGHZ* 98, 32 (36); 98, 70 (72); 近年来 BGH 将仲裁视为"在广泛意义上的司法"; 见 *BGHZ* 159, 207 (212); *BGHZ* 162, 9 (16).

④ Vgl. Bühring-Uhle, *Arbitration and Mediation in International Business*, S. 273; Berger, *Private dispute resolution in international business Bd. II: Handbook*, para. 16 – 24.

⑤ Solomon, *Die Verbindlichkeit von Schiedssprüchen in der internationalen privaten Schiedsgerichtsbarkeit*, S. 333.

⑥ Vgl. Schlosser, in: Stein/Jonas, *ZPO*, vor § 1025 Rn. 2; ders. *Das Recht der internationalen privaten Schiedsgerichtsbarkeit*, Rn. 51.

⑦ Vgl. Rupp, *Die Unterscheidung von Staat und Gesellschaft*, in: Isensee/Kirchhof (Hrsg.), *Handbuch des Staatsrechts*, S. 879 (912 f.).

⑧ Böckenförde, *Die verfassungstheoretische Unterscheidung von Staat und Gesellschaft als Bedingung der individuellen Freiheit*, S. 44.

而是对私法自治的支持，从而克服国家司法体制的某些缺点，并发挥仲裁制度的优势。国家对仲裁的监督主要在于确保作为基本人权的"程序公平"，① 以及保障社会公共利益，并按照法治国家的要求严格限制在仲裁法律规定的范围内。②

　　仲裁是基于私法自治，仲裁庭并不行使国家权力。仲裁程序应根据当事人的要求，以节约时间和费用的方式推进。仲裁程序也不应简单复制民事诉讼程序。仲裁作为民间社会司法并不意味着需要"司法化"，③ 这会使仲裁程序过于程式化和拘泥于民事诉讼法律规定的细节，④ 并可能导致当事人之间像在诉讼程序中那样相互充满"敌意和蔑视"。⑤ 仲裁自产生就有自己的特别属性，它既不是所谓的国家审判权的民间化，⑥ 也并非所谓的"准司法"行为。⑦ 因此，在仲裁立法时只要规定最低的程序标准即可，从而给仲裁庭留出更多的活动空间。

　　一旦仲裁作为民间社会司法得到立法者的承认，仲裁法在民事程序法中的独立地位也被确立。在当代各国仲裁立法实践中，仲裁程序多数被置于民事诉讼法律框架之内。⑧ 因此，仲裁法的法律渊源应首先从民事程序法中寻找。相应地，仲裁法中的概念、术语也应尽可能与民事诉讼法一致。

---

① 见《公民权利和政治权利国际公约》第 14 条第 1 款和《欧洲人权公约》第 6 条第 1 款。

② 虽然各国仲裁法中鲜见有关保障人权的直接规定，但保障人权所要求的程序保障已在各国仲裁法中得到体现，例如通过申请撤销仲裁裁决等法律救济措施。参阅 McDonald，J. Int'l Arb. 20（2003），523（537）；Robinson/Kasolowsky，Arb. Int'l 18（2002），453（466）.

③ Sanders，*Quo Vadis Arbitration? Sixty Years of Arbitration Practice*，pp. 22 - 24；对仲裁"司法化"的不同观点见 Lillich/Brower，*International Arbitration in the 21st Century：Towards "Judicialization" and Uniformity?* p. 275 f.

④ Rogers，Mich. J. Int'l L. 2002，341（353）.

⑤ Carbonneau，*Cases and Materials on the Law and Practice of Arbitration*，p. 729.

⑥ Schütze，ZVglRWiss 99（2000），241（244）.

⑦ Schmitthoff，*Clive M. Schmitthoff's Select Essays on International Trade Law*，p. 649.

⑧ 例如法国、德国、奥地利、意大利、卢森堡、比利时、波兰、罗马尼亚、阿根廷、阿尔及利亚、利比亚、黎巴嫩、阿拉伯联合酋长国、伊拉克、卡塔尔和印度尼西亚的仲裁法律规定都是作为民事诉讼法中的一部分出现。只有在墨西哥，仲裁法是在商法典中规定的。参见 Schlosser，*Das Recht der internationalen privaten Schiedsgerichtsbarkeit*，Rn. 46；Solomon，*Die Verbindlichkeit von Schiedssprüchen in der internationalen privaten Schiedsgerichtsbarkeit*，S. 294.

第二节　当前仲裁立法改革中的
自由化趋势

对仲裁法律性质的讨论揭示了这样一对紧张关系，即一方面是当事人和仲裁庭对自治的追求，另一方面是国家和其设立的法院对仲裁进行干预的愿望。① 这种关系的松紧从一个侧面反映了一个国家的自由程度，即国家在多大程度上允许民间社会存在并保持活力，以及根据哪些标准对其进行控制。② 仲裁是建立在私法自治基础上的民间社会司法。理论界对仲裁法律性质的认识历史，实际上也反映出国家对仲裁态度逐步开明的过程。尤其是近几十年来，世界各地密集的仲裁立法改革更是印证了这一自由化趋势：加强有关私法自治的内容，缩小法院对仲裁司法监督范围，国家放松对仲裁管制，尽可能地使仲裁程序免于干预。

一　对仲裁态度转变的原因

在历史上，法院曾对仲裁长期抱有不信任和厌恶的态度。③ 自 20 世纪 60 年代以来，这种对仲裁的消极态度发生了变化，仲裁庭在很多方面如同法庭一样得到国家认可。④ 这种变化首先归因于国际贸易和海事仲裁的独特功能。相较于国内仲裁而言，在国际商事仲裁中必须考虑更多的涉外法律问题，诸如国际送达、举证⑤、法律适用、程序语言、程序时间、中立性⑥、程序费用、外国律师的参与，以及强制执行等。通过国际专家的参

---

① Lynch, *The Forces of Economic Globalization : Challenges to the Regime of International Commercial Arbitration*, p. 73.

② Schlosser, *Entwicklungstendenzen in Recht und Praxis der internationalen privaten Schiedsgerichtsbarkeit*, S. 111.

③ Schmitthoff, *Clive M. Schmitthoff's Select Essays on International Trade Law*, S. 649；例如法国，参见 Mezger, RIW 1981, 511；有关拉丁美洲见 Naón, U. Miami Inter-Am. L. Rev. 22 (1991), 203.

④ Schmitthoff, *Commercial Law in a Changing Economic Climate*, p. 70.

⑤ Schütze/Tscherning/Wais, *Handbuch des Schiedsverfahrens*, Rn. 2.

⑥ Stumpf, Bedeutung der internationalen Schiedsgerichtsbarkeit für Exportgeschäfte, in FS Glossner, S. 431 (431 –434 und 439 –441) .

与，以及根据《纽约公约》形成的广泛可执行性，与普通诉讼程序相比，仲裁程序通常会给当事人提供更强的法律确定性。鉴于经济全球化背景下国际经贸往来的大幅度增长，仲裁在解决国际贸易与投资纠纷方面的作用，是民事诉讼所不能替代的。此外，随着第二次世界大战之后经济繁荣所引发的"诉讼爆炸"，仲裁解决部分国内民商事纠纷的作用也得到积极肯定。[①] 通过法律和专业领域专家的参与，仲裁的公信力逐步受到国家承认，并得到国家的鼓励，以舒缓法院审理法律纠纷的压力。[②] 利用现有的法律和其他专业人才资源优势，仲裁在发达国家被当作产业受到支持。在近几十年，几乎全部有仲裁传统的工业化国家都经历了一场"仲裁立法改革竞争"，[③] 以便使本国在激烈竞争的国际商事仲裁法律服务市场中加强各自的地位。[④] 而这种争相放松管制的竞争往往导致仲裁立法进一步自由化。[⑤] 一些发展中国家在对其仲裁法进行"现代化"时，也有意限制国家对仲裁的干预，授予当事人和仲裁庭更大的自主权，以赢得外国投资者或商业伙伴的信任。[⑥] 而那些经济制度转型国家，如俄罗斯和一些东欧国家、中国、越南，以及一些非洲国家，则自 20 世纪 90 年代以来也纷纷重新制定仲裁法，以满足国内迅速崛起的市场经济的需要。[⑦] 国际商事仲裁的繁荣，国际、国内市场之间界限的模糊化，还带动了国内仲裁的发展。国内

[①] Sanders, *Quo Vadis Arbitration? Sixty Years of Arbitration Practice*, p. 18；国际商会的统计数据显示，在 1979—1990 年的 12 年间，国际商会仲裁院受理的案件总数约为 3500 件，几乎是此前 55 年（1923—1978 年）受案数量的总和；参见 Bond, Nw. J. Int'l L. & Bus. 1991, 1（3）.

[②] 这种态度在德国仲裁法草案中非常明显；见《德国仲裁法草案政府立法说明》，BT-Drucks. 13/5274 vom 12. Juli 1996, S. 1；在美国也是如此，参见 Wetter, Arb. Int'l 11（1995），117（131）.

[③] 从 1979 年英国《仲裁法》（*Arbitration Act*）到 2006 年的奥地利仲裁法改革，几乎所有的西欧国家都较大程度改革了其仲裁法。见附录 1，有关讨论参见 Hacking, Arbitration 65（1999），180（181–185）.

[④] Dezalay/Garth, *Dealing in Virtue: International Commercial Arbitration and the Construction of a Transnational Legal Order*, p. 6 f.；Lynch, *The Forces of Economic Globalization: Challenges to the Regime of International Commercial Arbitration*, pp. 273–276.

[⑤] Lynch, *The Forces of Economic Globalization: Challenges to the Regime of International Commercial Arbitration*, p. 305.

[⑥] Blackaby/Lindsey/Spinillo, *International Arbitration in Latin America*, pp. 7, 10.

[⑦] 上述各国仲裁法改革信息参阅附录 1；有关我国仲裁法改革详细讨论见第五章；有关越南见 Do, Arbitration in Vietnam, in: McConnaughay/Ginsburg（ed.），*International Commercial Arbitration in Asia*, S. 445（453–459）；有关东欧概况参阅 Heger, RIW 1999, 481；Böckstiegel（Hrsg.），*Recht und Praxis der internationalen Schiedsgerichtbarkeit in Staaten Zentral-und Ost-Europas*；有关非洲信息见 Cotran/Amissah, *Arbitration in Africa*, p. 10.

仲裁在许多国家也受到鼓励，有的是出于与国际接轨的需要，还有一些甚至是出于打击地方保护主义和防止腐败的需要。①

二 仲裁法改革中的自由化

仲裁作为民间社会司法能更好地解释仲裁程序中的法律关系。与诉讼中三角关系（原告—法庭—被告）② 相比，仲裁中的有关申请人、被申请人、仲裁庭和仲裁机构，以及法院的法律关系如图 1—1 所示:③

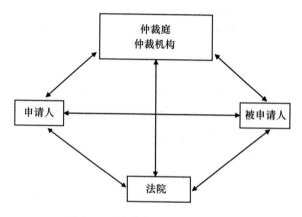

图 1—1 仲裁中的相关法律关系

在过去 30 多年的全球仲裁立法改革中，通过贯彻自由化理念，仲裁程序中各个参与者之间的法律关系都发生了调整，一种新的平衡关系得以建立。

---

① Schütze, ZVglRWiss 99 (2000), 241 (246).

② Bülow, *Die Lehre von den Prozeßeinreden*, S. 1–3; Schumann, JA 1976, 637.

③ 关于仲裁程序中双方当事人、仲裁员和仲裁机构的法律关系参阅 Lionnet/Lionnet, *Handbuch der internationalen und nationalen Schiedsgerichtsbarkeit*, S. 56 f.；有关仲裁机构和仲裁员之间的法律关系参阅 Schlosser, *Das Recht der internationalen privaten Schiedsgerichtsbarkeit*, Rn. 498；ders. in：Stein/Jonas, *ZPO*, vor § 1025 Rn. 7；Schütze, *Institutionelle Schiedsgerichtsbarkeit*, Kap. I Rn. 47；有关法庭和仲裁庭之间关系比较参阅 Rosenberg/Schwab/Gottwald, *Zivilprozessrecht*, § 182 Rn. 1 f.。

（一）申请人与被申请人之间的法律关系

申请人与被申请人之间的法律关系主要基于仲裁协议。在各国修订仲裁法时，利于仲裁协议有效原则得到立法者普遍遵循。可以说，自由化的理念在仲裁协议制度的各个方面均得到特别关注。

1. 主体可仲裁性

主体可仲裁性通常被理解为法律主体在缔结仲裁协议方面的行为能力。① 《纽约公约》第 5 条第 1 款字母 a 和《示范法》第 36 条第 1 款字母 a（i）均将主体可仲裁性交由与当事人密切相关的国内法进行判断。② 在权利主体资格方面，经过改革，法律规定缺乏主体可仲裁性的情形已经十分少见。③ 实践中，主体可仲裁性主要涉及国家和社会公共机构能否将法律争议提交仲裁庭进行裁决的问题。④ 在一些国家，如法国、比利时和卢森堡，有关公共机构缔结仲裁协议的权利曾受到限制。⑤ 然而有关限制自 1987 年《瑞士国际商事仲裁法》改革后，就逐步被取消了。⑥《瑞士国际私法》（IPRG）第 177 条第 2 款规定：

> 如果仲裁协议一方当事人是国家、由国家主导的企业、由国家控制的组织，则该当事人不得援用其本国法对其在仲裁程序的当事人能力或者仲裁协议项下争议事实的可仲裁性提出抗辩。

类似的规定还见于其他国家的仲裁法改革，如保加利亚（1988 年）、⑦

---

① Vgl. Schlosser, Die Schiedsföhigkeit im engeren und weiteren Sinne, in：DIS-MAT IV (1998)，S. 49；Schütze, *Schiedsgericht und Schiedsverfahren*，Rn. 83；Schwab/Walter, *Schiedsgerichtsbarkeit*，Kap. 44 Rn. 18；主体可仲裁性的概念产生参见 Fouchard/Gaillard/Goldman, *On International Commercial Arbitration*，para. 533 Fn. 304.

② 有关主体可仲裁性中的主体资格法律适用问题参见 Schlosser, *Das Recht der internationalen privaten Schiedsgerichtsbarkeit*，Rn. 325－333.

③ Schlosser, Die Schiedsföhigkeit im engeren und weiteren Sinne, in：DIS-MAT IV (1998)，S. 49.

④ Fouchard/Gaillard/Goldman, *On International Commercial Arbitration*，para. 534.

⑤ Ibid.，另参阅 Kirry, Arb. Int'l 12 (1996)，373 (381 f.).

⑥ 瑞士《联邦国际私法》在第 12 章规定了国际仲裁程序法，1987 年 12 月 18 日经联邦议会发布并于 1998 年 1 月 1 日生效。对此次改革的评述参阅 Blessing, Das neue internationale Schiedsgerichtsrecht der Schweiz, in：Böckstiegel (Hrsg.)，*Die internationale Schiedsgerichtsbarkeit in der Schweiz (II)*，S. 13 (36－38)；Kirry, Arb. Int'l 12 (1996)，373 (382).

⑦ 该国《国际商事仲裁法》第 3 条规定："国际商事仲裁的当事人可以为一个国家或国家机构。"在此后的 1993 年、1998 年和 2001 年仲裁法改革中该规定都得以保留。

突尼斯（1993 年）、① 百慕大（1993 年）、② 新加坡（1994 年）、③ 埃及（1994 年）、④ 秘鲁（1995 年）、⑤ 阿曼（1997 年）、⑥ 比利时（1998 年）、⑦ 泰国（2002 年）⑧以及中国香港（2010 年）。⑨ 在德国，旧法中有关联邦或州作为一方当事人，就民事法律争议而订立的仲裁协议须由联邦财政部长批准的规定，也在 1997 年仲裁法改革中被取消。⑩ 如今，公法法人的主体可仲裁性在国际商事仲裁实践中已得到广泛认可。⑪ 如果存在一个仲裁协议的情况下，当事人以国家豁免权为由提出抗辩将不会得到支持。⑫

在奥地利，《普通民法典》（ABGB）原第 1008 条当事人需要书面特别授权才得签订仲裁协议的规定，被视为旧法最大的问题。⑬ 通过吸纳《示范法》，以及随着 2007 年 1 月奥地利《企业法典》（该法取代了《商法典》）的生效，这种在主体上限制缔结仲裁协议的规定已经被排除。⑭

2. 客观可仲裁性

客观可仲裁性主要涉及的问题是，哪些法律纠纷准许仲裁庭进行裁

---

① 但该国《仲裁法》第 7 条规定了不具备可仲裁性的情形。

② 见该国《国际调解和仲裁法》第 49 条。

③ 该国《国际仲裁法》第 34 条规定："本法对政府有约束力。"在 2003 年的立法改革中该条仍然得到保留。

④ 见该国《民商事仲裁法》第 1 条。

⑤ 该国《普通仲裁法》第 92 条对国家的仲裁行为进行了详细规定。

⑥ 见该国《民商事仲裁法》第 1 条。

⑦ 该国《司法法典》第 1676 条第 2 款第 4 句规定："公法法人可以就任何事项订立仲裁协议，但该事项应经法律或经内阁讨论通过的皇家法令确定。"

⑧ 见该国《仲裁法》第 15 条规定。

⑨ 见香港《仲裁条例》第 6 条规定。

⑩ 见于德国《仲裁程序修订法》第 2 章第 1 条；参阅 Berger, DZWiR 1998, 45 (49).

⑪ Kirry, Arb. Int'l 12 (1996), 373 (382)；Sanders, *Quo Vadis Arbitration? Sixty Years of Arbitration Practice*, p. 207.

⑫ 美国国会于 1998 年对《1976 年外国主权豁免法》（*Foreign Sovereign Immunities Act of 1976*）（FSIA, 28 U. S. C. § 1602 – 1611）进行了修改；根据新增加的第 1605 条（a）（6）的规定，主权豁免原则不适用于有关"外国与私人当事人，或为了私人当事人利益，就全部或部分以及已经发生或可能发生的争议提交仲裁……"而订立的协议。参阅 Carbonneau, in：Weigand (ed.), *Practitioner's Handbook on International Arbitration*, Part 4 J Rn. 2.

⑬ Oberhammer, SchiedsVZ 2006, 57 (62).

⑭ Oberhammer, SchiedsVZ 2006, 57 (62 f.).

决，哪些则仅仅属于国家法院的管辖范围。[①] 它不仅仅是仲裁协议生效[②]和仲裁程序合法[③]的必要条件，还与拒绝承认仲裁裁决［如因违反公共秩序（ordre public）或公共政策（public policy）］密切相关。[④]

基于自由主义思想，可仲裁事项的范围在许多仲裁法改革中得到了很大的扩展。各国法律一般使用较为宽泛的概括性规定，这为仲裁协议的有效解释提供了便利的条件。例如，根据瑞士《国际私法》第 177 条第 1 款，任何财产权请求都具有客观可仲裁性。1997 年的德国仲裁法改革以及 2005 年的奥地利仲裁法改革都沿用了这一较为自由的立场。[⑤] 而以往将实体法上的处分权与客观可仲裁性相关联的做法，也被立法机构有意识地摒弃。[⑥] 新的立法更趋于对"财产权请求"概念进行广泛延伸。[⑦] 财产权请求并不一定是私法上的请求。[⑧] 有关财产权的任何请求，只要其指向金钱或能以金钱计算的价值即可，而无论其来源和目的。[⑨] 由此，财产权请求原则上不受限制地可以仲裁，只有涉及非财产权利请求时，有关争议事项是否具有"和解能力"才成为判断客观可仲裁性的补充标准。[⑩]

由于仲裁是一种可导致公法后果（即考虑到仲裁裁决的承认和执行）的

---

① Redfern/Hunter, *Law and Practice of International Commercial Arbitration*, Rn. 3 - 12.

② Redfern/Hunter, *Law and Practice of International Commercial Arbitration*, Rn. 3 - 06；Lachmann, *Handbuch für die Schiedsgerichtspraxis*, Rn. 278.

③ Lionnet/Lionnet, *Handbuch der internationalen und nationalen Schiedsgerichtsbarkeit*, S. 64；客观可仲裁性问题会在程序的不同阶段（包括申请仲裁，对仲裁庭提出管辖权异议，申请撤销仲裁裁决）受到审查。参阅 Sutton/Gill, *Russell on Arbitration*, para. 1 - 029.

④ 根据主流学说，客观可仲裁性属于公共秩序所涵盖的范畴，或者说是公共秩序的一种特殊表现形式；参阅 Sanders, Int'l Law. 13 (1979), 269 (272)；Sanders, *Quo vadis arbitration?* p. 117；Van den Berg, The New York Arbitration Convention of 1958, pp. 360, 368；Schwab/Walter, *Schiedsgerichtsbarkeit*, Kap. 57 Rn. 32；Fouchard/Gaillard/Goldman, *On International Commercial Arbitration*, para. 1704.

⑤ 见德国《民事诉讼法》第 1030 条第 1 款第 1 句，以及奥地利《民事诉讼法》第 582 条第 1 款第 1 句；参阅《德国仲裁法草案政府立法说明》，BT-Drucks. 13/5274 vom 12. Juli 1996, S. 34. 有关《奥地利仲裁法修改法（2006）政府草案说明》见 Kloiber/Rechberger/Oberhammer/Haller, *Das neue Schiedsrecht*, S. 179 f.

⑥ Rosenberg/Schwab/Gottwald, *Zivilprozessrecht*, §174 Rn. 12；也有人持批评意见，见 Schwab, *FS Henckel*, S. 803 ff.（可仲裁性必须源于实体法且能够由当事人处分）。

⑦ Baumbach/Lauterbach/Albers/Hartmann, *ZPO*, §1030 Rn. 4；Berger, DZWiR 1998, 45 (48).

⑧ 见《德国仲裁法草案政府立法说明》，BT-Drucks. 13/5274 vom 12. Juli 1996, S. 35.

⑨ Lachmann, *Handbuch für die Schiedsgerichtspraxis*, Rn. 281.

⑩ 见《奥地利仲裁法修改法（2006）政府草案说明》中对第 582 条的解释，参阅 Kloiber/Rechberger/Oberhammer/Haller, *Das neue Schiedsrecht*, S. 179.

非官方程序，基于公共秩序考量，某些特定争议的管辖仍然由国家法院所保留。① 因此，公共秩序也决定着纠纷是否具有可仲裁性。② 例如法国《民法典》第2060条就禁止仲裁协议约定任何涉及公共秩序的事项进行仲裁（dans toutes les matières qui intéressent l'ordre public）。③ 许多国家在承继《示范法》时也进行了明确规定，即仲裁协议的约定如违反公共政策，则该争议事项不具有可仲裁性。④ 然而问题是，公共秩序的概念很难把握，⑤ 各国的认识非常不统一，且经常发生变化。⑥ 因此，人们试图削弱公共秩序标准对可仲裁性的影响，以实现更大的法律确定性。⑦ 有些国家在吸纳《示范法》时，⑧ 曾尝试对公共秩

---

① Redfern/Hunter, *Law and Practice of International Commercial Arbitration*, Rn. 3 – 12；有的学者认为，欧洲大陆法系的"公共秩序"（ordre public）概念要比普通法系的"公共政策"（public policy）概念在适用范围上更为广泛和自由；见 Lew, *Applicable Law in International Commercial Arbitration*, para. 401 Fn. 1。然而，这两个概念是经常可以交换适使用的。因此，下文统一使用"公共秩序"概念。

② See Redfern/Hunter, *Law and Practice of International Commercial Arbitration*, Rn. 3 – 13；另外一种观点认为，有关客观可仲裁性的规定并不一定属于公共秩序的组成部分，而有关强制性规定也不见得完全与公共秩序内容相同，因为在一些国家（如瑞士），基于公共秩序的上诉机制，仅仅是为了在仲裁程序后针对仲裁裁决实体审查而服务的；参阅 Böckstiegel, Public Policy and Arbitrability, in: Sanders（ed.），*ICCA No. 3*, S. 177（183 f.）；Haas, in: Weigand（ed.），*Practitioner's Handbook on International Arbitration*, Part 3 Art. V Rn. 99. 根据 Schlosser 的观点，一个国家对客观可仲裁性规定得越自由，就会明显地在以后的实体审查中越严格，反之亦然；参阅 Schlosser, *Das Recht der internationalen privaten Schiedsgerichtsbarkeit*, Rn. 285.

③ 但是法国司法解释已经在 Ganz 和 Labinal 案中针对《民法典》第2060条进行了宽泛解释。详细的说明 见 Fouchard/Gaillard/Goldman, *On International Commercial Arbitration*, para. 560 – 567；Kirry, Arb. Int'l 12（1996），373（375 –377）.

④ Sanders, Arb. Int'l 21（2005），443（475）.

⑤ Van den Berg, *The New York Arbitration Convention of 1958*, p. 360；Kirry, Arb. Int'l 12（1996），373（374）.

⑥ Redfern/Hunter, *Law and Practice of International Commercial Arbitration*, Rn. 3 – 13；即使在大陆法系公共秩序概念的使用也是不统一的，譬如在法语中的"ordre public"涵盖所有的强制性条款；见 Schlosser, *Entwicklungstendenzen in Recht und Praxis der internationalen privaten Schiedsgerichtsbarkeit*, S. 44；在德国，如果违反了"公共秩序"则仅是指损害了国家或经济生活的根本准则，或者与德国公平正义理念存在不可忍受的冲突；参阅 Schwab/Walter, *Schiedsgerichtsbarkeit*, Kap. 30 Rn. 21. 而联合国国际贸易法委员会使用了"公共政策"（public policy）一词意指实体与程序方面的法律和正义的基本原则；见 UN-Doc. A/40/17, para. 297.

⑦ Kirry, Arb. Int'l 12（1996），373（374 and 379）.

⑧ 例如，澳大利亚（Sec. 19），百慕大（Sec. 27），印度（Sec. 34 Abs. 2），马耳他（Sec. 58），新西兰（Art. 34 Abs. 6）和津巴布韦（Art. 34 Abs. 5）；见 Binder, *International Commercial Arbitration and Conciliation in UNCITRAL Model Law Jurisdictions*, Rn. 7 – 024.

序的概念进行定义或者阐明。① 而在涉及国际商事仲裁时，许多国家的法院更倾向于采用"国际礼让"原则，以"国际公共秩序"标准审查可仲裁性，以便能够使用比国内公共秩序更宽泛的标准来解释可仲裁性问题。② 根据一般理解，只有在下列情形才会被视为对"国际公共秩序"的侵害，即承认一个国际商事仲裁裁决，将与一个国家的政治和经济生活的根本准则不相符，③ 或者违背了道德和正义的基本原则。④ 国际商事仲裁中扩大可仲裁性的自由化趋势，会对国内仲裁的可仲裁性产生积极影响。特别是在那些不再区分国内和国际商事仲裁程序的国家中，⑤ 国际商事仲裁对可仲裁性的宽松标准自然就成为判断国内仲裁案件可仲裁性的标准。

对可仲裁性的扩大，还可以从各国放宽那些可能会影响公众利益的可仲裁争议类型得以印证。一些重要经济领域的纠纷，比如在反垄断、破产、证券、专利、商标等方面的争议，虽然可能会影响到第三方的权利或者行政机关的某些职权，也正在越来越多地被认可具有可仲裁性。⑥ 例如，美国联邦最高法院（Supreme Court）曾于 1985 年 7 月 2 日在著名的三菱（Mitsubishi）案中确认了在国际商事仲裁条件下反垄断纠纷的可仲裁性。⑦ 在瑞士，联邦法院也于 1992 年肯定了欧盟反垄断有关纠纷的可仲裁性，

---

① 澳大利亚《国际仲裁法》（*International Arbitration Act*）第 19 条规定："Without limiting the gener-ality of subparagraphs 34（2）(b)（ii）and 36（1）(b)（ii）of the Model Law, it is hereby declared, for the avoidance of any doubt, that, for the purposes of those subparagraphs, an award is in conflict with the public policy of Australia if：(a) the making of the award was induced or affected by fraud or corruption；or (b) a breach of the rules of natural justice occurred in connection with the making of the award."

② 下列法例有力促进了该领域的发展：美国最高法院（U. S. Supreme Court）Mitsubishi 案（1985）和 Scherk 案（1974）；参阅 Van den Berg, *The New York Arbitration Convention of 1958*, p. 366；Hass, in：Weigand（ed.）, *Practitioner's handbook on international arbitration*, Part 3 Art. V Rn. 106；Lionnet/Lionnet, *Handbuch der internationalen und nationalen Schiedsgerichtsbarkeit*, S. 65 – 67.

③ Lachmann, *Handbuch für die Schiedsgerichtspraxis*, Rn. 2303.

④ Van den Berg, *The New York Arbitration Convention of 1958*, p. 367；Kirry, Arb. Int'l 12（1996）, 373（378, 385）.

⑤ Weigand, *Practitioner's Handbook on International Arbitration*, Part 1, Rn. 94.

⑥ Kirry, Arb. Int'l 12（1996）, 373（386）.

⑦ Mitsubishi Motors Corp. v. Soler Chrysler-Plymouth Inc. , 473 US 614 = 105 S. Ct. 3346（1985）；有关具体讨论见 Redfern/Hunter, *Law and Practice of International Commercial Arbitration*, Rn. 3 – 17；Lionnet/Lionnet, *Handbuch der internationalen und nationalen Schiedsgerichtsbarkeit*, S. 65 – 67；但美国司法判例在国内反垄断争议是否具有可仲裁性问题上观点仍不统一；见 McLaughlin, Arb. Int'l 12（1996）, 113（133）.

而有关排除仲裁的规定也随着 1996 年 7 月 1 日的《联邦反垄断法》的出台而不复存在。① 在德国，旧《反垄断法》（GWB）第 91 条限制在反垄断争议中订立仲裁协议的规定，也被《仲裁程序修订法》（SchiedsVfG）所取消。② 即便在破产方面的法律纠纷，美国法院也越来越倾向于在国际争议中支持仲裁协议的执行。③ 根据德国修改后的《仲裁法》，有关破产纠纷（取回程序、别除程序和财团债务程序，Aussonderungs，Absonderungs-und Masseschuldprozesse）都可以进行仲裁。④ 有关证券纠纷，美国于 1974 年在 Scherk v. Alberto-Culver 案中对依据美国 1953 年《证券法》所提出的仲裁请求的可仲裁性予以认可。⑤ 在 1987 年 6 月 8 日的 Shearson v. McMahon 判决中，美国联邦最高法院（Supreme Court）甚至依据 1934 年《证券交易法》（*Securities Exchange Act*）将仲裁请求的可仲裁性扩大至国内仲裁程序。⑥ 知识产权争议具有特殊法律性质，在大多数国家法律制度中，有关专利或商标的宣告无效以及撤销都由法院或行政机关专属管辖，⑦ 然而，有关知识产权许可协议通常被认为具有可仲裁性。⑧ 在美国，立法机关于 1982 年通过修改专利法开启了仲裁庭有权决定专利有效性的先河。⑨

---

① Sanders，*Quo Vadis Arbitration? Sixty Years of Arbitration Practice*，S. 162.

② Art. 2 § 19 SchiedsVfG；vgl. Rosenberg/Schwab/Gottwald，*Zivilprozessrecht*，§ 174 Rn. 14；Lionnet/Lionnet，*Handbuch der internationalen und nationalen Schiedsgerichtsbarkeit*，S. 71.

③ McLaughlin，Arb. Int'l 12（1996），113（134）.

④ Geimer，in：Zöller，*ZPO*，§ 1030 Rn. 11；对根据破产法（InsO）第 129 条及以下的破产撤销争议的其他观点见 Raeschke-Kessler/Berger，*Recht und Praxis des Schiedsverfahrens*，Rn. 198.

⑤ Scherk v. Alberto-Culver Co.，417 US 506 = 94 S. Ct. 2449（1974）；vgl. Lionnet/Lionnet，*Handbuch der internationalen und nationalen Schiedsgerichtsbarkeit*，S. 65.

⑥ Shearson/American Exp.，Inc. v. McMahon，482 US 220 = 107 S. Ct. 2332（1987），vgl. Sanders，*Quo Vadis Arbitration? Sixty Years of Arbitration Practice*，pp. 164 f.；Redfern/Hunter，*Law and Practice of International Commercial Arbitration*，Rn. 3 – 19.

⑦ Redfern/Hunter，*Law and Practice of International Commercial Arbitration*，Rn. 3 – 15；Sanders，*Quo Vadis Arbitration? Sixty Years of Arbitration Practice*，p. 165；Böckstiegel，Public Policy and Arbitrability，in：Sanders（ed.），*ICCA No. 3*，S. 177（197）.

⑧ Schlosser，*Das Recht der internationalen privaten Schiedsgerichtsbarkeit*，Rn. 317；Redfern/Hunter，*Law and Practice of International Commercial Arbitration*，Rn. 3 – 15；Fouchard/Gaillard/Goldman，*On International Commercial Arbitration*，para. 583.

⑨ 由于仲裁裁决具有相对性，仅在当事人之间（inter partes）具有约束力，所以这种裁决不认为会对政府机关和第三人造成影响。参阅 Sanders，*Quo Vadis Arbitration? Sixty Years of Arbitration Practice*，p. 165 f.；Schlosser，*Das Recht der internationalen privaten Schiedsgerichtsbarkeit*，Rn. 317；McLaughlin，Arb. Int'l 12（1996），113（135）.

如果争议涉及官员受贿和其他形式的腐败问题，在过去往往会因为违反公共秩序被认为不具有可仲裁性。① 在欧洲出现的新趋势表明，仲裁条款的效力和仲裁庭管辖权并不受因腐败引发的合同无效的影响。② 根据美国司法判例，根据《反犯罪组织侵蚀合法组织法》（RICO Act）而提出的请求也被认可具有可仲裁性。③

受这种扩大可仲裁性趋势的影响，以往那些"敏感"争议类型也被引入了仲裁，④ 例如，在美国、法国和波兰，在某些情况下，有关劳动和家事纠纷也被接受可以通过商事仲裁来解决。⑤

3. 形式要件

根据大多数国家仲裁法的规定，⑥ 书面形式依然是仲裁协议生效的一个必要条件。⑦《纽约公约》也规定了仲裁协议应当是书面的。然而，《纽约公约》第 2 条第 2 款所规定的严格书面形式要求，给国际商事仲裁裁决的承认和执行实践带来了难题。例如，如果援引了一份含有仲裁条款的文件（特别是一般交易条件），或者对一份含有仲裁条款的商业确认函进行沉默，是否

---

① 对于受贿，参阅国际商会 1963 年 1 月 15 日第 1110 号仲裁裁决，重印于 Arb. Int'l 10（1994）第 282 页；有关评注参阅 Wetter, Arb. Int'l 10（1994），277 – 281；另见于 Böckstiegel, Public Policy and Arbitrability, in：Sanders（ed.），*ICCA No. 3*, p. 177（201）.

② 见 Schlosser, *Das Recht der internationalen privaten Schiedsgerichtsbarkeit*, Rn. 321；Böckstiegel, Public Policy and Arbitrability, in：Sanders（ed.），*ICCA No. 3*, p. 177（201 f.）；Fouchard/Gaillard/Goldman, *On International Commercial Arbitration*, para. 586；Redfern/Hunter, *Law and Practice of International Commercial Arbitration*, Rn. 3 – 21.

③ McLaughlin, Arb. Int'l 12（1996），113（115）；Schlosser, *Das Recht der internationalen privaten Schiedsgerichtsbarkeit*, Rn. 321. 在德国，如存在像美国那样根据 RICO 提起类似于侵权的请求也被认为具有可仲裁性，见 Raeschke-Kessler/Berger, *Recht und Praxis des Schiedsverfahrens*, Rn. 174.

④ Kirry, Arb. Int'l 12（1996），373（386）.

⑤ 对于美国，参见判例 Gilmer v. Interstate/Johnson Lane Corp. 500 US 20 ＝ 111 S. Ct. 1647（1991）；详细讨论见 McLaughlin, Arb. Int'l 12（1996），113（119 – 123，128）。对于法国，参阅 Fouchard/Gaillard/Goldman, *On International Commercial Arbitration*, para. 573；Kirry, Arb. Int'l 12（1996），373（387 f.）. 根据波兰《民事程序法》（*Code of Civil Proceedings*）第 1164 条（2005 年 7 月 28 日修改后）准许当事人就劳动争议在发生争议以后达成仲裁协议。

⑥ UN-Doc. A/CN. 9/207, para. 41；参见 Van den Berg, *The New York Arbitration Convention of 1958*, p. 171；Holtzmann/Neuhaus, *A Guide to the UNCITRAL Model Law*, p. 260.

⑦ 例如 1958 年《纽约公约》第 2 条第 2 款；1961 年《欧洲公约》第 1 条第 2 款；1965 年《华盛顿公约》第 25 条；1975 年《巴拿马公约》第 1 条；1987 年《安曼阿拉伯公约》第 3 条；参阅 Sanders, *Quo Vadis Arbitration? Sixty Years of Arbitration Practice*, p. 155.

能够满足仲裁协议的书面要求的问题。① 1985 年通过的《示范法》（第 7 条第 2 款）一方面作出了与《纽约公约》第 2 条第 2 款相似的规定；② 另一方面，作为补充还对书面形式进行了更广泛的定义——例如单方签署的书面仲裁协议（半书面），以及援引的文件，均规定符合书面形式的要求。

尽管《示范法》试图缓解因《纽约公约》过于严格而产生的书面形式问题，但是《示范法》的解决方案依然跟不上信息时代的发展，与现代标准不相符合。③ 因此，许多国家在吸纳《示范法》的过程中进一步放松了仲裁协议的书面形式要求，以有利于实现仲裁协议形式上的有效性，并最终提到仲裁的程序效率。1996 年新西兰《仲裁法》在第一附表（First Schedule）第 7 条第 1 款中明确准许口头仲裁协议。根据 2004 年的挪威新《仲裁法》，书面形式也不再是有效仲裁协议的必要条件（但不包括消费者参与的仲裁协议）。希腊《仲裁法》（第 7 条第 4 款）和克罗地亚《仲裁法》（第 6 条第 3 款第 2 句）准许以随后备忘录或另一方沉默的方式订立的口头仲裁协议。与《示范法》有所不同，在新加坡（《国际仲裁法》第 2 条第 4 款），德国（《民事诉讼法》第 1031 条第 4 款），希腊（《国际商事法》第 7 条第 6 款），以及克罗地亚（《仲裁法》第 6 条第 5 款）等国的仲裁程序法中，仲裁协议可以通过交付含有仲裁条款的货运提单（Bill of Ladung）而成立。近几十年来随着现代通信手段（如电子商务）的不断出现，仲裁协议也不仅仅以纸面形式出现而满足书面形式要求，一些只要能在电脑显示屏幕上显示或其他数据载体上记录的其他电子通信形式（如电子邮件和电子数据交换——EDI），也被认为符合书面形式要求。④ 随着 1996 年《联合国国际贸易法委员会电子商务示范法》颁布并被各国采用，电子形式的文档和签名也被普遍接受满足书面要求。而《示范法》第 7 条第 2 款中规定的"其他形式的通信方式"，也成为《示范法》国家创新和灵活解释各种新兴通信方式是否满足书面形式的重要工具。新的资料存储

---

① Sanders, *Quo Vadis Arbitration? Sixty Years of Arbitration Practice*, p. 155 f. ; Van den Berg, *The New York Arbitration Convention of 1958*, pp. 205 – 207.

② UN-Doc. A/CN. 9/207, para. 40；参见 Binder, *International Commercial Arbitration and Conciliation in UNCITRAL Model Law Jurisdictions*, Rn. 2 – 015.

③ Binder, *International Commercial Arbitration and Conciliation in UNCITRAL Model Law Jurisdictions*, Rn. 2 – 033.

④ Roth, in: Weigand (ed.), *Practitioner's Handbook on International Arbitration*, Part 5 Art. 7 Rn. 15; Holtzmann/Neuhaus, *A Guide to the UNCITRAL Model Law*, S. 263.

媒介也被认为符合书面形式。例如，2004 年西班牙新《仲裁法》（第 9 条第 3 款第 2 句）就明确规定，如果在订立仲裁协议后能通过电子、光学或其他数据载体进行访问，有关书面形式要件就得以保障。在 2005 年奥地利仲裁法改革中，立法者明确将电子邮件作为一种可行的仲裁协议订立方式（《民事诉讼法》第 583 条第 1 款）。① 此外，如果存在形式要件的缺陷，一些国家的仲裁法还基于《示范法》第 7 条第 2 款和第 16 条第 2 款，通过设"失权"的专门规定予以补救（如德国《民事诉讼法》第 1031 条第 6 款，奥地利《民事诉讼法》第 583 条第 3 款）。②

　　放松对仲裁协议形式的要求，同样在非《示范法》国家的仲裁法改革中得到体现。根据瑞士《联邦国际私法》第 178 条第 1 款的规定，如果仲裁协议采取电报、电传、传真或任何其他通信形式，只要其内容以可作为证据的书面形式做成，都属于符合书面形式要求。而按照英国 1996 年《仲裁法》第 5 条的规定，如果存在一个书面的证明，譬如通过一个关于口头订立仲裁协议的通话记录，则视为已经满足了书面形式要求。③ 在荷兰《民事诉讼法》（第 1021 条）中也存在类似的规定。④

　　联合国国际贸易法委员会注意到了各国对仲裁协议形式规定的进一步自由化趋势，并于 1999 年专门委托仲裁工作组，将仲裁协议的书面形式问题作为一项重点工作进行修订。⑤ 经过长时间的讨论，联合国贸法会终于在 2006 年第 39 届会议上对《示范法》进行了修改。⑥ 新版《示范法》第 7 条包括了两个选择：在第一个选择中，一方面在第 3 款对书面形式进行了宽泛的定义：任何形式对仲裁协议内容的记录均符合书面形式，而无论仲裁协议或合同是否通过口头的，抑或某种行为，以及其他形式订立。在另一方面，新制定的第 4 款确认了电邮和电子数据交换等电子通信能够满足书面形式，同时将"电子通信"和"数据信息"的定义与 2005 年联合国关于在国际合同中使用电子通信公约保持了一致。值得注意的是，在上述第一选项中的签名不再是必需的。在第二个选择中，仲裁协议的书面形式要求则被直接去除。

---

① 有关电子邮件以及电邮附件，如附在电邮后的以录音材料而产生的 DPM 文件，详细讨论见 Hahnkamper, SchiedsVZ 2006, 65（66 f.）.

② See Berger, Entstehungsgeschichte und Leitlinien des neuen deutschen Schiedsverfahrensrechts, in: RWS-Dokumentation 21, S. 1（26）; Hahnkamper, SchiedsVZ 2006, 65（68 f.）.

③ Weigand, RIW 1997, 904（907）.

④ Sanders, *Quo Vadis Arbitration? Sixty Years of Arbitration Practice*, p. 157.

⑤ UN-Doc. A/54/17（supp）, para. 344 – 350, 380.

⑥ 修改后的条款见 UN-Doc. A/61/17（supp）, Annex I.

鉴于有关国家仲裁法进一步放松了仲裁协议的形式要件，有观点认为，当事人有权援用《纽约公约》第 7 条第 1 款所规定的最惠国条款，从而使当事人能根据请求承认和执行仲裁裁决国家的国内法或其所参与的条约，主张仲裁裁决的权利。① 据此，在 2006 年修改《示范法》的同时，联合国国际贸易法委员会还建议对《纽约公约》第 2 条第 2 款以及第 7 条第 1 款进行宽泛解释：

> 1. 建议适用 1958 年 6 月 10 日在纽约制定的《承认及执行外国仲裁裁决公约》第 2 条第 2 款，认识到其中所述情形并非详尽无遗；
> 2. 还建议适用 1958 年 6 月 10 日在纽约制定的《承认及执行外国仲裁裁决公约》第 7 条第 1 款，以便允许任何利害关系方有权依据仲裁协议所适用的一国法律或有关条约，寻求该仲裁协议的有效性获得承认。②

总之，在申请人和被申请人之间法律关系方面，国际仲裁立法改革充分体现了"有利于有效"（favor validitatis）的法律思想。也就是说，法律改革的目标是尽可能地使仲裁协议有效。

（二）当事人与仲裁庭之间的法律关系

仲裁员与当事人之间的法律关系也建立在合同基础之上，这种合同也被称为"仲裁员协议"。③ 仲裁员协议的成立，一般需要当事人对仲裁

---

① See Secretariat Study on the New York Convention (20 April 1979), UN-Doc. A/CN. 9/168, para. 22; Van den Berg, The New York Arbitration Convention of 1958, pp. 86–88; Geimer, in: *Zöller*, *ZPO*, § 1031 Rn. 4; Haas, IPRax 1993, 382 (383); Schlosser, in: *Stein/Jonas*, *ZPO*, § 1031 Rn. 24, Anhang § 1061 Rn. 159; Schwab/Walter, *Schiedsgerichtsbarkeit*, Kap. 42 Rn. 24.

② UN-Doc. A/61/17 (supp), Annex II.

③ 虽然"仲裁员协议"在文献中经常使用，但是在各国仲裁法以及联合国贸法会《示范法》中没有对该概念明确予以规定；参阅 UN-Doc. A/CN. 9/216, para. 51–52; Holtzmann/Neuhaus, *A Guide to the UNCITRAL Model Law*, p. 1149; Lionnet/Lionnet, *Handbuch der internationalen und nationalen Schiedsgerichtsbarkeit*, S. 254 f. 但人们对当事人和仲裁员之间这种合同性得到普遍承认；参阅 ICC (ed.), *Final Report on the Status of the Arbitrator*, Vol. 7/No. 1 1996, 27 (29); Lew/Mistelis/Kröll, *Comparative International Commercial Arbitration*, para. 12–4; Fouchard/Gaillard/Goldman, *On International Commercial Arbitration*, para. 1101. 对仲裁员协议的概念参见 Schlosser, *Das Recht der internationalen privaten Schiedsgerichtsbarkeit*, Rn. 491; Schwab/Walter, *Schiedsgerichtsbarkeit*, Kap. 11 Rn. 1; Lionnet/Lionnet, *Handbuch der internationalen und nationalen Schiedsgerichtsbarkeit*, S. 256. 与此相反，也有人提出"职权理论"或者"法律地位"（Status）理论，试图解释仲裁员的裁决职权并非来自合同，而是直接来自法律和仲裁协议；参阅 Mustill/Boyd, *The Law and Practice of Commercial Arbitration in England*, p. 222 f.; Calavros, *Grundsötzliches zum Rechtsverhöltnis zwischen Schiedsrichtern und Parteien nach griechischem Recht*, in FS Habscheid, S. 65 (68–72).

员的指定（包括代为指定的情形）和仲裁员接受指定的声明，有时还需要仲裁机构的批准。① 如果双方当事人就某个仲裁机构的仲裁规则达成协议，同意该机构管理程序，那么当事人与仲裁机构之间还达成了一种特殊的"仲裁机构协议"（也可称为"管理协议"），并受该协议的约束。②

　　仲裁员协议包括在仲裁程序中所有对仲裁员的行为发生效力的协议。③根据《示范法》第19条第1款规定，当事人各方可以就强制性规定以外的程序规则进行自由约定。这种私法自治对推进仲裁程序至关重要，因此在《示范法》中被称为"仲裁程序的大宪章"（Magna Carta of Arbitral Procedure）。④ 无论是《示范法》国家⑤或非《示范法》国家，⑥ 几乎所有国家的立法者都在仲裁法改革中遵循了这一原则。英国的立法机关把私法自治作为1996年《仲裁法》的三大原则之一，并在第34条第1款对该原则在程序中的应用明确规定。首先，根据私法自治原则，当事人准许对仲裁

---

① Vgl. Schütze, *Schiedsgericht und Schiedsverfahren*, Rn. 62; Schwab/Walter, *Schiedsgerichtsbarkeit*, Kap. 11 Rn. 2 – 6; Schütze, *Institutionelle Schiedsgerichtsbarkeit*, Kap. I Rn. 49.

② 有关"仲裁机构协议"，见 Wolf, *Die institutionelle Handelsschiedsgerichtsbarkeit*, S. 70；对"管理协议"的概述见 Lachmann, *Handbuch für die Schiedsgerichtspraxis*, Rn. 3060 ff.；对这种法律关系的描述参阅 Melis, Comp. L. Yb. Int'l Bus. 1991, 107（112 – 114）；Schlosser, in: Stein/Jonas, *ZPO*, vor § 1025 Rn. 7；Schütze, *Institutionelle Schiedsgerichtsbarkeit*, Kap. 1 Rn. 36 – 44；Lionnet/Lionnet, *Handbuch der internationalen und nationalen Schiedsgerichtsbarkeit*, S. 196 – 199.

③ Lionnet/Lionnet, *Handbuch der internationalen und nationalen Schiedsgerichtsbarkeit*, S. 261.

④ UN-Doc. A/CN. 9/264, Art. 19, para. 1.

⑤ See Binder, *International Commercial Arbitration and Conciliation in UNCITRAL Model Law Jurisdictions*, Rn. 12 – 019（但泰国《仲裁法》第25条第2款实际上吸纳了《示范法》第19条第1款）；在新近吸纳《示范法》国家中，见奥地利《民事诉讼法》（2006）第594条；柬埔寨《商事仲裁法》（*Commercial Arbitration Law 2006*）第27条；丹麦《2005年仲裁法》（*Arbitration Act 2005*）第19条；挪威《仲裁法》（*Arbitration Act 2004*）第21条；菲律宾《2004年替代性争议解决法》（*Alterative Dispute Resolution Act of 2004*）第19条；波兰《民事诉讼法》（2005）第1184条之1；土耳其《国际仲裁法》（*International Arbitration Law 2001*）第8条。

⑥ 例如，法国《民事诉讼法》（CPC）第1508条；瑞士《联邦国际私法》（IPRG）第182条第1款；荷兰《民事诉讼法》第1036条；比利时《司法法典》（*Code Judiciaire 1998*）第1693条第1款第1句；巴西《仲裁法》（*Arbitration Law 1996*）第21条。

程序自行约定，或者援用某个仲裁机构的仲裁规则。① 同样，当事人也可以选择适用外国的程序法，② 只要有关选择不违反仲裁地仲裁法的强制性规定。③ 实际上，当事人约定仲裁地即隐含了选择适用该地程序法的意思，这也逐渐成为一种"传统规则"。④ 其次，在各国仲裁法改革中，私法自治原则对仲裁程序的开展有着重要影响。除了那些强制性规定以外，仲裁地程序法不再是决定性的，当事人享有选择权。根据英国 1996 年《仲裁法》第 4 条第 5 款，在法律所规定的可处分条款框架下，当事人也可以选择外国仲裁法。这种法律选择也被认为是符合该法第 4 条第 2 款的一种当事人协议。⑤ 最后，在推进仲裁程序过程中，当事人的意思自治是非常广泛的：仲裁地点、语言、审理方式（开庭或是书面）、指定鉴定人、适用的实体法律、仲裁裁决是否写明事实和理由、仲裁程序的开始及结束时间等，双方当事人都可以自由约定。⑥

　　仲裁庭必须在开展仲裁程序时遵守当事人的有关协议。⑦ 只有在当事人

---

① 例如，瑞士《联邦国际私法》（IPRG）第 182 条第 1 款；英国《1996 年仲裁法》（*Aribitration Act 1996*）第 4 条第 3 款；意大利《民事诉讼法》（2000）第 816 条第 2 款；葡萄牙《仲裁法》（*Law No. 31/86 of 29 August 1986 on Voluntary Arbitration*）第 15 条；巴西《仲裁法》（*Arbitration Law 1996*）第 21 条；在《示范》国家中，例如埃及《民商事仲裁法》（*Law Concerning Arbitration in Civil and Commercial Matters 1994*）第 25 条；匈牙利《1994 年仲裁法》（*Act LXXI of 1994 on Arbitration*）第 28 条；阿曼《民商事仲裁法》（*Act on Arbitration in Civil and Commercial Matters 1997*）第 25 条；德国《民事诉讼法》第 1042 条第 3 款；奥地利《民事诉讼法》第 594 条第 1 款；参阅 UN-Doc. A/CN. 9/264, Art. 19, para. 2；根据尼日利亚《仲裁和调解法》（*Arbitration and Conciliation Act 1988*）第 15 条第 1 款和第 53 条，双方当事人不允许自行定制程序规则，只能援引适用联合国贸法会仲裁规则或其他国际仲裁程序规则；参阅 Binder, *International Commercial Arbitration and Conciliation in UNCITRAL Model Law Jurisdictions*, Rn. 5 – 026.

② 例如法国《民事诉讼法》（CPC）第 1508 条；瑞士《联邦国际私法》（IPRG）第 182 条第 1 款。

③ Blessing, "Das neue internationale Schiedsgerichtsrecht der Schweiz", in: Böckstiegel (ed.), *Die internationale Schiedsgerichtsbarkeit in der Schweiz* (*II*), S. 13 (51) .

④ Fouchard/Gaillard/Goldman, *On International Commercial Arbitration*, para. 1179.

⑤ Ibid.

⑥ 见《示范法》第 20—22、24、26、28、31—32 条。

⑦ 在起草《示范法》时，有关在仲裁庭组成以后，仲裁庭是否受当事人修改或补充程序规则的协议约束的问题，一直存在争议。按照联合国贸法会工作组的意见，当事人的程序协议不应当存在时间上的限制，见 UN-Doc. A/CN. 9/246, para. 63. 然而在草案的最终版本中，工作组接受了另外一种观点，即仲裁庭不应当受新协议的强迫而进行裁决，在一定情况下仲裁员可以准许退出。见 UN-Doc. A/40/17, para. 172；参阅 Holtzmann/Neuhaus, *A Guide to the UNCITRAL Model Law*, p. 566；Binder, *International Commercial Arbitration and Conciliation in UNCITRAL Model Law Jurisdictions*, Rn. 5 – 022.

双方未能达成协议时，仲裁庭才可以在不违反仲裁地仲裁法强制性规定的前提下，根据自由裁量确定有关程序规则。在开展仲裁程序过程中，仲裁庭的自治原则在各国仲裁法改革中也被普遍承认。① 仲裁庭自治在国际商事仲裁中有着特别重要的意义。由于当事人对仲裁地程序法往往没有进行明确约定，因此根据仲裁庭自治原则可以防止自动适用仲裁地程序法，仲裁庭可以根据个案情况，并按照来自不同法域的当事人的期望，量身定制程序规则。②

　　当事人和仲裁庭在推进仲裁程序时行使自主权，需要服从于平等对待当事人原则和法定听审原则。③ 上述两个原则是整个仲裁程序的基础，当事人不能通过协议加以排除。④ 若仲裁庭忽视这些原则，则可能导致仲裁裁决被撤销或者被不予承认及执行。⑤

　　如果当事人与仲裁员（以及仲裁机构）之间形成了某种协议，就会产生仲裁员和仲裁机构不当履行职责的法律责任问题。在《示范法》中，仲裁员责任以及仲裁员"豁免权"问题被有意识地回避掉，主要理由是起草者认为该问题在实践中意义不大。⑥ 此外，这个问题在不同法律制度中也颇具争议。因此，《示范法》的起草者担心会使各国在吸纳《示范法》时遭遇障碍。⑦ 在大陆法系以及一些阿拉伯国家的法律制度中，仲裁员责任问题被认为建立在合同基础之上。⑧ 仲裁员责任往往是通过限制性规则而

---

① 见《示范法》第19条第2款；法国《民事诉讼法》（CPC）第1464条第1款；瑞士《联邦国际私法》（IPRG）第182条第2款；英国《1996年仲裁法》（*Arbitration Act 1996*）第34条第1款；瑞典《仲裁法》（*Arbitration Act 1999*）第21条；参阅 Hacking, Arbitration 65 (1999), 180 (183).

② See UN-Doc. A/CN. 9/264, Art. 19, para. 5 f.; Holtzmann/Neuhaus, *A Guide to the UNCITRAL Model Law*, p. 565; Huβlein-Stich, *Das UNCITRAL-Modellgesetz über die internationale Handelsschiedsgerichtsbarkeit*, S. 109.

③ UN-Doc. A/CN. 9/264, Art. 19, para. 7.

④ Ibid., Art. 19, para. 1.

⑤ 见《纽约公约》第5条第1款字母 b、d 和第2款字母 b；《示范法》第34条第2款字母 a (ii)（iv）和字母 b (ii)，第36条第1款字母 a (ii)（iv）和字母 b (ii)。

⑥ See Sanders, *Quo Vadis Arbitration? Sixty Years of Arbitration Practice*, p. 234; Lionnet/Lionnet, *Handbuch der internationalen und nationalen Schiedsgerichtsbarkeit*, S. 263; Lachmann, *Handbuch für die Schiedsgerichtspraxis*, Rn. 4308.

⑦ UN-Doc. A/CN. 9/207, para. 70, 以及 A/CN. 9/216, para. 51, 亦见于 Holtzmann/Neuhaus, *A Guide to the UNCITRAL Model Law*, p. 1148 f.

⑧ 有关德国参阅 Lachmann, *Handbuch für die Schiedsgerichtspraxis*, Rn. 4311; Schwab/Walter, *Schiedsgerichtsbarkeit*, Kap. 12 Rn. 9; Schlosser, in: *Stein/Jonas, ZPO*, vor § 1025 Rn. 16; 有关阿拉伯国家参阅 Franck, N. Y. L. Sch. J. Int'l Comp. L. 20 (2000), 1 (4 Fn. 13); 其他国家参阅 Lew (ed.), *The Immunity of Arbitrators*, p. 5 ff.

被主动规定。① 有关责任也主要被限定为严重疏忽或故意地违反义务。② 例如，西班牙在接受《示范法》时就将仲裁员责任限定于"不诚信、草率和欺诈"（bad faith, recklessness or fraud）。③

在奥地利纳入《示范法》过程中，与旧法相反，删除了原《民事诉讼法》第584条第2款中对仲裁员责任的明确规定。因为在草案工作组看来，"逐条逐项"的规定非但不会利于适用，反而更易制造混乱。④

相反，在英美法系中并不以仲裁员合同为仲裁员责任的基础，而是把仲裁员作为类似于国家法官的这种地位作为担责基础。由于仲裁员行使类似于法官的职权，所以法律保障其法官的"豁免权"。⑤ 因此，在大多数的普通法系国家，仲裁员都是在一定前提下免于承担责任。⑥ 然而，有关仲裁员免责前提条件的表述各有不同：譬如英国《1996年仲裁法》（*Arbitration Act 1996*）第29条第1款首次对仲裁员免责作出明确规定：⑦

> An arbitrator is not liable for anything done or omitted in the discharge or purported discharge of his functions as arbitrator unless the act or omission is shown to have been in bad faith. （仲裁员不对其在履行或试图履行其作为仲裁员职责过程中的任何行为或不作为承担责任，除非该行为或不作为表明其不诚信）

---

① 例如，阿根廷（第745条），中国大陆地区（第38条），意大利（第813条第2款），葡萄牙（第9条第3款），秘鲁（第18条第2款），罗马尼亚（第353条），西班牙（第21条第1款）；阿拉伯国家如卡塔尔（第194条第1款），黎巴嫩（第769条），叙利亚（第514条），突尼斯（第11条）；详细讨论见 Franck, N. Y. L. Sch. J. Int'l Comp. L. 20 (2000), 1 (40 – 47)。

② Van den Berg, Liability of Arbitrators under Netherlands Law, in: Lew (ed.), *The Immunity of arbitra-tors*, S. 59 (64).

③ 见西班牙《2003年仲裁法》（*Arbitration Act 2003*）第21条第1款，并对比1998年旧法中的第16条第1款。

④ Oberhammer, *Entwurf eines neuen Schiedsverfahrensrechts*, S. 74; Saucken, *Die Reform des Österreichis-chen Schiedsverfahrensrechts*, S. 149.

⑤ Redfern/Hunter, *Law and Practice of International Commercial Arbitration*, Rn. 5 – 16 f.

⑥ 例如澳大利亚（第28条），百慕大（第34条），斯里兰卡（第45条），新西兰（第13条），爱尔兰（第12条第1款），新加坡（第20条），中国香港（第104条第1款），马耳他（第20条第5款和第66条）；而美国则是唯一一个对仲裁员进行完全豁免的国家。参阅 Sanders, *Quo Vadis Arbitration? Sixty Years of Arbitration Practice*, p. 150; Sanders, *The Work of UNCITRAL on Arbitration and Conciliation*, p. 161, 164; Fouchard/Gaillard/Goldman, *On International Commercial Arbitration*, para. 1085 f.

⑦ Harris/Planterose/Tecks, The Arbitration Act 1996, p. 163.

在中国香港，根据《仲裁条例》（*Arbitration Ordinance*）第 104 条，仲裁员也是仅对不诚信的行为或不作为承担法律责任。

根据一些英美法系国家的仲裁法，有关免责的权利还可以扩展到仲裁机构和仲裁庭辅助人员。[①]

当前，在欧洲大陆法系国家司法判例中还存在一种趋势，即仲裁员只能比照国家法官那样承担责任。只有仲裁员故意实施违反义务的行为，才对其裁决行为承担相应责任。[②] 这种发展可以视为一种国家权力对仲裁的妥协：在不得违反公共秩序的框架下，仲裁被接受为一种司法行为。[③] 在审理和裁判这方面，仲裁员的责任承担应该与其法院的同事没有什么不同。然而，任何进一步要求仲裁员对程序和裁决失误承担责任的规定，则会影响仲裁员的独立性和程序的完整性。[④] 否则，因担心责任风险，那些有责任心和前瞻性思维的仲裁员们则可能拒绝接受指定。[⑤] 由于形成了对仲裁员的责任免除，那么针对仲裁员追责的司法途径也受到阻碍，这样国家对仲裁的干预职权就在很大程度上受到了限制。

（三）法庭与仲裁庭之间的法律关系

根据许多国家仲裁法的规定，法院除了能够确定仲裁庭的组成以外，还能对仲裁庭的多项职权产生影响。譬如，根据《示范法》第 16 条第 3 款，法院可以对仲裁庭的管辖权决定进行审查，《示范法》第 6 条也罗列了多项法院监督仲裁和进行司法协助的事项，第 17H、17I 条则规定了法院对仲裁临时或保全措施的执行、撤销和变更，第 34 条第 4 款还对法院要求仲裁庭重新仲裁进行了规定。从各国立法改革的趋势来看，在上述领域仲裁庭的自治也在逐步扩大。

仲裁庭对自己管辖权作出决定的职权，通常被称为管辖权—管辖权（*Kompetenz-Kompetenz*，自裁管辖权）。这也意味着仲裁庭能够主动对仲裁

---

① 例如英国（第74条），中国香港（第104条第2款），爱尔兰（第12条第3—5款），新加坡（第25A条）；参阅 Sanders, *The Work of UNCITRAL on Arbitration and Conciliation*, pp. 162 – 164.

② 有关德国司法判例见 BGHZ 15, 12 = NJW 1954, 1763；有关其他国家概述见 Lachmann, *Handbuch für die Schiedsgerichtspraxis*, Rn. 4321 Fn. 2. 有关法国司法判例见 Fouchard/Gaillard/Goldman, *On International Commercial Arbitration*, para. 1078 – 1084.

③ Sauzier/Yu, Int'l A. L. R. 3 (2000), 114 (120).

④ Lachmann, *Handbuch für die Schiedsgerichtspraxis*, Rn. 4340；Hausmaninger, J. Int'l Arb. 7 (1990), 7 (17).

⑤ Redfern/Hunter, *Law and Practice of International Commercial Arbitration*, Rn. 5 – 19.

协议的存在，以及自身具有管辖权作出判断，进而对法院管辖产生阻碍效果。① 这种积极的自裁管辖权是国际商事仲裁重要的特征，受到广泛认可。② 即使在等待请求法院作出管辖权裁定的同时，仲裁庭也可以继续进行仲裁程序和作出裁决。③ 然而仲裁庭的管辖权决定只是临时性的，它最终要服从于法院的审查。④ 但是，管辖权—管辖权原则的意义在于仲裁庭具有一种"时间上的优先权"。它限制了当事人在较晚的程序中提起无管辖权的异议，以避免法院在管辖权审查上的武断，以及防止当事人故意拖延程序。⑤ 该原则在《示范法》中具有非常重要的地位，以至于所有吸纳《示范法》的国家都中对管辖权—管辖权原则予以原封不动保留。⑥ 该原则还被众多非《示范法》国家的仲裁法接受，如法国《民事诉讼法》第1465条（原第1466条），瑞士《联邦国际私法》第186条第1款，荷兰《民事诉讼法》第1052条第1款，英国《1996年仲裁法》（*Arbitration Act 1996*）第30条第1款，以及瑞典《仲裁法》（*Arbitration Act 1999*）第1条第2款。⑦ 在美国，虽然联邦法律没有明文规定自裁管辖权原则，但在First Options of Chicago, Inc. v. Kaplan 一案中已形成了判例：仲裁庭就其管辖权作出的决定通常应由法院所尊重。⑧

管辖权—管辖权原则还暗含着在自裁管辖权问题上所产生的消极影响。也就是说，尽管法院有权最终作出管辖权的裁定，但是经过粗略审

---

① Schwab/Walter, *Schiedsgerichtsbarkeit*, Kap. 6 Rn. 9.

② UN-Doc. A/CN. 9/264, para. 1.

③ 《示范法》第16条第3款。

④ Lionnet/Lionnet, *Handbuch der internationalen und nationalen Schiedsgerichtsbarkeit*, S. 191；Schlosser, *Das Recht der internationalen privaten Schiedsgerichtsbarkeit*, Rn. 541；Huβlein-Stich, *Das UNCITRAL-Modellgesetz über die internationale Handelsschiedsgerichtsbarkeit*, S. 84；Böckstiegel, RIW 1984, 670（672）.

⑤ Fouchard/Gaillard/Goldman, *On International Commercial Arbitration*, para. 660.

⑥ Binder, *International Commercial Arbitration and Conciliation in UNCITRAL Model Law Jurisdictions*, Rn. 4 – 006 to 4 – 008；vgl. Sanders, *Quo Vadis Arbitration? Sixty Years of Arbitration Practice*, p. 109. 在许多国家，如德国、韩国，自裁管辖权问题都是第一次在法律中明确规定，见《德国仲裁法草案政府立法说明》，BT-Drucks. 13/5274 vom 12. Juli 1996, S. 43；Lachmann, *Handbuch für die Schiedsgerichtspraxis*, Rn. 689；Oh, *Recht und Praxis der internationalen Schiedsgerichtsbarkeit in Korea*, S. 79.

⑦ 关于该原则在其他国家法律中的规定见 Fouchard/Gaillard/Goldman, *On International Commercial Arbitration*, para. 655（Fn. 81）.

⑧ 514 US 938 = 115 S. Ct. 1920（1995）；vgl. Carbonneau, in：Weigand（ed.），*Practitioner's Handbook on International Arbitration*, Part 4 J Rn. 35；Jalili, J. Int'l Arb. 13（1996），169（177）.

查后，根据"初步证据"判断存在仲裁协议，法院就指示当事人将纠纷提交仲裁。① 基于这种消极管辖权—管辖权学说，法国立法赋予仲裁庭比其他欧洲国家更多的自主权。② 根据法国《民事诉讼法》第 1448 条第 1 款（旧法第 1458 条第 1、2 款），仲裁员被授予准许作出临时管辖权决定的大权，而法院只能在仲裁庭尚未组成以及仲裁协议"明显"无效或不能适用时，才准许根据事实就管辖权作出裁定。③ 在吸纳《示范法》过程中，一些国家甚至取消法院在较早阶段的仲裁管辖权司法审查，仅准许在撤销仲裁裁决阶段，只能基于仲裁协议无效或没有仲裁协议而对自裁管辖权进行审查。④

仲裁庭还可以基于法院享有管辖权而拒绝行使管辖权，毕竟仲裁庭不能被强迫继续推进仲裁程序。⑤ 奥地利《民事诉讼法》第 584 条第 2、4 款明确规定，在上述情况下，如果当事人提起诉讼，法院不得基于仲裁庭具有管辖权而驳回当事人起诉。荷兰《民事诉讼法》（第 1052 条第 5 款）也规定，除非双方当事人另有约定，法院的管辖权在上述情形下"复活"。⑥

与管辖权—管辖权相关的，还存在一种所谓的独立性（可分性）学说。根据该学说，仲裁条款与其所在的主合同相互独立。⑦ 各国仲裁法普遍对此进行了认可。⑧ 在该学说支持下，仲裁庭既能维持对争议的管辖权，

---

① Häberlein, *Unwilligkeit im nationalen und internationalen Schiedsverfahren*, S. 23；Kröll, NJW 2001, 1173 (1178)；Gaillard, in: van den Berg (ed.), *International Council for Commercial Arbitration*, p. 164.

② Hacking, Arbitration 65 (1999), 180 (183).

③ Schlosser, *Das Recht der internationalen privaten Schiedsgerichtsbarkeit*, Rn. 546.

④ 譬如在保加利亚（第 20 条），尼日利亚（第 12 条），埃及（第 22 条），阿曼（第 22 条），参阅 Sanders, *Quo Vadis Arbitration? Sixty Years of Arbitration Practice*, p. 109.

⑤ UN-Doc. A/40/17, para. 163；Holtzmann/Neuhaus, *A Guide to the UNCITRAL Model Law*, p. 487.

⑥ Sanders, *Quo Vadis Arbitration? Sixty Years of Arbitration Practice*, p. 109.

⑦ Lionnet/Lionnet, *Handbuch der internationalen und nationalen Schiedsgerichtsbarkeit*, S. 181.

⑧ 所有的《示范法》国家都完整接受了以学说为基础的《示范法》第 16 条第 1 款第 2 句的规定；参阅 Binder, *International Commercial Arbitration and Conciliation in UNCITRAL Model Law Jurisdictions*, Rn. 4 -010, 12 -016. 非《示范法》国家中，见荷兰《民事诉讼法》第 1053 条，瑞士《联邦国际私法》第 178 条第 3 款，英国《1996 年仲裁法》（*Arbitration Act 1996*）第 7 条，瑞典《仲裁法》（*Arbitration Act 1999*）第 3 条；在法国见判例 Cass. le civ., 7 Mai 1963, Ets. Raymond Gosset v. Carapelli, Rev. crit. DIP 615 (1963)；在美国见判例 Prima Paint Corp. v. Flood & Conklin, Mfg. Co., 388 US 395 = 87 S. Ct. 1801 (1967)。参阅 Sanders, *Quo Vadis Arbitration? Sixty Years of Arbitration Practice*, pp. 174 – 176；Fouchard/Gaillard/Goldman, *On International Commercial Arbitration*, para. 398 – 405.

还能对所涉及的主合同效力进行自由判断。①

　　虽然大多数国家在仲裁法改革过程中，都授予仲裁庭对仲裁程序自主管理的职权，② 然而对于那些涉及国家权力的司法行为，仲裁庭依然不能在仲裁程序中自行实施。③ 例如，仲裁庭不能强行要求证人出庭作证，也无权接受宣誓或替代宣誓的担保。④ 因此，许多国家的立法都规定仲裁庭有权申请法院协助取证。⑤ 还有一些国家的法律扩大了仲裁庭在收集证据方面的职权：比如在德国、日本、奥地利，仲裁员可以参与法院的调查证据工作，并可以提出问题；⑥ 在匈牙利、西班牙和韩国，法院"应当"（而不是《示范法》第27条规定的"可以"）给予证据调查方面的司法支持。因此，法院基本上要受仲裁庭决定的约束。⑦ 出于上述同样的原因，临时性或保全措施也必须通过国家法院执行。⑧ 然而，由仲裁自行作出临时性或保全措施的职权如今越来越多地得到认可，而过去这些措施只能由法院作出。⑨ 在《示范法》国家中，除了泰国外，其他国家都授权仲裁庭

---

① Schlosser, *Das Recht der internationalen privaten Schiedsgerichtsbarkeit*, Rn. 392；Lionnet/Lionnet, *Handbuch der internationalen und nationalen Schiedsgerichtsbarkeit*, S. 183.

② 见《示范法》第19条第2款；法国《民事诉讼法》第1464条第1款；瑞士《联邦国际私法》第182条第2款；英国《1996年仲裁法》（*Arbitration Act 1996*）第34条第1款；瑞典《仲裁法》（*Arbitration Act 1999*）第21条。

③ Schütze, *Schiedsgericht und Schiedsverfahren*, Rn. 99.

④ Hußlein-Stich, *Das UNCITRAL-Modellgesetz über die internationale Handelsschiedsgerichtsbarkeit*, S. 136；Lew/Mistelis/Kröll, *Comparative International Commercial Arbitration*, para. 15 – 42.

⑤ 除了伊朗、约旦和百慕大之外，所有其他《示范法》国家都赋予了仲裁庭《示范法》第27条所规定的职权；参见 Binder, *International Commercial Arbitration and Conciliation in UNCITRAL Model Law Jurisdictions*, Rn. 12 – 027。在一些非《示范法》国家也有相类似规定，如瑞士（《联邦国际私法》第184条第2款），英国（《1996仲裁法》第44条第2款），巴西（《仲裁法》第22条）；参阅 Lew/Mistelis/Kröll, *Comparative International Commercial Arbitration*, para. 22 – 96 Fn. 97。

⑥ 见德国《民事诉讼法》第1050条第3句；日本《仲裁法》（*Arbitration Law 2003*）第35条第5款；奥地利《民事诉讼法》第602条。

⑦ 见匈牙利《仲裁法》（*Act LXXI of 1994 on Arbitration*）第37条；西班牙《仲裁法》（*Arbitration Act 2003*）第33条；韩国《仲裁法》（*Arbitration Act 1999*）第28条；参阅 Binder, *International Commercial Arbitration and Conciliation in UNCITRAL Model Law Jurisdictions*, Rn. 5 – 160, 12 – 027.

⑧ 有关术语参阅 Fouchard/Gaillard/Goldman, *On International Commercial Arbitration*, para. 1303；Redfern/Hunter, *Law and Practice of International Commercial Arbitration*, Rn. 7 – 11.

⑨ 许多国家，如瑞士、德国、奥地利、希腊、韩国等，都是首次在其仲裁法中明确规定这种决定权；参阅 Lew/Mistelis/Kröll, *Comparative International Commercial Arbitration*, para. 23 – 10；Fouchard/Gaillard/Goldman, *On International Commercial Arbitration*, para. 1315.

作出临时措施的决定。① 一些非《示范法》国家，如瑞士和瑞典，也授予仲裁庭可以作出临时救济措施决定的职权。② 1985 年《示范法》没有对执行临时性措施作出规定，并有意识地把该问题留给各国立法。③ 在吸纳《示范法》过程中，有 26 个国家明确了法院强制执行临时措施的规定。④ 在瑞士，《联邦国际私法》第 183 条第 2 款规定了当事人不自动履行临时措施决定时，仲裁庭可提请有关法院予以强制执行，而法院适用本国法律予以执行。英国《1996 年仲裁法》第 42 条第 1 款规定，法院可以发出裁定要求当事人遵守仲裁庭作出的 "强制令"（peremptory order）。⑤ 联合国国际贸易法委员会注意到了有关国家立法对《示范法》的超越，并积极推动一种 "统一的并可广泛接受的示范立法制度来管辖仲裁庭所准予采取的临时措施及其执行，以及法院为支持仲裁而下令采取的临时措施"⑥。在 2006 年 7 月 7 日联合国国际贸易法委员会第三十九届会议上，《示范法》

---

① 根据泰国《仲裁法》（*Arbitration Act B. E. 2545 2002*）第 16 条，只有法院有作出临时措施命令的职权；对于其他国家，见 Binder，*International Commercial Arbitration and Conciliation in UNCITRAL Model Law Jurisdictions*，Rn. 12 - 017；对于最近接纳《示范法》的国家，见奥地利《民事诉讼法》（2006）第 591 条；柬埔寨《商事仲裁法》（*Commercial Arbitration Law 2006*）第 25 条；丹麦《2005 年仲裁法》（*Arbitration Act 2005*）第 17 条；挪威《仲裁法》（*Arbitration Act 2004*）第 19 条；菲律宾《2004 年替代性争议解决法》（*Alterative Dispute Resolution Act of 2004*）第 28 条；波兰《民事诉讼法》（2005）第 1181 条之第 1；土耳其《国际仲裁法》（*International Arbitration Law 2001*）第 6 条第 2 款。

② 例如，瑞士《联邦国际私法》第 183 条第 1 款；瑞典《仲裁法》（*Arbitration Act 1999*）第 25 条第 4 款；根据英国《1996 年仲裁法》（*Arbitration Act 1996*）第 38 条，当事人必须对该职权进行明确约定。

③ 《示范法》第 27 条草案第二稿最后一句曾包含有执行临时保全措施的内容："If enforcement of any such interim measure becomes necessary, the arbitral tribunal may request ［a competent court］［the Court specified in article V（Art. 6 in the final text）］to render executory assistance."见 UN-Doc. A/CN. 9/WG. II/WP. 40, Art. XIV. 但该条款在最终稿中没有被接纳，起草者的理由是应该把这个问题留给各国程序法来处理；参阅 UN-Doc. A/CN. 9/245，para. 72.

④ 参阅 Binder，*International Commercial Arbitration and Conciliation in UNCITRAL Model Law Jurisdictions*，Rn. 4 - 037, 12 - 017；新的《示范法》国家，如奥地利（《民事诉讼法》第 591 条第 3 款），菲律宾［《2004 年替代性争议解决法》（*Alterative Dispute Resolution Act of 2004*）第 29 条］，波兰（《民事诉讼法》第 1181 条之第 3），土耳其［《国际仲裁法》（*International Arbitration Law*）第 6 条第 3 款］。

⑤ Lew/Mistelis/Kröll，*Comparative International Commercial Arbitration*，para. 23 - 85；Sanders，*Quo Vadis Arbitration? Sixty Years of Arbitration Practice*，p. 273；Anselm，*Der englische Arbitration Act 1996：dargestellt und erläutert anhand eines Vergleichs mit dem SchiedsVfG 1997*，S. 146.

⑥ UN-Doc. A/61/17, para. 88.

有关临时措施规定的修改意见得以通过。① 鉴于《示范法》修改内容被各国进一步吸纳，② 仲裁庭在临时措施方面的自治权以及法院在这方面对仲裁庭的支持得到了加强。

根据《示范法》第34条第4款规定，法院可以根据一方当事人请求中止撤销程序，以便仲裁庭重新仲裁，从而消除撤销仲裁的事由。以前，交由仲裁庭重新仲裁（remission）的规定在普通法国家比较常见，③ 但随着吸纳《示范法》的国家逐渐增多，这一法律制度在欧洲大陆法系国家也流行开来。④ 尽管重新仲裁在实践上的必要性常常受到质疑，⑤ 然而该制度仍存在优点，即仲裁庭在采取合适措施选择时有较大的自由裁量权，以便对程序问题（经常表现为因送达对法定听审权利的损害）进行修复。⑥

总之，可以确信，以上所述仲裁庭自治权的扩大，很大程度源自国家立法机关对仲裁的认可，以及法院对仲裁的加大支持。其中，法律政治方面的考量发挥了至关重要的作用。

---

① UN-Doc. A/61/17, para. 181；详细讨论见本书第二章第二节。

② 自2006年以来又有20余个国家或独立法域吸纳了《示范法》修改后的条款，详细列表见联合国贸法会网站 http://www.uncitral.org/uncitral/zh/uncitral_texts/arbitration/1985Model_arbitration_status.html。

③ 特别是英国（第68条第3款）；其他国家参见 Lew/Mistelis/Kröll, *Comparative International Commercial Arbitration*, para. 25 – 62 Fn. 114.

④ 以前，重新仲裁制度在欧洲大陆国家被认为是不合适的，因为作出仲裁裁决就意味着仲裁协议已经不复存在，见 Hußlein-Stich, *Das UNCITRAL-Modellgesetz über die internationale Handelsschiedsgerichtsbarkeit*, S. 188；但随着对《示范法》第34条第4款的吸纳，重新仲裁制度在许多国家得以引入，见 Binder, *International Commercial Arbitration and Conciliation in UNCITRAL Model Law Jurisdictions*, Rn. 12 – 034；该书未列明的新近接受《示范法》的国家还有：柬埔寨 [《商事仲裁法》（*Commercial Arbitration Law 2006*）第44条第4款]，丹麦 [《2005年仲裁法》（*Arbitration Act 2005*）第37条第5款]，挪威 [《仲裁法》（*Arbitration Act 2004*）第44条第3款]，菲律宾 [《2004年替代性争议解决法》（*Alterative Dispute Resolution Act of 2004*）第19条]，波兰（《民事诉讼法》第1209条之第1）；德国《民事诉讼法》第1059条第4款对《示范法》第34条第4款有所修改，规定法院在撤销程序中，可以在适当情形并根据一方当事人请求要求仲裁庭重新仲裁，但并不中止撤销程序。

⑤ 然而，也有超过10个国家和独立法域在吸纳《示范法》时没有引入第34条第4款所规定的重新仲裁制度，例如在奥地利，基于绝大多数撤销仲裁裁决之诉与仲裁协议有瑕疵有关，所以重新仲裁制度就没被考虑引入该国民事诉讼法；参阅 Oberhammer, *Entwurf eines neuen Schiedsverfahrensrechts*, S. 139；对此更多的论据见 Saucken, *Die Reform des Österreichischen Schiedsverfahrensrechts*, S. 331.

⑥ UN-Doc. A/CN. 9/245, para. 154 f.

（四）当事人与法庭之间的法律关系

根据仲裁协议以及当事人向法院的申请，当事人和法院之间会在确认仲裁协议效力、指定和替换仲裁员、推动仲裁程序、撤销仲裁裁决，以及承认和执行仲裁裁决等方面形成相应的法律关系。

法院的"指示提交仲裁"，① 主要由《日内瓦条约》第4条第1款、《纽约公约》第2条第3款以及《示范法》第8条第1款衍化而来，② 该规定在各国仲裁法改革中得到普遍的接受。与《示范法》条文款相比，一些《示范法》国家（如埃及、阿曼和斯里兰卡）的仲裁法规定，法院甚至不考虑对仲裁协议的无效、不能执行和不可履行进行审查，而直接要求当事人将纠纷提交仲裁。③ 在英国，根据《1975年仲裁法》（Arbitration Act 1975），只有当法院确信当事人就仲裁协议实际上不存在任何争议时，才可以拒绝仲裁当事人中止诉讼程序的请求，从而继续进行审理。而新的《1996年仲裁法》就不再有类似的规定，取消的主要理由是该规定往往会被被告滥用，从而制造程序障碍。④ 新法第9条第4款中有关程序终止（stay of proceeding）理由的规定，如无效、不能执行和不可履行（null and void, inoperative, or incapable of being performed），与《纽约公约》第1条第3款和《示范法》第8条第1款保持了一致。如今在多数国家司法实践中，只有当被告基于仲裁协议提出管辖异议时（依申请原则），仲裁协议才能产生排除诉讼程序效果。⑤ 因此可以得出，在放弃仲裁协议问题上，双方当事人均具有意思自治（原告通过起诉、被告通过默示行为表示接受）。⑥ 只有在瑞士（《联邦国际私法》

---

① 表述也有所不同：在英国和加拿大仲裁法中常被称为诉讼程序中止（stay of court proceedings），在德国、瑞士和奥地利又被称为因不合法而驳回起诉（Abweisung/Ablehnung/Zurückverweisung der Klage）。

② Van den Berg, *The New York Arbitration Convention of 1958*, S. 128 – 132.

③ Binder, *International Commercial Arbitration and Conciliation in UNCITRAL Model Law Jurisdictions*, Rn. 2 – 086.

④ 见英国《1996年仲裁法》（Arbitration Act 1996）第9条第4款，另见 Weigand, *Practitioner's Handbook on International Arbitration*, Part 1 Rn. 101.

⑤ 例如，法国《民事诉讼法》第1448条第2款；德国《民事诉讼法》第1032条第1款；有关其他国家和国际公约见 Schlosser, *Das Recht der internationalen privaten Schiedsgerichtsbarkeit*, Rn. 400；Fouchard/Gaillard/Goldman, *On International Commercial Arbitration*, para. 669 f.；《示范法》第8条第1款也反映了这种国际上通行的观点，见 Hußlein-Stich, *Das UNCITRAL-Modellgesetz über die internationale Handelsschiedsgerichtsbarkeit*, S. 44.

⑥ Weigand, *Practitioner's Handbook on International Arbitration*, Part 1 Rn. 103；Fouchard/Gaillard/Goldman, *On International Commercial Arbitration*, para. 669.

第7条）和中国（《仲裁法》第5条）的仲裁法改革中，法律规定法院必须审查（依职权原则）是否存在仲裁协议，并判断是否具有管辖权。① 法院在较早阶段对仲裁协议予以承认的好处是，在以后的司法程序中，法院对仲裁协议的审查会在很大程度上受到限制。同时，基于诚实信用或禁止反言原则，诉讼中的被告以存在有效仲裁协议为由提起法院管辖权异议，就不得在以后的程序中再以仲裁协议无效提出异议。② 此外，肯定或否定一个仲裁异议也可能对其他法院产生约束力。③

在司法监督与支持关系上，近几十年的仲裁法改革清楚地表明，在仲裁程序开始之前或仲裁程序进行期间，法院的参与更主要地承担一种协助功能。立法机关在规定有关支持措施上十分开明，主要遵循"放手主义"。④ 无论是开始仲裁之前或之后的临时措施的执行，还是指定和更换仲裁员，以及通过司法行为开展调查取证，都在大多数国家仲裁法中得到认可，⑤ 法院更像是一个接力赛中的一棒"relay racer"，⑥ 把受到危险或阻碍的仲裁程序"重新带到正确的轨道上"。⑦ 譬如，瑞士《联邦国际私法》第185条就作出概括性规定，进一步赋予法官在仲裁辅助功能方面的职权。⑧ 英国《1996年仲裁法》改革中，立法者也明确规定，法院参与进行中的仲裁程序的目的仅限于司法支持。⑨

---

① 根据瑞士《联邦国际私法》第7条字母a，只有在特殊情况下，即被告对程序无条件表示认可，法院才享有管辖权；见 Schlosser, *Das Recht der internationalen privaten Schiedsgerichtsbarkeit*, Rn. 400. 根据我国《仲裁法》第26条，也同样存在例外情形。

② 参阅联合国贸法会对《示范法》条文草案的分析性评注："似乎很明显，第8条（1）规定不允许该当事人在其后的法院诉讼程序过程中援引仲裁协议"；见 *UN-Doc. A/CN. 9/264*, Art. 8, para. 4；另见 Schwab/Walter, *Schiedsgerichtsbarkeit*, Kap. 7 Rn. 4.

③ 德国的情形见 Schwab/Walter, *Schiedsgerichtsbarkeit*, Kap. 7 Rn. 9. 在瑞士，如果仲裁地在外国，法院应当对仲裁协议效力不受限制地进行全面审查；见 Walter, ZZPInt 6（2001），347（350 f.）.

④ Schlosser, *Das Recht der internationalen privaten Schiedsgerichtsbarkeit*, Rn. 586.

⑤ 见《示范法》第9条、第11条和第27条；瑞士《联邦国际私法》第183条第2款、第179条第2款和第184条；英国《1996年仲裁法》（*Arbitration Act 1996*）第18条、第44条。

⑥ Redfern/Hunter, *Law and Practice of International Commercial Arbitration*, Rn. 7 – 05.

⑦ Redfern/Hunter, *Law and Practice of International Commercial Arbitration*, Rn. 7 – 01；Rosenberg/Schwab/Gottwald, *Zivilprozessrecht*, § 182 Rn. 1.

⑧ 例如针对延长期限和过分拖延程序的裁定；参阅 Blessing, "Das neue internationale Schiedsgerichtsrecht der Schweiz", in：Böckstiegel（Hrsg.）, *Die internationale Schiedsgerichtsbarkeit in der Schweiz（II）*, S. 13（58）；Blessing, JIntArb 5（1988），9（52）.

⑨ See "Departmental Advisory Committee on Arbitration Law-1996 Report on the Arbitration Bill（The 1996 DAC Report）", para. 22, in：*Arb. Int'l* 13（2006），275（280）.

法院的监督职能主要表现在撤销仲裁裁决程序，以及承认和执行仲裁裁决程序中。如前所述，由于仲裁程序独立于国家的司法体系，除非涉及违反实体法上的公共秩序（ordre public），司法监督主要体现在程序事项方面，一般不扩展到实体法适用和解释（révision au fond）。[①] 在国际商事仲裁中，禁止对仲裁裁决采取实体审查的原则，已在各国仲裁法改革中得到普遍认可。[②] 例如，随着瑞士《联邦国际私法》的生效，1969 年瑞士《各州间仲裁协定》（第 36 条字母 f）所规定的任意上诉就被删除。[③] 在波兰，旧法中作为撤销仲裁裁决理由之一的"仲裁裁决前后矛盾"，也被新仲裁法删除。[④] 在英国，尽管被作为传统特色的"法律观点上诉"（appeal on a point of law），仍然被《1996 年仲裁法》保留下来（第 69 条第 1 款），[⑤] 但与旧法所不同的是，当事人可以无限制地通过协议对仲裁裁决的司法审查加以排除。[⑥]

　　近年来，随着《示范法》的规定正被逐步扩展适用于国内程序，[⑦] 有关撤销和不执行国内仲裁裁决的理由也被限制在《纽约公约》的标准之内。[⑧] 例如在西班牙的改革中，通过吸纳《示范法》，旧法中作为撤销仲裁裁决理由之一的有关超过约定期限作出仲裁裁决规定，已经被删除。[⑨] 在

[①]　Schütze, *Schiedsgericht und Schiedsverfahren*, Rn. 97; Weigand, *Practitioner's Handbook on International Arbitration*, Part 1 Rn. 108.

[②]　见《示范法》第 34 条第 2 款字母 a 和第 36 条第 1 款字母 a；法国《民事诉讼法》第 1520 条第 1—4 项；瑞士《联邦国际私法》第 190 条第 2 款字母 a—d。

[③]　Blessing, JIntArb 5（1998），9（69 f.）; Weigand, *Practitioner's Handbook on International Arbitration*, Part 1 Rn. 115 Fn. 131.

[④]　有关区别可对比波兰民事诉讼法旧法第 712 条和新法第 1206 条规定。

[⑤]　该规定的起源参阅 Anselm, *Der englische Arbitration Act 1996: dargestellt und erläutert anhand eines Vergleichs mit dem SchiedsVfG 1997*, S. 199 – 201；亦见于 Haas, ZZPInt（1997），409（431）.

[⑥]　英国《1979 年仲裁法》（*Arbitration Act 1979*）曾作出过规定，当事人可以根据书面协议排除对仲裁裁决上诉，然而该规定不适用于国内仲裁程序，也不适用于国际仲裁程序中的"商品，保险和船运"案件。见 Lionnet/Lionnet, *Handbuch der internationalen und nationalen Schiedsgerichtsbarkeit*, S. 427.

[⑦]　有超过 30 个国家的仲裁法不再区分国内和国际仲裁程序，见本书附录 1。

[⑧]　见《纽约公约》第 5 条；《示范法》第 34 条第 2 款和第 36 条第 1 款与《纽约公约》第 5 撤销理由相一致；参阅 Holtzmann/Neuhaus, *A Guide to the UNCITRAL Model Law*, p. 915, 1055.

[⑨]　对比西班牙仲裁法旧法第 45 条第 3 款和《2003 年仲裁法》（*Arbitration Act 2003*）第 41 条；亦见 Lew/Mistelis/Kröll, *Comparative International Commercial Arbitration*, para. 25 – 42.

有的国家，当事人甚至可以通过约定完全或部分地排除撤销仲裁裁决。①

还有些国家设置了针对法院裁定撤销仲裁裁决的上诉机制。② 然而，在大多数的仲裁法改革中，这些法律救济措施受到了严格限制。例如，根据德国《民事诉讼法》第 1065 条第 1 款第 1 句，只有下列情形法院才裁定准许上诉：有关确认仲裁程序合法或不合法，以及判断仲裁庭是否具有管辖权；撤销仲裁裁决或宣告仲裁裁决可执行，以及撤销可执行宣告。③在瑞士，由于瑞士联邦法院既是仲裁监督法院，又是唯一的上诉机构（瑞士《联邦国际私法》第 91 条），因此该院裁定为终局裁定，也不存在上诉。在西班牙，根据《2003 年仲裁法》第 42 条第 2 款，针对撤销仲裁裁决的上诉也被禁止。

此外，由于各国在仲裁法改革中，普通接受了《示范法》第 5 条或英国《1996 年仲裁法》第 1 条字母 c 中所确立的法院只能就仲裁法明确规定的事项行使职权。因此，通过各国仲裁法改革，国家法院对仲裁的干预职权受到了严重限制。

因此结论是，通过各国仲裁法改革，国家法院对仲裁的干预职权受到了严重限制。

---

① 例如，瑞士《联邦国际私法》第 192 条；突尼《斯仲裁法》（*Arbitration Code*）第 192 条第 6 款；瑞典《仲裁法》第 51 条；在比利时，根据原《司法法》（*Code judiciaire*）第 1717 条第 4 款，申请撤销国际仲裁裁决被绝对排除；1998 年改革后，则允许当事人在仲裁协议中明确约定或在以后的程序中约定，以排除申请撤销仲裁裁决；参阅 Sanders, Arb. Int'l 11 (1995), 1 (23); Sanders, *Quo vadis arbitration?* pp. 346 - 348.

② 各国情况参阅 Weigand (ed.), *Practitioner's handbook on international arbitration*, Part. 4 C Rn. 209 (法国), Part. 4 E Rn. 337 (意大利), Part. 4 F Rn. 305 (荷兰), Part. 4 J Rn. 240 (美国).

③ 见《德国仲裁法草案政府立法说明》，BT-Drucks. 13/5274 vom 12. Juli 1996, S. 65.

第二章　仲裁立法改革中的国际化趋势

第一节　国际仲裁法律协调化和统一化历程

随着战后国际经贸投资的快速发展、经济全球化的进一步深入，各国在制定本国仲裁法律制度时，"国际化"就成为特别需要考量的因素。[1] 各国立法机关对国际化的重视，为国际商事仲裁法律制度的不断协调和统一提供了条件。[2] 各国仲裁法的不断协调和统一主要是通过国家间的密切合作而完成的。特别是通过制定和传播《联合国国际贸易法委员会国际商事仲裁示范法》、仲裁领域的国际公约、国际双边和多边条约，以及那些包括仲裁规定的贸易和投资领域的国际公约，使得各国仲裁立法呈现出高度协调的态势，[3] 甚至在一定区域内一些国家的仲裁法实现了统一。

---

[1] Gottwald, *Internationale Schiedsgerichtsbarkeit*, S. 18；Lew, *Contemporary Problems in International Arbitration*, p. 1. 对该问题的集中讨论参见 Hunter/Marriott/Veeder（ed.），*The Internationalisation of International Arbitration*.

[2] 有关法制协调和统一的表述往往可以互换使用。然而，法制协调更强调对法律概念以及法律原则等在理解上的一致性。相比而言，法制统一则更追求促进各种规则规定的同一性。由于法制统一的目标在各国立法程序上存在较大的困难，所以不那么雄心勃勃的法制协调目标更易于实现，联合国贸法会的各种示范法就是很好的例子。参阅 David, *International Encyclopedia of Comparative Law*, Vol. II（*The Legal System of the world：Their Comparison and Unification*），Chapter 5, *The International Unification of Private Law*, para. 89；Lynch, *The Forces of Economic Globalization：Challenges to the Regime of International Commercial Arbitration*, p. 198.

[3] Weigand, *Practitioner's Handbook on International Arbitration*, Part 1 para. 74.

一 通过国家间合作促成仲裁法制协调化和统一化趋势

（一）在全球层面上

1. 起源：1923 年《日内瓦议定书》和 1927 年《日内瓦协议》

第一个现代意义上的国际商事仲裁条约是 1923 年 9 月 24 日制定的《日内瓦仲裁条款议定书》（以下简称《日内瓦协定书》）。① 该条约是由当时刚成立的国际商会（ICC）提议，通过国际联盟批准颁布的。② 1923 年《日内瓦议定书》首次规定了生效仲裁协议的国际效力。③ 但是，《日内瓦议定书》仅适用于各缔约国内提交仲裁的法律主体。此外，由于规定有缔约国商事保留限制，《日内瓦议定书》的适用受到了进一步的限制。④

四年后，国际联盟又于 1927 年 9 月 26 日制定批准了《关于执行外国仲裁裁决的日内瓦协议》（以下简称《日内瓦协议》）。⑤ 1927 年《日内瓦协议》要求各缔约国原则上应当相互承认和执行仲裁裁决。但是，该协议第 1 条第 2 款字母 d 又同时规定，当事人必须先在仲裁裁决作出国获得可强制执行裁定。这种"双重授权"机制往往被认为是昂贵和费时的。⑥ 可以说，上述两个公约是仲裁协议和仲裁裁决在国际范围内获得承认和执行的第一步。⑦

2. 1958 年《纽约公约》

两个日内瓦公约所存在的不足，最终导致了 1958 年 6 月 10 日《承认与执行外国仲裁裁决公约》（即《纽约公约》）的颁布。⑧ 建议制定一个新

---

① Redfern/Hunter, *Law and Practice of International Commercial Arbitration*, para. 1 – 144；有关缔约国参见 Schlosser, in：*Stein/Jonas*, ZPO, Anhang § 1061.

② Van den Berg, *The New York Arbitration Convention of 1958*, p. 6.

③ 《日内瓦议定书》第 1 条第 1 款。

④ 《日内瓦议定书》第 1 条。参阅 Redfern/Hunter, *Law and Practice of International Commercial Arbitration*, para. 1 – 145.

⑤ 有关缔约国参见 Schlosser, in：*Stein/Jonas*, ZPO, Anhang § 1061.

⑥ Schlosser, *Das Recht der internationalen privaten Schiedsgerichtsbarkeit*, Rn. 55；Redfern/Hunter, *Law and Practice of International Commercial Arbitration*, para. 1 – 146, 10 – 22.

⑦ Redfern/Hunter, *Law and Practice of International Commercial Arbitration*, para. 1 – 146.

⑧ Schlosser, *Das Recht der internationalenprivatenSchiedsgerichtsbarkeit*, Rn. 56；Mustill, *JIntArb 6 1989*, 43（49）.

的关于执行国际商事仲裁裁决的公约依然是由国际商会所发起。① 1953
年，国际商会向联合国提交了一份有关国际商事仲裁的整体解决方案草
案，不仅包括仲裁庭的组成，还包括仲裁程序的具体规定。② 按国际商会
的初衷，国际商事仲裁只应根据国际公约开展，从而排除国内法干预。然
而这种理念并没有被大多数国家所接受。③ 联合国经济和社会理事会
（ECOSOC）于 1955 年也提交了一份草案，该草案与国际商会草案存在着
明显差异，更接近于上述两个日内瓦公约。④ 最终，两份草案达成妥协。
最终版本从文本上更接近于国际商会的草案，但内容主要限于仲裁协议效
力和裁决的承认与执行。此外，通过建立国际商事仲裁与国内法的联系，
国际商会原本提出的国际商事仲裁完全独立于国内法的主张也因此受到了
限制。在 1958 年 5 月 20 日—6 月 10 日召开的国际商事仲裁会议上，国际
商会提议采用"国际仲裁裁决"的表述也没有获得与会代表的支持。⑤

　　《纽约公约》建立在两个日内瓦公约基础上，并根据第 7 条第 2 款取
代上述两个公约。与两个日内瓦公约相比，《纽约公约》向前迈进了一大
步。首先，《纽约公约》的适用范围比两个日内瓦公约更广。只要缔约国
没有根据《纽约公约》第 1 条第 3 款第 1 句宣布互惠保留，非缔约国制作
的仲裁裁决也会得到承认和执行。⑥ 通过将举证责任由胜诉方转嫁给败诉
方，《纽约公约》所建立的获得承认和执行外国仲裁裁决的方式更为有
效。⑦ 由于在第 3 条第 1 句规定了缔约国的承认义务，有关《日内瓦协议》
的双重授权问题也得到了解决。此外，在有效仲裁协议前提下，《纽约公
约》对仲裁协议排除法院管辖权的效果也比《日内瓦议定书》更广泛，对
仲裁协议的形式要求也作出了统一的规定。按照国际商会的建议，当事人

① Schlosser, *Das Recht der internationalenprivatenSchiedsgerichtsbarkeit*, Rn. 57；Redfern/Hunter, *Law and Practice of International Commercial Arbitration*, para. 1 – 147.

② Van den Berg, *The New York Arbitration Convention of 1958*, p. 7.

③ Ibid.

④ Schlosser, *Das Recht der internationalenprivatenSchiedsgerichtsbarkeit*, Rn. 57；Van den Berg, *The New York Arbitration Convention of 1958*, p. 7.

⑤ Van den Berg, *The New York Arbitration Convention of 1958*, p. 8；Schlosser, *Das Recht der internationalen privaten Schiedsgerichtsbarkeit*, Rn. 57；Fouchard/Gaillard/Goldman, *On International Commercial Arbitration*, para. 254.

⑥ Van den Berg, *The New York Arbitration Convention of 1958*, p. 8 f.

⑦ Redfern/Hunter, *Law and Practice of International Commercial Arbitration*, para. 1 – 147；Van den Berg, *The New York Arbitration Convention of 1958*, p. 9.

应有权自由协商确定仲裁庭的组成和仲裁程序，该原则也通过《纽约公约》第5条第1款字母 d 所确认。这与《日内瓦协议》相比是一个很大的进步。因为根据《日内瓦协议》，外国仲裁裁决要得到承认和执行，有关仲裁庭组成和开展仲裁程序必须根据仲裁地法进行。①

如今，《纽约公约》已成为当今国际商事仲裁领域最重要的国际公约和最成功的制度工具。② 它也许是迄今为止国际商事法律中最有效的国际立法范例。③ 截至目前，有超过 140 个国家和地区加入了《纽约公约》。④《纽约公约》中对仲裁协议的规定，对仲裁裁决效力的规定，以及对拒绝承认和执行仲裁裁决原因的规定，已经成为全球仲裁立法的标杆。

然而，由于信息时代的来临，电子商务的快速发展，《纽约公约》中许多条款（特别是对仲裁协议的书面要求规定）显得已经落伍。但同时，由于缔约国数量庞大，以及各国批准公约程序复杂，又使得《纽约公约》的改革十分艰难。⑤ 于是，采取不修改《纽约公约》，而是对公约条款不同解释进行统一协调的方法，受到了各缔约国的欢迎。2006 年 7 月 6 日，联合国国际贸易法委员会第 39 次会议通过决议，决议对《纽约公约》仲裁协议形式要件（第 2 条第 2 款）和最惠国待遇规则（第 7 条第 1 款）作出更为自由的解释。⑥ 通过这些措施，使《纽约公约》在国际商事仲裁领域继续发挥核心多边制度工具的作用。⑦

3. 1976 年联合国贸法会示范仲裁规则

由于《纽约公约》的目标在于仲裁裁决的执行，因此对各国国内仲裁法制的协调效果是有限的。20 世纪下半叶以来，随着国际贸易不断增长，

---

① Van den Berg, *The New York Arbitration Convention of 1958*, p. 8.

② Redfern/Hunter, *Law and Practice of International Commercial Arbitration*, para. 1 – 147; Annan, "Opening Address Commemorating the Successful Conclusion of the 1958 United Nations Conference On International Commercial Arbitration", in: United Nations (ed.), *Enforcing Arbitration Awards Under the New York Convention: Experience and Prospect*, p. 1 (2).

③ Mustill, *JIntArb 1989*, 43 (49).

④ 缔约国列表见联合国国际贸易法委员会网站 www. uncitral. org/uncitral/en/uncitral_ texts/arbitration/ NYConvention _ status. html。

⑤ 有关讨论见 Fouchard/Gaillard/Goldman, *On International Commercial Arbitration*, para. 272; Lynch, *The Forces of Economic Globalization: Challenges to the Regime of International Commercial Arbitration*, p. 140.

⑥ UN-Doc. A/61/17 (Supp), Annex II.

⑦ Schlosser, *Das Recht der internationalen privaten Schiedsgerichtsbarkeit*, Rn. 56.

各国纷繁复杂的仲裁法律所带来的不确定性，越来越成为解决国际贸易纠纷的一个不利因素。① 1973 年，联合国国际贸易法委员会在其第六届会议上决定起草一部仲裁规则，以便于出现国际贸易争议后，由当事人进行临时仲裁时选择适用，从而减少不同仲裁法律制度差异所带来的问题。② 这份由联合国贸法会提交的仲裁规则草案，于 1976 年 12 月 15 日在联合国大会上得到通过，并被推荐给各国建议采用。③

　　由于联合国贸法会的中立性以及成员的广泛性，联合国贸法会所制定的仲裁规则往往能得到世界各地当事人，特别是来自发展中国家的当事人大量使用和广泛传播。④ 例如，联合国贸法会仲裁规则出台后不久，中美洲商事仲裁委员会（IACAC）就将该规则替代了自己原来制定的仲裁规则。⑤ 联合国贸法会仲裁规则还一度成为在海牙建立的伊朗—美国索赔仲裁庭程序规则。⑥ 2004 年的瑞士商会国际仲裁规则（Swiss Rules）也以联合国贸法会仲裁规则为基础。⑦ 许多仲裁机构也都允许当事人协议按照联合国贸法会仲裁规则开展仲裁程序。⑧ 联合国贸法会仲裁规则标志着联合国国际贸易法委员会在国际商事仲裁领域所进行的新的开拓，并对制定《示范法》产生重要影响。⑨

---

① Weigand, *Practitioner's Handbook on International Arbitration*, Part 1 para. 82.

② UN-Doc. A/9017, para. 85, 77.

③ UN-Doc. A/RES/31/98.

④ Sanders, The Harmonising Influence of the Work of UNCITRAL on Arbitration and Conciliation, in: Center for Transnational Law（ed.），*Understanding Transnational Commercial Arbitration*, p. 43（45）; Patocchi, UNCITRAL-Schiedsgerichtsordnung, in: Schütze（Hrsg.），*Institutionelle Schiedsgerichtsbarkeit*, Kap. XII. Rn. 7.

⑤ 仅在仲裁员指定程序上进行了修改，规定了该委员会指定仲裁员的权力。参阅 Fouchard/Gaillard/Goldman, *On International Commercial Arbitration*, para. 296; Sanders, TheHarmonising Influence of the Work of UNCITRAL on Arbitration and Conciliation, in: Center for Transnational Law（ed.），*Understanding Transnational Commercial Arbitration*, p. 43（46）.

⑥ Schlosser, *Das Recht der internationalen privaten Schiedsgerichtsbarkeit*, Rn. 187.

⑦ Stucki/Geisinger, Swiss and Swiss-based Arbitral Institutions, in: Kaufmann-Kohler/Stucki（ed.），*International Arbitration in Switzerland*, p. 181. 有关对该规则的评述见 Karrer, Internationale Schiedsordnung der Schweizerischen Handelskammern, in: Schütze（Hrsg.），*Institutionelle Schiedsgerichtsbarkeit*, S. 309 – 344, *The Swiss rules of international Arbitration*, ASA special series No. 22, 2004.

⑧ Sanders, The Harmonising Influence of the Work of UNCITRAL on Arbitration and Conciliation, in: Center for Transnational Law（ed.），*Understanding Transnational Commercial Arbitration*, p. 43（46）.

⑨ Sanders, The Harmonising Influence of the Work of UNCITRAL on Arbitration and Conciliation, in: Center for Transnational Law（ed.），*Understanding Transnational Commercial Arbitration*, p. 43（47 f.）.

4. 1985 年联合国贸法会仲裁《示范法》

联合国贸法会仲裁规则仅仅是一个国际组织推荐的仲裁规则。它只有经过当事人同意才能被适用，因此不具有法律强制约束力。① 因此，有必要对各国仲裁法律制度进一步协调。于是，《示范法》应运而生。1976 年，亚非法律协商委员会（AALCC，简称亚非法协）向联合国国际贸易法委员会建议，通过制定一个《纽约公约》附件的方式，以澄清当事人能够依据所适用的国内程序法而自由约定程序规则的问题。② 1978 年 9 月，在联合国贸法会与亚非法协、国际商会、国际商事仲裁委员会（ICCA）在巴黎召开的一次协商会议上，各方共同协商制定一部国际商事仲裁示范法。③ 1979 年，在巴黎召开的联合国国际贸易法委员会年会上各成员国达成一致，既不对《纽约公约》进行修改，也不再制定新的附件，而是拟定一个国际商事仲裁示范法草案。④ 联合国贸法会第二工作组（当时被称为国际合同惯例工作组，Working Group on International Contract Practices）开始于 1981 年具体承担《示范法》的拟定工作。⑤此后，在工作组举办的各种会议上，有众多来自发达国家与发展中国家的专家，以及国际商事仲裁领域的国际组织（如 ICC、ICCA、IBA 和 ILA）的代表参与了草案的起草。⑥ 1984 年 5 月，在洛桑召开的国际商事仲裁委员会（ICCA）大会上，工作组拟定的第五稿得到来自 39 个国家的 550 名专家细致的讨论。⑦ 随后通过的草案由联合国国际贸易法委员会提交联合国秘书长，并请求将其交由各国政府和有关国际组织提出意见。⑧ 根据有关反馈意见，最终文本被提交联合国国际贸易法委员会第 18 次会议，经过参加会议的来自 62 个国家和 18 个国际组织代表的讨论，最终于 1985 年 6 月 21 日得到通过。⑨

① Holtzmann/Neuhaus, *A Guide to the UNCITRAL Model Law*, p. 7.
② UN-Doc. A/CN. 9/127, Annex, para. 3; Holtzmann/Neuhaus, *A Guide to the UNCITRAL Model Law*, p. 9; Lionnet/Lionnet, *Handbuch der internationalen und nationalenSchiedsgerichtsbarkeit*, S. 130.
③ Holtzmann/Neuhaus, *A Guide to the UNCITRAL Model Law*, p. 9 f.
④ UN-Doc. A/34/17, para. 76 – 81.
⑤ UN-Doc. A/36/17, para. 70.
⑥ Huβlein-Stich, *Das UNCITRAL-Modellgesetz über die internationale Handelsschiedsgerichtsbarkeit*, S. 3.
⑦ Holtzmann/Neuhaus, *A Guide to the UNCITRAL Model Law*, p. 13. 对有关讨论的报告见 Sanders, *UNCITRAL's Project for a Model Law on International Commercial Arbitration*, ICCA Congress Series No. 2, p. 31 ff.
⑧ UN-Doc. A/39/17, para. 101.
⑨ UN-Doc. A/40/17, para. 10, 有关文本见该文件附件 I; 参阅 Holtzmann/Neuhaus, *A Guide to the UNCITRAL Model Law*, p. 13.

《示范法》的制定过程表明，它是业界对国际商事仲裁程序有关原则和规则达成普遍共识的结果。① 1985 年 12 月 11 日，联合国第 112 次全体会议通过决议，建议所有国家鉴于统一仲裁程序法的需要和国际商事仲裁实际执行的具体需要，在制定本国仲裁法时对国际商事仲裁《示范法》给予适当的考虑。② 这也使得所有国家有责任进行审视，本国仲裁法是否以及如何与《示范法》相匹配和融合。③ 因此，《示范法》对各国仲裁程序法的立法协调效果是显而易见的。迄今为止，根据联合国贸法会秘书处的统计，已经有超过 60 个国家将《示范法》吸纳为国内法，并被认定为"《示范法》国家"。④ 一些有仲裁传统的国家（如英国和瑞典）虽然有意识地没有吸纳《示范法》，但是在本国仲裁立法现代化进程中都特别顾及了《示范法》的规定。⑤ 《示范法》关于协调各国的仲裁程序法的目标，正随着越来越多的国家吸纳《示范法》而得以实现。

（二）在区域层面上

《纽约公约》、联合国贸法会的仲裁规则和《示范法》都属于联合国框架内的统一的法律体系，旨在通过全球合作，公平有效地解决国际商事纠纷。⑥ 此外，一些国家在区域层面上还专门就仲裁问题订立了条约。这些在特定经济区域方面的跨国合作，同样对国际仲裁程序法的统一化和协调化起到了重要作用。

1. 1961 年《欧洲公约》

《纽约公约》签署三年后，联合国欧洲经济委员会于 1961 年 4 月 21 日在日内瓦通过了国际商事仲裁《欧洲公约》。⑦ 《欧洲公约》的主要目的是尽可能减少国家法院对仲裁程序的干预，以推动东西方贸易。⑧ 该公约根据第 10 条第 8 款规定于 1964 年 1 月 7 日生效。截至 2008 年该公约已经

---

① Lionnet/Lionnet, *Handbuch der internationalen und nationalen Schiedsgerichtsbarkeit*, S. 131.

② UN-Doc. A/RES/40/72, para. 2.

③ Calavros, *Das UNCITRAL-Modellgesetz über die internationale Handelsschiedsgerichtsbarkeit*, S. 2.

④ 见本章第二节。

⑤ Weigand, *Practitioner's Handbook on International Arbitration*, Part 1 para. 85.

⑥ UN-Doc. A/RES/40/72, Präambel para. 4；Holtzmann/Neuhaus, *A Guide to the UNCITRAL Model Law*, p. 6.

⑦ 形成历史见 Schlosser, *Das Recht der internationalen privaten Schiedsgerichtsbarkeit*, Rn. 86；Fouchard/Gaillard/Goldman, *On International Commercial Arbitration*, para. 275.

⑧ Schlosser, *Das Recht der internationalen privaten Schiedsgerichtsbarkeit*, Rn. 85, 92.

有 30 个缔约国。① 与《纽约公约》不同的是，《欧洲公约》并不以仲裁裁决为出发点，而是以仲裁协议为基础。该公约仅适用于在订立合同时在缔约国有住所或惯常居住地的当事人。② 因此，仲裁地在公约适用上并不发挥任何作用。③《欧洲公约》作为国际性制度工具的创造性在于它首次对整个国际商事仲裁程序制定了具体规定。④ 无论从方法上还是从内容上，《欧洲公约》都有所突破，并对此后仲裁立法产生很大的影响。⑤

2. 1972 年《莫斯科公约》

1972 年 5 月 26 日，经济互助委员会（经互会）成员国在莫斯科通过了仲裁解决经济、科学和技术合作民事法律纠纷公约，该公约于 1973 年 8 月 13 日生效。到 1992 年，经互会的绝大多数成员都受到该公约约束。⑥ 经互会执委会还于 1974 年通过了一个统一仲裁规则，并推荐各成员国采用。该仲裁规则逐渐成为在被申请人所在国商会仲裁庭进行仲裁的程序基础。⑦ 但是东欧剧变后，该公约已被认为不再具有效力。⑧

3. 美洲国家间公约

拉丁美洲各国在仲裁领域的合作肇始于 1889 年的《蒙得维的亚条约》。⑨ 此后，1975 年 1 月 30 日在巴拿马召开的第一次美洲国际私法特别会议

---

① 一些西欧国家首先于 1962 年 12 月 17 日在巴黎签订了一份公约附件，就《欧洲公约》适用范围进行了规定。自 1988 年以来，有关缔约国的更新列表都会在国际商事仲裁年鉴第 V–B 部分出版。

② 见该公约第 1 条第 1 款。参阅 Schlosser, *Das Recht der internationalen privaten Schiedsgerichtsbarkeit*, Rn. 88；Schwab/Walter, *Schiedsgerichtsbarkeit*, Kap. 42, Rn. 15.

③ Fouchard/Gaillard/Goldman, *On International Commercial Arbitration*, para. 280.

④ Fouchard/Gaillard/Goldman, *On International Commercial Arbitration*, para. 27, 281.

⑤ Schlosser, *Das Recht der internationalen privaten Schiedsgerichtsbarkeit*, Rn. 86；Schlosser, *RIW 1982*, 857（861 f.）.

⑥ Fouchard/Gaillard/Goldman, *On International Commercial Arbitration*, para. 293.

⑦ 根据该公约，当事人对仲裁地的选择受到限制，仲裁地应为被申请人所在国。参阅 Horváth, *J. Int'l Arb. 11*（1994），5（6）.

⑧ Fouchard/Gaillard/Goldman, *On International Commercial Arbitration*, para. 293.

⑨ 1889 年 1 月 11 日在蒙得维的亚举行的第一次南美国际私法大会上，与会各国签署了《南美国家联盟有关程序法条约》（*Treaty Concerning the Union of South American States in Respect of Procedural Law*）。1940 年 3 月 19 日，同样在蒙得维的亚，第二次南美国际私法大会的各国代表签署了《国际程序法条约》（*Treaty on International Procedural Law*）。这种国际合作还包括美洲间《关于外国判决和仲裁裁决域外效力的公约》（*Inter-American Convention on Extraterritorial Validity of Foreign Judgments and Arbitral Awards*），该条约于 1979 年 5 月 8 日在蒙得维的亚召开的美洲间国际私法特别会议（CIDIP）上得以签署。参阅 Fouchard/Gaillard/Goldman, *On International Commercial Arbitration*, para. 294；有关《蒙得维的亚条约》和《巴拿马公约》之间的关系见 Kleinheisterkamp, *International Commercial Arbitration in Latin America*, p. 29.

（CIDIPI）上，美洲国家组织（OAS）各成员国通过了《美洲国际商事仲裁公约》（又称《巴拿马公约》）。① 该公约的许多条文（如第 1 条、第 4—6 条）都是根据《纽约公约》制定的。② 《巴拿马公约》和《纽约公约》的主要区别在于它还规定了诸多程序事项（如第 2 条和第 3 条）。③ 根据公约第 3 条，如果缺乏当事人对仲裁程序的明确约定，则适用美洲仲裁委员会（IAAC）仲裁规则，而该规则与联合国国际贸易法委员会的仲裁规则非常相似。通过这样一个条款，就绕过了对国内仲裁法的适用，从而达到仲裁程序与国际接轨的目标。④ 截至目前，已有约 20 个国家加入了该公约。⑤ 由于在 1975 年时只有四个拉丁美洲国家加入《纽约公约》，因此《巴拿马公约》在当时对拉丁美洲各国家仲裁法的协调起到非常重要的作用。

此外，在拉丁美洲南方共同市场框架下，有关仲裁法制协调的成效也是显著的。以推动自由贸易为目标，阿根廷、巴西、巴拉圭和乌拉圭等国签订了一系列"亚松森条约"。⑥ 1998 年 7 月，南方共同市场关于国际仲裁条约在布宜诺斯艾利斯签订，该公约于 2002 年 11 月 8 日生效。⑦ 条约涵盖了对整个仲裁程序的详细规定：从仲裁协议制度一直到仲裁裁决的司法审查。⑧ 在起草《南方共同市场条约》过程中，联合国贸易法委员会的仲裁《示范法》被充分予以参考。与《巴拿马公约》一样，在当事人未进行约定时，适用美洲仲裁委员会仲裁规则。⑨

---

① 有关形成历史见 Levin, *Syracuse J. Int'l L. & Com. 10*（1983），169（180 f.）; Bowman, *Am. Rev. Int'l Arb. 11*（2000），1（6 f.）.

② Fouchard/Gaillard/Goldman, *On International Commercial Arbitration*, para. 296.

③ 这种规定与上述 1961 年日内瓦公约有些类似；参阅 Schlosser, *Das Recht der internationalenprivat-enSchiedsgerichtsbarkeit*, Rn. 120；对有关区别的进一步讨论见 Van den Berg, *Arb. Int'l 5*（1989），214（218 – 226）.

④ Schlosser, *Das Recht der internationalen privaten Schiedsgerichtsbarkeit*, Rn. 120.

⑤ 巴拿马公约缔约国的名单见 *Yearbook Commercial Arbitration*，第 V—D 部分。

⑥ 南方共同市场之目标，见 1991 年 3 月 26 日的《亚松森条约》（全称为《阿根廷共和国、巴西联邦共和国、巴拉圭共和国和乌拉圭东岸共和国建立共同市场条约》）第 1 条。

⑦ 见 1998 年 7 月 23 日《南方共同市场国际商事仲裁协议》（*Agreement on International Commercial Arbitration of MERCOSUR*）；有关形成历史和西班牙语和英语文本见 Kleinheisterkamp, *International Commercial Arbitration in Latin America*, pp. 39 – 43, 635 – 647.

⑧ Fouchard/Gaillard/Goldman, *On International Commercial Arbitration*, para. 296.

⑨ 见《南方共同市场条约》前言第 8 段和第 12 条第 2 款（b）和第 17 款；参阅 Kleinheisterkamp, *International Commercial Arbitration in Latin America*, pp. 47, 49.

4. 阿拉伯国家间公约

在阿拉伯国家之间也有一些涉及司法合作和仲裁裁决执行的多边公约。① 1974 年的阿拉伯国家间解决投资争端公约，就以《华盛顿公约》为蓝本，规定了仲裁方式解决投资争议。② 在商事仲裁领域，最近和最重要的发展是《安曼阿拉伯商事仲裁公约》。该公约于 1987 年 4 月 14 日在安曼签署。作为第一个阿拉伯国家间商事仲裁公约，其成员国囊括除埃及以外的所有阿拉伯国家，并对仲裁庭的组成以及仲裁程序进行了规定。③ 根据这份公约，有关缔约国法院拒绝承认和执行仲裁裁决的理由只限于违反公共秩序。④

5. 1999 年 OHADA《统一仲裁法》

非洲商法协调组织（Organisation for the harmonization of business law in Africa，OHADA），由非洲 14 个国家通过《非洲商法协调条约》（*Treaty on the Harmonisation of Business Law in Africa*）而建立，并于 1999 年颁布了《统一仲裁法》（*Uniform Act on Arbitration*）。⑤ OHADA 的《统一仲裁法》被认为是国际仲裁法制统一活动的重要成果。由 OHADA 设立的联合法院和仲裁庭（Joint Court of Justice and Arbitration）具有双重作用：首先，它作为仲裁机构根据仲裁协议能够管理仲裁程序；其次，它作为法院能够对仲裁裁决进行司法审查。⑥ 根据《统一仲裁法》第 35 条规定，OHADA 的 17 个成员国应将该法作为国内法对待。

二 特殊领域公约对仲裁立法的影响

除了在私法领域有关一般仲裁程序的国际公约以外，还存在一些以主

① 例如，1952 年 9 月 14 日的《阿拉伯国家间关于执行判决和裁决公约》和 1983 年 4 月 6 日的《阿拉伯国家联盟所属国家司法协助公约》；参见 Lynch，*The Forces of Economic Globalization：Challenges to the Regime of International Commercial Arbitration*，p. 144.

② 见 1974 年 6 月 1 日的《关于解决阿拉伯投资东道国和其他阿拉伯国家国民之间投资争端公约》，1976 年 8 月 20 日生效；参阅 El-Ahdab，*Arbitration with the Arab Countries*，p. 817；Fouchard/Gaillard/Goldman，*On International Commercial Arbitration*，para. 298.

③ Haddad，*Am. Rev. Int'l Arb. 1*（1990），132（132，134）.

④ 见《安曼阿拉伯商事仲裁公约》第 35 条。

⑤ 该法于 1999 年 3 月 11 日由 OHADA 部长会议通过；参阅 Fouchard/Gaillard/Goldman，*On International Commercial Arbitration*，para. 300.

⑥ 见 OHADA《非洲商法协调条约》第 21—26 条，以及《统一仲裁法》第 25 条。

权国家作为一方当事人，有关国际投资和贸易等问题的仲裁国际公约。这些公约中的仲裁规定大多独立于各国的仲裁法，国家主权由此受到一定限制，① 而仲裁作为一种经济纠纷的解决方式则得到各国立法机关的再次肯定。

（一）世界银行 1965 年《华盛顿公约》

为促进国家对外国私人投资的保障，② 国际复兴和开发银行（世界银行）于 1965 年 3 月 18 日通过了《解决国家与他国国民间投资争端公约》（亦称《华盛顿公约》或《世界银行公约》）。③ 《华盛顿公约》的最终文本交由世界银行成员国签署，并于 1966 年 10 月 14 日生效。截至目前，已有 150 多个国家签署了该公约。④ 根据《华盛顿公约》，解决投资争端国际中心（ICSID）正式得以成立。设立 ICSID 的目的，是给《华盛顿公约》缔约国和其他缔约国的国民之间提供便利，以调解和仲裁方式解决有关投资纠纷。⑤ 此外，还有超过 900 个双边投资条约和 4 个多边协定如《卡塔赫纳自由贸易协定》（Cartagena Free Trade Agreement）和《能源宪章条约》（Energy Charter Treaty）将 ICSID 作为指定为仲裁机构。⑥

《华盛顿公约》开创了一个新的路径。在《华盛顿公约》以前，私人投资者很难找到一个中立的平台。⑦ 很多人不得不向各自的政府寻求"外交保护"。⑧ 根据《华盛顿公约》，一个国家和其他国家国民之间的法律纠纷可以直接在解决投资争端国际中心提起，并依法得到裁决。⑨

根据《华盛顿公约》第 25 条第 1 款，书面的仲裁协议依然是解决投资争端国际中心受理仲裁案件的一个先决条件，即当事人各方必须达成共

① Lynch, *The Forces of Economic Globalization*: *Challenges to the Regime of International Commercial Arbitration*, p. 145; Redfern/Hunter, *Law and Practice of International Commercial Arbitration*, para. 1 – 121.
② 见 1945 年 12 月 27 日通过的《国际复兴开发银行条约》第 1 条第 2 款。
③ 有关形成历史见 Pirrung, *Die Schiedsgerichtsbarkeit nach dem Weltbankübereinkommen für Investitionsstreitigkeiten*, S. 22 f.
④ 其中有 159 个国家批准了公约；缔约国更新见解决投资争端国际中心官方网站 https：//icsid. worldbank. org/apps/ICSIDWEB/icsiddocs/Pages/List-of-Member-States. aspx 。
⑤ 见《华盛顿公约》第 1 条。
⑥ Fouchard/Gaillard/Goldman, *On International Commercial Arbitration*, para. 301.
⑦ Schlosser, *Das Recht der internationalenprivatenSchiedsgerichtsbarkeit*, Rn. 94.
⑧ Redfern/Hunter, *Law and Practice of International Commercial Arbitration*, para. 1 – 123.
⑨ Pirrung, *Die Schiedsgerichtsbarkeit nach dem Weltbankübereinkommen für Investitionsstreitigkeiten*, S. 25.

同的意思表示，将争议提交解决投资争端国际中心进行仲裁。而仅凭加入《华盛顿公约》，并不足以使缔约国受解决投资争端国际中心仲裁管辖权约束。然而，较为常见的是，有关国家可以通过在各个投资协议中的仲裁条款，以及通过在国内投资法或双边投资协定（BIT）中声明，同意将有关纠纷提交上述中心仲裁解决。① 上述同意仲裁的声明可以被投资人视为要约而进行的承诺。这样，作为仲裁的最基础的自愿原则就得到了保证。② 其他有关仲裁的基本原则，如仲裁庭的自裁管辖权（第41条第1款）、仲裁裁决的法律约束力（第53、54条），都在《华盛顿公约》中得以承认。ICSID的仲裁力图做到非本地化，即排除任何依某个国家法律对仲裁裁决进行审查的可能性。③

（二）WTO 和 GATT

1995年元月成立的世界贸易组织（简称世贸组织，WTO），致力于在全世界范围内"切实降低关税和其他贸易壁垒"，并负责管理执行1947年《关贸总协定》（GATT）及其相关条约。④ 世贸组织的一项重要任务就是执行《建立世界贸易组织协议》附件2所包含的《关于争端解决规则与程序的谅解》（简称争端解决谅解，DSU）。⑤ 根据DSU第2条第1款，世贸组织专门设立一个争端解决机构（DSB），负责管理有关规则和程序，以及适用各种协议的磋商和争端解决规定。在DSU框架内，"主流"的争议由专家组管辖，⑥ 但同时也规定了仲裁方式解决纠纷。⑦ 根据DSU第25条规定，发生争议的有关成员国提交仲裁需经各方同意，并协商遵循有关程序规定。仲裁各方"应"同意遵守仲裁裁决。

---

① Broches, "Bilateral Investment Protection Treaties and Arbitration of Investment Disputes", in: Schultsz/Van den Berg（ed.）, *FS Sanders*, p. 63（67）; Schlosser, *Das Recht der internationalen privaten Schiedsgerichtsbarkeit*, Rn. 95; Redfern/Hunter, *Law and Practice of International Commercial Arbitration*, para. 11 – 13.

② Pirrung, *Die Schiedsgerichtsbarkeit nach dem Weltbankübereinkommen für Investitionsstreitigkeiten*, S. 72; Schlosser, *Das Recht der internationalen privaten Schiedsgerichtsbarkeit*, Rn. 95.

③ 见《华盛顿公约》第53条第1款和第54条第1款；参阅 Redfern/Hunter, *Law and Practice of International Commercial Arbitration*, para. 1 – 126.

④ 见《建立世界贸易组织协议》序言第3段。

⑤ 见《建立世界贸易组织协议》第3条第3款。

⑥ Chazournes, "Arbitration at the WTO: A *Terra Incognita* to be Further Explored", in: Charnovitz/Steger/Van den Bossche（ed.）, *Law in the Service of Human Dignity*, p. 181.

⑦ 根据DSU第25条，仲裁程序是专家组程序的替代性争端解决方式，以及根据第21、22条，仲裁作为解决有关纠纷的辅助手段，此外仲裁还是附录2中所列的事项的争议解决方式。

世贸组织的仲裁程序，更大程度上属于国际公法上的争端解决方法。然而，由于其成员国数量庞大，亦使得仲裁程序规则在世界各地得以传播。与1947年的《关贸总协定》（GATT）相比，在WTO框架下外交谈判的空间和自由度减少了，有关活动更强调以规则为主导。① WTO有160多个成员，② 其协议体系延伸到几乎所有的世界贸易领域。WTO的各种协议被作为全球贸易自由、非歧视和法治原则的规则保证。③ 作为解决国际贸易争端的一种重要方法，仲裁被引入国家间的经济纠纷解决，在此背景下，仲裁法的基本原则，如私法自治、平等对待当事人和仲裁庭独立等，再次得到各个国家的认同。

三 形成"国际标准"的原因

国际法制的统一，在国际法律关系领域具有十分重要的现实意义。④ 法律的统一能对国际经济交往提供安全性和可预见性，能够帮助减少由于不同国家法律制度和冲突法所带来的不确定性。在仲裁法的"国际化"进程中，逐步形成了各种"国际标准"。这种统一标准的形成，首先与经济全球化潮流有密切关系。特别是二战以来，仲裁的作用通过经济全球化得到空前加强。正如人们通常对经济全球化所描述的那样：各国经济相互依存，国家间贸易往来与日俱增，基于多边和区域自由贸易协定的自由市场占主导地位，全球资本市场一体化，强大的跨国企业逐渐形成，以及信息技术和数据网络领域的创新不断涌现。⑤ 随着经济全球化，国际贸易自20世纪中期以来得到持续增长，国际贸易合同数量也日益增加。在这些合同中一般都会面临如何选择争议解决方式的问题。⑥ 仲裁作为传统的国际贸

---

① Feddersen, *Der ordre public in der WTO*, S. 33.

② 有关成员国名单更新见世贸组织官方网站：https：//www. wto. org/english/thewto_ e/whatis_ e/tif_ e/org6_ e. htm。

③ Petersmann, *The GATT/WTO Dispute Settlement System*, p. 53; Beise, *Die Welthandelsorganisation (WTO)*, S. 96 – 100.

④ 详细讨论见 David, *International Encyclopedia of Comparative Law*, Vol. II（*The Legal System of the world; Their Comparison and Unification*），Chapter 5, *The International Unification of Private Law*, para. 14 – 33.

⑤ Lynch, *The Forces of Economic Globalization: Challenges to the Regime of International Commercial Arbitration*, pp. 39 – 49.

⑥ Böckstiegel, "Die Internationalisierung der Schiedsgerichtsbarkeit", in FS Schlosser, S. 49（50）.

易争端解决方式，由于在世界范围内具有较强的强制执行保障，其作用也变得更加强大。在经济全球化的背景下，人们也更期待国际仲裁符合"国际标准"。在国际合作的推动下，这些国际标准逐步由一系列的基本准则、原则规定和具体规则而形成。这些统一的国际标准，首先有利于在纠纷解决程序中提高法律的确定性和可预见性，特别是对于那些来自不同法律制度的当事人而言更具有意义。此外，统一标准能够在一定程度上确保国际竞争的公平性，即所谓的"公平竞争环境"（level playing field），① 毕竟各国仲裁法各具特点，容易导致对外国当事人不利。② 各国仲裁法不断出现协调统一的另一个原因是能提高程序的经济性和效率性。在国际贸易中，法律成本属于一种额外的固定费用。提高各国法律制度之间的相互融合程度可以大大减少这种"信息费用"，同时为小型交易提供可能的市场。③ 因此可以认为，在过去几十年中，各国仲裁法所经历的广泛改革，正是立法机关对经济全球化背景下仲裁法制"国际标准"需求的适时回应。④

还有两个因素对仲裁统一的"国际标准"形成起到了重要作用。一个因素是国际律所和国际仲裁机构的服务在全球化的背景下不断得到扩展和增长。一些大型律师事务所在全球各贸易中心开设分所，与不同国家律师事务所开展合作，对国际仲裁经验交流起到了促进作用。大多数涉及国际投资和贸易的法律纠纷，都是通过国际商会（ICC）、伦敦国际仲裁院（LCIA）、美国仲裁协会（AAA）、斯德哥尔摩商会仲裁院（SCC）、中国国际经济贸易仲裁委员会（CIETAC）、中国香港国际仲裁中心（HKIAC）或者新加坡国际仲裁中心（SIAC）等主要国际仲裁机构来解决的。⑤ 经常会出现，上述一个机构修改了仲裁规则，其他仲裁机构出于竞争也跟进修改。另外一个因素是，随着国际商事仲裁变得越来越重要，相关学术交流也日益变得更加活跃。近年来国际上有关仲裁的文献，如专著、论文和文献汇编大量涌现，有关论述的集中程度和详尽深入也是其他法律

---

① Redfern/Hunter, *Law and Practice of International Commercial Arbitration*, para. 2 – 26.

② Lynch, *The Forces of Economic Globalization: Challenges to the Regime of International Commercial Arbitration*, p. 202.

③ Ibid.

④ 例如在奥地利《仲裁法修改法（2006）政府草案说明》中，明确表达了应符合"国际标准"的改革需求；该草案说明见 Kloiber/Rechberger/Oberhammer/Haller, *Das neue Schiedsrecht*, S. 179 f.。

⑤ 全球各著名仲裁机构处理的案件数量参见有关网站，如：http://www.hkiac.org/sc/hkiac/statistics。

领域所少有的。① 有关仲裁学者和实践工作者，能够通过著名仲裁机构或国际商事仲裁大会（ICCA）等组织的活动在国际上经常会晤交流，从而交换信息和讨论仲裁的新发展。② 仲裁专业知识通过律师实践和学术研究进行传播，促进了仲裁共同标准认识的形成，进而促进了各国仲裁法律的协调。

这些"国际标准"在联合国国际贸易法委员会国际商事仲裁《示范法》中得以集中展现：很多国家在修改本国仲裁法是均以《示范法》为模板，《示范法》在各国仲裁法现代化的进程中实际上起着一种"基准线"（baseline）的作用。③《示范法》的出台是仲裁法制国际化进程中至关重要的一步。④

第二节　通过吸纳"国际标准"实现国内仲裁法的现代化

一　《示范法》概览及其原则

《示范法》包括 8 章 36 条。《示范法》的起草者从一开始就试图拟定一部全面而完整的法律，使其尽可能地解决在仲裁程序中出现的所有法律问题。⑤ 事实上，《示范法》的最终版本只能做到相对比较详细，并不十分完整。⑥ 以 1976 年联合国贸法会仲裁示范规则为蓝本，《示范法》的各项规定仅是涵盖最低程度的非强制性规范，以确保在当事人未达成协议的情形下仲裁程序得以顺利开展。⑦ 因此，《示范法》规范的完整性和统一性，

① Gottwald, *Internationale Schiedsgerichtsbarkeit*, S. 16.

② Böckstiegel, Die Internationalisierung der Schiedsgerichtsbarkeit, in: *FS Schlosser*, S. 49（50）.

③ Redfern/Hunter, *Law and Practice of International Commercial Arbitration*, para. 1 – 151.

④ Gottwald, *Internationale Schiedsgerichtsbarkeit*, S. 18.

⑤ UN-Doc. A/CN. 9/207, para. 23.

⑥ 譬如，1987 年瑞士《联邦国际私法》仅有 19 条，而荷兰仲裁法却有 54 条；参阅 Lionnet/Lionnet, *Handbuch der internationalen und nationalen Schiedsgerichtsbarkeit*, S. 134.

⑦ Sekolec, Croat. Arb. Yb. 1（1994）, 27（39）.

实际上仅体现在其结构上。① 除了总则部分的规定以外，《示范法》的结构基本上是随着仲裁程序的进程而设置的。《示范法》从仲裁协议规定开始（第 7 条及以下数条），继而规定仲裁庭的组成（第 10 条及以下数条）和管辖权（第 16、17 条），然后是具体仲裁程序的展开（第 18 条及以下数条），再接着规定仲裁裁决和仲裁程序的终止（第 28 条及以下数条）、对仲裁裁决的救济（第 34 条）和仲裁裁决的承认和执行（第 35、36 条）。也正是由于《示范法》不完整，各国法律在某些具体方面均进行了补充。②

私法自治是《示范法》的一项基本原则，对众多《示范法》条文都起着指导作用。③《示范法》的起草者期望在开展仲裁程序过程中赋予当事人最大可能的自由空间。因此，体现当事人自治的有关规定比比皆是。如：放弃异议权（第 4 条），当事人将争议提交仲裁（第 7 条第 1 款），仲裁庭的组成（第 11 条第 2 款），仲裁程序规则的确定（第 19 条第 1 款），以及大量自由开展仲裁程序的规定（第 20—22、24、26、28 条，第 31 条第 2 款和第 32 条第 2b 款）。在开展国际仲裁程序活动中，仲裁庭的自治对摆脱国内程序法的桎梏意义重大。④ 仲裁庭有权决定自己的管辖权（第 16 条第 1 款第 1 句）。《示范法》在第 16 条第 1 款第 2 句和第 3 句中遵循了国际通行的仲裁条款独立性观念（也称作可分性学说，separability doctrine）。⑤ 由此，主合同无效并不会自动扩展到仲裁条款，从而也使仲裁庭保留了决定所涉主合同效力的职权。⑥《示范法》在 2006 年新增加的有关临时措施（interim measures）和初步命令（preliminary orders）的条款，进一步加强了仲裁庭的独立性（第 17—17J 条）。

《示范法》另外一个重要特点是限制法院的干预，扩大国家对仲裁的支持范围。《示范法》（第 5 条）明确规定了严格限制法院对仲裁进行干

① Calavros, *Das UNCITRAL-Modellgesetz über die internationale Handelsschiedsgerichtsbarkeit*, S. 9; Huβlein-Stich, *Das UNCITRAL-Modellgesetz über die internationale Handelsschiedsgerichtsbarkeit*, S. 5.

② Schlosser, *Das Recht der internationalen privaten Schiedsgerichtsbarkeit*, Rn. 125.

③ Kirry, *Arb. Int'l 1* (1985), 6 (11).

④ Roth, in: Weigand (ed.), *Practitioner's Handbook on International Arbitration*, Part 5 A para. 8.

⑤ Huβlein-Stich, *Das UNCITRAL-Modellgesetz über die internationale Handelsschiedsgerichtsbarkeit*, S. 37 f.

⑥ Lionnet/Lionnet, *Handbuch der internationalen und nationalen Schiedsgerichtsbarkeit*, S. 183.

预，该规定也被视为《示范法》的核心内容。① 《示范法》第 5 条的规定
具有开创性，对以往仲裁与诉讼之间的对立关系作出了新的界定。② 《示范
法》还继而列举了法院干预仲裁的具体职权，以使当事人不必担心各国法
律出现意想不到的司法干预规定。③ 法院对仲裁的监督职能主要被限制在
三个方面：因程序原因拒绝承认和执行临时措施（第 17I 条），撤销仲裁
裁决（第 34 条）和拒绝承认或执行仲裁裁决（第 36 条）。与此相对应，
《示范法》要求法院切实履行司法支持职能。《示范法》第 6 条规定了有关
法院或主管当局应对支持开展仲裁活动负责。④ 一些具体的支持仲裁的职
责，如指定仲裁员（第 11 条第 3 款和第 15 条），承认和执行临时措施
（第 17H 条），调查证据（第 27 条），以及承认和执行仲裁裁决（第 35
条），在《示范法》中也得到了明确规定。此外，有关仲裁员的回避和仲
裁职权的终止（第 13 条第 3 款和第 14 条），也主要是站在法院的司法支
持的角度上在《示范法》中进行规定，从而确保仲裁程序能在正确的轨道
上进行。⑤

　　《示范法》通过一些强制性规范（mandatory provisions）来保证程序
的公平原则和有效性。⑥ 但是，《示范法》的起草者并不把当事人和仲裁
庭的自治看成绝对的，而是通过设置"公平裁决"（fair trial）的这一强
制性条款加以限制，以确保平等对待当事人原则，以及法定听审原则不
受损害（见第 18 条，在第 24 条第 2 款和第 26 条第 2 款得到具化）。⑦
程序公正基本原则与私法自治原则一样，被称作"仲裁程序的大宪章"
（Magna Carta of Arbitral Procedure），是开展整个仲裁程序各项规则的核
心。⑧ 由于这些规则涉及国家或当事人的根本利益，因此不允许当事人
或仲裁庭偏离。如果《示范法》规定一个过于广泛、绝对的自治权，不

---

① Schlosser, *Das Recht der internationalen privaten Schiedsgerichtsbarkeit*, Rn. 124.

② Granzow, *Das UNCITRAL-Modellgesetz über die internationale Handelsschiedsgerichtsbarkeit von 1985*, S. 80.

③ Roth, in: Weigand（ed.）, *Practitioner's Handbook on International Arbitration*, Part 5 A para. 10.

④ Huβlein-Stich, *Das UNCITRAL-Modellgesetz über die internationale Handelsschiedsgerichtsbarkeit*, S. 33.

⑤ Rosenberg/Schwab/Gottwald, *Zivilprozessrecht*, § 182 Rn. 8 – 15; Schlosser, *Das Recht der internationalen privaten Schiedsgerichtsbarkeit*, Rn. 586 f.

⑥ Herrmann, *Arb. Int'l 1* 1985, 6（12）.

⑦ Huβlein-Stich, *Das UNCITRAL-Modellgesetz über die internationale Handelsschiedsgerichtsbarkeit*, S. 5.

⑧ UN-Doc. A/CN. 9/264, Art. 19, para. 1; Holtzmann/Neuhaus, *A Guide to the UNCITRAL Model Law*, p. 550.

仅会损害一个法律制度的基本原则，还可能不被任何国家所接受。① 其他强制性的条款，如对仲裁协议形式要求（第 7 条第 2 款），仲裁裁决的形式和内容（第 31 条第 1 款和第 3 款），以及仲裁程序的终止（第 32 条）等，都是以提高仲裁程序效率为目标的。② 这些规定符合当事人对仲裁的期望：尽可能地快速解决争端，并尽可能地保持较低的费用。如果当事人怠于行使有关程序权利和自由，那么仲裁庭就有权凭借其自由裁量权来决定程序规则（第 19 条第 2 款），从而最终保证仲裁程序的顺利进行，以及维护法律的确定性。

二 全球范围的仲裁法改革和对《示范法》的吸纳

一些国家自 20 世纪 70 年代（如比利时③和英国④）至 80 年代初（如法国⑤和奥地利⑥）就开始不断修改其仲裁法。但是，各国集中开展仲裁法改革的潮流还是在《示范法》出台以后。1985—2011 年间，共计有 100 多个主权国家或独立法域对其仲裁法进行了改革。这其中有 74 个将《示

① UN-doc. A/CN. 9/207, para. 19；Sekolec, *Croat. Arb. Yb. 1*（1994），27（39）.

② Herrmann, *Arb. Int'l 1 1985*, 6（12）；Roth, in：Weigand（ed.），*Practitioner's Handbook on International Arbitration*, Part 5 A para. 9.

③ 1972 年比利时对仲裁法做了改革，并成为唯一一个直接引入 1966 年 1 月 20 日欧洲理事会所通过的《统一仲裁法》的国家；参阅 Schlosser, *Das Recht der internationalen privaten Schiedsgerichtsbarkeit*, Rn. 119, 147；Weigand, *Practitioner's Handbook on International Arbitration*, Part. 1 para. 124.

④ 1979 年，英国对其《1950 年仲裁法》进行了修改。有关这次改革修改的内容参见 Fouchard/Gaillard/Goldman, *On International Commercial Arbitration*, para. 157。

⑤ 法国从 20 世纪 80 年代起开始对其仲裁法律制度进行改革。1980 年，首先对国内《仲裁法》进行了修改，不久又在 1981 年的改革中引入有关国际仲裁的特别规定。对上述改革详细的讨论见 Mezger, *RIW 1980*, 677 ff. 以及 Mezger, *RIW 1981*, 511 ff.；Fouchard/Gaillard/Goldman, *On International Commercial Arbitration*, para. 136 – 147；Craig, *Tex. Int'l L. J. 30*（1995），1（31 – 34）. 经过 30 年后，随着 2011 年 1 月 13 日法令（*Décret n° 2011 – 48*）的通过，法国的仲裁法律制度再度进行了大幅度修改。新法（《民事诉讼法》第 1442 条及以下，Art. 1442 ff. *Code de Procédure Civile*）已于 2011 年 5 月 1 日生效。有关讨论参见 Castellane, *J. Int'l Arb. 28*（2011），p. 371 ff.

⑥ 随着 1983 年的奥地利《民事诉讼法修正案》的通过，有关仲裁法律制度（奥地利《民事诉讼法》第 577—599 条）也得到大幅修改；参阅 Oberhammer, *SchiedsVZ 2006*, 57（58）；Lionnet/Lionnet, *Handbuch der internationalen und nationalen Schiedsgerichtsbarkeit*, S. 117.

范法》纳入为本国国际商事仲裁法律。① 图 2—1 显示了 20 世纪 90 年代前后各国集中修改仲裁法的态势，同时还非常清楚地展示了众多国家和地区接纳示范法的情况。

单位：个

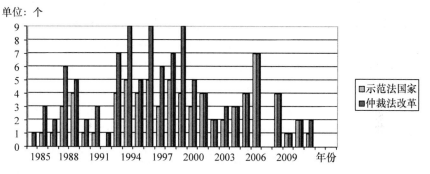

图 2—1　20 世纪 90 年代前后各国仲裁法改革态势

① 下列是根据《示范法》颁布国内仲裁立法的国家，按时间顺序为：1986 年—加拿大；1987 年—塞浦路斯；1988 年—尼日利亚，保加利亚；1989 年—澳大利亚；1993 年—突尼斯，俄罗斯，墨西哥；1994 年—乌克兰，埃及，巴林，新加坡，匈牙利；1995 年—斯里兰卡，肯尼亚，危地马拉，秘鲁；1996 年—印度，马耳他，立陶宛，津巴布韦，新西兰；1997 年—阿曼，伊朗，德国；1998 年—委内瑞拉，爱尔兰，马达加斯加；1999 年—白俄罗斯，希腊，阿塞拜疆，韩国；2000 年—乌干达，洪都拉斯，赞比亚；2001 年—孟加拉国，约旦，土耳其，克罗地亚；2002 年—泰国，巴拉圭；2003 年—西班牙，日本；2004 年—菲律宾，挪威，智利；2005 年—尼加拉瓜，丹麦，波兰，马来西亚；2006 年—奥地利，柬埔寨，亚美尼亚，爱沙尼亚，塞尔维亚，马其顿；2008 年—卢旺达，斯洛文尼亚，毛里求斯，多米尼加；2009 年—格鲁吉亚；2010 年—文莱；2011 年—哥斯达黎加；在英国：苏格兰（1990 年），百慕大（1993 年）；在美国：加利福尼亚州（1988 年），康涅狄格州（1989 年），得克萨斯州（1989 年），俄勒冈州（1991 年），伊利诺伊州（1998 年），路易斯安那州（2006 年）和佛罗里达州（2010 年）；在中国：澳门特别行政区（1998 年），香港特别行政区（2010 年）。被联合国国际贸易法委员会认可的《示范法》国家和独立法域列表，可参阅其官方网站：www. uncitral. org/uncitral/en/uncitral_ texts/arbitration/1985Model_ arbitration_ status. html，该列表不断更新。其他一些进行仲裁法律改革的国家或独立法域有：比利时（1985 年），荷兰（1986 年），葡萄牙（1986 年），瑞士（1987 年），乌拉圭（1988 年），哥伦比亚（1989 年），芬兰（1992 年），阿尔及利亚（1993 年），罗马尼亚（1993 年），象牙海岸（1993 年），意大利（1994 年），摩尔多瓦（1994 年），中国（1994 年），捷克（1994 年），科威特（1995 年），阿拉伯联合酋长国（1996 年），斯洛伐克（1996 年），英国（1996 年），巴西（1996 年），玻利维亚（1997 年），厄瓜多尔（1997 年），塞内加尔（1998 年），中国台湾地区（1998 年），瑞典（1999 年），尼泊尔（1999 年），巴拿马（1999 年），朝鲜（1999 年），印度尼西亚（1999 年），毛里塔尼亚（2000 年），洪都拉斯（2000 年），越南（2003 年），法国（2011 年）；在美国：夏威夷州（1988 年），格鲁吉亚州（1988 年），马里兰州（1990 年），北卡罗来纳州（1991 年），俄亥俄州（1991 年）。

　　各国对仲裁法进行现代化的动机各不相同。在具有较长仲裁传统的国家（如法国和英国），立法机关通过新的立法，将以往的司法解释和分散的法律文件进行法律编纂，从而消除法律渊源过于分散所带来的适用风险，增强"用户友好性"。[①] 还有很多国家希望通过仲裁法的现代化，试图促进或巩固本国作为国际仲裁地的领先地位。[②] 对另外一些国家而言，实现仲裁法现代化是创造自由而友好的投资环境的需要，[③] 抑或履行双边条约或国际公约的需要。[④] 此外，有些国家启动仲裁法改革的动机，往往是出于一些长期的因素，如全球化形成世界贸易增长，并由此产生的有关争议数量的剧增，[⑤] 人们期望引入和推动仲裁这种争议解决方式，来减轻法院的案件压力。[⑥] 但无论如何，许多国家的立法者在仲裁法改革中均大量采用《示范法》，以满足上述改革需要，对本国那些过时或不恰当的仲裁法律进行现代化。[⑦]

　　联合国贸法会并非唯一旨在协调国际商法和国际私法的国际组织。一些其他组织，如海牙国际私法会议、国际统一私法协会、国际商会，以及国际海事委员会（CMI），早在联合国贸法会成立之前就一直积极从事国际法律协调工作。然而，与这些组织所制定的各种规则或标准相比，联合

---

① Fouchard/Gaillard/Goldman, *On International Commercial Arbitration*, para. 136; Mustill Report, para. 100 – 104, abgedruckt in Mustill, *Arb. Int'l* 6 (1990), 3 (33 – 35).

② 例如瑞士，参见 Vischer/Volken, *Bundesgesetz über das internationale Privatrecht (IPR-Gesetz)*, Gesetzesentwurf der Expertenkommission und Begleitbericht, S. 174; 有关中国香港见 *Report on the adoption of the UNCITRAL Model Law of arbitration (Topic 17) of the Law reform commission of Hong Kong*, para. 1. 9; 有关德国见《德国仲裁法草案政府立法说明》, BT-Drucks. 13/5274 vom 12. Juli 1996, S. 1; 有关奥地利见《奥地利仲裁法修改法 2006 政府草案说明》, S. 2.

③ 因此，在过去 20 多年中，有许多拉美国家，如玻利维亚、巴西、哥伦比亚、厄瓜多尔、危地马拉、墨西哥、秘鲁和委内瑞拉，都基于《示范法》颁布了较为自由的仲裁法，以赢得外国投资者和商业伙伴的信任；参阅 Lynch, *The Forces of Economic Globalization: Challenges to the Regime of International Commercial Arbitration*, p. 263 f.; Blackaby/Lindsey/Spinillo, *International Arbitration in Latin America*, pp. 7, 10; Naón, *U. Miami Inter-Am. L. Rev.* 22 (1991), 203 (221).

④ 例如很多国家就把《纽约公约》中有关不予承认和执行外国仲裁裁决的理由（第 5 条）直接写入到本国仲裁法；参阅 Lynch, *The Forces of Economic Globalization: Challenges to the Regime of International Commercial Arbitration*, p. 238.

⑤ Fouchard/Gaillard/Goldman, *On International Commercial Arbitration*, para. 153.

⑥ 德国仲裁程序修订法（SchiedsVfG）的立法目标见联邦众议院印刷品（BT-Drucks.）13/5274 vom 12. Juli 1996, S. 1.

⑦ Craig, *Tex. Int'l L. J.* 30 (1995), 1 (25).

国贸法会的《示范法》作为各国仲裁法现代化的指南则更具有优势。首先是它广泛的传播能力。与联合国贸法会的规则不同，一些国际组织所通过的规则必须当事人共同同意才能适用，因此其仅法律协调的效果是有限的。① 联合国国际贸易法委员会作为联合国的一个组织，可以通过联合国大会向所有会员国推荐它制定的各种规则。所以《示范法》一出台就直接获得了各国立法机构的重视。联合国国际贸易法委员会有大量来自发展中国家的成员，而上述其他一些国际组织，其成员往往仅限于西方工业国家。以《示范法》起草工作组的成员为例，不仅包括 36 名来自发达国家和发展中国家成员国的委员，还包括来自其他国家和国际组织的仲裁专家。这种广泛性对《示范法》的传播十分有益。接纳《示范法》似乎具有一种"广告效应"或"信号效果"，使外来投资者解除语言障碍，立刻熟悉该国仲裁法。纳入《示范法》的国家可以通过这种方式，在仲裁地竞争中占据优势，增强对外国用户的吸引力。② 其次，《纽约公约》、联合国贸易法委员会仲裁规则和《示范法》，均属于联合国框架下寻求公平有效解决争议的统一的规范体系。在制定《示范法》的过程中，《纽约公约》和联合国贸法会仲裁规则都得到了充分考虑。③ 例如，撤销仲裁的理由（第34 条）与拒绝承认和执行仲裁裁决的理由（第 36 条），几乎与《纽约公约》第 5 条有关拒绝承认和执行外国仲裁裁决的理由完全一致。④ 鉴于《纽约公约》和联合国贸法会仲裁规则的广泛传播，将《示范法》纳入到本国法中，也更符合国际惯例和国际公约。与多边国际公约或者"统一法"的形式相比，联合国贸法会以《示范法》的形式⑤协调各国仲裁法律

---

① Montineri, Legal harmonisation through model laws, in: UNCITRAL/SIAC (ed.), *Celebrating success: 20 years UNCITRAL Model Law on International Commercial Arbitration*, p. 8 (9).

② Fouchard/Gaillard/Goldman, *On International Commercial Arbitration*, para. 153; Lörcher, *ZRP 1987*, 230 (232); Granzow, *Das UNCITRAL-Modellgesetz über die internationale Handelsschiedsgerichtsbarkeit von 1985*, S. 230; Berger, *Internationale Wirtschaftsschiedsgerichtsbarkeit*, S. 534.

③ UN-Doc. A/RES/40/72, 序言 para. 4; *1979 Commision Report*, UN-Doc. A/34/17, para. 81; 参阅 Holtzmann/Neuhaus, *A Guide to the UNCITRAL Model Law*, pp. 6, 9.

④ Sanders, The Harmonising Influence of the Work of UNCITRAL on Arbitration and Conciliation, in: Center for Transnational Law (ed.), *Understanding Transnational Commercial Arbitration*, p. 43 (49).

⑤ 有关术语和讨论参阅 Granzow, *Das UNCITRAL-Modellgesetz über die internationale Handelsschieds-gerichtsbarkeit von 1985*, S. 12 – 15.

制度更具有优势。因为联合国贸法会清楚地知道，要在千变万化的各国法律基础上形成一个文字精准的国际公约，并推动各国达成共识是很难实现的。① 联合国贸法会仅仅是向各成员国倡导，在对《示范法》不进行实质性修改的情况下接受其规则。② 在一定程度上对《示范法》进行修改，以使其与国内法相适应甚至是必要的。③ 因此，《示范法》的条文也尽可能地做到简洁和灵活，以方便各国进行吸纳。正如已经讨论过的，《示范法》以自由原则、当事人和仲裁庭自治原则为基础，对国家干预进行限制、对法院支持仲裁的职能予以加强，力求在程序中保障程序公正和仲裁庭正确行使职权。这些基本原则都反映出全球化背景下的国际程序法律的主要要求。因此，接纳《示范法》正是顺应了国际经济往来的发展。

虽然联合国国际贸易法委员会在其网站上列出相当数量的"《示范法》国家"，但联合国贸法会本身并没有设置一个固定的标准或最低要求以确认《示范法》国家。④ 在实践中，下列条件通常会被联合国贸法会认真考虑：

（1）各国立法者立法之初就以《示范法》为模板，并在没有对其进行实质性修改的情况下，将《示范法》接纳为国内法。如果相反，立法机关仅仅将《示范法》作为若干模板中的一个，或者仅仅吸纳一些《示范法》的基本原则，联合国贸法会就认为条件不够充分；

（2）《示范法》的大多数条文规定应当直接被各国法律所吸纳，特别是那些有关基本原则的条文（例如第18、19条和第34—36条）；

（3）该国法律不得包含不符合现代国际商事仲裁规则的规定（例如排除外国仲裁员）。⑤

由此来看，上述要求主要是为了契合《示范法》的立法宗旨，以及联合国贸法会关于协调和统一国际商事仲裁的目标。

---

① Craig, *Tex. Int'l L. J.* 30 (1995), 1 (27).

② Lionnet/Lionnet, *Handbuch der internationalen und nationalen Schiedsgerichtsbarkeit*, S. 129.

③ Montineri, Legal harmonisation through model laws, in: UNCITRAL/SIAC (ed.), *Celebrating success: 20 years UNCITRAL Model Law on International Commercial Arbitration*, p. 8 (14).

④ Ibid.

⑤ Redfern/Hunter, *Law and Practice of International Commercial Arbitration*, Appendix L Fn. 1; Binder, *International Commercial Arbitration and Conciliation in UNCITRAL Model Law Jurisdictions*, para. 1 - 009.

自1985年《示范法》公布以来，在世界范围内，无论是普通法系还是大陆法系，都有众多国家将《示范法》吸纳为本国法。因此在协调国际商事仲裁立法方面，《示范法》获得了巨大的成功。《示范法》国家在全球各区域的分布也是均匀的，每个地区、每个法律文化圈都有各自的代表。① 以世贸组织的数据为参考，世界前50位贸易大国中有一半以上吸纳了《示范法》。②

在接纳《示范法》的国家中，不仅有众多作为《示范法》主要目标群体的发展中国家，还有许多缺乏仲裁传统的发达国家，也乐于纳入《示范法》。③ 而具有较长仲裁传统的国家，则更倾向于保留原有法律框架，并在这个框架内实现本国仲裁法的现代化，④ 然而，即便是这样，《示范法》同样会被视为该国仲裁法改革的"底线"。⑤

典型的例子就是英国《1996年仲裁法》。虽然英国在《示范法》起草方面发挥了非常积极的作用，但在修改英国仲裁法时，该国法律修改机构Departmental Advisory Committee（DAC）却反对全部纳入《示范法》，而是主张制定一部独立的新仲裁法。⑥ DAC拒绝全盘纳入《示范法》的主要原因有：（1）完整纳入《示范法》会与英国过去几个世纪以来颁布的各种

① 例如，北美洲的加拿大是第一个接纳《示范法》的国家，《示范法》在联邦和各联邦成员层面都得到接纳；在拉丁美洲和中美洲有墨西哥、秘鲁、巴拉圭、智利和尼加拉瓜等国家；在西欧有苏格兰、爱尔兰、德国、希腊、西班牙、挪威、丹麦、奥地利等国家；在东欧有俄罗斯、匈牙利、乌克兰、保加利亚、波兰等国家；在东亚有中国香港、韩国、日本等地区和国家；在东南亚有新加坡、泰国等国家；在南亚有斯里兰卡、印度、孟加拉国等国家；在阿拉伯世界有突尼斯、巴林、埃及、阿曼等国家；在非洲有尼日利亚、肯尼亚、津巴布韦、马达加斯加、赞比亚等国家；在澳洲有澳大利亚和新西兰。

② 世界上最大的50个贸易国对世界货物贸易的贡献超过90%。有关各主要出口和进口国家的全球贸易的统计资料，参阅世贸组织网站：https://www.wto.org/english/res_ e/statis_ e/statis_ e.htm。

③ 例如，在工业化国家中就有加拿大、澳大利亚、德国、日本、西班牙；参阅Berger, *Internationale Wirtschaftsschiedsgerichtsbarkeit*, S. 37.

④ Craig, *Tex. Int'l L. J.* 30 (1995), 1 (27).

⑤ Sanders, The Harmonising Influence of the Work of UNCITRAL on Arbitration and Conciliation, in: Center for Transnational Law (ed.), *Understanding Transnational Commercial Arbitration*, p. 43 (48); Redfern/Hunter, *Law and Practice of International Commercial Arbitration*, para. 1 – 151.

⑥ 见Mustill勋爵所主持的英国政府官方咨询机构DAC于1989年所做的有关《示范法》的报告：*A New Arbitration Act for the United Kingdom? The Response of the Departmental Advisory Committee to the UNCITRAL Model Law* (Mustill Report)。该报告发表在*Mustill* Arb. Int'l 6 (1990), 3 – 37。

法律和判例法不一致；①(2) 与《示范法》的有关规定相比，在英国仲裁庭与法院的关系上，法院对仲裁程序从传统上具有更大程度的监督权；(3)《示范法》中一些大陆法系的法律概念，如第28条第3款的"公允善良"（ex aequo et bono）被认为与英国普通法（Common Law）不相适应。②然而，DAC 也认可《示范法》的优点，并在立法上尽可能向《示范法》靠拢，以促使那些熟悉《示范法》的当事人较快地理解新的英国仲裁法。③英国新仲裁法的重要特点就是结构更为合理、规定比较明确，以及语言相对简明。④ 最为重要的是，《示范法》的主要原则（如私法自治、限制司法干预）都在新法第1条开宗明义地进行了概括规定。⑤ 在新法中，私法自治原则通过众多法律条文得到了细化，这些规定不仅包括在仲裁程序中，而且包括在仲裁程序开始前的阶段。⑥ 仲裁条款的独立性原则，可仲裁性、仲裁庭的职权和平等对待当事人等规定，不仅在实践中具有重大意义，同时也是《示范法》重点规范的内容（第16条、第19条第2款和第18条），均在《1996年仲裁法》中得到一一体现。⑦

瑞典《1999年仲裁法》同时适用于国内仲裁和国际仲裁，但该法也没有逐字逐句地吸纳《示范法》。⑧ 在起草过程中，草案工作组的主要目标

---

① DAC 认为，《示范法》中与英国法律尤其不兼容的规定有：一、仲裁协议有关签名的要求；二、由三名仲裁员组成仲裁庭的一般规则；三、正式的仲裁员回避程序；四、临时性的自裁管辖权；五、有关诉状和诉状提交期限的规则；六、仲裁庭任命本委任的鉴定人；七、依公平原则所作出的裁决。英国仲裁法中的另外一些规定，如：一、仲裁庭选定程序中的缺席程序；二、法院决定对仲裁起诉时间的延长；三、法院对有关法律适用问题对仲裁裁决的审查（appeal on a point of law）；四、撤销仲裁裁决一般发回重裁的规定；五、可强制执行宣告程序，这些都是《示范法》所没有明文规定的。参见 Mustill 报告，第87段。参阅 Anselm, *Der englische Arbitration Act 1996：dargestellt und erläutert anhand eines Vergleichs mit dem SchiedsVfG 1997*, S. 4.

② Steyn, *Arb. Int'l* 10 (1994), 1 (3, 14)；Lynch, *The Forces of Economic Globalization：Challenges to the Regime of International Commercial Arbitration*, p. 255 f.

③ 见 Mustill 报告，第108段 (7)。

④ Weigand, *RIW 1997*, 904 (906)．

⑤ Lynch, *The Forces of Economic Globalization：Challenges to the Regime of International Commercial Arbitration*, p. 256.

⑥ 详细讨论见 Haas, *ZZPInt* (1997), 409 (413)；有关英国《1996年仲裁法》与《示范法》相似渊源的对比表格见 Harris/Planterose/Tecks, *The Arbitration Act 1996*, pp. 20 – 22.

⑦ Hacking, *rbitration 63* (1997), 291 (297 f.)．

⑧ Hobér/Strempel, in：Weigand (ed.), *Practitioner's Handbook on International Arbitration*, Part 4 H para. 2.

是使陈旧的瑞典仲裁法与现代仲裁实践，以及过去几十年以来的判例相适应，从而使国外用户简便而快速地熟悉瑞典仲裁法。① 草案的起草者依旧遵循旧法基本原则（如自裁管辖权、仲裁条款与主合同的可分离性等）。② 但在起草过程中《示范法》得到特别的关注。③ 《示范法》中最重要的一些条文都在新法中相应地得到采纳，为了与《示范法》保持一致，旧法中的一些规定（如作出仲裁裁决的期限）也被删除。④

三 国际和国内仲裁法律制度的统一

尽管《示范法》最初只是专为国际商事仲裁（第 1 条）而制定，然而有许多国家在纳入《示范法》时将其统一适用于国际和国内仲裁。在《示范法》国家中，如孟加拉国、丹麦、德国、印度、日本、约旦、柬埔寨、加拿大（在联邦层面）、肯尼亚、克罗地亚、挪威、奥地利、波兰、赞比亚、津巴布韦、斯里兰卡、韩国和泰国等，新仲裁法并不区分国内和国际仲裁。⑤

随着经济全球化的不断深入，对国内和国际仲裁进行区别似乎显得不合时宜且没有必要。如果同时存在两个仲裁法律制度，一个适用于国际仲裁，另一个适用于国内仲裁，这种区分就可能带来不同法律适用上的问题与冲突。⑥ 此外，就连对"国际"的定义已经变得模糊，因此对国际和国内仲裁进行区分往往会出现界定难题，⑦ 以及法律上的不确定性。⑧ 德国立

① Weigand，*Arb. Int'l* 11 (1995)，397 (399)．

② Strempel/Hobér，*RPS 1999（BB Beilage 4）*，8；Ulrichs/Akerman，*Am. Rev. Int'l Arb.* 10 (1999)，69 (70)．

③ 见草案起草说明：*The Draft New Swedish Arbitration Act：the Presentation of June 1994*，重印于 *Arb. Int'l* 10 (1994)，407 (409)。

④ Lynch，*The Forces of Economic Globalization：Challenges to the Regime of International Commercial Arbitration*，p. 258；Ulrichs/Akerman，*Am. Rev. Int'l Arb.* 10 (1999)，69 (77，80)．

⑤ 见附录1；参阅 Binder，*International Commercial Arbitration and Conciliation in UNCITRAL Model Law Jurisdictions*，para. 12 – 001；对于一些新纳入《示范法》的国家，见奥地利《民事诉讼法》（*ÖZPO 2006*）第 577 条，柬埔寨《商事仲裁法》（*Commercial Arbitration Law 2006*）第 1 条，丹麦《仲裁法》（*Arbitration Act 2005*）第 1 条，挪威《仲裁法》（*Arbitration Act 2004*）第 1 条，波兰《民事诉讼法》（2005）第 1154 条。

⑥ Sanders，*Arb. Int'l* 11 (1995)，1 (4)．

⑦ Geimer，in：Zöller，*ZPO*，vor § 1025 Rn. 10.

⑧ Jaeger，*DieUmsetzungdesUNCITRAL-ModellgesetzesüberdieinternationaleHandelsschiedsgerichtsbarkeitimZuge der nationalenReformen*，S. 40.

法机关就决定不再另设单独的国际商事仲裁程序，并提出如下理由：

"如果考虑尽可能不加改动地接纳《示范法》，并将其作为国际商事仲裁程序的特别法，同时倾向于将《民事诉讼法》第十章内容继续保持不变，这就会导致在结构、范围、术语上出现双重的互相偏离的规范组合，有关分歧几乎无例外地不能得到客观的解释；此外，这种做法还必然会导致许多由于两套规则相互影响而出现的疑难问题。相反，如果新法寻求将国内程序所适用的法律同样纳入一个完全客观的标准之中，那么这就会使这两套规则在结构、范围、术语上继该保持一致。"①

即使不区分为两套制度规则，而是将国内仲裁制度作为基础，国际仲裁程序作为一个附属的法律规定（如秘鲁和突尼斯仲裁法），也可能会导致法律解释上的困难。② 因此，在联合国国际贸易法委员会进行咨询的过程中就认可，《示范法》虽然基本上是针对国际仲裁程序，但并不妨碍各国将《示范法》作为国内仲裁程序法。③

在许多非《示范法》国家（如荷兰、英国和瑞典）最近修改的仲裁法，也不再区分国内仲裁程序和国际仲裁程序。④

一个统一适用于国内和国际商事仲裁的仲裁法，不仅会减轻立法机关工作，还有利于法院和其他法律工作者不再拘泥于对国际和国内仲裁的区分。同时，由于受到《纽约公约》等国际标准的限制，各国法院对国际仲裁的干预，通常比对国内仲裁更严格，因此采用统一的仲裁法律制度更能促进各国对旧仲裁法实现自由化和国际化。此外，采用统一的仲裁法律制度，并在很大程度上与基于《示范法》和其他国际公约而形成的国际标准接轨，为国际法律秩序的协调和统一作出贡献。

四　《示范法》转化为国内法的不同方式

由于吸纳《示范法》的国家数量众多，在《示范法》转化为国内法时也形成了不同类型的吸纳方式。以下是两种比较常用的方式：

---

① 见《德国仲裁法草案政府立法说明》，BT-Drucks. 13/5274 vom 12. Juli 1996，S. 25.

② Sanders, *Arb. Int'l* 11（1995），1（6）.

③ UN-Doc. A/CN. 9/264，Art. 1 para. 22.

④ Weigand（ed.），*Practitioner's Handbook On International Arbitration*，Part 4 B para. 12，F para. 5，H para. 3；Strempel/Hobér，*RPS 1999（BB Beilage 4）*，8.

（一）通过引用吸纳《示范法》

有些国家和地区通过法律中的一般性援引条款，指明准用法律附录中的《示范法》。通过引用方式将《示范法》转换为国内法，能够使《示范法》保持完整不变。巴林是唯一通过援引将《示范法》完整和无条件地纳入本国法律体系的国家。① 还有一些普通法系国家或独立法域——如美国、加拿大、澳大利亚、新加坡、中国香港、百慕大和苏格兰，也采用引用方式纳入《示范法》，但同时在法律中又规定了对《示范法》的修改和补充。但有关修改都是比较有限的，主要涉及基于当事人书面协议对《示范法》的选择适用（opting-out）或选择不适用（opting-in）。② 由于整个《示范法》一字不差地得到采纳，这种引用吸纳的转化方式最符合联合国贸法会关于统一和协调国际商法的目标。③

（二）逐条吸纳《示范法》

有的国家将《示范法》逐条不加修改地或几乎完全一致地直接转化为本国法律。例如，塞浦路斯将《示范法》作为国际商事仲裁的特别法，完整地将各条文转化为本国法。④ 在吸纳《示范法》条文时，有些国家将《示范法》条文作为现有民事诉讼法中的一部分，而有些则经过修改，将《示范法》直接作为一部独立的法律。这种直接纳入《示范法》的形式，随之经常出现条文的更改和补充，并由此带来各《示范法》国家的仲裁法在条目、更改形式上存在差异。由于各国进行了相应修改，《示范法》的结构也并不能总是保持一致，因此进行全面的比较依然较为困难，会给外国用户的理解带来一定的困难。⑤ 各国对《示范法》的更改和补充，可以算作立法者将《示范法》转化为本国法律过程中的一种"本地化"现象，

① Binder, *International Commercial Arbitration and Conciliation in UNCITRAL Model Law Jurisdictions*, para. 1 – 012.

② 在百慕大及新加坡，当事人可以通过协议排除在国际仲裁中适用《示范法》；见 Sanders, *Arb. Int'l* 11（1995），1（5 f.）；Lynch, *The Forces of Economic Globalization: Challenges to the Regime of International Commercial Arbitration*, p. 250.

③ Binder, *International Commercial Arbitration and Conciliation in UNCITRAL Model Law Jurisdictions*, para. 1 – 012.

④ Herrmann, "Aktueller Stand der Rezeption des Modellgesetzes", in: Deutsches Institutfür Schieds-gerichtswesen（Hrsg.），*Übernahme des UNCITRAL-Modellgesetzesüber die internationaleHandelsschieds-gerichtsbarkeit in das deutsche Recht*, S. 17（19）；Sanders, *Arb. Int'l* 11（1995），1（3）.

⑤ Binder, *International Commercial Arbitration and Conciliation in UNCITRAL Model Law Jurisdictions*, para. 1 – 013.

使《示范法》更能契合本国司法制度。

第三节　联合国贸法会仲裁《示范法》和示范规则的最新发展

1998 年 10 月 6 日，联合国国际贸易法委员会在其第 31 届大会上举办了《纽约公约》40 周年庆祝活动。参加这次庆祝活动的，不仅有各个国家代表，还包括许多著名国际仲裁专家，大家共同就国际商事仲裁发展的最新问题进行了讨论。在此背景下，1999 年 4 月 6 日，由联合国国际贸易法委员会秘书处起草，形成了国际商事仲裁领域未来可进行的工作说明。① 在这份说明中，共提出了 13 项工作议题建议。② 在联合国贸法会 1999 年 5 月 17 日—6 月 4 日在维也纳召开的第 32 届会议上，以下议题被确定为优先考虑：调解、仲裁协议的书面形式要求（《示范法》第 7 条）和临时保护措施的可执行性（《示范法》第 17 条）。③ 有关调解议题，直接促成联合国贸法会于 2002 年通过了新的调解示范法。在经过多年讨论之后，对《示范法》第 7 条和第 17 条的修改，也最终于 2006 年 7 月 7 日在联合国国际贸易法委员会第 39 届会议上得以通过。④ 而对《示范法》临时措施问题和联合国贸法会仲裁规则的修改，则进一步体现了国际商事仲裁程序国际化的趋势。

---

① UN-Doc. A/CN. 9/460.

② 这些议题为：一、调解；二、仲裁协议应以书面作出的要求；三、可仲裁性；四、主权豁免；五、提交仲裁讼案的合并；六、仲裁程序中资料机密性；七、为了抵偿目的提出索偿要求；八、"短员"仲裁庭的裁决；九、仲裁员的责任；十、仲裁庭判给利息的权力；十一、仲裁程序的费用；十二、临时保护措施的可执行性；十三、执行一项经起源国所撤销裁决的酌处权；见联合国文件 UN-Doc. A/CN. 9/460，para. 8 – 144；详细讨论见 Sanders, *Arb. Int'l* 21 (2005)，443 (471 – 479)；Sanders, *The Work of UNCITRAL On Arbitration and Conciliation*, pp. 138 – 145；Binder, *International Commercial Arbitration and Conciliation in UNCITRAL Model Law Jurisdictions*, para. 11 – 001 ff.

③ UN-Doc. A/54/17, para. 342, 350, 373.

④ UN-Doc. A/61/17, para. 181.

一 《示范法》中临时措施的新规定

由于《示范法》在国际商事仲裁实践中越来越多地得到适用，为了保障仲裁裁决的履行，联合国国际贸易法委员会决定起草一套用于仲裁庭和法院发布临时措施的统一规则。① 修改后的《示范法》专门就临时措施单列一章（第四 A 章 临时措施和初步命令），共用五节 11 个条文对仲裁庭作出的临时措施（interim measures），以及初步命令（preliminary orders）作出详细规定。②

在作出临时措施的条件方面，原《示范法》第 17 条第 1 句有关"就争议的标的仲裁庭可能认为有必要的任何临时性保全措施"的规定，并没有出现在修订后的《示范法》中。对此工作组认为，这样的限制会在严格解释时，导致仲裁法进一步限制作出临时措施。③ 对准许作出临时措施的具体情形，第 17 条第 2 款进行了列举：一、在争议得以裁决之前维持或恢复"现状"（status quo）；二、防止目前或即将对仲裁程序发生的危害或损害行为；三、为保障后继裁决执行的财产保全；四、对解决争议具有相关性和重要性的证据保全。根据第 17 条第 2 款对临时措施所下的定义，临时措施可以在最终裁决作出之前以中间裁决的形式或其他形式作出。④ 在前三种情形中，提出申请的一方当事人必须使仲裁庭确信，如果不采取这种措施，有关损害将无法弥补，并且申请人的请求有可能胜诉（第 17A 条第 1 款）。对于最后一种情形，上述要求条件，只要仲裁庭认为适当即可（第 17A 条第 2 款）。根据《示范法》第 17H 条规定，临时措施具有法律约束力和强制执行效力。第 17I 条规定了拒绝承认或执行临时措施的理由。第 17I 条所规定的理由与第 36 条拒绝承认或执行仲裁裁决的理由一致〔第 36 条第 1 款字母 a（i）、（ii）、（iii）及（iv），字母 b（i）及（ii）〕。

---

① UN-Doc. A/CN. 9/468，para. 67－69；A/CN. 9/485，para. 78.

② 有关文本见 UN-Doc. A/61/17，Annex I.

③ UN-Doc. A/CN. 9/508. para. 52－54. 类似的问题也存在于欧盟《关于婚姻事务和父母亲责任案件的管辖权及承认与执行相应裁判的理事会条例》第 20 条的规定中。

④ 针对临时措施的法律性质，代表们表达了不同的看法。虽然一部分代表试图要求明确规定临时措施仅以具有强制性的仲裁裁决（或中间裁决）的形式作出，以便于给予对方与仲裁裁决类似的防御手段，然而多数代表同意应当给予仲裁庭选择权，以保持临时措施的灵活性。见联合国文件 UN-Doc. A/CN. 9/508，para. 67 f.

此外，未遵守提供适当担保和临时措施已被终结或中止，也被补充规定为拒绝承认或执行临时措施的理由。《示范法》第17E条第1款和第17F条第1款授权仲裁庭，要求申请方当事人提供与临时措施有关的适当担保或披露临时措施所依据的重大事实变化。根据第17J条，法院作出仲裁临时措施的职权与其在民事诉讼程序中的职权相同，而不必考虑仲裁地的因素。

在第17条的修改过程中，有关不经申请人相对方陈述意见而采取法律临时措施的程序，即单方（ex-parte）程序，在讨论中引起很大争议。[1]在最终版本中，这种由单方（ex-parte）程序制作的临时措施被称为"初步命令"（preliminary orders），不具备仲裁裁决的效力（见第17B条第1款）。[2]因此，《示范法》的起草者明确放弃了有关"初步命令"（preliminary orders）被承认和执行的效力（第17C条第5款）。这种"初步命令"（preliminary orders）自仲裁庭下达该命令之日起20天后失去效力（第17C条第4款）。对于这样的单方面（ex-parte）措施，仲裁庭应当要求提供担保并就有关事项进行披露（第17E条第2款和第17F条第2款）。

无论是临时措施，还是初步命令，都可以由仲裁庭修改、中止或终结（第17D条）。在临时措施或初步命令作出之后，如果仲裁庭又决定本不应当准予采取上述措施或命令，则申请方应当支付因此给对方当事人造成的费用损失或承担损害赔偿责任。

根据联合国贸法会的统计，已经有许多国家或地区根据《示范法》新修订的内容，对本国仲裁法中临时措施内容进行了重新修改。[3]《示范法》在修订过程中的一些理念，也在最新一些国家仲裁法改革中受到高度重视。[4]

---

[1] 虽然一些代表认为单方（ex-parte）临时措施从根本上与仲裁程序的合意性不相一致，但多数代表还是赞成应当规定这种措施，以防止不采取相应措施而影响将来裁决执行的情形，从而提高仲裁程序的效率；见 UN-Doc. A/CN. 9/508，para. 77；A/CN. 9/573，para. 12－14；更多支持单方（ex-parte）临时措施的观点以及否定该措施的危险，见 Hobeck/Weyhreter，*SchiedsVZ 2005*，238（239，241）。

[2] 对于"临时命令"（preliminary orders）术语，见 UN-Doc. A/CN. 9/569，para. 24－26。

[3] 例如，澳大利亚、中国香港、哥斯达黎加、爱尔兰、毛里求斯、新西兰、秘鲁、卢旺达、斯洛文尼亚等国家和地区都根据2006年新修订的《示范法》重新修改了其仲裁法。见联合国国际贸易法委员会网站：www. uncitral. org/uncitral/en/uncitral_ texts/arbitration/1985Model_ arbitration_ status html。

[4] 见奥地利《仲裁法修改法2006政府草案说明》第15—16页对第593条的解释："本条主要采纳示范法第17条的规定，此外，在起草本条款时，也充分考虑联合国国际贸易法委员会工作组有关修改意见和草案讨论稿的内容。"另参阅 Zeiler，*SchiedsVZ 2006*，80（82）。

二　联合国贸法会仲裁示范规则的修改

1999 年，联合国国际贸易法委员会在其第 32 次委员会会议上，授权第二工作组根据情况酌定处理优先级较低的其他议题。① 在随后的 2003 年委员会会议上，工作组向委员会提出了一个新的未来工作的规划：根据《示范法》修订后有关仲裁协议书面形式要件和临时措施的内容，对联合国国际贸易法委员会 1976 年仲裁规则进行修订。② 自 2006 年开始，第二工作组一直致力于该项修改工作，力图在仲裁规则中体现国际商事仲裁过去 30 年来的发展成果。③ 经过四年的努力，新版仲裁规则已于 2010 年 6 月 25 日在联合国国际贸易法委员会第 43 次会议上得以通过，并于 2010 年 8 月 15 日生效。④

许多问题，诸如合并仲裁、"短员"仲裁庭、信息保密性、以抵消为目的赔偿请求等，都在仲裁规则中得到体现。⑤ 新版仲裁规则为仲裁程序提供更大的灵活性和高效率，对诸如以传真和电子邮件进行通知（第 2 条第 2 款），更换仲裁员（第 14、15 条），合并审理（第 17 条第 5 款）都作了明确规定。此外，修订后的仲裁规则还对多方仲裁程序（第 10 条）、仲裁员责任（第 16 条）进行了规定。以《示范法》第 IVA 章有关临时措施规定为范本，新仲裁规则第 26 条也作了明确规定。

鉴于联合国国际贸易法委员会在协调各国在国际商事仲裁立法上面所取得的成就，相信在将来会有更多国家的立法机关不得不考虑，是否进一步修改其仲裁法律制度，将联合国贸法会新修改的法律和规则纳入其国内法中。

---

① UN-Doc. A/54/17, para. 380.

② UN-Doc. A/58/17, para. 204.

③ UN-Doc. A/61/17, para. 187；A/CN. 9/614, para. 16.

④ UN-Doc. A/65/17, para. 187, 有关文本见该文件附件 1。

⑤ UN-Doc. A/CN. 9/610/Add. 1, para. 4 - 9.

第三章　仲裁立法改革中的本地化趋势

第一节　仲裁法的本地化

在各国仲裁法改革中，仲裁程序的多样性问题虽然通过采用国际标准逐步减少，但并没有完全消除。将国际商事仲裁彻底从国内程序法"桎梏"中解放出来的要求，在改革中并没有得到立法者的支持。仲裁地的重要性反而在改革中得到广泛强调。随着一些国家不再区分国际和国内仲裁程序，为兼顾国内仲裁程序所做的修改与补充使得各国仲裁法继续保持了多样性。各国仲裁立法的目标，一方面要使本国仲裁法律制度与国际标准相适应，另一方面还要保护本国法律制度的统一。然而，各国在保留本国仲裁法律特色的同时，基本上能够做到与公认的仲裁原则从根本上不相违背。

一　从非国家化到属地原则

（一）仲裁地的意义

仲裁地的概念很早就在国际商事仲裁中发挥着举足轻重的作用。[①]　如

[①]　早在 1923 年《日内瓦公约》第 2 条中就曾规定，进行仲裁程序的地点，构成仲裁程序法律适用的连接点。《纽约公约》第 5 条第 1 款字母 d 涉及 "仲裁进行地"，实际上与第 1 条第 1 款所规定的 "裁决作出地" 相同。而在《示范法》中，均使用 "仲裁地"（place of arbitration）。与《示范法》第 20 条第 2 款规定的仲裁程序 "实际进行地点"（place）不同，该条第 1 款规定的 "仲裁地"（place of arbitration）主要作为冲突法意义上的适用国内程序法的连接点。这种作为连接点意义上的地点也被称为 "仲裁所在地"（Sitz des Schiedsgerichts），如瑞士《联邦国际私法》第 176 条第 1 款和奥地利《民事诉讼法》第 577 条第 1 款，或 "仲裁地点"（seat of arbitration），如英国《1996 年仲裁法》（*Arbitration Act 1996*）第 2 条第 1 款。参阅 Redfern/Hunter, *Law and Practice of International Commercial Arbitration*, Rn. 2 – 14；Lionnet/Lionnet, *Handbuch der internationalen und nationalen Schiedsgerichtsbarkeit*, S. 204 f.；有关术语见 Berger, *RIW* 1993, 8（10 f.）；Schwab/Walter, *Schiedsgerichtsbarkeit*, Kap. 15, Rn. 39.

今人们普遍承认，仲裁地绝非仅仅是一个地理意义上的会见或开庭地点上的问题，而更主要的是一个形式上或法律意义上的地点，以使仲裁程序与一个国家的仲裁法从地域上发生连接。[①] 仲裁地在众多仲裁程序问题上都具有重要意义，如：（a）仲裁程序的法律适用，以及仲裁协议，可仲裁性和仲裁员选定的法律适用；（b）在涉及法院支持和监督方面法院的地域管辖；（c）确定仲裁裁决的国籍，以便于仲裁裁决的承认和执行；（d）仲裁程序是否具有国际性。[②]

（二）非国家化理论

尽管仲裁地在国际商事仲裁中具有特别意义，然而在实践中，如何将其作为冲突法的连接点以适用一国仲裁程序法，仍然存有争议。有时候，当事人选择仲裁地时并不一定考虑所适用的程序法，而是仅仅从中立性上，或者从某一法律传统上考虑，决定将第三国作为仲裁程序进行地。于是，无论是当事人还是法律纠纷都与这个程序进行地点不具有任何联系。[③]如果在当事人之间缺乏有关仲裁地的协议，仲裁庭往往在判断仲裁地时更为困难。基于费用和开展程序便利的考虑，会见地点或开庭地点往往会在不同国家进行，而签署裁决书的地点又往往是在各个仲裁员所在的国家。

在确定仲裁地上所产生的难题，部分导致了"非国家化"理论的形成。[④] 该理论的拥趸认为，国际仲裁不应该附着于一国的仲裁程序法而存在，国际仲裁程序必须服从的仅为自治状态的国际规则，而这种规则的基础主要为当事人的协议或者仲裁庭的自由裁量，并兼顾各国法制的

---

① Berger, *RIW 1993*, 8（10），更多文献参考见该文注释23；Schwab/Walter, *Schiedsgerichtsbarkeit*, Kap. 15 Rn. 39；Schlosser, in：Stein/Jonas, *ZPO*, § 1043 Rn. 1；Lachmann, *Handbuch für die Schiedsgerichtspraxis*, Rn. 1393；Lionnet/Lionnet, *Handbuch der internationalen und nationalen Schiedsgerichtsbarkeit*, S. 205；Redfern/Hunter, *Law and Practice of International Commercial Arbitration*, Rn. 2 - 15.

② Schwab/Walter, *Schiedsgerichtsbarkeit*, Kap. 15 Rn. 38；Lionnet/Lionnet, *Handbuch der internationalen und nationalen Schiedsgerichtsbarkeit*, S. 207 - 209；Weigand, *Practitioner's Handbook on International Arbitration*, Part. 1 Rn. 144 - 150；Jaeger, *Die Umsetzung des UNCITRAL-Modellgesetzes über die internationale Handelsschiedsgerichtsbarkeit im Zuge der nationalen Reformen*, S. 95.

③ Lew, *Applicable Law in International Commercial Arbitration*, para. 233.

④ Lynch, *The Forces of Economic Globalization*；*Challenges to the Regime of International Commercial Arbitration*, p. 177；在英语文献中该理论也被称为 "de-localised, a-national, transnational, supra-national, stateless, detached oder floating arbitration"；参阅 Redfern/Hunter, *Law and Practice of International Commercial Arbitration*, Rn. 2 - 26.

最低标准。① 根据这种理论，仲裁地法院的监督功能（如撤销仲裁裁决）应当废除。② 只有强制执行地法院才具有监督职能，即所谓的"一点监督"（one point of control）。③ "非国家化"理论最重要的论据是，在国际商事仲裁程序中如果当事人无须对仲裁法，以及与之处处相关的仲裁地殚精竭虑，以避免掉入"当地陷阱"（local pitfalls）的尴尬，那么当事人就可以节省很大的精力。④ 随着信息科技的飞速发展，在虚拟空间中进行的国际商事仲裁程序也进一步将人们从地理和物理的限制中解脱出来。于是，有关国际商事仲裁"非国家化"的设想也越来越获得人们的关注。⑤

对仲裁制度实行非国家化的努力，最早体现在 1975 年国际商会仲裁规则的改革中。旧规则所规定的"除当事人另有约定的适用仲裁地程序法"被体现非国家化的新规定所取代。⑥ 根据新的规则，只能适用当事人约定的或者仲裁庭确定的仲裁程序法，而且该程序法也不必一定和某一国的仲裁程序法完全一致。⑦ 此后，这种非国家化的理念在一些国家的仲裁法改革中都得到体现，如法国、瑞士、比利时、荷兰、葡萄牙、阿尔及利亚和意大利。⑧ 根据法国《民事诉讼法》第 1508 条规定，对于仲裁程序事项，当事人可以直接进行约定，或通过援用仲裁规则进行确定，还可以通过服从所选定的程序法来确定。⑨ 瑞士《联邦国际私法》第 182 条也遵循了这一潮流。⑩ 在 1985 年的比利时仲裁法改革中，《司法法》第 1717

---

① Fouchard/Gaillard/Goldman, *On International Commercial Arbitration*, para. 95；Lynch, *The Forces of Economic Globalization：Challenges to the Regime of International Commercial Arbitration*, S. 182.

② Paulsson, "Contemporary Problems in International Arbitration", in：Lew（ed.）, *Contemporary Problems in International Arbitration*, S. 141.

③ Redfern/Hunter, *Law and Practice of International Commercial Arbitration*, Rn. 2 – 26.

④ Lionnet/Lionnet, *Handbuch der internationalen und nationalen Schiedsgerichtsbarkeit*, S. 132.

⑤ Lynch, *The Forces of Economic Globalization：Challenges to the Regime of International Commercial Arbitration*, S. 196.

⑥ 该规定依然保留在 1998 年的国际商会规则的第 15 条数字 1 中。

⑦ 这种新规定被时任国际商会仲裁院秘书长称赞为革命性的改动；见 Lionnet/Lionnet, *Handbuch der internationalen und nationalen Schiedsgerichtsbarkeit*, S. 131 f.

⑧ See Fouchard/Gaillard/Goldman, *On International Commercial Arbitration*, para. 1180.

⑨ 该法依然包含少量对国际仲裁的强制规定；详细讨论见 Schlosser, *Das Recht der internationalen privaten Schiedsgerichtsbarkeit*, Rn. 196；Craig, *Tex. Int'l L. J.* 30（1995）, 1（31）；Fouchard/Gaillard/Goldman, *On International Commercial Arbitration*, para. 795.

⑩ Blessing, Das neue internationale Schiedsgerichtsrecht der Schweiz, in：Böckstiegel（Hrsg.）, *Die internationale Schiedsgerichtsbarkeit in der Schweiz（II）*, S. 13（52）；对该条规定的讨论还可参阅 Lionnet/Lionnet, *Handbuch der internationalen und nationalen Schiedsgerichtsbarkeit*, S. 132.

条增加了一个第 4 款，规定当事人均不具有比利时国籍时，或者在比利时没有进行注册营业场所以及没有住所地时，申请人就不得申请撤销仲裁裁决。① 根据法国和美国的司法解释，一个已经被仲裁地法院撤销的仲裁裁决，依然可以在这两个国家申请强制执行。②

（三）对属地原则的强调

非国家化理论体现了人们对国际商事仲裁宽容的态度，并促进了各国仲裁法改革的自由化进程。然而迄今为止，还没有哪个国家在立法中全面遵循该理论。③ 非国家化理论反对者（也被称为"属地主义者"）的最有力的论据是，基于法律政治的考虑，只要涉及法院的介入，仲裁就需要国家司法机关的司法承认，而得到这种承认的前提就是要在国家法律中规定仲裁程序。④ 如果真的存在仲裁的非国家化，那也是得到仲裁地法律（lex arbitri）许可的结果。⑤ 对此 Smit 曾经评论说：

"仲裁并非在法律真空中进行，它必定存在于一定法律秩序之中，并有赖于法律赋予其效力和执行效果。"⑥

根据 Mann 的理论，每一次仲裁行为，本质上都是一个国家的仲裁，国际私法本身也是国家法律体系的一部分。⑦ Sanders 也认为，如果仲裁没有国家的掌控（比如指定仲裁员），就无法满足仲裁程序的开展。⑧ 其他一些学者，尤其是英国的学者则担心，如果仲裁忽视仲裁进行地法律，就可能导致潜在的仲裁庭滥用权力，并因此使程序正义不再得到保障。⑨

---

① Schlosser, *Das Recht der internationalen privaten Schiedsgerichtsbarkeit*, Rn. 37；然而这种强制型的非国家化规定在随后 1998 年改革中被取消；根据该条款，当事人可以通过协议选择有关国家对仲裁裁决进行审查；参阅 Redfern/Hunter, *Law and Practice of International Commercial Arbitration*, Rn. 2 – 28.

② 法国判决见 Cass. 1e civ., 1994 年 3 月 7 日, Hilmarton v. OTV, Rev. crit DIP 356（1995）. 美国判例见 Chromalloy Aeroservices v. the Arab Republic of Egypt., 939 F. Supp. 907（D. D. C., 1996）；参阅 Fouchard/Gaillard/Goldman, *On International Commercial Arbitration*, para. 270 Fn. 343.

③ Lynch, *The Forces of Economic Globalization：Challenges to the Regime of International Commercial Arbitration*, S. 195.

④ Lionnet/Lionnet, *Handbuch der internationalen und nationalen Schiedsgerichtsbarkeit*, S. 98.

⑤ Redfern/Hunter, *Law and Practice of International Commercial Arbitration*, Rn. 2 – 28.

⑥ Smit, *Tul. L. Rev.* 63（1989）, 629（631）.

⑦ Mann, Lex Facit Arbitrum, in：Sanders（ed.）, *International arbitration*, p. 157（159 f.）.

⑧ Sanders, *Quo Vadis Arbitration? Sixty Years of Arbitration Practice*, p. 248.

⑨ Yu, *Int'l A. L. R.* 2（1999）, 83（84 f.）.

尽管根据《纽约公约》第 5 条第 1 款字母 d，违反当事人对仲裁程序的约定会导致仲裁裁决被拒绝承认或执行，但这并不意味着可以低估仲裁地法律规定的重要性。相反，《纽约公约》第 1 条第 1 款的规定，就是充分考虑各国代表对属地原则和确定仲裁裁决国籍意见的结果。① 也是因为如此，公约在其名称中也没有表述为"国际仲裁裁"，而是称为"外国仲裁裁决"。②

《示范法》严格遵循属地原则。③ 根据《示范法》第 1 条第 2 款，该法"只"适用于仲裁地点在本国领土范围内的情况。《示范法》第 19 条第 1 款再次明确了强制适用程序进行地生效程序法的规定，当事人对适用其他仲裁法律的约定，只要涉及仲裁地法律有强制性规定的，不能排除该仲裁地法律的适用。④ 但是，属地原则并不排斥当事人约定适用某个境外仲裁程序法，尽管这样可能受到仲裁地法（lex loci arbitri）管辖导致额外的司法审查。⑤

各国仲裁法改革对属地原则的强调，并不与自由化思想相违背。适用国内程序法，虽然为仲裁地法院提供对仲裁程序进行干预的可能，但对当事人而言，相较于仲裁员的完全自由裁量权，国内程序法更多的是提供了

---

① 当然，根据《纽约公约》第 1 条第 1 款第 2 句（所谓"第二个标准"），公约也适用于被寻求承认和执行裁决的国家不视为国内裁决的仲裁裁决。但这并不意味着，一个非国家化的仲裁裁决能够自动适用《纽约公约》。考虑到第 1 条第 1 款第 2 句的历史成因，实际上该规定只适用于一些特定情形，即仲裁程序虽然是在某一国家进行的，但各方当事人从整体上愿意遵循另一国家的仲裁程序法（程序理论）。也就是说，仲裁裁决依然与一个国家的程序法绑定在一起。参阅 Sanders, *Quo Vadis Arbitration? Sixty Years of Arbitration Practice*, p. 249；对第 1 条第 1 款第 2 句的评论，见 Van den Berg, *The New York Arbitration Convention of 1958*, p. 23 f.；有关程序理论参阅 Lionnet/Lionnet, *Handbuch der internationalen und nationalen Schiedsgerichtsbarkeit*, S. 124.

② Van den Berg, *The New York Arbitration Convention of 1958*, p. 7 f.

③ 《示范法》的起草者认为，虽然自由选择仲裁地以外的程序法是当事人的一项权利，但在实践中很少能够行使这种权利。见 UN-Doc. A/40/17, para. 73.

④ Lionnet/Lionnet, *Handbuch der internationalen und nationalen Schiedsgerichtsbarkeit*, S. 123 f., 126；此处仲裁程序法的强制规定被定义为所有不允许当事人自行约定的条款。

⑤ 埃及《仲裁法》第 1 条就规定："……本法规定适用于在国外进行的国际商事仲裁和各方当事人共同同意服从本法规定的"；参阅 Binder, *International Commercial Arbitration and Conciliation in UNCITRAL Model Law Jurisdictions*, Rn. 1 - 027；德国立法机关在接纳《示范法》时，有意识地放弃了《示范法》第 1 条第 2 款中"只"的表述，以此表明，对当事人在其自己领土范围内进行的仲裁程序是否能够选择适用德国新仲裁法，应由外国立法者自行决定。见 Berger, Entstehungsgeschichte und Leitlinien des neuen deutschen Schiedsverfahrensrechts, in: *RWS-Dokumentation 21*, S. 1 (18).

法律的确定性和可预见性。对于承认和执行外国仲裁裁决的法院来说，有关司法审查也总是被限制在某一特定国家仲裁法律范围之内。如果当事人双方通过协议确定了仲裁地，或仲裁庭直接确定了仲裁地，从而选择适用一个特定的仲裁法，他们也会得到国家相应的司法支持（例如临时措施）。在国际商事仲裁中，一国规则体系越自由，就越具有吸引力。在各国仲裁法改革中也存在竞争，这也加快了国家仲裁程序法的自由化。从这一点上，非国家化理论和属地原则具有异曲同工之效。

二　本地化的必要性

国内仲裁法改革以国际化为目标，促进了国际标准的形成。然而这些国际标准还属于一种原则性的基本规定，或者说是一种"大的趋势"（Makro-Konvergenz）[1]，还不足以促成全球统一有效的仲裁程序法公约。各国仲裁法改革中对属地原则的坚持也表明，各主权国家的仲裁法对国际商事仲裁活动依然非常重要。而吸收国际标准的同时，对有关规定进行修改和补充以契合本国法律制度，特别通过适用国内仲裁程序法的专门规定来调整国际商事仲裁程序，从而将其置于本国监督之下的尝试，也被称作"本地化"。[2]

客观存在的本地化趋势，导致各国仲裁法的多样性。在各国家法律体系中，造成这种法律差异现象存在多种因素，总体而言包括：政治权力的分配、经济体制、宗教和道德价值观、家庭结构、农业分布和国家工业化水平、国家部门和社会组织的构成等。[3] 各国法律文化之间的差异，也会对法律争端解决过程产生持续性影响。[4] 比如在东亚，调解这种解决纠纷的方法就具有悠久的传统。因此，基于这种传统和跨境贸易的快速发展，

---

① Johnston/Johnston, *Asia-Pacific Legal Development*, S. 563.

② Lynch, *The Forces of Economic Globalization：Challenges to the Regime of International Commercial Arbitration*, p. 170 f.

③ Zweigert/Kötz, *Einführung in die Rechtsvergleichung auf dem Gebiete des Privatrechts*, S. 11.

④ Böckstiegel, *Arb. Int'l* 22（2006），165（176 f.）．有人曾试图总结得出三种仲裁法律文化：（1）英美法系的法律文化，在这种文化影响下，与诉讼程序相似，受普通法法律体系训练的律师通常主导仲裁程序开展；（2）大陆法系的法律文化；（3）东亚和阿拉伯伊斯兰世界的法律文化。参见 Cremades, *Arb. Int'l* 14（1998），157（159）．

调解也在国际商事仲裁程序中得到广泛应用。① 在我国仲裁法改革过程中，仲裁程序中的调解也得到了法律的明确承认。②

各国仲裁法呈现多样性的第二个原因是国际公约不够详备。为了在成员国范围内取得最大的统一，一些有争议的问题或琐碎的问题往往会在国际协议中被绕过，最终的国际公约文本往往比较简略。由此导致各国法律仍有较大的规范空间。例如，在《示范法》讨论过程中提出的许多问题，都在最终版本中有意识地被回避。这些问题包括：一、可仲裁性和国家豁免；③ 二、鉴定；④ 三、无异议答辩的法律后果；⑤四、仲裁裁决的定义；⑥五、举证责任分配和证人证言；⑦六、仲裁时效；⑧七、法律适用冲突法规则以及仲裁协议效力的法律适用；⑨八、多方当事人仲裁与合并审理；⑩九、作出仲裁裁决的时限；⑪十、裁决履行期限的确定；⑫十一、仲裁地尚未确定的仲裁（floating arbitration，浮动仲裁）；⑬十二、一事不再理原则

---

① 世界发展银行对六个亚洲国家有关法律和法律制度所起作用的一项报告显示，"在亚洲人们更偏爱通过传统的争端解决机构以调解方式解决纠纷"。见 Pinto, Thoughts on the "True Nature" of International Arbitration, in：*FS Briner*, S. 619（627, Fn. 17）.

② 见我国《仲裁法》第51条。

③ 例如客观可仲裁性问题，无论是采用列举式规定不可仲裁事项，还是采用对不可仲裁事项进行一般性定义，都被认为难以操作。因此，《示范法》虽然在第1条、第5条、第7条和第34条第2款字母 b（i）中有所涉及，但是并没有对其明文界定；见 UN-Doc. A/CN. 9/216, para. 30；Holtzmann/Neuhaus, *A Guide to the UNCITRAL Model Law*, p. 39；有关主观可仲裁性问题，见 UN-Doc. A/CN. 9/216, para. 28；A/CN. 9/232, para. 39；A/CN. 9/264, Art. 7 para. 5；有关国家豁免权问题见 A/CN. 9/207, para. 52, A/CN. 9/216, para. 29.

④ 有关对合同漏洞弥补和合同调整的讨论，见 UN-Doc. A/CN. 9/216, para. 32 f.；A/CN. 9/WG. II/WP. 41, para. 2 – 11；A/CN. 9/WG. II/WP. 44, para. 7 – 10；A/CN. 9/233, para. 15 – 20, A/CN. 9/245, para. 19 – 23.

⑤ 有关无异议答辩的法律后果见 UN-Doc. A/CN. 9 /WG. II/WP. 50, para. 11, 15 f.

⑥ UN-Doc. A/CN. 9/246, para. 129 und 191 – 194；A/40/17, para. 48 f.

⑦ UN-Doc. A/40/17, para. 328 f.；另见 A/CN. 9/207, para. 75；A/CN. 9/263, para. 9 f.

⑧ UN-Doc. A/40/17, para. 189.

⑨ UN-Doc. A/CN. 9/ WG. II/WP. 49, para. 28 – 30；A/CN. 9/246, para. 198 – 201.

⑩ UN-Doc. A/CN. 9/216, para. 37；A/CN. 9/WG. II/WP. 35, para. 22.

⑪ UN-Doc. A/CN. 9/216, para. 38；A/CN. 9/WG. II/WP. 35, para. 23.

⑫ UN-Doc. A/40/17, para. 256 – 258；另见 A/CN. 9/SR. 328, Art. 31 para. 52 – 58；A/CN. 9/SR. 329, Art. 31 para. 1 – 25.

⑬ UN-Doc. A/40/17, para. 80.

(res judicta)；①十三、仲裁员责任。② 在一些细节问题上，如仲裁费的分担，③ 代理和法律援助，④ 仲裁裁决的公开发表，⑤ 以及强制性规范的列表，《示范法》都保持了沉默，⑥ 尽量不对非常有争议的问题进行深究。⑦各国仲裁法之间的许多差异也主要来自纳入示范法过程中对上述法律问题的补充性规定。⑧

　　最后，各国的仲裁法的多样性还源自各国千差万别的法律制度，立法者需要根据本国法律制度对有关国际商事仲裁法律标准进行修改和调整。特别是在司法协助方面（如法院的临时措施），各国仲裁法都有许多不同的法律规定。这些相关规定大多数与一国民事诉讼法有关，而一国司法制度在很大程度上都是较为独立的。⑨ 因此，在这些方面各国仲裁程序法存在着"自然多样性"。⑩ 还有一些国家的仲裁法存在旨在保护消费者权益的特殊规定，这些特殊的规定又往往与一国法律传统有很大关系。⑪

---

① UN-Doc. A/40/17, para. 259.

② UN-Doc. A/CN. 9/207, para. 70；A/CN. 9/216, para. 51 f.；A/CN. 9/263/Add1, para. 3.

③ UN-Doc. A/CN. 9/207, para. 23 und 94；亦见于 Holtzmann/Neuhaus, *A Guide to the UNCITRAL Model Law*, p. 1118 f.

④ UN-Doc. A/CN. 9/216, para. 70.

⑤ UN-Doc. A/CN. 9/207, para. 101；A/CN. 9/216, para. 105.

⑥ UN-Doc. A/CN. 9/232, para. 77, 181；A/CN. 9/245, para. 175；A/CN. 9/WG. II/WP. 50, para. 9；A/CN. 9/246, para. 176.

⑦ Granzow, *Das UNCITRAL-Modellgesetz über die internationale Handelsschiedsgerichtsbarkeit von 1985*, p. 223；对《示范法》中未处理的问题的讨论亦见于 Holtzmann/Neuhaus, *A Guide to the UNCI-TRAL Model Law*, pp. 1116 – 1122；Roth, in: Weigand (ed.), *Practitioner's Handbook on International Arbitration*, Part 5 A Rn. 13.

⑧ 见第三章第二节。

⑨ Lynch, *The Forces of Economic Globalization：Challenges to the Regime of International Commercial Arbitration*, p. 298.

⑩ Craig, *Tex. Int'l L. J.* 30 (1995), 1 (58).

⑪ 这种情况常见于一国仲裁法律制度不再对国际和国内仲裁程序进行严格区分，譬如英国《1996 年仲裁法》(*Arbitration Act 1996*) 第 89—91 条；德国《民事诉讼法》(ZPO) 第 1031 条第 5 款；见《德国仲裁法草案政府立法说明》，BT-Drucks. 13/5274 vom 12. Juli 1996, S. 37；奥地利《民事诉讼法》第 617 条，参阅奥地利《仲裁法修改法 2006 政府草案说明》注释，第 20 页。

第二节 各国仲裁立法改革中对《示范法》的修改和补充

世界各国在接纳《示范法》同时往往又对《示范法》进行了修改和补充，以满足有关特定需求。通过观察各国的修改和补充，对探究各国接纳《示范法》过程中形成的仲裁法律制度特色，以及为我国仲裁法改革提供借鉴非常有益。

一 有关修改

除了那些语言风格上的修改以外，[①] 对《示范法》实质性的修改主要存在于以下方面：可仲裁性和仲裁协议（第7条），仲裁庭的人数（第10条），回避程序（第13条），自裁管辖权（第16条），临时措施（第17条），实体法适用和友好仲裁（amiable composition）（第28条），裁决的理由（第31条第2款），以违反公共秩序为由撤销仲裁裁决或发回重裁（第34条），以及承认和执行仲裁裁决（第35条和第36条）。[②] 鉴于涉及可仲裁性、仲裁协议的书面形式、自裁管辖权、临时措施、公共秩序（ordre public）和发回重裁的修改已经在上文进行了讨论，[③] 下文主要涉及其余的一些问题。对有的问题虽然也在起草《示范法》时讨论过并征求过各方意见，然而在最终版本中均被放弃。

[①] 联合国国际贸易法委员会在起草法律文本时通常使用英文（极少情况下为法文），其他四种正式语言（阿拉伯文、中文、俄文和西班牙文）只是从英文翻译而来。法律文本在翻译印欧语系语言时通常还是比较准确的，但是如果翻译成阿拉伯语和中文时，就难免会出现一些出入。由于许多国家将《示范法》编入到其民事诉讼法当中，并统一适用于国内和国际仲裁程序，因此也会出现条文的重新排序、简化，甚至完全省略。例如，《示范法》第1条第1款有关适用于国际商事仲裁的规定，第2条有关定义和解释规则的规定，以及第35条和第36条有关承认和执行仲裁裁决的规则，就经常因为体例的问题或因为直接适用《纽约公约》而被省略。

[②] Sanders, *Quo Vadis Arbitration? Sixty Years of Arbitration Practice*, pp. 99 f., 151.

[③] 见第一章第二节和第二章第二节。

（一）仲裁庭人数和多数原则

《示范法》第 10 条第 1 款保障各方当事人在确定仲裁庭人数方面的基本自由。因此，《示范法》并不排除偶数仲裁员组成仲裁庭。[1] 然而，由于任何一方当事人都可以任命相同数量的仲裁员，这就会导致仲裁庭成员意见相持不下。[2] 为了避免可能出现的程序障碍，埃及、匈牙利、印度、立陶宛、阿曼、巴拉圭、西班牙、斯里兰卡，以及突尼斯都在仲裁法中明文规定仲裁庭成员应当为奇数。[3] 在孟加拉国 2001 年[4]和奥地利 2006 年的立法改革中，参照 1966 年欧洲《统一仲裁法》第 5 条第 2 款和英国《1996 年仲裁法》（Arbitration Act 1996）第 15 条第 2 款的规定，对仲裁庭人数问题采取了另外一种解决方案：例如奥地利《民事诉讼法》第 586 条规定，如果当事人各方均同意仲裁庭由偶数仲裁员组成，他们须委任另一名仲裁员担任首席仲裁员。

在有两个以上仲裁员的仲裁程序中，根据《示范法》第 29 条第 1 句，有关决定均应按照仲裁庭所有成员的多数意见作出。然而从理论上讲，即使仲裁庭成员为奇数也会出现不能形成多数意见的情况，从而阻碍仲裁程序的推进。因此，在一些国家（如保加利亚、克罗地亚、希腊、匈牙利、斯里兰卡、西班牙、泰国和突尼斯），首席仲裁员被法律授予独立作出有关决定的职权。[5]

（二）回避程序和仲裁员更换的后果

根据《示范法》第 13 条，当事人基本上可以自由地通过协议确定仲裁员的回避程序。如未能达成这种协议，对仲裁员提出回避的一方当事人必须在规定期限内以书面形式向仲裁庭说明回避的理由。首先，由仲裁庭决定仲裁员是否回避。只有当仲裁法庭驳回当事人回避申请时，法院才能根据当事人申请就是否回避进一步作出决定。秘鲁在 1996 年接纳《示范

---

[1]　Sanders, *Quo Vadis Arbitration? Sixty Years of Arbitration Practice*, p. 232.

[2]　Schlosser, *Das Recht der internationalen privaten Schiedsgerichtsbarkeit*, Rn. 476.

[3]　Binder, *International Commercial Arbitration and Conciliation in UNCITRAL Model Law Jurisdictions*, Rn. 3 – 015，12 – 010.

[4]　见该国《仲裁法》（Arbitration Act）第 11 条第 3 款；参阅 Sanders, *Arb. Int'l* 21（2005），443（450）.

[5]　Binder, *International Commercial Arbitration and Conciliation in UNCITRAL Model Law Jurisdictions*, Rn. 6 – 030；对联合国国际贸易法委员会仲裁规则类似条款的争论见 UN-Doc. A/CN. 9/641，para. 68 – 77.

法》时，要求被请求回避的仲裁员不得参与有关回避程序。① 突尼斯（1997 年）对仲裁庭决定回避的职权就根本没有进行规定：只有法院能够对所有的回避情形作出决定。②

与联合国国际贸易法委员会仲裁规则不同的是，《示范法》第 15 条没有规定仲裁员退出时更换仲裁员的后果。在这种情况下，许多国家都对是否对已经进行的仲裁程序重新进行作出了明确规定。③

（三）实体法的适用和友好仲裁（第 28 条）

《示范法》第 28 条有意分别使用"法律制度"（rules of law）（第 1 款）和"法律"（law）（第 2 款）这两个概念，试图表明双方当事人不仅可以选择各国法律，而且可以选择国际条约作为可适用的实体法（第 1 款），并且在当事人没有约定的情况下，仲裁庭可在冲突法规则的帮助下查明适用某一国家的法律。④ 然而，如何查明可适用法律的问题，各国在纳入示范法时却有不同规定。⑤ 一半以上的《示范法》国家没有遵循《示范法》中由仲裁庭根据冲突法规则确定法律适用的做法。⑥ 一些国家效仿较为自由的法国《仲裁法》的做法⑦，授权仲裁庭可以排除适用法律冲突规则，视情况直接确定适用实体法（voie directe）。⑧ 其他一些国家则参照

---

① Sanders, *The Work of UNCITRAL on Arbitration and Conciliation*, S. 93.

② Sanders, *Arb. Int'l* 21 (2005), 443 (451).

③ Binder, *International Commercial Arbitration and Conciliation in UNCITRAL Model Law Jurisdictions*, Rn. 3 – 118，12 – 015；埃及和阿曼的仲裁法律就规定，在此情况下，已经进行的仲裁程序，以及包括仲裁裁决都视为无效。见 Sanders, *Quo Vadis Arbitration? Sixty Years of Arbitration Practice*, p. 106.

④ 按照《示范法》起草人的理念，"法律制度"（rules of law）的概念应该比"法律"（law）更加宽泛和灵活；见 UN-Doc. A/CN. 9/264，Art. 28 para. 4；UN-Doc. A/40/17，para. 232；参阅 Hußlein-Stich, *Das UNCITRAL-Modellgesetz über die internationale Handelsschiedsgerichtsbarkeit*, S. 142；Lionnet/Lionnet, *Handbuch der internationalen und nationalen Schiedsgerichtsbarkeit*, S. 375.

⑤ Jaeger, *Die Umsetzung des UNCITRAL-Modellgesetzes über die internationale Handelsschiedsgerichtsbarkeit im Zuge der nationalen Reformen*, S. 101.

⑥ Binder, *International Commercial Arbitration and Conciliation in UNCITRAL Model Law Jurisdictions*, Rn. 6 – 012.

⑦ 见法国《民事诉讼法》（CPC）第 1511 条第 1 款。

⑧ 例如加拿大（第 28 条第 3 款），突尼斯（第 73 条第 2 款），墨西哥（第 1445 条第 2 款）；参阅 Jaeger, *Die Umsetzung des UNCITRAL-Modellgesetzes über die internationale Handelsschiedsgerichtsbarkeit im Zuge der nationalen Reformen*, S. 101；Sanders, *The Work of UNCITRAL on Arbitration and Conciliation*, p. 118；Sanders, *Quo vadis arbitration? sixty years of arbitration practice*, p. 113 f.；Binder, *International Commercial Arbitration and Conciliation in UNCITRAL Model Law Jurisdictions*, Rn. 6 – 012 f.

瑞士《联邦国际私法》的做法，在各自仲裁法中采用客观因素连接去适用法律。① 如德国《民事诉讼法》第1051条第2款就规定，如果当事人没有约定所适用法律，则仲裁庭应适用与争议标的有最密切联系国家的法律。② 这种规定与2008年欧洲议会和理事会关于合同之债关系法律适用的法令基本一致。

　　当事人可以根据《示范法》第28条第3款，授权仲裁庭按照公平合理原则（ex aequo et bono）或作为友好仲裁调解人（amiable compositeur）作出裁决。仲裁庭也因此可以不受所有法律规范的约束。③ 这种规定也以合同自由原则为基础。④ 然而，这种授权依然要受到合同条款、商业惯例、平等对待当事人和公共政策（ordre public）的限制。⑤ 在各国纳入《示范法》的过程中，只有保加利亚、俄罗斯和孟加拉国没有接受这一规定。⑥

---

① 例如埃及（第39条第2款），阿曼（第39条第2款），德国（第1051条第2款），韩国（第29条第2款），土耳其（第12 C条第2款），以及日本（第36条第2款）；参阅Sanders, *Arb. Int'l* 21（2005），443（461）.

② See Lionnet/Lionnet, *Handbuch der internationalen und nationalen Schiedsgerichtsbarkeit*, S. 382. 尽管《示范法》中的"冲突法规则"方法被有人批评为"令人失望、令人惊讶的保守和不可逻辑"，与此同时，有关国家采用的这种更为保守的客观连接方法还是得到许多人的支持；见Huβlein-Stich, *Das UNCITRAL-Modellgesetz über die internationale Handelsschiedsgerichtsbarkeit*, S. 146. "冲突法规则"的支持者们认为，《示范法》的这种变通实际上更为自由，原因是一旦结合可用的冲突法规范，仲裁庭便能够在其指引下酌定实体法；见Martiny, Die Bestimmung des anwendbaren Sachrechts durch das Schiedsgericht, in：*FS Schütze*, S. 529（539）. 客观连接的优点是，对当事人而言更具有可预见性和可实行性；见Jaeger, *Die Umsetzung des UNCITRAL-Modellgesetzes über die internationale Handelsschiedsgerichtsbarkeit im Zuge der nationalen Reformen*, S. 103.

③ 依据公平原则进行裁决在《示范法》中亦被表述为"根据公平合理原则"（ex aequo et bono）作出裁决，这种表述又与法语中的"友好仲裁"（amiable composition）相类似。实际上，这两个概念往往作为同义词而被使用。对此参阅Lionnet/Lionnet, *Handbuch der internationalen und nationalen Schiedsgerichtsbarkeit*, S. 371 Fn. 2；UN-Doc. A/CN. 9/264, Art. 28, para. 7；Huβlein-Stich, *Das UNCITRAL-Modellgesetz über die internationale Handelsschiedsgerichtsbarkeit*, S. 148；Sandrock, "Ex aequo et bono"-und "amiable composition"-Vereinbarung：ihre Qualifikation, Anknüpfung und Wirkungen, in：*JPS*, S. 120 ff.

④ Huβlein-Stich, *Das UNCITRAL-Modellgesetz über die internationale Handelsschiedsgerichtsbarkeit*, S. 148；Schütze, *Schiedsgericht und Schiedsverfahren*, Rn. 203；Schütze/Tscherning/Wais, *Handbuch des Schiedsverfahrens*, Rn. 587.

⑤ Binder, *International Commercial Arbitration and Conciliation in UNCITRAL Model Law Jurisdictions*, Rn. 6 – 016.

⑥ Sanders, *Quo Vadis Arbitration? Sixty Years of Arbitration Practice*, p. 115；Sanders, *Arb. Int'l* 21（2005），443（461）；Binder, *International Commercial Arbitration and Conciliation in UNCITRAL Model Law Jurisdictions*, Rn. 6 – 017.

埃及在纳入《示范法》时曾试图对公平合理原则（ex aequo et bono）进行定义。① 另外一个《示范法》国家——突尼斯，在其《仲裁法》第78条第5款中规定，如果仲裁庭根据公平合理原则进行了裁决，法院应也当作为友好裁决调解人（amiable compositeur）对撤销仲裁裁决作出决定。②

（四）裁决书理由（第31条2款）

根据《示范法》第31条第2款，有关裁决所根据的理由属于当事人处分权的范围。该规定是对民法法系和普通法系有关制度的一种折中，在前者，法律通常要求对裁决说明理由，而在后者，裁决理由并不是必需的。③ 俄罗斯和乌克兰在纳入《示范法》时删掉了《示范法》第31条第2款放弃说明理由的规定，这实际上是要求仲裁裁决必须要能自圆其说。④ 写明仲裁理由的义务在这些国家属于强制性的义务，无视该规定可以导致裁决被撤销。从根本上，写明裁决理由的义务是符合当事人利益和国际商事仲裁惯例的。通常情况下各方当事人期待裁决进行详细说理，以便能对经过仲裁程序辩论所得出的结果，与之前所掌握的法律状态加以比较。⑤ 通过说理，有关裁决结果才可以得到当事人的信服，从而能够避免不必要的后续程序（如撤销程序）。⑥

（五）承认和执行仲裁裁决（第35、36条）

为进一步加强国际法律统一，⑦《示范法》将外国仲裁裁决与国内仲裁裁决平等对待，形成了一个统一的强制执行体系。⑧ 对此，《示范法》第35条第1款和第36条第1款就直接采用了"仲裁裁决不论在何国作出"（. . . award, irrespective of the country in which it was made）这样的表述方法。由于《示范法》并不包括互惠保留的规定，因此《示范法》的上述规

---

① 见该国《仲裁法》第39条第4款规定。

② Sanders, *Arb. Int'l* 21（2005），443（461）.

③ UN-Doc. A/CN. 9/264, Art. 31, para. 3；Huβlein-Stich, *Das UNCITRAL-Modellgesetz über die internationale Handelsschiedsgerichtsbarkeit*, S. 161.

④ 见俄罗斯、乌克兰《国际商事仲裁法》第31条第2款；参阅 Sanders, *Quo Vadis Arbitration? Sixty Years of Arbitration Practice*, p. 116.

⑤ Lionnet/Lionnet, *Handbuch der internationalen und nationalen Schiedsgerichtsbarkeit*, S. 387.

⑥ Berger, *Internationale Wirtschaftsschiedsgerichtsbarkeit*, S. 424；Huβlein-Stich, *Das UNCITRAL-Modellgesetz über die internationale Handelsschiedsgerichtsbarkeit*, S. 161.

⑦ 1985年，仅有66个国家批准或加入了《纽约公约》。见联合国国际贸易法委员会网站：http://www. uncitral. org/uncitral/en/uncitral_ texts/arbitration/NYConvention_ status. html。

⑧ Berger, *Internationale Wirtschaftsschiedsgerichtsbarkeit*, S. 515；Böckstiegel, *RIW 1984*, 670（677）.

定就比《纽约公约》类似规定在执行方面更加友好。① 随着越来越多的国家进入到"纽约公约"的效力范围,② 一些《示范法》国家在承认和执行外国仲裁裁决方面,③ 并未原封不动地采用《示范法》的第35、36条,而是更青睐于在各自仲裁法中直接引用《纽约公约》。由于大多数国家已经批准了《纽约公约》,因此立法机关认为,在纳入《示范法》时再次对这些问题重新规定则显得多余。④ 此外,一方面这种转化方式可以使仲裁法合乎各国在批准《纽约公约》时所作出的互惠保留;另一方面,这也使得承认仲裁裁决的程序仅针对外国仲裁裁决,毕竟在多数国家的仲裁法中,有关对国内仲裁裁决的承认是陌生的。⑤

二 有关补充

《示范法》获得成功的原因并不仅仅在于正确的"时机",⑥ 还归功于起草者谨慎的态度:他们以足够的敏感作出了判断,哪些规则将能够得到贯彻实施,哪些如果进行了规定则注定要失败。⑦《示范法》在起草过程中,有许多的问题虽然被提出,却被有意识地留给了各国立法者作进一步处理。因此,各种补充性规定就揭示了哪些问题对纳入《示范法》的国家

---

① Binder, *International Commercial Arbitration and Conciliation in UNCITRAL Model Law Jurisdictions*, Rn. 8 - 011.

② 根据联合国贸法会的统计,目前有超过150个国家加入《纽约公约》,缔约国名单更新见联合国贸法会网站:http://www.uncitral.org/uncitral/en/uncitral_ texts/arbitration/NYConvention_ status.html。

③ 例如,德国(《民事诉讼法》第1061条第1款),韩国(《仲裁法》第39条第1款),立陶宛(《国际商事仲裁法》第39条第1款),秘鲁(《一般仲裁法》第128条),西班牙(《仲裁法》第46条第2款)。

④ Binder, *International Commercial Arbitration and Conciliation in UNCITRAL Model Law Jurisdictions*, Rn. 8 - 009; Jaeger, *Die Umsetzung des UNCITRAL-Modellgesetzes über die internationale Handelsschieds-gerichtsbarkeit im Zuge der nationalen Reformen*, S. 116.

⑤ 例如在德国,根据《民事诉讼法》第1060条第1款,国内仲裁裁决并不需要承认,而是进行可执行宣告;对此见《德国仲裁法草案政府立法说明》,BT-Drucks. 13/5274 vom 12. Juli 1996, p. 61.

⑥ 《纽约公约》缔约国的不断增加,以及1976年联合国国际贸易法委员会仲裁规则的广泛传播,都有力支持了联合国贸法会在协调国际仲裁程序法律方面的努力;有关《纽约公约》、联合国贸法会仲裁规则和《示范法》的关系见第二章第二节,另参见 Holtzmann/Neuhaus, *A Guide to the UNCITRAL Model Law*, pp. 6 - 9; Craig, *Tex. Int'l L. J.* 30 (1995), 1 (27).

⑦ Bergsten, *Croat. Arb. Yb.* 10 (2003), 101 (111).

具有特别意义。①

（一）调解

在《示范法》的起草过程中，有人建议把调解作为一种附加的、基于当事人意愿的争议解决方法，② 并应当在序言部分加以规范。③ 然而，这种建议并未被接受，在《示范法》的最终版本中完全没有涉及调解的规定。④ 不过，在《示范法》转化为国内法的过程中，有许多国家都在仲裁法中规定了调解。一些国家在仲裁法中仅仅指示当事人可以进行调解，更有一些国家直接把完整的调解程序添加到仲裁法律中，并把法律命名为"调解与仲裁法"。⑤

例如在加拿大和美国的一些州，以及在秘鲁等国家，有关仲裁法作出一种政策性声明（policy statements），⑥ 授权仲裁员进行调解，并"鼓励"通过调解使案件达成和解。⑦ 新加坡、中国香港、危地马拉、立陶宛等国家和地区更向前迈了一步，它们的法律中包含了一些简明的调解规则。在新加坡和中国香港，仲裁员根据当事人书面协议可以同时担任调解员。但是，如果调解失败，仲裁员必须在恢复仲裁程序之前，就其在调解中从一方当事人处所获得的所有重大机密信息向对方当事人予以披露。⑧ 而仅以仲裁员曾担任过案件调解员为由申请仲裁员回避，将不

---

① Sanders, *Quo Vadis Arbitration? Sixty Years of Arbitration Practice*, p. 151.

② 调解在英文中通常为"mediation"或者"conciliation"，二者基本为同义词。然而在一些国家，根据作为调解人的第三方进行干预的程度，这两个概念又有细微区别；见 Sanders, *Quo Vadis Arbitration? Sixty Years of Arbitration Practice*, p. 353 Fn. 2.

③ UN-Doc. A/CN. 9/246, para. 195.

④ Holtzmann/Neuhaus, *A Guide to the UNCITRAL Model Law*, pp. 1142 – 1145.

⑤ 例如洪都拉斯、印度、尼加拉瓜、尼日利亚、巴拉圭、乌干达，见附录 1；参阅 Sanders, *Arb. Int'l* 11 (1995), 1 (26).

⑥ Sanders, *Quo Vadis Arbitration? Sixty Years of Arbitration Practice*, p. 368.

⑦ 例如加拿大的不列颠哥伦比亚省《国际商事仲裁法》（*International Commercial Arbitration Act*）第 30 条第 1 款就规定："It is not incompatible with an arbitration agreement for an arbitral tribunal to encourage settlement of the dispute and, with the agreement of the parties, the arbitral tribunal may use mediation, conciliation or other procedures at any time during the arbitral proceedings to encourage settlement"；另见秘鲁《一般仲裁法》（*General Arbitration Law*）第 41 条；美国类似情况见 Sanders, *Arb. Int'l* 11 (1995), 1 (27).

⑧ 见新加坡《国际仲裁法》（*Internatinal Arbitration Act*）第 17 条第 1 款和第 3 款；中国香港《仲裁条例》（*Arbitration Ordinance*）第 33 条第 1 款也规定有相同规定；参阅王生长《仲裁与调解相结合的理论与实务》，法律出版社 2001 年版，第 139 页。

会得到支持。① 立陶宛和危地马拉在仲裁法中却没有对仲裁程序和调解程序的关系专门作出规定，而是列出单独一章对调解予以规定。②

尼日利亚、百慕大、印度和巴拉圭都在仲裁立法中对调解进行了全面系统的规定，而这些规定则主要依据联合国国际贸易法委员会调解规则。③

（二）多方仲裁与合并审理

在国际贸易中活动，合同中往往会涉及多方当事人参与。④ 如果在这样的合同中约定有一般性的仲裁条款，就会出现如何平等保护所有当事人选定仲裁员以组成仲裁庭的问题。在"Dutco Construction"一案中，审理该案的法国法院认为，在多方当事人仲裁程序中，如果缺乏当事人之间的协商一致，就违反了法国的公共秩序，因为在仲裁员选定中的当事人平等原则属于公共秩序（ordre public）的组成部分。⑤ 这一判例直接导致一些仲裁机构对其仲裁规则中仲裁庭组成程序进行了修改。⑥ 根据这些修订后的仲裁规则，在仲裁程序中出现多方当事人的情况下，申请方或被申请方的多个当事人就仲裁员的选定不能达成一致意见时，必须由另外一个中立方确定仲裁庭的组成。⑦ 日本和奥地利在修改仲裁法时显然受此规则启发，其中日本《仲裁法》第16条第3款就规定：如果在仲裁程序中当事人超过三人，且当事人对仲裁员人数未达成协议，有管辖权的法院应当根据当事人申请首先确定仲裁庭人数。按照日本《仲裁法》第17条第4款，以及奥地利《民事诉讼法》第587条第5款，除非当事人对仲裁庭组成另有约定，应当由法院根据当事人申请确定仲裁庭组成。

---

① 见新加坡《国际仲裁法》（*Internatinal Arbitration Act*）第17条第4款和中国香港《仲裁条例》（*Arbitration Ordinance*）第33条第5款。

② 在立陶宛，见1996年《商事仲裁法》第九章仲裁前调解（Pre-Arbitral Mediation 第41—43条）；在危地马拉，见《仲裁法》第九章其他替代性争议解决方式（Other Means of Alternative Dispute Resolution 第49条以下）。

③ 对各国法律与联合国贸法会调解规则详细比较见 Sanders，*Quo Vadis Arbitration? Sixty Years of Arbitration Practice*，pp. 360 – 368.

④ 例如，在国际基础设施建设，组建国际合资企业和财团，海上运输，以及国际金融和保险领域；参阅 Berger，*Internationale Wirtschaftsschiedsgerichtsbarkeit*，S. 206 f.

⑤ 见判例 Cass. 1e civ.，7 Januar 1992，Sociétés BKMI et Siemens v. société Dutco，Revue de l'Arbitrage 470（1992），亦见于 *BB 1998*，Beilage 15，S. 27；参阅 Berger，*RIW 1993*，702（704）.

⑥ 如美国仲裁协会1997年国际仲裁规则第6条第5款；中国国际经济贸易仲裁委员会2005年仲裁规则第24条；国际商会1998年仲裁规则第10条；伦敦国际仲裁院1998年仲裁规则第8条。

⑦ Jaeger，*Die Umsetzung des UNCITRAL-Modellgesetzes über die internationale Handelsschiedsgerichtsbarkeit im Zuge der nationalen Reformen*，S. 118.

在某些特定情况下，① 特别是数个案件都基于相同的事实或相同的当事人，那么将数个案件进行合并审理往往是可取的。② 合并审理的优点是能够避免数个仲裁裁决相互不一致，同时保障仲裁的程序效益。③ 迄今只有来自普通法系的一些《示范法》国家在其仲裁法中明确规定了合并审理制度。④ 合并审理决定既可以由法院作出，也可以由仲裁庭自行作出。在加拿大和美国的一些联邦州（省），仅允许由法院作出合并审理的决定。⑤ 而在澳大利亚、新西兰和爱尔兰正好相反，法律仅授权仲裁庭有权作出合并审理决定。⑥

（三）费用裁决

《示范法》没有对仲裁费用进行规定。起草者的主要理由是，仲裁员通常会分不同情况与当事人就仲裁费用和仲裁费的预缴达成协议，因此有关法律规定是可有可无的。⑦ 然而，从各国纳入《示范法》的实践来看，有关仲裁费的规定是对《示范法》补充的一个主要方面。⑧ 多数国家都规定仲裁员有义务针对仲裁费和仲裁费分担进行裁决。在部分《示范法》国家或地区的仲裁法中，仲裁程序费用和仲裁员报酬甚至得到了详细规定。⑨

---

① 在国际合资企业合同中往往存在一个标准的仲裁条款。在这种类型的纠纷中，要么由委托人向项目中的多个参与企业提起仲裁，或者由一个主要企业向参与到项目中的多个次要企业提起仲裁，并请求多个债务人共同承担连带责任。而在后一种情形中，在该主要企业自己进行赔偿之后，往往以追偿的形式提起仲裁；见 Schlosser, *Das Recht der internationalen privaten Schiedsgerichtsbarkeit*, Rn. 559.

② UN-Doc. A/CN. 9/460, para. 52.

③ Binder, *International Commercial Arbitration and Conciliation in UNCITRAL Model Law Jurisdictions*, Rn. 11 – 004.

④ Sanders, *The Work of UNCITRAL on Arbitration and Conciliation*, p. 145.

⑤ 例如加拿大的不列颠哥伦比亚省《国际商事仲裁法》(*International Commercial Arbitration Act*) 第 27 条；类似规定还见美国加利福尼亚州、得克萨斯州、俄勒冈州的仲裁法；详细讨论见 Sanders, *The Work of UNCITRAL on Arbitration and Conciliation*, pp. 138 – 145.

⑥ Sanders, *Arb. Int'l* 21 (2005), 443 (472).

⑦ Holtzmann/Neuhaus, *A Guide to the UNCITRAL Model Law*, p. 1118 f.

⑧ 有超过 27 个《示范法》国家或地区在仲裁法中专门对仲裁费用进行了补充规定。其中，截止到 1998 年 16 个国家和地区的统计数据见 Sanders, *Quo Vadis Arbitration? Sixty Years of Arbitration Practice*, p. 126。从 1999 年到 2008 年又有下列国家：希腊（第 32 条），孟加拉国（第 38 条第 7 款），土耳其（第 16 条），克罗地亚（第 35 条），巴拉圭（第 49—52 条），西班牙（第 37 条第 6 款），日本（第 49 条），挪威（第 41 条），丹麦（第 34—36 条），柬埔寨（第 39 条第 3 款）和奥地利（第 609 条）。

⑨ 澳大利亚（第 27 条第 1 款），百慕大（第 32 条第 1 款）和美国伊利诺伊州（第 25—20 条，h 和 i）；参阅 Sanders, *The Work of UNCITRAL on Arbitration and Conciliation*, p. 147.

例如在新西兰，法律规定仲裁庭有权在仲裁员支付报酬之前拒绝送达仲裁裁决书。① 为避免出现过分高昂的仲裁员的费用，新西兰、墨西哥、约旦和新加坡的仲裁法准许法院以不同方式对此类仲裁费协议进行调整。② 根据德国、奥地利和津巴布韦的仲裁法，有关仲裁费用的规定涵盖了所有与追偿目的相符所采用的法律行动的费用，或者适当进行抗辩所需要的费用，即包括了仲裁庭以外的费用。③ 按照澳大利亚、新西兰和希腊的仲裁法，如果在裁决书中没有对仲裁费用进行裁决，必须就该问题另行作出仲裁裁决。④

（四）程序保密

仲裁程序是不公开的，因此在没有征得当事人同意的情况下，不应出版仲裁裁决。这通常被认为是符合仲裁程序目的的，并被普遍认为是仲裁的一个优势。⑤ 仲裁裁决忽视这一原则，则有可能导致被撤销。⑥ 由于《示范法》的制定者把仲裁的保密性作为仲裁程序一个理所当然的前提，因此在《示范法》中并没有专门规定保密原则。⑦ 然而，1994 年新加坡在纳入《示范法》时首次进行规定，法院应当在审理涉及仲裁的案件时，根据一方当事人申请实行不公开审理，并不公开进行报道。⑧ 自澳大利亚高等法院（High Court of Australia）于 1995 年 4 月 7 日就埃索案［Esso（Australia）v. the Minister for Energy and Minerals，Plowman］作出判决以来，有关保密问题已引起国际社会的关注。⑨ 在上述案件的判决中，法院指出保密性

---

① 见该国 1996 年《仲裁法》附录 2 第 6 条第 4 段。

② Sanders, *The Work of UNCITRAL on Arbitration and Conciliation*, p. 148 f. ; Sanders, *Arb. Int'l* 21 (2005), 443 (473).

③ 见德国《民事诉讼法》第 1057 条第 1 款；奥地利《民事诉讼法》第 609 条第 1 款；津巴布韦《仲裁法》第 31 条第 5 款。

④ Sanders, *The Work of UNCITRAL on Arbitration and Conciliation*, pp. 152 – 154.

⑤ Sanders, *Quo Vadis Arbitration? Sixty Years of Arbitration Practice*, p. 4 f. ; Lionnet/Lionnet, *Handbuch der internationalen und nationalen Schiedsgerichtsbarkeit*, S. 77；Schwab/Walter, *Schiedsgerichtsbarkeit*, Kap. 16 Rn. 43；Lachmann, *Handbuch für die Schiedsgerichtspraxis*, Rn. 144；Schütze, *Schiedsgericht und Schiedsverfahren*, Rn. 18, 24.

⑥ Schlosser, *Das Recht der internationalen privaten Schiedsgerichtsbarkeit*, Rn. 665.

⑦ 保密性原则在《示范法》征询意见过程中并未得到讨论，也没有被列为暂不予规范的问题；参阅 Holtzmann/Neuhaus, *A Guide to the UNCITRAL Model Law*, p. 1122 f.

⑧ 新加坡《国际仲裁法》（*International Arbitration Act*）第 22、23 条。

⑨ Sanders, *The Work of UNCITRAL on Arbitration and Conciliation*, p. 173.

是民间仲裁的一个本质属性（essential attribute）。① 中国香港《仲裁条例》遵循了新加坡的模式。② 马耳他《仲裁法》第 44 条也规定，仲裁裁决只有经过双方当事人同意才能被公开。③ 新西兰 1996 年《仲裁法》（Arbitration Act）第 14 条明确规定，禁止披露有关仲裁程序信息，以及公开仲裁裁决内容。有关保密性问题已经成为联合国贸法会未来工作的一个重要议题。④

（五）仲裁庭决定利息的职权

对于那些争议标的额较高的案件，以及案件复杂且程序时间较长的案件，有关利息的确定往往会对仲裁案件的解决起到非常重要的作用。⑤ 在起草《示范法》的过程中，并没有人就规定仲裁庭决定利息的职权提出过建议。⑥ 然而，在第一个纳入《示范法》的加拿大不列颠哥伦比亚省，就在其《国际商事仲裁法》（International Commercial Arbitration Act）中增加了有关仲裁庭决定利息的规定。⑦ 这种做法尤其在英美法系的《示范法》国家和地区得到广泛传播。⑧ 与此相反，根据欧洲大陆法系的传统理论，有关利息的产生和数额均属于主债务的孳息范畴。⑨ 因此，有关支付利息义务被认为是实体法中的问题。⑩ 在各国吸纳《示范法》的立法过程中，对有关仲裁庭决定利息的职权也出现了各种各样的规定。例如，印度将利率固定在 18%，⑪ 中国香港、爱尔兰、新加坡和赞比亚则明确授权仲裁庭可以计算复利。联合国贸法会秘书处已经就利息问题拟定出来一个示范条

---

① 有关该案参阅 1996 年商事仲裁年鉴（Yb. Com. Arb.）（第 XXI 卷），第 137—171 页。

② 中国香港《仲裁条例》（Arbitration Ordinance）第 16 条。

③ Sanders, *Quo Vadis Arbitration? Sixty Years of Arbitration Practice*, p. 124.

④ UN-Doc. A/CN. 9/460, para. 62 – 71; A/CN. 9/468, para. 112.

⑤ Berger, *Internationale Wirtschaftsschiedsgerichtsbarkeit*, S. 434.

⑥ UN-Doc. A/CN. 9/460, para. 101; Sanders, *Quo Vadis Arbitration? Sixty Years of Arbitration Practice*, p. 145.

⑦ 该法第 31 条第 7 段规定："Unless otherwise agreed by the parties the arbitral tribunal may award interest".

⑧ 澳大利亚（第 25 条），百慕大（第 31 条），中国香港（第 79 条），印度（第 31 条第 7 款），爱尔兰（第 10 第 2 款），马耳他（第 63、64 条），新西兰（第 31 条第 5 款，附录 2），新加坡〔第 15 第 5 款（b）和第 20 条〕，斯里兰卡（第 28 条和第 29 条第 2 款），赞比亚（第 6 条第 6 款）等；参阅 Sanders, *Quo Vadis Arbitration? Sixty Years of Arbitration Practice*, pp. 145 – 147; Sanders, *The Work of UNCITRAL on Arbitration and Conciliation*, pp. 156 – 161.

⑨ Berger, *Internationale Wirtschaftsschiedsgerichtsbarkeit*, S. 434 f.

⑩ Redfern/Hunter, *Law and Practice of International Commercial Arbitration*, Rn. 8 – 85.

⑪ 见该国 1999 年《仲裁和调解法》第 31 条第 7 款字母 b。

款，包括了：一、利息请求的数额；二、支付利息的期间（包括裁决作出前和作出后的时间）；三、有关利息类型的确定（单利或复利），以及利率；四、其他诸如支付日期等事项。①

（六）《示范法》的解释

1985 年 12 月 11 日，当联合国大会决议通过《示范法》的时候，联合国贸法会向联合国秘书长请求，将联合国贸法会第 18 次会议的起草工作资料（travaux préparatoires）向随同《示范法》文本一起，向各国政府和有关仲裁机构，以及其他有关团体进行传达。② 在起草工作资料中，最重要的是联合国贸法会第 18 次会议报告③和"分析性评注"（analytical commentary）。④ 在各国将《示范法》转化为国内法时，有 22 个国家明确准许可以适用该"分析性评注"（analytical commentary）和其他相关文件对仲裁法进行解释。⑤

第三节　自由化、国际化和本地化之间的关系

一　自由化作为国际化和本地化的基点

自由化主要体现了一种紧张关系的再平衡：一方面是社会对扩大私法自治权利的不断要求，另一方面是国家在调整仲裁法律关系领域仍有进行管控的需要。自由化的后果是私法自治范围得到了延伸，仲裁庭（或仲裁机构）的职权得到了加强，法院对仲裁转向以司法支持为主，对仲裁的干预受到限制。在国际商事仲裁领域，有关自由主义的理念促使国际合作，从而引发了各国仲裁法制的不断统一和协调。

同时，在自由主义理念的引导下，基于国际性公约、地区性条约、

① UN-Doc. A/CN. 9/460, para. 106.

② UN-Doc. A/40/72, para. 1.

③ UN-Doc. A/40/17.

④ 国际商事仲裁示范法条文草案的分析性评注：秘书长报告，见 UN-Doc. A/CN. 9/264。

⑤ 例如，加拿大（第 4 条），澳大利亚（第 17 条），百慕大（第 24 条）；见 Sanders, *Quo Vadis Arbitration? Sixty Years of Arbitration Practice*, p. 148 f.；亦参见于 Binder, *International Commercial Arbitration and Conciliation in UNCITRAL Model Law Jurisdictions*, Rn. 1 – 007.

《示范法》而形成的有关国际商事仲裁法律的国际标准，在世界各地的仲裁法改革中发挥了重要作用。自由主义的理念在多大程度上被接受，以及有关国际标准在多大程度上被采纳，决定了各国仲裁法的现代化程度。但是，在采纳国际标准过程中所进行的细化和补充，又导致了上文所描述的各国仲裁法的多样性。然而，各国仲裁法在改革中所保留的特色或法律传统，一般与自由主义理念并不相违。反之，那些忽视自由主义理念、与国际标准不符的仲裁法改革，往往在一开始就被打上失败或不完整的烙印，不得不在相对较短的时间内重新加以修订。①

二 国际化和本地化之间的相互影响

国际化意味着共同规则。② 各国立法当局采用国际公认的标准，无疑减少了各国仲裁法之间的差异。特别是根据私法自治原则，一些原本仅由国家所享有的权力被转移给仲裁庭或仲裁机构，因此国家对仲裁的司法控制减少了。在国际化的过程中，各国仲裁法中的有关强制性规定也大大减少。现存的那些有鲜明国家特色的条款，也仅仅是对国际标准不产生重大影响的轻微修改或补充。

尽管存在许多国际或区域性公约、《示范法》，但这些还无法提供一种有效机制，使各国的仲裁法实现统一。③ 事实上，各国仲裁法的多样性将长期存在。其合理性主要在于，国际标准也必须契合各国法律文化和相关法律制度体系。面对新技术的不断发展和国际贸易的快速增长，立法者的反应也有很大的差异。根据博耶（Boyer）的趋同理论，由于同时存在各自相互排斥的强大力量，趋同和趋异本身就是一个悖论。④ 可以说，各国仲裁法的差异将继续存在，但这并不排除从整体上各国仲裁法基本规则逐步向趋同性发展。⑤ 事实上，当前各国仲裁法的多样性恰恰为实现更广泛

---

① 例如，德国和奥地利虽在 20 世纪 80 年代对仲裁法进行了修改，又分别于 1997 年和 2006 年依照《示范法》再次进行修改。

② 宋连斌：《中国仲裁的国际化、本地化与民间化——基于 2004 年〈北京仲裁委员会仲裁规则〉的个案研究》，《暨南学报》（哲学社会科学版）2006 年第 5 期。

③ 最大的几个国际贸易国家，如美国、中国、法国、英国、意大利等尚未采纳《示范法》。

④ Boyer, *The Convergence Hypothesis Revisited: Globalization But Still the Century of Nations?* pp. 51 – 53.

⑤ Lynch, *The Forces of Economic Globalization: Challenges to the Regime of International Commercial Arbitration*, p. 306.

的国际共识提供了素材，创造了条件。联合国国际贸易法委员会在从事制定《示范法》这个法制协调项目之初，也是从调查统计纷繁多样的各国仲裁法律资料开始的。① 各国仲裁法的多样性，正好可以在相互影响和取长补短的过程中，从整体上提升仲裁法律制度的国际化程度。

----

① Holtzmann/Neuhaus, *A Guide to the UNCITRAL Model Law*, p. 11.

第四章 1997 年德国仲裁法改革

第一节 改革的必要性和立法经过

在德国，有关仲裁法律制度主要规定在《民事诉讼法》第十编之中。自 1877 年 1 月 30 日德国《民事诉讼法》生效后 100 多年来，其中的仲裁法律制度几乎没有改变过（改革前为第 1025—1048 条）。[①] 1930 年和 1986 年，德国立法者曾对仲裁法进行过两次"小改革"。[②] 尽管进行了修改，旧法依然存在较为明显的弱点，因而只有很少的当事人选择在德国进行国际商事仲裁程序。[③] 人们普遍批评，旧法的规定与国际标准相比过于"落后"[④]，并"缺乏国际认同"[⑤]。尤其是以下几点备受批判：

其一，根据旧法第 1025 条第 1 款，将是否有权对争议进行和解作为确定可仲裁性的标准；

[①] Lionnet/Lionnet, *Handbuch der internationalen und nationalen Schiedsgerichtsbarkeit*, S. 136.

[②] 1930 年 1 月 25 日通过的对有关民事诉讼法仲裁程序若干规定进行修改的法律（《联邦法律公报》BGBl. 1930 I, 第 361 页），主要在《民事诉讼法》第 1042 条 a 至 d 和第 1044 条中加入了有关外国仲裁裁决执行宣告的规定。此后，1986 年 7 月 25 日通过的新国际私法（《联邦法律公报》BGBl. 1986 I, 第 1142 页）仅对《民事诉讼法》第 1039 条作了一些技术性的修正，以根据国际仲裁需要放宽仲裁裁决的形式要求；参阅《德国仲裁法草案政府立法说明》，BT-Drucks. 13/5274 vom 12. Juli 1996, 第 22 页；有关 1986 年小规模的仲裁法改革，参阅 von Hoffmann, *IPRax 1986*, 337 ff.；Sandrock, *RIW 1987 (Beilage 2 zu Heft 5)*, 1 ff.；Berger, Entstehungsgeschichte und Leitlinien des neuen deutschen Schiedsverfahrensrechts, in: *RWS-Dokumentation 21*, S. 1 (6).

[③] Schumacher, *RPS 1998 (BB Beilage 2)*, 6 Fn. 4；Berger, *DZWiR 1998*, 45.

[④] Lau/Lau, *TranspR 1990*, 133 (137).

[⑤] Berger, Entstehungsgeschichte und Leitlinien des neuen deutschen Schiedsverfahrensrechts, in: *RWS-Dokumentation 21*, S. 1 (2).

其二，根据旧法第1028条，通常由两名仲裁员组成仲裁庭；

其三，根据旧法第1029、1031条，选定仲裁员期间仅为一周；

其四，根据旧法第1033条第1款和第2款规定，当指定的仲裁员不能任职或拒绝任职时，以及两名仲裁员表决票数相等时，仲裁协议失效；

其五，根据旧法第1039条，必须符合严格的签名和其他形式要求；

其六，根据旧法第1041条，对有关撤销仲裁裁决之诉准许上诉；

其七，根据旧法第1044条a，仲裁和解不具有强制执行效力。[①]

其他一些批评还包括，对其他有关法院裁定准许上诉的范围过于广泛、执行宣告程序也非常复杂以及由此引起的诉讼成本高昂。[②]

德国旧仲裁法也受到外国法律执业者的质疑，因为该法所秉持的"程序理论"与世界多数国家立法不相符，对国际商事仲裁的规定也十分简陋。[③] 20世纪70年代后期以来，随着欧洲邻国竞相修改仲裁法，德国立法机关也感到越来越大的压力，[④] 决心从根本上修改"过时"的仲裁法，促进德国成为一个有吸引力的国际仲裁地。[⑤]

1985年12月11日，联合国大会向各会员国建议采用《示范法》。[⑥] 在1986年德国仲裁法"小改革"之后不久，就不断有专家建议，通过采纳《示范法》来消除德国仲裁法的立法缺陷。[⑦]"德国仲裁院"（Deutsche Institut für Schiedsgerichtswesen）[⑧] 首先提议将《示范法》纳入德国法律，并于

---

① Berger, *DZWiR 1998*, 45；Winkler/Weinand, *BB 1998*, 597.

② Winkler/Weinand, *BB 1998*, 597；Schumann, *RIW 1987*, 415（417）.

③ Berger, *DZWiR 1998*, 45.

④ Hacking, *Arbitration 65*（1999），180（181–185）；Berger, Entstehungsgeschichte und Leitlinien des neuen deutschen Schiedsverfahrensrechts, in: *RWS-Dokumentation 21*, S. 1（4）.

⑤ 见《德国仲裁法草案政府立法说明》，BT-Drucks. 13/5274 vom 12. Juli 1996，第1、22页。

⑥ 联合国国际贸易法委员会于1979年就决定起草一部有关国际商事仲裁的示范法，示范法的起草经过参阅第二章第一节。

⑦ von Hoffmann, *IPRax 1986*, 337（340）；Lörcher, *ZRP 1987*, 230（232）；Schwab, "Das Uncitral-model law und das deutsche Recht", in: *FS Nagel*, S. 427（444）；Sandrock, *RIW 1987*（Beilage 2 zu Heft 5），1（18）；Nöcker, *RIW 1990*, 28（31）；Berger, *Internationale Wirtschaftsschiedsgerichtsbarkeit*, S. 534；Zerbe, *Die Reform des deutschen Schiedsverfahrensrechts*, S. 26 f.

⑧ "德国仲裁院"（Deutsche Institut für Schiedsgerichtswesen, DIS）和"德国仲裁委员会"（Deutsche Ausschuss für Schiedsgerichtswesen, DAS）于1992年1月1日合并。合并后统称为"德国仲裁协会"（Deutsche Institution für Schiedsgerichtsgerichtsbarkeit），但仍然适用DIS的缩写。

1989 年 11 月提交了一份附有德国新仲裁法草案的研究报告。① 该草案无论是条文次序还是文字表述，都完全与《示范法》文本完全一致。② 根据这项研究结果，将《示范法》纳入德国法仅需做非常少的条文补充或修改。③

1990 年 10 月两德统一后，东德的 1975 年仲裁程序法规由于统一适用联邦德国《民事诉讼法》（ZPO）而被废除。④ 这就给改革仲裁法增加了另外一个动力。

联邦司法部（BMJ）也认为进行改革十分必要，并决定成立一个委员会筹备仲裁法改革。1991 年 10 月 31 日，仲裁法改革委员会成立。⑤ 受司法部委托，该委员会主要针对如何参考《示范法》的规定就重新制定德国仲裁程序法提出建议。而且，新仲裁法不仅要考虑国际仲裁案件的适用，也要包括国内仲裁案件的适用。⑥

经过两年多的准备，该委员会提交了最终报告和相应的《〈民事诉讼法〉第十章修改草案讨论稿》，联邦司法部于 1994 年 2 月将上述文件予以公布。⑦

---

① Berger, *Entstehungsgeschichte und Leitlinien des neuen deutschen Schiedsverfahrensrechts*, in：*RWS-Dokumentation 21*, S. 1（13）；Lionnet/Lionnet, *Handbuch der internationalen und nationalen Schiedsgerichtsbarkeit*, S. 137.

② 草案文本付印于 Deutsches Institut für Schiedsgerichtswesen e. V.（Hrsg.）, *Übernahme des UNCITRAL Modellgesetzes über die internationale Handelsschiedsgerichtsbarkeit in das deutsche Recht, Entwurf eines Gesetzes für die Bundesrepublik Deutschland*, S. 47 ff.

③ Schwab, *Ändrungen des Model Law bei der Rezeption durch das deutsche Recht*, in：Deutsches Institut für Schiedsgerichtswesen e. V.（Hrsg.）, *Übernahme des UNCITRAL Modellgesetzes über die internationale Handelsschiedsgerichtsbarkeit in das deutsche Recht. Entwurf eines Gesetzes für die Bundesrepublik Deutschland*, 41（44）.

④ Berger, *Entstehungsgeschichte und Leitlinien des neuen deutschen Schiedsverfahrensrechts*, in：*RWS-Dokumentation 21*, S. 1（12）.

⑤ 委员会由九名成员组成，分别来自州司法行政机关、律师和法官群体，以及学术界和实务部门。具体成员如下：原司法部司长、教授沃尔特·罗兰德（Walter Rolland）博士担任主席，来自德国仲裁协会（DIS）的延斯·布雷多（Jens Bredow）律师，律师奥托安特·格劳斯讷博士（Ottoarndt Glossner），来自联合国贸法会的罗尔德·赫尔曼（Gerold Herrmann）教授，以及律师多丽丝·默勒（Doris Möller）女士，律师兼教授汉斯于尔根·拉贝（Hans-Jürgen Rabe）博士，彼得·施洛塞尔（Peter Schlosser）教授，汉堡州法院首席法官英加·施密特雅森（Inga Schmidt-Syassen）博士，司法部处长维尔纳·魏斯（Werner Weiβ）博士；参阅 Berger, *Entstehungsgeschichte und Leitlinien des neuen deutschen Schiedsverfahrensrechts*, in：*RWS-Dokumentation 21*, S. 1（13）.

⑥ 见《德国仲裁法草案政府立法说明》，BT-Drucks. 13/5274 vom 12. Juli 1996，第 24 页。

⑦ See Bundesministerium der Justiz（Hrsg.）, *Bericht der Kommission zur Neuordnung des Schiedsverfahrensrechts mit einem Diskussionsentwurf zur Neuregelung des Zehnten Buches der ZPO und Begründung zu den einzelnen Vorschriften.*

该修改草案讨论稿与 1989 年德国仲裁院（Deutsche Institut für Schieds-gerichtswesen，DIS）提交的草案较为接近。草案从体系上、规范范围上，甚至语言上都力求与《示范法》一致。这样做的目的，是让那些习惯于英语或法语版本《示范法》的外国仲裁专家，能很快地熟悉德语版本的仲裁法。①

　　1995 年 7 月司法部提交了最终版法案草案，联邦参议院仅对草案提出了几处轻微修改建议。最后，联邦政府于 1996 年 7 月 11 日将法律草案提交联邦众议院审议②，草案也在 1996 年 7 月 12 日的联邦众议院印刷品（BT-Drucks 13/5274）进行了公布。1997 年 12 月 22 日，《仲裁程序修订法》（SchiedsVfG）被批准通过，并在 1997 年 12 月 30 日的《联邦法律公报》（BGBl I Nr. 88，第 3224 页）进行了发布。根据《仲裁程序修订法》（SchiedsVfG），新的《民事诉讼法》第十章于 1998 年 1 月 1 日生效。

　　德国新仲裁法产生的历史过程表明，此次改革自一开始就以《示范法》为模板，《示范法》受到充分的重视。虽然《示范法》并不完全符合德国立法风格，③ 但出于《示范法》已在全球取得共识等法律政策的考虑，尽可能地不对《示范法》进行大的改动，完整地将其纳入德国法律体系中，这在整个仲裁法改革中得到了认真的贯彻。④ 德国立法机构决心通过这次改革向世人表明，努力追随全球仲裁立法领域自由化和国际化趋势。因此，德国新仲裁法对国际法律的统一也作出了贡献。

第二节　德国法对《示范法》的吸收借鉴

　　为了使《示范法》与德国仲裁实践和"立法风格"尽量适应，⑤ 德国立法机关对《示范法》作了一些修改和补充。大多数经过修改的条款仅仅

---

① Schlosser, *RIW 1994*, 723；Berger, Entstehungsgeschichte und Leitlinien des neuen deutschen Schieds-verfahrensrechts, in：*RWS-Dokumentation 21*, S. 1（14 f.）.

② 即"修改仲裁法的法律草案（Entwurf eines Gesetzes zur Neuregelung des Schiedsverfahrensrechts）"。

③ Schlosser, *RIW 1994*, 723（724）.

④ Berger, Entstehungsgeschichte und Leitlinien des neuen deutschen Schiedsverfahrensrechts, in：*RWS-Dokumentation 21*, S. 1（15）.

⑤ Schlosser, *RIW 1994*, 723.

属于措辞上或内容上变化，改动不大。① 下文主要讨论对《示范法》条文进行较大改动的条款，以及有关补充增加的内容。②

一 有关内容的修改

（一）适用范围（《示范法》第 1 条—《民事诉讼法》第 1025 条）

1. 不再局限于"商事"仲裁

根据第 1 条第 1 款，《示范法》适用范围仅限于商事仲裁。对此，《示范法》还专门在第 1 条第 1 款的脚注中对"商事"概念进行了宽泛定义。德国立法机关在纳入《示范法》时不再局限于"商事"仲裁。立法机关的主要考虑是，由于在德国法中对"商事"概念的解释要比许多外国法的规定更窄。③ 另外，如果将"商事仲裁"作为一般性的标准，就会对消费者作为一方当事人的仲裁协议效力产生负面影响。同时，为了对消费者进行必要的保护，将原《民事诉讼法》第 1027 条第 1 款限制消费者订立仲裁协议的规定保留，作为一个特别条款添加到新法第 1031 条有关仲裁协议的规定中。④ 总之，新法不再限于"商业仲裁"，使得德国立法机关能够规避有关"商人"概念过窄所带来的诸多问题。⑤

2. 统一适用于国内和国际仲裁程序

与《示范法》第 1 条第 3 款不同，德国《民事诉讼法》第十章并不区分国内和国际仲裁程序。在德国立法机关看来，《示范法》虽然主要是针对国际商事仲裁程序而制定的，但对国内仲裁程序同样适合。⑥ 而选择采用这种一元化的立法，也使立法机关不必面对那些难以界定的国际仲裁问题，以及根据《示范法》第 1 条第 3 款字母 c 当事人"选择加入"（opting in）的问题。将《示范法》适用范围扩大到国内仲裁程序已成为各国仲裁

① Lionnet/Lionnet, *Handbuch der internationalen und nationalen Schiedsgerichtsbarkeit*, S. 139 f. 有关《示范法》与德国《民事诉讼法》第十章对相同规范对象的条文比较，见附录 2。

② 有关对比参阅：Schumacher, *RPS 1998（BB Beilage 2）*, 6（8 – 16）；Berger, Entstehungsgeschichte und Leitlinien des neuen deutschen Schiedsverfahrensrechts, in：*RWS-Dokumentation 21*, S. 1（19 – 32）。

③ Schumacher, *RPS 1998（BB Beilage 2）*, 6（8）；参阅 Winkler/Weinand, *BB 1998*, 597（598）。

④ 对此参阅 Berger, Entstehungsgeschichte und Leitlinien des neuen deutschen Schiedsverfahrensrechts, in：*RWS-Dokumentation 21*, S. 1（20）。

⑤ Winkler/Weinand, *BB 1998*, 597（598）。

⑥ Schumacher, *RPS 1998（BB Beilage 2）*, 6（7）；参阅 Winkler/Weinand, *BB 264*, 597（22）。

立法改革的一种趋势，而德国新仲裁法统一适用于国内和国际仲裁程序则有力推动了国际仲裁法制统一与协调。①

3. 地域适用范围

随着《示范法》的广泛传播，《示范法》第 1 条第 2 款所确立的属地原则也在全球范围内被广泛接受。德国在纳入《示范法》时，也同样把该项原则作为一项基本原则在第 1025 条第 1 款中进行了确认。同时，此前德国法中的程序理论也被遗弃废除。② 由于放弃了程序理论，仲裁程序所适用的仲裁法就可以由当事人自由进行选择。如果双方当事人或仲裁庭根据第 1043 条第 1 款所确定的"仲裁地点"在德国，那么《民事诉讼法》第十章的规定就对在德国进行的仲裁程序强制性适用。③ 然而，《示范法》第 1 条第 2 款中的"只"（only）一字，却在德国《民事诉讼法》第 1025 条第 1 款中被有意省略。德国立法机关有意略去"只"（only），似乎是在表达属地原则并非一个消极性的冲突规范，如果当事人协议在国外进行的仲裁程序依然适用德国仲裁法，也将被德国仲裁法所认可。④ 这样规定的合理性在于，其他国家立法机关完全可以自行决定，是否希望有关外国程序法在其领土上继续生效。⑤ 相反，如果当事人以德国为仲裁地，但协议适用外国仲裁法，那么德国《民事诉讼法》第十章中所有当事人有关处分权的条款也将不再适用。⑥ 然而，这种立法模式能否如人所愿，对于那些依据德国仲裁法开展仲裁程序，但在外国作出的仲裁裁决，建立德国法院的管辖权，从而在很大程度上避免管辖权冲突，仍有待观察。⑦

德国《民事诉讼法》第 1025 条第 2 款和第 3 款规定了属地原则的例外情况，这些规定显然超出了《示范法》的范畴。与《示范法》第 1 条第

① 参阅第二章第二节；亦见于《德国仲裁法草案政府立法说明》，1996 年 7 月 12 日的联邦众议院印刷品（BT-Drucks. 13/5274），第 25 页。

② Lionnet/Lionnet, *Handbuch der internationalen und nationalen Schiedsgerichtsbarkeit*, S. 124.

③ Schumacher, *RPS 1998（BB Beilage 2）*, 6（8）; Berger, Entstehungsgeschichte und Leitlinien des neuen deutschen Schiedsverfahrensrechts, in: *RWS-Dokumentation 21*, S. 1（16）.

④ Lionnet/Lionnet, *Handbuch der internationalen und nationalen Schiedsgerichtsbarkeit*, S. 125.

⑤ 见《德国仲裁法草案政府立法说明》，1996 年 7 月 12 日的联邦众议院印刷品（BT-Drucks. 13/5274），第 31 页。

⑥ Schlosser, Das neue deutsche Recht der Schiedsgerichtsbarkeit, in: Gottwald（Hrsg.）, *Revision des EUGVÜ-Neues Schiedsverfahrensrecht*, S. 163（193）.

⑦ Berger, Entstehungsgeschichte und Leitlinien des neuen deutschen Schiedsverfahrensrechts, in: *RWS-Dokumentation 21*, S. 1（18）.

2 款相比，德国《民事诉讼法》第 1025 条第 2 款扩大了德国法院在第 1050 条意义上的仲裁司法支持行为上的管辖权。第 1025 条第 3 款规定，在仲裁地尚未确定的情况下，如果被申请人或申请人在德国有住所或惯常居住地，那么德国法院对指定仲裁员、组成仲裁庭等体现司法支持功能的活动行使管辖权。① 此外，由于根据德国《民事诉讼法》第 1060 条和第 1061 条，法律区分国内仲裁裁决和外国仲裁裁决，因此第 1025 条第 4 款也专门明确了哪些条文适用于外国仲裁裁决的承认和执行。但总的来讲，上述对《示范法》的修改主要出于逻辑体系上的考虑，或者是在属地原则下立法技术方面的完善。②

（二）仅对居住地不明收件人作出规定（《示范法》第 3 条—《民事诉讼法》第 1028 条）

与《示范法》第 3 条不同，德国《民事诉讼法》第 1028 条仅规定了对居住地不明收件人书面通知送达的情形。如果收件人的经常居住地清楚，根据《示范法》第 3 条的规定，有关书面通知被投递到收件人的经常居住地，即被视为收件人已经收到。然而，《示范法》第 3 条第 1 款字母 a 第 1 句所拟制的送达，在德国法［《民法典》（BGB）第 130 条］中被认为是理所应当的事情，以至于没有进行规范的必要。③

（三）细化法院的程序（《示范法》第 6 条—《民事诉讼法》第 1062—1065 条）

《示范法》第 6 条概括规定了法院支持和监督仲裁的职责。德国新仲裁法对有关职责又进行了细化（见德国《民事诉讼法》第 1062—1065 条司法程序部分规定）。其中第 1062 条对所有的管辖权问题进行了规定。旧法中可选择由初级法院或州法院管辖的规定（参见旧法第 1045 条），被统一的州高级法院管辖规定所取代。④ 对排除上诉的有关情形，以及《示范法》中法院指定仲裁员的裁定（第 11 条第 5 款），提出仲裁员回避的裁定（第 13 条第 3 款）和终止仲裁员职权的裁定（第 14 条第 1 款），都在德国《民事诉讼法》第 1065 条第 1 款第 2 句中进行了集中规定。所不同的是，

---

① Lionnet/Lionnet, *Handbuch der internationalen und nationalen Schiedsgerichtsbarkeit*, S. 140.

② Bredow, *RPS 1998（BB Beilage 2）*, 2.

③ Schumacher, *RPS 1998（BB Beilage 2）*, 6（9）；亦见于《德国仲裁法草案政府立法说明》，1996 年 7 月 12 日的联邦众议院印刷品（BT-Drucks. 13/5274），第 33 页。

④ 根据德国《民事诉讼法》第 1062 条第 4 款，只有在法院实施司法协助措施时，由初级法院行使管辖权。见 Schumacher, *RPS 1998（BB Beilage 2）*, 6（16）.

《示范法》规定就法院对仲裁庭自裁管辖权所做的裁定不容上诉（第 16 条第 3 款），而根据德国《民事诉讼法》第 1065 条第 1 款第 1 句则允许当事人抗告（Rechtsbeschwerde）。

（四）对仲裁协议形式要求放松与加重（《示范法》第 7 条第 2 款—《民事诉讼法》第 1031 条）

《示范法》第 7 条第 2 款有关仲裁协议形式要求的规定，得到了德国《民事诉讼法》第 1031 条第 1—3 款的全面吸收。新规定并没有像《示范法》那样一上来就明确提及"书面形式"，而是指出仲裁协议如包括在签署的文件、交换信件，以及其他证据能够确定协议存在的现代信息通信手段之中，都符合书面形式。与《示范法》不同，第 1031 条还包含了三种特殊情况下的仲裁协议的形式要求：其中第 2 款和第 4 款规定了两种符合书面形式的情形，即根据交易惯例，相对方的沉默被视为同意书面合同邀约，以及签发提单，都可以视为达成书面的仲裁协议。然而，德国《民事诉讼法》第 1031 条第 5 款则延续了旧法第 1027 条第 1 款的做法，对消费者作为一方当事人的仲裁协议的书面形式进行严格限定。上述规定也有例外，即该仲裁协议已经过公证，以至于按照《公证法》第 17 条规定，公证员在行使了告知义务之后，要求采用一种特殊文书对保护当事人确属不必要的。①

（五）以"初步决定"确认具有自裁管辖权（《示范法》第 16 条—《民事诉讼法》第 1040 条）

通过纳入《示范法》第 16 条的规定，德国立法机关明确放弃了原本由德国联邦最高法院所创设的仲裁庭终局自裁管辖权原则。②《示范法》第 16 条第 3 款第 1 句规定，仲裁庭既可以将有关异议作为一个初步问题（preliminary question）作出决定，也可以将其作为案情（award on the merits）在仲裁裁决中作出判定。而德国《民事诉讼法》第 1040 条第 3 款仅规定了"初步决定"的形式，而且只有当仲裁庭认为其具有管辖权时才作出上述决定，毕竟在多数情况下这种声称具有管辖权的决定更为常见，从

---

① Berger, *DZWiR 1998*, 45（49）.
② 在德国，这种由联邦最高法院司法解释发展而来的学说，准许仲裁庭对自身管辖权作出终局决定，前提是当事人并没有依自裁管辖权条款（Kompetenz-Kompetenz-Klausel）作出其他约定；见 *BGH BB 1955*, 552；*BGHZ 68*, 356；*BGH JZ 1989*, 201；*BGH NJW 1991*, 2215；Schwab/Walter, *Schiedsgerichtsbarkeit*, Kap. 6 Rn. 9；Berger, *DZWiR 1998*, 45（50 f.）.

而能尽快确定管辖权，而《示范法》对是否具有管辖权没有限制，均"可以"作出有关决定。① 如果仲裁庭认定其不具有管辖权，根据德国《民事诉讼法》第 1040 条第 3 款仲裁庭既不能以初步决定作出，亦不能以针对案件实体的仲裁裁决的形式作出，而是通过一种程序性的仲裁裁决作出，而这种裁决在撤销程序中也是可以撤销的。②

（六）放弃对"争议焦点"和申请书内容的强制性规定（《示范法》第 23 条第 1 款—《民事诉讼法》第 1046 条第 1 款）

按照德国法学者对民事诉讼的理解，说明争议焦点并不属于确定争议标的的范畴。特别是在法院的程序当中，争议焦点往往是在被告答辩以后才被确定的。③ 因此，《示范法》第 23 条第 1 款有关申请人应写明争议焦点的规定，并没有出现在德国《民事诉讼法》第 1046 条第 1 款之中。此外，《示范法》第 23 条第 1 款所规定的"除非当事各方对这种申请和答辩所要求的项目另有约"这种处分权，也没有在德国《民事诉讼法》中得到吸纳。德国立法机关给出的理由是，有关仲裁请求、请求所依据的事实所勾勒出来的争议标的，构成每一个仲裁的必要内容，因此不可以由当事人处分。④

（七）把"最密切联系"具体化为冲突法连接点（《示范法》第 28 条—《民事诉讼法》第 1051 条）

《示范法》第 28 条对"法律制度"（rules of law）（第 1 款）和"法律"（law）（第 2 款）所做的重要区分，也被德国仲裁法所接纳。⑤ 与《示范法》第 28 条第 2 款有所不同，德国《民事诉讼法》第 1051 条第 2 款参照瑞士《联邦国际私法》第 187 条的做法，规定如果当事人没有选择适用法律，则适用与程序标的具有最密切联系国家的法律，而不像《示范法》规定的那样，由仲裁庭适用其认为可适用的法律冲突规范所确定的法律。因此，德国《民事诉讼法》第十章的规定实际上是采用了原

---

① Schumacher, *RPS 1998*（*BB Beilage 2*），6（11）.

② 见《德国仲裁法草案政府立法说明》，1996 年 7 月 12 日的联邦众议院印刷品（BT-Drucks. 13/5274），第 44 页。

③ 见《德国仲裁法草案政府立法说明》，1996 年 7 月 12 日的联邦众议院印刷品（BT-Drucks. 13/5274），第 48 页；Schumacher, *RPS 1998*（*BB Beilage 2*），6（12）.

④ 见《德国仲裁法草案政府立法说明》，1996 年 7 月 12 日的联邦众议院印刷品（BT-Drucks. 13/5274），第 48 页。

⑤ 见《示范法》第三章第二节。

《民法典施行法》第 28 条第 1 款第 1 句的表述（现在部分内容已经另外规定在 2008 年 6 月 17 日欧洲议会和理事会关于合同之债关系法律适用的法令之中，特别是第 4 条第 4 款的有关规定，但有关可选择的国家法律在第 1 和第 2 款中又进行了具体化）。立法者认为，1980 年 6 月 19 日的欧盟关于合同之债关系法律适用协议中从第 3 条开始的有关规定，同样也是以最密切联系为原则的。据此，以德国为仲裁地的国际仲裁程序也应当受到《民法典施行法》第 27 条及此后条款的约束。①

在政府立法说明中，法律草案的起草者专门指出第 1051 条第 2 款虽与《示范法》第 28 条第 2 款有所不同，但并非根本性的修改。主要理由是，《示范法》所赋予仲裁庭就选择冲突法规范的自由裁量权，通常最终也是以最密切联系而作出的。② 因此，"最密切联系"原则不过是对仲裁庭裁量进行了明确的具体化，从而防止仲裁庭作出武断的决定。③

（八）合议庭中的缺席表决和首席仲裁员仅限于对"个别"程序问题作出决定（《示范法》第 29 条—《民事诉讼法》第 1052 条）

德国《民事诉讼法》第 1052 条有两处与所对应的《示范法》第 29 条不同的地方。首先，第 1052 条第 2 款补充了仲裁员拒绝参加合议时如何进行表决的规定，这是《示范法》所没有规定的。该款针对上述情形规定，除非当事人另有约定，其他仲裁员可以在该仲裁员缺席时进行裁决。这项补充也符合《示范法》第 31 条第 1 款有关仲裁员不在仲裁裁决上签字有关规定精神，而该规定已被德国《民事诉讼法》第 1054 条第 1 款所吸收。对第 1052 条第 2 款的适用需要谨慎，即只有仲裁员没有受到任何强制的前提下不参加合议表决，才能被视为拒绝参加合议。④ 在某个仲裁员缺席时，表决应当实行绝对多数原则，要根据仲裁庭全体成员的多数意

---

① Berger, *DZWiR 1998*, 45（52）；参阅 2008 年 6 月 17 日欧洲议会和理事会《关于合同之债关系法律适用的法令》（EG）2008/593 第 3 条以后等规定。

② 参阅《德国仲裁法草案政府立法说明》，1996 年 7 月 12 日的联邦众议院印刷品（BT-Drucks. 13/5274），第 53 页；Berger, "Entstehungsgeschichte und Leitlinien des neuen deutschen Schiedsverfahrensrechts", in: *RWS-Dokumentation 21*, S. 1（22）；von Schlabrendorff, "Auswirkung des neuen Rechts auf die Praxis der Schiedsverfahren", in: *DIS-MAT IV*（1998），S. 29（40）。

③ Schumacher, *RPS 1998*（*BB Beilage 2*），6（12）。

④ 参阅《德国仲裁法草案政府立法说明》，1996 年 7 月 12 日的联邦众议院印刷品（BT-Drucks. 13/5274），第 54 页；Schütze, *Schiedsgericht und Schiedsverfahren*, Rn. 218；Baumbach/Lauterbach/Albers/Hartmann, *ZPO*, § 1052 Rn. 6。

见作出表决。① 如果在拒绝参与表决的仲裁员缺席时仲裁庭作出仲裁裁决，则应当提前通知当事人（第 1052 条第 2 款第 2 句）。由此，有关当事人（特别是指定这名仲裁员的当事人）就有可能会对该仲裁员施加一定影响，或者采取一定措施（如解除对该仲裁员指定）。② 在仲裁庭作其他决定时，则可以在决定作出之后通知当事人有关仲裁员拒绝参与表决的情况（第 1052 条第 2 款第 3 句）。

第二处修改是第 1052 条第 3 款有关限制性规定。根据该规定，即使是在当事人或仲裁庭其他成员授权的前提下，首席仲裁员也仅限于对"个别"程序问题作出决定。而《示范法》则规定首席仲裁员可以普遍地就程序问题作出决定。德国立法者的主要理由为，在仲裁裁决作出以前几乎所有的仲裁庭决定都会涉及仲裁程序本身，不应该由首席仲裁员对所有程序问题，包括那些"内部"程序流程事项（如程序语言或书面审理），单独作出决定，因此做有关限制是必要的。③

（九）由法律拟制裁决作出日期（《示范法》第 31 条—《民事诉讼法》第 1054 条）

德国《民事诉讼法》第 1054 条吸纳了《示范法》第 31 条，但作了微小的修改，即对裁决作出日期进行法律上的"拟制或推定"。④ 根据第 1054 条第 3 款第 2 句，仲裁裁决被视为裁决书中载明日期的当日作出。该日期一般为仲裁庭最终协商一致的日期，即最后一名仲裁员在裁决书上签

---

① 参阅《德国仲裁法草案政府立法说明》，1996 年 7 月 12 日的联邦众议院印刷品（BT-Drucks. 13/5274），第 54 页；Schumacher, *RPS 1998（BB Beilage 2）*, 6（13）；Schütze, *Schiedsgericht und Schiedsverfahren*, Rn. 218；Baumbach/Lauterbach/Albers/Hartmann, *ZPO*, § 1052 Rn. 6；Geimer, in: *Zöller*, ZPO, § 1052 Rn. 6.

② 参阅《德国仲裁法草案政府立法说明》，1996 年 7 月 12 日的联邦众议院印刷品（BT-Drucks. 13/5274），第 54 页；Schwab/Walter, *Schiedsgerichtsbarkeit*, Kap. 19 Rn. 6；Schütze, *Schiedsgericht und Schiedsverfahren*, Rn. 218；Baumbach/Lauterbach/Albers/Hartmann, *ZPO*, § 1052 Rn. 7.

③ 这种限制是根据法律改革委员会提出的相关建议而作出的；vgl. *Schumacher*, RPS 1998（BB Beilage 2），6（13）.

④ 参阅《德国仲裁法草案政府立法说明》，1996 年 7 月 12 日的联邦众议院印刷品（BT-Drucks. 13/5274），第 56 页；Schumacher, *RPS 1998（BB Beilage 2）*, 6（13）；Lionnet/Lionnet, *Handbuch der internationalen und nationalen Schiedsgerichtsbarkeit*, S. 144；Schwab/Walter, *Schiedsgerichtsbarkeit*, Kap. 20, Rn. 13；Lörcher/Lörcher, *Das Schiedsverfahren-national/international-nach deutschem Recht*, Rn. 303；Lachmann, *Handbuch für die Schiedsgerichtspraxis*, Rn. 1757.

名的日期。① 因此，第1054条与《示范法》第31条第3款的不同之处在于，《示范法》只拟制了裁决作出的地点，而没有对裁决日期作出拟制性的规定。通过这种法律拟制，不仅对有关"仲裁裁决的识别"，② 同时还对仲裁程序的终结也进行了确定。

（十）未提交仲裁申请书和无必要或不可能继续程序作为程序终止的理由（《示范法》第32条—《民事诉讼法》第1056条）

德国《民事诉讼法》有关仲裁程序终止的规定有两处与《示范法》有所不同。一方面，在以决定形式终止仲裁程序的构成要件上，第1056条比《示范法》第32条明显有所扩大。譬如在申请人没有按照第1046条第1款规定在期限内提交仲裁申请书时，除非这种不作为有正当理由得到谅解，或者双方当事人对此另有约定，仲裁庭将决定终止仲裁程序。这是《示范法》所没有的。另一方面，相较于《示范法》第32条第2款字母c，第1056条规定得更加客观和具体：③ 首先在表述上，仲裁庭不必像《示范法》那样必须认定"仲裁程序在任何其他理由下均无必要或不可能继续进行"，而是根据第2款第3句所规定的客观上不可能标准作出判断。譬如尽管仲裁庭提出要求，但当事人双方依然不推进程序。此外，在法律改革委员会和立法机构看来，《示范法》中的"无必要继续进行程序"的情况，实际上是很难想象的，因此在德国法中应当避免使用这一概念。④

（十一）仲裁裁决的更正、解释和补充（《示范法》第33条—《民事诉讼法》第1058条）

德国《民事诉讼法》第1058条吸纳了《示范法》第33条有关仲裁裁决的更正、解释和补充的规定。虽然这两条规定在内容上基本一致，但为了更加清晰明了，德国法在结构上作出了调整。与第33条第1、3款的一个不同之处在于，根据第1058条第1款，任何一方当事人均可向仲裁庭提出解释和补充申请，且不允许当事人通过协议予以排除。⑤

---

① Schwab/Walter, *Schiedsgerichtsbarkeit*, Kap. 20 Rn. 13.

② Geimer, in: *Zöller*, ZPO, § 1054 Rn. 9; Lachmann, *Handbuch für die Schiedsgerichtspraxis*, Rn. 1759.

③ 见《德国仲裁法草案政府立法说明》，1996年7月12日的联邦众议院印刷品（BT-Drucks. 13/5274），第57页；Schumacher, *RPS 1998（BB Beilage 2）*，6（14）.

④ 见《德国仲裁法草案政府立法说明》，1996年7月12日的联邦众议院印刷品（BT-Drucks. 13/5274），第57页。

⑤ Schumacher, *RPS 1998（BB Beilage 2）*，6（14）.

（十二）申请撤销仲裁裁决（《示范法》第 34 条—《民事诉讼法》第 1059 条）

1. 撤销理由限于对仲裁裁决有影响的程序缺陷［《示范法》第 34 条第 2 款字母 a（四）—德国《民事诉讼法》第 1059 条第 2 款第 1 句字母 d］

德国《民事诉讼法》第 1059 条第 2 款第 1 句字母 d 要比示范法第 34 条第 2 款字母 a（四）的适用范围更窄。因为该条明确规定，只有那些对仲裁裁决产生影响的程序缺陷，才能构成撤销的理由。[①] 出于程序经济的考虑，对于那些即便重新开展程序也只是导致同样的裁决结果、纯粹形式上的程序缺陷，则不构成撤销仲裁裁决的理由。

2. 约定撤销期限以及更正、解释和补充之后较短的撤销期限（《示范法》第 34 条第 3 款—德国《民事诉讼法》第 1059 条第 3 款）

德国《民事诉讼法》第 1059 条第 3 款第 1 句采用了《示范法》中有关三个月的申请撤销期限。但是，第 1059 条第 3 款与《示范法》第 34 条第 3 款有两处不同。首先，当事人可以就撤销期限另行约定。这样规定的目的，是让当事人在不受有关期限压力的情况下，充分开展和解谈判。[②] 其次，针对进行过更正、解释或补充的裁决，第 1059 条第 3 款第 3 句规定的期限明显要比《示范法》短。按照德国《民事诉讼法》，请求更正、解释或补充的，从收到对该请求的处理决定之日起，撤销期限可以最多延长一个月，而根据《示范法》，申请撤销期限依然为该请求被仲裁庭处理完毕之日起三个月。

3. 发回重裁而不中止撤销程序（《示范法》第 34 条第 4 款—德国《民事诉讼法》第 1059 条第 4 款）

根据《示范法》第 34 条第 4 款，法院可以在适当情况下根据一方当事人申请中止撤销程序，从而给仲裁庭一个机会消除请求撤销裁决的事由。与此相反，根据德国《民事诉讼法》第 1059 条第 4 款规定，法院可以在适当情况下根据当事人申请直接撤销仲裁裁决，发回仲裁庭重新仲裁。也就是说不再中止撤销仲裁裁决程序。按照法律改革委员会的观点，

---

① 参阅《德国仲裁法草案政府立法说明》，1996 年 7 月 12 日的联邦众议院印刷品（BT-Drucks. 13/5274），第 59 页；Bredow, *RPS 1998（BB Beilage 2）*, 2（5）；Schumacher, *RPS 1998（BB Beilage 2）*, 6（14）；Raeschke-Kessler/Berger, *Recht und Praxis des Schiedsverfahrens*, S. 234。

② 见法律委员会对联邦政府法律草案的建议决定和报告，1997 年 11 月 24 日的联邦众议院印刷品（BT-Drucks. 13/9124），第 47 页。

由于撤销事由通常在重新裁决后不复存在，而及时通过撤销仲裁裁决这种方式终结撤销程序，则更有利于减轻司法工作负担。① 值得注意的是，发回重裁并非依职权，而是根据当事人申请才得作出。此外，发回重裁主要是为了消除形式上的错误和程序上的错误。因此，德国法的这种较为自由的解决方案，一方面确实尊重了当事人提交仲裁的意愿，另一方面也强调了程序的经济性。

（十三）区分国内和外国仲裁裁决的执行（《示范法》第 35 条第 1 款—德国《民事诉讼法》第 1060 条第 1 款和第 1061 条第 1 款）

尽管《示范法》第 35 条第 1 款为了统一仲裁强制执行制度，将外国仲裁裁决与国内仲裁裁决同等对待，② 但德国《民事诉讼法》第 1060、1061 条却沿袭了旧法，在国外和国内仲裁裁决强制执行条件上进行了区分。③ 根据德国《民事诉讼法》第 1060 条第 1 款，国内仲裁裁决经过可执行宣告以后予以强制执行。"国内仲裁裁决"的确定，主要依据《民事诉讼法》第 1043 条第 1 款和 1054 条第 3 款是否以德国为仲裁地进行判断。然而应当注意的是，与《示范法》所规定不同，新法中对国内仲裁裁决的规定与旧法保持了一致，并不需要所谓的"承认"。只有对外国仲裁裁决才存在有关按照《纽约公约》"承认"的问题。④

德国《民事诉讼法》第 1061 条直接援用了《纽约公约》，也就是说承认和执行外国仲裁裁决要根据《纽约公约》进行。此外，那些与其他国家所订立的条约也不受影响。这种规定主要参考了瑞士《联邦国际私法》第 194 条的做法。上述规定虽然与《示范法》表述上不同，但实质内容一致。由于《示范法》第 36 条第 1 款有关拒绝承认或执行的理由实际上与《纽约公约》一致，德国《民事诉讼法》第 1059 条第 2 款规定的撤销理由，也完全采用了《纽约公约》的标准，因此第 1060 条第 2 款援引第

---

① 见《德国仲裁法草案政府立法说明》，1996 年 7 月 12 日的联邦众议院印刷品（BT-Drucks. 13/ 5274），第 60 页；参阅 Schumacher, *RPS 1998（BB Beilage 2）*, 6（14 f.）.

② Böckstiegel, *RIW 1984*, 670（677）；Berger, *Internationale Wirtschaftsschiedsgerichtsbarkeit*, S. 515；Schwab, Das Uncitral-model law und das deutsche Recht, in: *FS Nagel*, S. 427（443）.

③ 见《德国仲裁法草案政府立法说明》，1996 年 7 月 12 日的联邦众议院印刷品（BT-Drucks. 13/ 5274），第 60 页；Lörcher, *DB 1998*, 245（247）；Berger, *DZWiR 1998*, 45（53）.

④ 见《德国仲裁法草案政府立法说明》，1996 年 7 月 12 日的联邦众议院印刷品（BT-Drucks. 13/ 5274），第 27、61 页。

1059 条第 2 款同时作为拒绝国内仲裁裁决可执行性宣告的理由。① 通过这种援引，无论是国内裁决还是外国裁决，所有的司法审查都统一到了《纽约公约》所确立的标准。而以往那种将裁决是否受到《纽约公约》调整（参见旧法第 1044 条）的二分法被彻底放弃了。旧法对于外国仲裁裁决采用不同规定，其主要意义在于一些外国仲裁裁决并不适用《纽约公约》。② 然而，随着《纽约公约》得到全球范围高度认可，原本在批准公约时所做的互惠保留，现在实际上已经失去了其真正的意义。因此，德国已于 1998 年正式撤回了原来根据《纽约公约》第 1 条第 3 款第 1 句所做的互惠保留。③

二　对《示范法》的补充

（一）客观可仲裁性

客观可仲裁性问题在《示范法》中仅在第 1 条第 5 款中有所提及。根据该规定，接纳《示范法》的国家的其他法律就某些争议不得提交仲裁或在一定情况下才可以提交仲裁的规定，不受《示范法》的影响。德国《民事诉讼法》第 1030 条第 3 款也采纳了《示范法》这一规定。《示范法》实际上对可仲裁性问题没有作出规定，而是有意把这一问题留给各国法律的具体规定来进一步澄清。④ 随着德国仲裁法改革，原来以"和解能力"为标志的可仲裁性标准被放弃。新法第 1030 条规定，任何涉及财产权益的请求都可以成为仲裁协议的标的。⑤ 也可以理解为，只要申请人主观感觉所提交仲裁的请求对其具有某种经济利益，就足以满足上述财产权益性质

---

① Lionnet/Lionnet, *Handbuch der internationalen und nationalen Schiedsgerichtsbarkeit*, S. 145.

② Schumacher, *RPS 1998 (BB Beilage 2)*, 6 (15)；亦见于《德国仲裁法草案政府立法说明》，1996 年 7 月 12 日的联邦众议院印刷品（BT-Drucks. 13/5274），第 62 页；Bredow, *RPS 1998 (BB Beilage 2)*, 2 (6).

③ 见 1998 年 12 月 3 日《联邦法律公报》（BGBl. 1999 II，第 7 页）《关于承认和执行外国仲裁裁决公约效力范围的声明》（*Bekanntmachung über den Geltungsbereich des Übereinkommens über die Anerkennung und Vollstreckung ausländischer Schiedssprüche*）。

④ Holtzmann/Neuhaus, *A Guide to the UNCITRAL Model Law*, p. 39；Granzow, *Das UNCITRAL-Modellgesetz über die internationale Handelsschiedsgerichtsbarkeit von 1985*, S. 73.

⑤ Jaeger, *Die Umsetzung des UNCITRAL-Modellgesetzes über die internationale Handelsschiedsgerichtsbarkeit im Zuge der nationalen Reformen*, S. 67 f.

的要求。① 第 1030 条第 1 款显然参照了瑞士《联邦国际私法》第 177 条第 1 款的规定。这无疑是一个受欢迎的扩大仲裁范围的改革，并且符合德国司法解释所代表的观点，即只有当国家的审判权垄断对某些特殊法益进行保护非常必要时，才应当排除有关非诉讼争议解决方式。② 于是，旧《民事诉讼法》第 1025a 条有关住宅租赁关系争议不得进行仲裁裁决的规定，在新法第 1030 条第 2 款中被原封不动保留下来。

（二）申请确认仲裁程序的合法性或不合法

德国《民事诉讼法》第 1032 条第 2 款还包含了一条对《示范法》的补充性规定。当事人可以在仲裁庭组成前，向法院提出申请确认仲裁程序合法或不合法。该补充规定源自旧法第 1046 条，立法机关主要出于程序经济的考虑将其在新法中保留。③ 在仲裁庭组成以后，对仲裁庭无管辖权或超越仲裁职权的异议应根据第 1040 条第 2 款向仲裁庭提出。④ 与旧法第 1046 条以及原司法解释所规定的只能就仲裁程序不合法向法院请求确认相比，新法扩大了确认的范围，即准许就所谓"积极"的确认程序合法向法院提出请求。⑤

（三）优势性地位条款

德国《民事诉讼法》第 1034 条第 2 款包含一条重要的补充性规定，即在仲裁庭组成出现严重失衡时，处于不利的一方当事人可以申请法院确认，不再按照已经作出的仲裁员提名或原已达成一致的提名程序委任仲裁员，从而排除仲裁庭组成的不平等。《示范法》中没有类似的规则。德国仲裁法中的这种规定在多方仲裁程序中意义重大。⑥ 该规定实际上是借鉴了荷兰《民事诉讼法》的第 1028 条，按照法律改革委员会的意见，与旧法第 1025 条第 2 款有关"优势条款"规定相比，新法更能体现一种相互

①　Berger, *DZWiR 1998*, 45（48）.

②　BGH *NJW 1991*, 2215（2216）；BGH *ZIP 1996*, 830（832）；另参阅 *Schwab/Walter*, Schiedsgerichtsbarkeit, *Kap.* 4 Rn. 7 – 13；《德国仲裁法草案政府立法说明》，1996 年 7 月 12 日的联邦众议院印刷品（*BT-Drucks*. 13/5274），第 34 页。

③　见《德国仲裁法草案政府立法说明》，1996 年 7 月 12 日的联邦众议院印刷品（BT-Drucks. 13/5274），第 38 页。

④　见《德国仲裁法草案政府立法说明》，1996 年 7 月 12 日的联邦众议院印刷品（BT-Drucks. 13/5274），第 38 页。亦见于 Schumacher, *RPS 1998*（*BB Beilage 2*），6（10）.

⑤　Berger," Entstehungsgeschichte und Leitlinien des neuen deutschen Schiedsverfahrensrechts", in: *RWS-Dokumentation 21*, S. 1（26 Fn. 142）.

⑥　Bredow, *RPS 1998*（*BB Beilage 2*），2（4）.

平衡。① 特别是在法律后果上，新法更能保障当事人各方的利益。因为该规定更多的是为了平等地保障当事人开展仲裁程序，而不必像以前那样非要宣告仲裁协议无效。②

（四）受指定仲裁员通知的约束

德国《民事诉讼法》第 1035 条与《示范法》第 11 条基本一致，③ 但也包含了一项对《示范法》的补充。根据第 1035 条第 2 款的规定，除非当事人另有约定，一方当事人一旦选定仲裁员即产生约束力。该规定源自旧法第 1030 条，其作用主要是实现程序经济。④

（五）临时措施的可执行宣告和损害赔偿责任

通过吸纳《示范法》第 17 条，德国《民事诉讼法》第 1041 条第 1 款授予仲裁庭直接下令采取临时措施的职权。⑤ 该条采用"临时或保全性措施"的表述（而非"临时命令"），进一步明确了仲裁庭绝不限于《民事诉讼法》中规定的有关"临时性法律救济措施"。⑥ 此外，第 1041 条还规定了仲裁庭所作出的临时措施的可执行宣告问题（第 2 款和第 3 款），以及仲裁庭作出的被证明不具有正当理由的临时措施的损害赔偿责任问题（第 4 款），这些规定也是《示范法》所没有的。⑦

参照瑞士《联邦国际私法》第 183 条第 2 款，德国《民事诉讼法》第 1041 条第 2 款第 1 句赋予当事人向法院申请强制执行仲裁庭作出的临时措施的权利，并根据第 1062 条第 1 款数字 3 由地区高等法院管辖。⑧ 然而，如果当事人已经直接向法院申请了临时措施，那么法院就不再对仲裁庭作

---

① Schumacher, *RPS 1998（BB Beilage 2）*, 6（10）；Weigand, *WiB 24（1997）*, 1273（1257）.

② 见《德国仲裁法草案政府立法说明》，1996 年 7 月 12 日的联邦众议院印刷品（BT-Drucks. 13/5274），第 39 页。

③ 但《示范法》第 11 条第 1 款有关不得以所属国籍为由排除任何人担任仲裁员的规定没有被德国仲裁法采纳，因为在德国立法者看来该条规定属于应有之义，无须再明文规定；见 Lionnet/Lionnet, *Handbuch der internationalen und nationalen Schiedsgerichtsbarkeit*, S. 142.

④ Schumacher, *RPS 1998（BB Beilage 2）*, 6（10）.

⑤ 根据此前司法解释的观点，仲裁庭没有作出临时措施的职权，原因是仲裁庭缺乏必要的强制力和接受替代宣誓担保的能力，而只有具有终局效力的仲裁裁决才可以被宣告强制执行；参见 *BGH ZZP 1958*, 427；Lörcher/Lörcher, *Das Schiedsverfahren-national/international-nach deutschem Recht*, Rn. 73 f.

⑥ Berger, Entstehungsgeschichte und Leitlinien des neuen deutschen Schiedsverfahrensrechts, in: *RWS-Dokumentation 21*, S. 1（28）.

⑦ Schumacher, *RPS 1998（BB Beilage 2）*, 6（11）.

⑧ Berger, *DZWiR 1998*, 45（51）.

出的临时措施进行可执行宣告。德国《民事诉讼法》第 1041 条第 2 款第 2 句还准许法院为了提高可执行性，根据比例原则（又称适当原则）对临时措施进行调整，从而实施与仲裁庭命令不完全相同的临时措施。这种限制的目的主要是减轻司法压力，这也是德国仲裁法改革中自始至终所追求的目标。于是，因多方向法院申请保全，但由于保全管辖法院不同（如当事人直接申请临时措施由初级或州法院管辖，对仲裁庭作出的保全决定进行执行宣告由州高级法院管辖），而难免会出现的保全决定相互不一致的情形，就会尽可能地得到避免。① 德国《民事诉讼法》第 1041 条第 3 款则主要与第 927 条有关。根据一方当事人请求，如果仲裁庭作出了临时措施，其理由全部或部分不成立，抑或出现情势变更的情形，那么法院可以撤销或修改所作出的强制执行裁定。

对仲裁庭"自始无正当理由的决定"的损害赔偿请求，《示范法》没有作出规定，② 而德国《民事诉讼法》第 1041 条第 4 款也主要是依据第 945 条的规定作出的。这种请求可以在正在审理的仲裁程序中提出（第 1041 条第 4 款第 2 句）。因此可以断定，这种请求权总是被视为增加的仲裁请求或反请求，而不能开启一个"新"的仲裁程序。③

（六）对开展仲裁程序的补充

1. 禁止在仲裁程序中排斥律师

与联合国国际贸易法委员会仲裁规则不同，《示范法》中没有仲裁代理人的规定。《示范法》的起草者有意将这个问题留给各国立法机关。在国际商事仲裁程序中，律师代理人往往发挥着极为重要的作用。德国《民事诉讼法》第 1042 条第 2 款实际上是保留了旧法第 1034 条第 1 款第 2 句的规定，明确不得在仲裁程序中排除律师担任代理人。④

2. 由仲裁庭裁量确定开庭地点

德国《民事诉讼法》第 1043 条第 2 款与《示范法》第 20 条第 2 款相比，前者在各种会见地点中又增加了"开庭地点"。仲裁庭可以在任何其

① 见《德国仲裁法草案政府立法说明》，1996 年 7 月 12 日的联邦众议院印刷品（BT-Drucks. 13/5274），第 45 页。

② UN-Doc. A/40/17, para. 166.

③ Bredow, *RPS 1998*（*BB Beilage 2*），2（4）.

④ 见《德国仲裁法草案政府立法说明》，1996 年 7 月 12 日的联邦众议院印刷品（BT-Drucks. 13/5274），第 46 页。

认为适当的地点进行会见。对此，仲裁庭具有非常大的裁量余地。① 这也是应法律改革委员会建议所作的修改，并更符合大陆法系民事程序法律的习惯。②

3. 对仲裁申请书内容的要求

德国《民事诉讼法》第 1044 条第 2 句是对《示范法》第 21 条的补充。该条对仲裁申请的特定内容提出了要求，即仲裁申请应当载明当事人名称、争议事项，以及所援引的仲裁协议。但是与联合国国际贸易法委员会仲裁规则第 3 条的更为详细的规定相比，第 1044 条第 2 句算是走了一条"中间道路"。③

4. 有关专家的回避

与《示范法》第 26 条有所不同，德国《民事诉讼法》第 1049 条第 3款补充规定了以下内容：有关仲裁员的回避事由和回避程序（第 1037 条第 3 款除外）类推适用于仲裁庭任命的专家。应当注意的是，第 3 款规定的专家仅限于仲裁庭任命的专家，而不包括第 1049 条第 2 款和《示范法》第 26 条第 2 款所规定的专家证人（expert witnesses）。作为仲裁庭任命的专家，可能会基于与仲裁员同样的原因，以及在同样的程序中回避。但是，德国《民事诉讼法》第 1037 条第 3 款的情形则为例外，不适用于专家。根据该规定，如果当事人向仲裁庭申请仲裁员回避被驳回，还可以向法院申请对此作出裁定；如果对专家的回避申请被仲裁庭驳回，那么只能以专家不公正为由在撤销和可执行宣告程序中再次提出，而且不能在法院以此为由间接地请求仲裁员回避。④

5. 扩大法院的司法支持行为范围

《示范法》第 27 条仅规定了法院的司法协助取证。而德国《民事诉讼法》第 1050 条参照旧法第 1036 条第 1 款的规定，除司法协助取证外，将法院协助范围扩大至其他仲裁庭无权作出的司法行为。此外，根据德国《民事诉讼法》第 1025 条第 2 款的规定，第 1050 条也适用于仲裁地是在

---

① Schlosser, Das neue deutsche Recht der Schiedsgerichtsbarkeit, in: Gottwald（Hrsg.）, *Revision des EUGVÜ-Neues Schiedsverfahrensrecht*, S. 163（193）.

② 见《德国仲裁法草案政府立法说明》，1996 年 7 月 12 日的联邦众议院印刷品（BT-Drucks. 13/5274），第 47 页。

③ 同上书，第 48 页。

④ Schumacher, *RPS 1998*（*BB Beilage 2*），6（12）；Schwab/Walter, *Schiedsgerichtsbarkeit*, Kap. 15 Rn. 21；其他相关文献见 Lachmann, *Handbuch für die Schiedsgerichtspraxis*, Rn. 1534 Fn. 4.

德国境外或仲裁地尚未确定的情形。其他司法支持行为则包括，要求证书所在地国家机关提交有关书证（见德国《民事诉讼法》第 432 条），为询问公务员和法官而要求取得证言许可，等等。① 可以说，在第 1050 条中作出上述规定，是立法机关有意为司法机构作出其他支持行为留出一个口子。②

（七）经公证的仲裁和解的强制执行宣告

参照《示范法》第 30 条，德国《民事诉讼法》第 1053 条第 1 款规定了"根据当事人达成一致的条款所作的仲裁裁决"，从而替代了旧法第 1044 a 条规定的"仲裁和解"，而根据后者仲裁庭仅仅对当事人和解作出记录而已。③ 在《示范法》的基础上，第 1053 条第 1 款又补充规定了和解协议不得违反公共秩序。这种规定也是必要的，因为不能要求仲裁员被迫作出与法律强制性规定不符的仲裁裁决。④

德国《民事诉讼法》第 1053 条第 3 款和第 4 款是对《示范法》第 30 条的两个有益补充：根据第 3 款规定，如果当事人声明和解协议需经公证才能生效，那么只要通过在仲裁裁决中载明上述声明，就可以替代公证文书。⑤ 而根据第 4 款规定，根据和解协议制作的仲裁裁决可以由公证人宣告其可执行性，以快速得到执行名义，同时也能减轻国家司法机关的压力。⑥

（八）仲裁裁决的效力

德国《民事诉讼法》第 1055 条明确规定，仲裁裁决对于双方当事人具有与法院终审判决一样的效力。这在《示范法》中没有类似的对应规

---

① 见《德国仲裁法草案政府立法说明》，1996 年 7 月 12 日的联邦众议院印刷品（BT-Drucks. 13/5274），第 51 页。

② Schumacher, *RPS 1998*（*BB Beilage 2*），6（12）.

③ 这种形式的"仲裁和解"在德国以外并不常见，往往导致根据旧法第 1044 a 条制作的法律文书很少能得到强制执行；参阅《德国仲裁法草案政府立法说明》，1996 年 7 月 12 日的联邦众议院印刷品（BT-Drucks. 13/5274），第 54 页；Berger, "Entstehungsgeschichte und Leitlinien des neuen deutschen Schiedsverfahrensrechts", in: *RWS-Dokumentation 21*, S. 1（15）；Winkler/Weinand, *BB 1998*, 597（602）.

④ 见《德国仲裁法草案政府立法说明》，1996 年 7 月 12 日的联邦众议院印刷品（BT-Drucks. 13/5274），第 55 页。

⑤ 对此也有人持批评意见，主要理由是，仲裁员与法官不同（§ 127 a BGB），并非由国家所让渡的权力行使者。见 Geimer, in: *Zöller*, ZPO, § 1053 Rn. 7.

⑥ 该规定与旧法第 1044 b 条第 2 款有关律师促成和解的规定相一致；参阅 Weigand, *WiB 24*（*1997*），1273（1277）.

定。实际上,《示范法》的起草者有意将这个问题留给各国立法机关。① 德国《民事诉讼法》第 1055 条的这种规定与旧法第 1040 条相一致。由于德国《民事诉讼法》第 1054 条已经就仲裁裁决的形式要件作出了规定,第 1055 条实际上是对仲裁裁决实体既判力的规定。在实体既判力方面,仲裁裁决的效力与发生法律效力的判决的主要区别在于,仲裁裁决的既判力一般不依国家职权进行审查,而是依据有关当事人的异议而受到审查。② 究其缘由,主要是仲裁裁决并非国家主权行为,因而缺乏对公众利益的考虑。③

（九） 对仲裁费用的裁决

如同多数《示范法》国家一样,德国《民事诉讼法》在第 1057 条也补充规定了对仲裁费用的裁决。这种规定在《示范法》和德国原来仲裁法律中都没有出现过。④ 由于仲裁费用对当事人意义重大,但在缔结仲裁协议时往往没有这方面的约定,特别是在临时（Ad-hoc）仲裁程序中更是难以通过当事人协商达成一致,因此作出上述规定有其合理性。⑤ 德国《民事诉讼法》对仲裁费用裁定的规定同样体现了当事人自治原则。根据第 1057 条第 1 款第 1 句,如果当事人双方已经就仲裁费用问题另有约定,仲裁庭不得再就仲裁费作出任何裁决。⑥ 如果当事人缺乏上述协议,仲裁庭应当综合案件的具体情况（特别是裁决结果）进行衡量,在裁决书中阐明当事人如何对程序性费用（包括律师费）进行分担。⑦ 根据第 1057 条第 2 款第 1 句,仲裁庭不仅要对仲裁费的分担方式,还要对当事人应当承担的具体数额进行确定。如果此时仲裁费尚未确定,或者只能在程序终止以后才能最终确定,那么仲裁庭可以就费用问题专门作出一个独立的裁决（第 1057 条第 2 款第 2 句）。

---

① UN-Doc. A/CN. 9/SR. 329, para. 24；亦参阅 Berger, *Internationale Wirtschaftsschiedsgerichtsbarkeit*, S. 427.

② 见《德国仲裁法草案政府立法说明》,1996 年 7 月 12 日的联邦众议院印刷品（BT-Drucks. 13/5274）,第 57 页。

③ Lachmann, *Handbuch für die Schiedsgerichtspraxis*, Rn. 1785；Schütze/Tscherning/Wais, *Handbuch des Schiedsverfahrens*, Rn. 526.

④ 见第三章第二节。

⑤ 见《德国仲裁法草案政府立法说明》,1996 年 7 月 12 日的联邦众议院印刷品（BT-Drucks. 13/5274）,第 57 页。

⑥ Lörcher/Lörcher, *Das Schiedsverfahren-national/international-nach deutschem Recht*, Rn. 308.

⑦ Schumacher, *RPS 1998（BB Beilage 2）*, 6（14）.

（十）对可执行宣告后申请撤销的限制

德国《民事诉讼法》第 1059 条第 3 款第 4 句也是一个对《示范法》的补充性规定。该条明确规定，一旦仲裁裁决经德国法院宣告可执行，则不得再提出撤销仲裁裁决的申请。这实际上是对可执行宣告后当事人申请撤销仲裁裁决权利的限制。由于在撤销程序或可执行宣告程序中都可以凭撤销理由提出相应申请，因此这种限制可以避免有关法院作出相互矛盾的裁定，[①] 同时保障程序的经济性。

（十一）被撤销后仲裁协议的重新生效

《示范法》没有规定仲裁裁决被法院撤销后的法律后果。德国《民事诉讼法》第 1059 条第 5 款规定了仲裁裁决被撤销后仲裁协议重新生效，这是德国仲裁法中的一项新制度。[②] 按照旧法第 1041 条，主流观点认为，随着制作完成裁决书，仲裁协议已经完成了其作为裁决法律纠纷基础的使命，而仲裁裁决被撤销后，仲裁协议也随之失效，法院因此重新获得管辖权。[③] 新法正好相反，这样规定被认为更加符合当事人的意愿，各方当事人不必重新达成仲裁协议，从而可以继续通过仲裁方式解决纠纷。[④] 此外，从立法者的角度出发，这种规定也有助于减轻国家司法机关的压力。[⑤] 然而，由于原仲裁庭职权根据第 1056 条已经终止，所以在接下来的程序中必须重新组成仲裁庭。[⑥]

（十二）执行国内仲裁裁决的两个失权条款

德国《民事诉讼法》第 1060 条第 2 款包含有两个失权性条款，这也是《示范法》所没有的。[⑦] 其中第 1060 条第 2 款第 2 句明确规定，在送达

[①] Raeschke-Kessler, Staatliche Gerichtsbarkeit und Schiedsgerichtsbarkeit nach der Neufassung der ZPO-Vorschriften, in: *DIS-MAT IV*（*1998*），S. 81（98）.

[②] Kronke, *RIW 1998*, 257（264）；《德国仲裁法草案政府立法说明》，1996 年 7 月 12 日的联邦众议院印刷品（BT-Drucks. 13/5274），第 60 页。

[③] Schwab/Walter, *Schiedsgerichtsbarkeit*, Kap. 25 Rn. 17；Schütze/Tscherning/Wais, *Handbuch des Schiedsverfahrens*, Rn. 548；Schumacher, *RPS 1998*（*BB Beilage 2*），6（15）.

[④] Lachmann, *Handbuch für die Schiedsgerichtspraxis*, Rn. 2390；Lörcher/Lörcher, *Das Schiedsverfahren-national/international-nach deutschem Recht*, Rn. 356.

[⑤] 参阅《德国仲裁法草案政府立法说明》，1996 年 7 月 12 日的联邦众议院印刷品（BT-Drucks. 13/5274），第 60 页。

[⑥] Ebda. 亦参阅 Bredow, *RPS 1998*（*BB Beilage 2*），2（5）.

[⑦] Schumacher, *RPS 1998*（*BB Beilage 2*），6（15）.

可执行宣告申请时，如撤销裁决的申请已经被最终驳回，那么在可执行宣告程序中就不再考虑当事人提出的撤销请求。由于受理撤销申请和可执行宣告申请的管辖法院通常为同一法院，所以这种规定对国内仲裁还是比较合适的。① 此外，德国《民事诉讼法》第 1060 条第 2 款第 3 句还规定，如果被申请人未能在期限（第 1059 条第 3 款）内提交撤销申请，则对第 1059 条第 2 款第 1 项所述的撤销理由不予支持。当然，上述规定并不适用于根据第 1059 条第 2 款第 2 项依职权撤销仲裁裁决的理由。②

（十三）外国仲裁裁决的撤销和可执行宣告程序之间的关系

德国《民事诉讼法》第 1061 条第 2 款和第 3 款实际上是对旧法第 1044 条第 3 款和第 4 款的保留，主要规定了外国仲裁的撤销和可执行宣告之间的关系。与国内仲裁裁决不同的是，第 1060 条第 2 款第 1 句中的不予执行国内仲裁裁决同时撤销该裁决的规定，在第 1061 条第 2 款被改为不予承认该外国仲裁裁决。这主要是考虑到各国执行仲裁裁决的司法制度不尽相同，按照第 1060 条规定处理反而可能会被认为是非法的。③ 与国内仲裁裁决相比，即使有关拒绝承认与执行的理由在撤销程序阶段已经被法院所驳回，德国法中也没有所谓的对外国仲裁裁决拒绝承认与执行的"失权"规定。④ 如果一仲裁裁决已经被宣告可执行，但在国外又被撤销，那么德国法院所作出的可执行宣告并不立即受到影响。根据德国法的理论，要改变已经生效的可执行性宣告属于一种形成（变更）行为，而该行为建立在内国已作出可执行性宣告的基础之上。⑤ 此时，债务人应根据第 1061 条第 3 款和第 1062 条第 1 款第 4 项的规定，提出撤销可执行宣告的申请。

（十四）非合同仲裁

德国《民事诉讼法》第 1066 条所规定的非合同仲裁，是对旧法第 1048 条的保留。在《示范法》中并没有类似的规定。保留此条的主要原因是，在德国法中仲裁庭的组成并非无一例外地根据当事人的协议，它还

---

① Schumacher, *RPS 1998（BB Beilage 2）*, 6（15）.

② 参阅《德国仲裁法草案政府立法说明》，1996 年 7 月 12 日的联邦众议院印刷品（BT-Drucks. 13/5274），第 61 页；Schwab/Walter, *Schiedsgerichtsbarkeit*, Kap. 27 Rn. 9；Baumbach/Lauterbach/Albers/Hartmann, *ZPO*, § 1060 Rn. 13.

③ Schwab/Walter, *Schiedsgerichtsbarkeit*, Kap. 30 Rn. 29.

④ Lionnet/Lionnet, *Handbuch der internationalen und nationalen Schiedsgerichtsbarkeit*, S. 422.

⑤ Geimer, in: *Zöller*, ZPO, § 1061 Rn. 59.

可能根据遗嘱、协会章程或公司章程规定而组成仲裁庭。① 因此，德国
《民事诉讼法》第 1066 条为上述情形单方安排组成的仲裁庭提供了一个独
立的法律基础。②

---

① 参阅《德国仲裁法草案政府立法说明》，1996 年 7 月 12 日的联邦众议院印刷品（BT-Drucks. 13/5274），第 66 页。

② Geimer, Nichtvertragliche Schiedsgerichte, in：*FS Schlosser*, S. 197（205）.

第五章　我国仲裁法的最新发展

第一节　立法历史沿革

在我国古代，各种不通过官府的纠纷解决方式有着悠久的传统。在漫长的封建王朝时期（1911 年以前），由受人尊敬的耆老、族长居中调解、判断村民、族人之间钱财纠纷十分常见。[①] 这种传统与深受儒家思想影响的我国法律文化有关。在《论语》中，孔子的学生有子说："礼之用，和为贵"。"礼"，在古代中国是一个庞大而复杂的社会道德行为规范，但在社会生活中却能通过刑罚，即"法"得到贯彻实施。"和"，则是指一种稳定的万物有序的社会状态。根据儒家的学说，不通过官府而解决纠纷是符合礼制的。所以，孔子也曾说："听讼，吾犹人也，必也使无讼乎！""无讼"思想，实际上反映了儒家法律哲学的理想主义，曾成为我国封建社会各级主要官吏施政成绩的一项重要标准。因此，遇到纠纷时"见官"往往被认为是不妥的，甚至是羞耻的。但是，按照中国古代的法律传统，那些在官府以外的纠纷解决方式也通常不能得到国家强制力的保障执行。民国时期（1912—1949 年）出现的所谓商会"公断"，则主要是属于调解的范畴。[②]

[①] 在长达 2000 年的封建社会阶段，我国传统社会结构主要建立在宗法制度之上。这套系统的核心是嫡长子继承制和家长（族长）权威，并受到社会的普遍接受。参见毛国权《宗法结构与中国古代民事争议解决机制》，法律出版社 2007 年版，第 10—11、49—56 页。

[②] 1912 年北洋政府在北京颁布《商事公断章程》，并于次年又颁布了《商事公断办事细则》。该机构在商会内部建立，主要负责有关争议的调解和解决；参阅全国人大常委会法制工作委员会民法室、中国国际经济贸易仲裁委员会秘书局编著《中华人民共和国仲裁法全书》，法律出版社 1995 年版，第 7 页；谭兵主编《中国仲裁制度的改革与完善》，人民出版社 2005 年版，第 5 页。1921 年，北洋政府司法部曾颁布了《民事公断暂行条例》，1927 年国民党在南京成立国民政府后，该条例于 1935 年被中华民国所承认。但由于当时政治局势动荡，该条例而极少被适用；参见 Liao, *Die Schiedsgerichtsbarkeit in Taiwan*, S. 38.

一 新中国成立后大陆地区仲裁立法发展

直到 1949 年 10 月 1 日中华人民共和国成立后，我国才有了现代意义上的"仲裁法律制度"①。但新中国成立后，仲裁事业呈现出不同的发展方向，主要包括国内经济合同仲裁、涉外仲裁②和劳动仲裁。③ 在 1994 年《仲裁法》颁布以前，国内经济合同仲裁都设立在政府各级有关部门并由其进行管理。④ 由于在这种机制中缺乏一个真正公正、独立的第三方，因此常常被称作"行政仲裁"。仲裁和司法程序之间关系在不同时期也各有不同。然而，纵观我国大陆地区经济合同仲裁立法历程，当事人意思自治原则是逐步得到认可和扩大的。⑤ 在涉外仲裁方面，则从一开始就基本采用了国际通用标准。1954 年 5 月 6 日，当时的中央人民政府政务院（国务院的前身）第 215 次会议通过了《关于在中国国际贸易促进委员会内设立

---

① 汉字"仲裁"中的"仲"，意思是"居中"，"裁"则是指"决定"或"裁决"。在古代汉语中并没有"仲裁"一词，该词应该是在民国时期从日语中借用而来；参阅韩德培主编《国际私法问题专论》，武汉大学出版社 2004 年版，第 392 页。如今，不仅在我国，而且在日本、韩国和新加坡，汉字"仲裁"的含义都是一致的。

② 有关"涉外"的概念见本书第六章第二节。

③ 谭兵主编：《中国仲裁制度研究》，法律出版社 1995 年版，第 4—7 页。

④ 例如，根据已废止的《经济合同法》和《经济合同仲裁条例》，对于购销、建设工程承包、加工承揽、货物运输、供用电、仓储保管、财产租赁、借款、财产保险、科技协作以及其他经济合同纠纷，任何一方均可向各级工商行政管理机关申请仲裁。而根据已废止的《技术合同法》和《技术合同仲裁机构管理暂行规定》，有关技术合同仲裁由科学技术主管部门负责。此外，还存在其他形形色色的在各专业领域开展活动的仲裁机构，如版权、房地产、消费者保护、土地承包租赁、证券及期货等专业仲裁机构，均由政府有关主管部门组建设立。参阅全国人大常委会法制工作委员会编著《中华人民共和国仲裁法律释评》，法律出版社 1997 年版，第 4 页。

⑤ 这一时期，仲裁制度的发展大致可以分为四个阶段：从 20 世纪 50 年代初期到 70 年代中期，在计划经济体制背景下，经济合同纠纷主要由各级政府有关主管部门进行处理。70 年代末 80 年代初，实行"先裁后审"，即当事人必须先向各级行政主管部门提起仲裁，如果对仲裁裁决不服，才能在规定期限内向法院提起诉讼。80 年代以后，逐步实行了"或裁或审"制度。首先，在经济体制深化改革的背景下，根据 1981 年出台的《经济合同法》，当事人可以放弃前置仲裁程序，直接向法庭提起诉讼。1991 年 4 月 9 日《民事诉讼法》正式通过后，《经济合同法》也于 1993 年得到修改。至此，立法机关正式引入了"或裁或审"模式，当事人必须达成仲裁协议才能提交仲裁，原有针对经济合同纠纷的强制性仲裁因此被废除。参阅谭兵主编《中国仲裁制度研究》，法律出版社 1995 年版，第 4—5 页；全国人大常委会法制工作委员会编著《中华人民共和国仲裁法律释评》，法律出版社 1997 年版，第 2—3 页。

对外贸易仲裁委员会的决定》，由中国国际贸易促进委员会（简称贸促会，CCPIT）组建新中国首个涉外仲裁机构。根据 1956 年 3 月 31 日贸促会所制定的对外贸易仲裁委员会仲裁规则，仲裁委员会应当根据双方签订的书面仲裁协议，并根据一方当事人的申请开展仲裁活动。① 1958 年 11 月 21 日，国务院决定在贸促会内部设立海事仲裁委员会。根据上述决定，海事仲裁委员会根据当事人的仲裁协议受理海事案件。② 1982 年通过的《民事诉讼法（试行）》在其第五编涉外民事诉讼程序的特别规定中，首次规定了对外经济、贸易、运输和海事中发生的纠纷，当事人可以根据书面协议提交中华人民共和国的涉外仲裁机构仲裁。随后，1985 年颁布的《涉外经济合同法》再次明确规定，当事人应当依据合同中的仲裁条款或者事后达成的书面仲裁协议提交仲裁。③ 1987 年 4 月 22 日，《纽约公约》对我国生效，我国同时宣布商事保留以及互惠保留。④ 全国人大常委会还于 1992 年 7 月 1 日批准通过了《关于解决国家和他国国民之间投资争端公约》，该公约于 1993 年 2 月 6 日开始对我国生效。根据该条约第 25 条第 4 款，我国政府声明该条约适用范围仅限定于因征收和国有化而引起的赔偿纠纷。此外，在我国与其他国家所签订的大量双边贸易和投资保护协定中，⑤ 也存在众多国际商事仲裁的规定。⑥

　　据统计，截至 1994 年共计有 14 部法律，80 多个行政法规，以及近 200 个地方法规对仲裁程序进行了规定。⑦ 鉴于国内和国际经济贸易的迅速发展，全国人大常委会于 1994 年颁布了统一的《仲裁法》，该法不仅适

---

① 见《中国国际贸易促进委员会对外贸易仲裁委员会仲裁程序暂行规则》。

② 见 1958 年 11 月 21 日中华人民共和国国务院《关于在中国国际贸易促进委员会内设立海事仲裁委员会的决定》第 2 条。

③ 见《涉外经济合同法》第 37 条。1999 年《合同法》颁布后，该法被废止。

④ 见 1986 年 12 月 2 日第六届全国人民代表大会常务委员会第 18 次会议《关于我国加入〈承认及执行外国仲裁裁决公约〉的决定》。

⑤ 截至 2011 年，我国与 100 多个国家签订了双边投资协定；见商务部网站：http://tfs. mofcom. gov. cn/article/Nocategory/201111/20111107819474. shtml。

⑥ 例如，2003 年 12 月 1 日签订的《中华人民共和国和德意志联邦共和国关于促进和相互保护投资的协定》中的第 9 条。参阅赵秀文《21 世纪中国国际仲裁法律制度现代化与国际化的发展方向》，《河南省政法管理干部学院学报》2001 年第 66 期；Dolzer，"Das deutsch-chinesische Investitionsschutzabkommen"，in：Horn，Norbert/Schütze，Rolf A.（Hrsg.），*Wirtschaftsrecht und Außenwirtschaftsverkehr der Volksrepublik China 3*，S. 48（61）.

⑦ 全国人大常委会法制工作委员会编著：《中华人民共和国仲裁法律释评》，法律出版社 1997 年版，第 4 页。

用于国内各类经济合同仲裁，还适用于国际仲裁程序。① 在 1999 年 10 月 1 日生效的《合同法》中，第 128 条第 2 款再次确认了仲裁解决合同纠纷的法律地位。

　　劳动仲裁曾在 20 世纪 50 年代新中国成立初期发挥过重要作用。② 此后，由于国家采用高度集中的计划经济，劳动仲裁制度一度遭到废止。③ 直到 20 世纪 80 年代中期，随着计划经济逐步迈向市场经济，劳动仲裁才得以恢复。④ 根据 1993 年 7 月 6 日国务院颁布的《企业劳动争议处理条例》和 1994 年 7 月 5 日八届全国人大常委会通过的《劳动法》，劳动仲裁被作为提起诉讼程序之前的强制性程序。⑤ 2007 年 12 月 29 日，第十届全国人大常委会通过了《劳动争议调解仲裁法》。⑥ 根据该法第 29 条，如果劳动争议仲裁委员会对当事人仲裁申请不予受理或者逾期未作出决定，申请人可以直接向人民法院提起诉讼。而对于特定类型的劳动争议，仲裁裁决为终局裁决。⑦

二　香港、澳门和台湾地区的仲裁立法

　　香港和澳门在 1997 年 7 月 1 日和 1999 年 12 月 20 日分别回归祖国之前，属于英国和葡萄牙的殖民地。因此，香港第一部仲裁立法《仲裁条例》（*Arbitration Ordinance 1963*）与 1950 年的英国《仲裁法》（*Arbitration*

---

① 1994 年 8 月 31 日的第 31 号中华人民共和国主席令公布，自 1995 年 9 月 1 日起施行。正式法律文本载于《中华人民共和国全国人民代表大会常务委员会公报》1994 年第 6 期。

② 1950 年劳动部经国务院授权曾颁布《关于劳动争议解决程序的规定》。

③ 参阅谭兵主编《中国仲裁制度研究》，法律出版社 1995 年版，第 5 页。

④ 1987 年国务院曾发布《国营企业劳动争议处理暂行规定》，恢复了在国有企业中的劳动争议处理制度。

⑤ 譬如《企业劳动争议处理条例》第 6 条，以及《劳动法》第 79 条。参阅全国人大常委会法制工作委员会编著《中华人民共和国仲裁法律释评》，法律出版社 1997 年版，第 75 页。

⑥ 2007 年 12 月 29 日第 80 号中华人民共和国主席令公布，自 2008 年 5 月 1 日起施行。正式法律文本载于《中华人民共和国全国人民代表大会常务委员会公报》2008 年第 1 期。

⑦ 根据《劳动争议调解仲裁法》第 47 条规定，对于金额较低的追索劳动报酬、工伤医疗费、经济补偿或者赔偿金争议，以及有关工作时间、休息休假、社会保险等争议，仲裁裁决是终局的，裁决书自作出之日起发生法律效力。此外，第 50 条还规定，当事人对上述第 47 条规定以外的其他劳动争议案件的仲裁裁决不服，自收到仲裁裁决书之日起十五日期满不起诉的，仲裁裁决书发生法律效力。

Act）完全一致。① 而1975年英国仲裁法所进行的修改，香港仲裁法也全盘予以接受。20世纪80年代初，在香港努力成为全球贸易中心的背景下，香港政府决定改革其仲裁法。与英国仲裁法不同，1982年所颁布的香港新仲裁条例包含了一些实质性的改革，弥补了原有仲裁制度的诸多缺点。② 在成功设立香港国际仲裁中心（*Hong Kong International Arbitration Centre*，HKIAC）四年之后，根据香港法律改革委员会（*Law Reform Commission of Hong Kong*）的建议，香港立法机构于1985年修改了《仲裁条例》，基本上原封不动地吸纳了《示范法》，将其适用于国际仲裁程序。1997年香港主权回归祖国以后，香港成为中华人民共和国《宪法》第31条所规定的特别行政区。根据《香港特别行政区基本法》，香港享有高度自治，并在最大程度上保留了在回归以前的法律制度。③ 2000年1月5日，根据立法会的决定，有关内地仲裁裁决的执行的规定被编入香港《仲裁条例》（*Arbitration Ordinance*）。又经过十余年的讨论，香港特区终于在2010年11月颁布了新的《仲裁条例》（*Arbitration Ordinance*）。2011年6月1日生效的新《仲裁条例》，不仅将《示范法》统一适用于本地仲裁和国际仲裁程序，还吸纳了《示范法》2006年修改的条文。根据新条例，当事人在塑造程序方面的自由有了进一步的扩大，同时法院对仲裁干预的可能性受到进一步限制。④

与香港相比，澳门则缺乏仲裁传统。立法也较为滞后。⑤ 直到1996年5月29日，澳门才有了第一部仲裁法，⑥ 而该法也仅适用于本地仲裁。

---

① Kaplan/Spruce/Cheng, *Hong Kong Arbitration*, S. XXVII.

② 例如，根据第13A条的规定，香港的法官被允许担任仲裁员，以弥补有经验的仲裁员较为缺乏的局面。

③ 根据《香港特别行政区基本法》第2条，香港特别行政区经全国人民代表大会授权实行高度自治，享有行政管理权、立法权、独立的司法权和终审权。基本法第8条规定：香港原有法律，即普通法、衡平法、条例、附属立法和习惯法，除同本法相抵触或经香港特别行政区的立法机关作出修改者外，予以保留。

④ 参阅香港特区立法会的网站：http://www.legco.gov.hk/yr10-11/english/hc/papers/hc1022cb2-83-e.pdf。

⑤ 葡萄牙1961年《民事诉讼法》中第四编有关仲裁的规定（第1508—1528条），自1963年1月1日起适用于澳门。在20世纪90年代以前，很少有在澳门进行的仲裁程序，澳门也没有成立过仲裁机构。参阅李虎《国际商事仲裁的强制执行：特别述及仲裁裁决在中国的强制执行》，法律出版社2000年版，第175页。

⑥ 法案编号29/96/M，1996年6月11日颁布，自1996年9月15日起生效。

1998 年 11 月 23 日，澳门又颁布了一项专门适用于国际仲裁的法令。① 而这部法律主要吸纳了《联合国国际贸易法委员会国际商事示范法》。澳门回归祖国后，与香港一样，澳门特别行政区原有的仲裁法律制度仍然保持不变。②

台湾地区商事仲裁制度肇始于 1961 年颁布的"商务仲裁条例"。③ 随着台湾地区经济在 20 世纪七八十年代迅速发展，台湾当局曾在 1982 年和 1986 年做过两次修正，增订了承认与执行"外国"仲裁裁决、依据仲裁裁决直接申请强制执行等规定。1985 年联合国贸法会仲裁《示范法》和大陆地区 1994 年《仲裁法》颁布以后，为应对不断发展的国际贸易和两岸经贸争议处理，台湾地区"法务部"参考《示范法》和其他国家仲裁立法经验，制定了新的"仲裁法"。该法于 1998 年 6 月 24 日颁布，同年 12 月 24 日正式施行。

第二节　1994 年《仲裁法》改革

一　改革的历史背景与立法经过

1994 年《仲裁法》是在我国经济体制转型的大背景下应运而生的。随着 1978 年 12 月中共十一届三中全会的召开，大陆地区全面实行改革开放。计划经济体制被逐渐抛弃。④ 1992 年，我国决定以建立具有中国特色的社会主义市场经济作为国家经济体制改革的目标。⑤ 为适应对外开放的需要，吸引外商投资成为政府工作的重要内容。为更多地参与到全球市场中去，早在 1986 年 7 月 10 日我国政府就开始试图申请"恢复"在《关贸

---

① 法案编号 55/98/M，1998 年 11 月 13 日颁布，自 1999 年 1 月 23 日起生效。

② 见《澳门特别行政区基本法》第 8 条。

③ 齐树洁、方建华：《台湾地区"仲裁法"的最新发展及其借鉴意义》，《福建政法管理干部学院学报》2001 年第 2 期。

④ 社会主义市场经济体制目标的确立，大致经历了三个阶段。第一个阶段就是 1978 年到 1984 年，计划经济为主、市场调节为辅的阶段；第二个阶段是从 1984 年到 1988 年，确立了社会主义商品经济；第三个阶段大致从 1989 年到 1992 年，正式确立建立社会主义市场经济体制。

⑤ 1993 年 3 月 29 日，国家通过宪法修正案，在《宪法》第 15 条中正式确立了社会主义市场经济。

总协定》中的成员身份。① 而一个符合市场经济和国际标准的仲裁法律制度，则是建立和完善市场经济的一个必要的组成部分。②

而此前我国仲裁法律制度的问题主要存在于国内仲裁领域。③ 大多数仲裁机构依附于各级行政机关。各种各样的仲裁机构由各级政府的各职能部门设立，各仲裁机构的组成人员以及仲裁员也多数由行政机关的官员所担任。根据一些部门规章和地方法规，没有仲裁协议也可以开启仲裁程序。国内仲裁程序规则往往偏重于强制性的规范，留给当事人意思自治的空间较小。仲裁裁决结果也不具有终局性，仲裁程序结束后，当事人还可以在一定限期内向人民法院提起诉讼。④ 由于对案件实行地域管辖和级别管辖制度，使得原有的行政仲裁体制还存在着上诉途径。⑤ 原有的行政仲裁体制与法治国家的基本原则，以及现代仲裁法律制度的通行标准明显不符，仲裁员的公正性和独立性在仲裁程序中无法得到完全保证，仲裁程序也无法充分体现灵活性和简便性。⑥

1991 年 8 月，全国人大常委会法制工作委员会开始着手起草《仲裁法》的工作。⑦ 在起草过程中立法机构充分借鉴了外国仲裁立法经验，并于 1994 年 3 月形成了草案。在审议期间，《仲裁法》受到立法机关的高度重视。⑧ 1994 年 6 月 28 日，《〈仲裁法〉草案》被提交至全国人大常委会进行第一次审议讨论。1994 年 8 月 31 日，在第八届全国人民代表大会常务委员会第九次会议上《仲裁法》得以通过。根据《仲裁法》第 80 条规定，该法于 1995 年 9 月 1 日实施。这是大陆地区历史上第一个真正意义上的仲裁法，是我国仲裁法律制度发展的一个重要里程碑。

---

① 沈卫：《中国加入 WTO 的历程及其启示》，《财经科学》2002 年第 S1 期。

② 《关于〈中华人民共和国仲裁法（草案）〉说明》，《中华人民共和国全国人民代表大会常务委员会公报》1994 年第 6 期。

③ 参阅全国人大常委会法制工作委员会编著《中华人民共和国仲裁法律释评》，法律出版社 1997 年版，第 4 页。

④ 同上书，第 5 页。

⑤ Beuchert/Laumann/Towfigh, RIW 2002, 902.

⑥ 参阅全国人大常委会法制工作委员会编著《中华人民共和国仲裁法律释评》，法律出版社 1997 年版，第 5 页。

⑦ 关于仲裁法的立法经过参见谭兵主编《中国仲裁制度研究》，法律出版社 1995 年版，第 19—20 页。

⑧ 仲裁立法工作与银行、证券、保险和劳动等领域立法一样，在全国人大计划中处于优先地位。

二　1994 年《仲裁法》的特点

（一）与国际规则接轨

1994 年《仲裁法》的立法指导思想为：仲裁机构与行政机关相分离，突出当事人意思自治，实行或裁或审、一裁终局。[①] 从上述立法思想来看，全国人大在仲裁立法过程中确实吸收了国际仲裁立法的先进经验。其目的是使我国仲裁法律制度能与国际仲裁的普遍做法相一致。[②] 因此也体现出下列特点：

1. 仲裁机构的独立性

仲裁机构独立于行政机关、社会团体和个人，这在国际仲裁实践中被视为应有之义。仲裁庭也被认为是民间法庭。然而在我国大陆地区，在《仲裁法》颁布之前的仲裁程序往往是由各级行政机关管理和组织实施的。为了保证仲裁委员会的独立性，现行《仲裁法》规定，仲裁委员会独立于行政机关，与行政机关没有隶属关系。仲裁委员会之间也没有隶属关系。《仲裁法》还专门规定，仲裁依法独立进行，不受行政机关、社会团体和个人的干涉。在保证仲裁机构的独立性方面，1994 年《仲裁法》可谓是一次较为深刻的改革，仅从涉及的人事和机构就可窥一斑。据统计，根据《仲裁法》第 10 条第 2 款和第 79 条，自《仲裁法》颁布至生效这一年间，有 3640 个仲裁机构被终止，有超过 1 万名仲裁员被终止了职务，2000 余名各级行政部门的仲裁工作人员进行了转岗。[③]

2. 尊重当事人意愿

1994 年《仲裁法》把尊重当事人意思自治作为一项基本原则，并通过一系列条文进行具体化。因此，《仲裁法》第 4 条规定："当事人采用仲裁方式解决纠纷，应当双方自愿，达成仲裁协议。没有仲裁协议，一方申请仲裁的，仲裁委员会不予受理。"而第 5 条则从法院的角度进一步重申了这一原则，即当事人达成仲裁协议可以产生阻抗向人民法院

① 《关于〈中华人民共和国仲裁法（草案）〉说明》，《中华人民共和国全国人民代表大会常务委员会公报》1994 年第 6 期。
② 全国人大常委会法制工作委员会编著：《中华人民共和国仲裁法律释评》，法律出版社 1997 年版，第 8 页。
③ 王红松：《坚持民间性深化仲裁体制改革——论仲裁法修改应重视的问题》，《北京仲裁》2007 年第 1 期。

起诉的效果。此外，如果当事人之间存在有效的仲裁协议，一方向人民法院起诉未声明有仲裁协议，人民法院受理后，另一方在首次开庭前提交仲裁协议的，人民法院应当驳回起诉（第26条）。根据第6条，仲裁既不实行级别管辖，也不实行地域管辖，当事人有权协商选定相关的仲裁机构。仲裁员也由当事人自行选定（第31条）。当事人还可以通过协议确定进行书面审理，由仲裁庭根据仲裁申请书、答辩书和其他材料作出裁决（第39条），以及协商确定是否进行公开审理（第40条）。当事人还可以在约定的有关鉴定部门进行鉴定（第44条），当事人协议不愿写明争议事实和裁决理由的，可以在裁决书中不写（第54条）。此外，当事人和解（第49条）、调解（第51条）也都是建立在当事人自愿的基础上的。

3. 灵活性

根据《仲裁法》第9条，仲裁程序实行一裁终局，即仲裁裁决作出后，当事人不得就同一纠纷再申请仲裁或者向人民法院起诉。《仲裁法》第7条规定仲裁应当"根据事实，符合法律规定，公平合理地解决纠纷"。这意味着仲裁庭完全可以根据商事交易习惯以公平原则进行裁决。[1] 但是先决条件是，仲裁裁决不得违反实体法的规定。而根据《民事诉讼法》，人民法院在法律适用时应以"以事实为根据，以法律为准绳"为原则。从二者的区别来看，《仲裁法》适用法律的规则应当比《民事诉讼法》的相应规定更加灵活。根据《仲裁法》第53条规定，裁决应当按照多数仲裁员的意见作出，如果仲裁庭成员不能形成多数意见时，裁决应当按照首席仲裁员的意见作出。因此，从该条规定来看，首席仲裁员的意见是有决定意义的，具有最终决策权。这在实践中对保障灵活、高效推进仲裁程序也具有积极意义。

（二）国家对仲裁管控的愿望

《仲裁法》是在我国经济体制转型的大背景下颁布的。在当时的我国大陆地区，市场经济建设才刚刚起步，与全球经济的融合程度也不够深。[2] 20世纪90年代中期的各项法律制度尚不能与自由市场经济的快速发展完全相适应。在这场巨大变革中，人们显然对如何定位仲裁性质、如何发挥

---

[1] 全国人大常委会法制工作委员会编著：《中华人民共和国仲裁法律释评》，法律出版社1997年版，第7页。

[2] 参阅张斌生主编《仲裁法新论》，厦门大学出版社2010年版，第579页。

仲裁在解决经济纠纷中的作用等未能做好充分的准备。这也导致了立法机关在仲裁立法过程中尽可能地采取保守的态度，^① 因此《仲裁法》也显露出以下特点：

1. 机构仲裁体制

1994 年《仲裁法》试图将有关仲裁机构的组织进行专章规定（第10—15 条）。新组建的仲裁委员会由有关市级人民政府组织有关部门和商会统一组建，并经省级司法行政部门登记（第 10 条）。仲裁委员会应当设置仲裁员名册（第 13 条第 3 款）。根据《仲裁法》第 16 条第 2 款第 3 项和第 18 条，如果仲裁协议未约定或者未明确约定仲裁委员会，且不能达成补充协议的，仲裁协议无效。这样的规定在其他国家仲裁法律制度中是罕见的。一个仅由当事人协商而组成的临时（Ad-hoc）仲裁庭所进行的仲裁程序，是不合乎我国《仲裁法》规定的。

2. 仲裁庭职权不足

在仲裁庭的职权方面，我国《仲裁法》没有规定仲裁庭的自裁管辖权（如《示范法》第 16 条），以及仲裁庭作出临时措施（如《示范法》第 17 条）、自行确定仲裁程序（如《示范法》第 19 条第 2 款）的职权。由此看来，立法机关似乎更加信赖法院的最终裁量，从而有意保留了法院进行深度干预的可能。例如，根据《仲裁法》第 20 条规定，如果当事人对仲裁协议有异议，一方当事人请求仲裁机构作出决定，而另一方请求法院作出裁定的，则由法院进行裁定。如果一方当事人申请财产保全（《仲裁法》第 28 条第 2 款），或申请证据保全（《仲裁法》第 46 条和第 68 条），则由仲裁委员会将当事人的申请提交有管辖权的人民法院。

3. 国内仲裁裁决的实体审查

根据《仲裁法》第 58 条和第 63 条，人民法院可以在当事人请求撤销或者不予执行仲裁裁决时，对国内仲裁裁决进行实体审查。有关撤销仲裁裁决的理由，在《〈仲裁法〉草案》中是比照 1991 年《民事诉讼法》（第217 条）有关不予执行仲裁裁决理由的规定而制定的。在正式颁布的《仲裁法》中，原草案撤销理由中的"认定事实的主要证据不足"和"适用法律确有错误的"分别被"裁决所根据的证据是伪造的"和"对方当事人隐

---

① See Chen, J. Int'l Arb. 12 (1995), 29 (30).

瞒了足以影响公正裁决的证据的"所限制。① 除《仲裁法》第58条第1款第4、5项规定的实体审查以外，人民法院还可以仲裁裁决违背社会公共利益为由，对仲裁裁决进一步进行实体审查。在2012年《民事诉讼法》修改以前，《仲裁法》规定对国内仲裁裁决不予执行主要适用于1991年《民事诉讼法》第217条第2款。由于该条第2款第4项和第5项分别将"认定事实的主要证据不足"和"适用法律确有错误的"作为不予执行的理由，因此，《仲裁法》所规定的人民法院对国内仲裁裁决不予执行的审查范围是非常广泛的。这再次反映出在立法过程中立法机关希望通过法院对仲裁进行全面司法审查的愿望。

第三节　1994年《仲裁法》改革后的新发展

一　仲裁事业的繁荣发展

《仲裁法》的颁布标志着我国现代仲裁法律制度的确立。随着《仲裁法》的实施，我国仲裁事业得到迅猛发展。首先，各地重新组建了新的仲裁委员会，替代了原有的各个行业的行政仲裁机构。② 根据国务院法制办的统计，截至2014年年底，全国各地在司法机关登记注册的仲裁机构达到230余家。自《仲裁法》实施的近20年间，各地仲裁机构所处理的争议案件数量呈稳步增长态势（见表5—1）③。仅2014年，全国仲裁机构共计受理仲裁案件113660件，涉案标的额达到2656亿元人民币。

---

① 《关于〈中华人民共和国仲裁法（草案）〉的说明》，《中华人民共和国全国人民代表大会常务委员会公报》1994年第6期。

② 根据1995年7月28日国务院办公厅《关于印发〈重新组建仲裁机构方案〉〈仲裁委员会登记暂行办法〉〈仲裁委员会收费办法〉的通知》（国办发〔1995〕44号）规定，新组建仲裁机构名称一律为仲裁委员会之前冠以仲裁委员会所在市的地名（地名＋仲裁委员会）。

③ 有关数据主要源自国务院法制办协调司的统计。2004年以前的统计参见卢云华《中国仲裁十年》，百家出版社2006年版，第224、259、260、262页。

表 5—1   我国仲裁机构受理案件情况

	1995	1996	1997	1998	1999	2000	2001	2002	2003	2004	2005	2006	2007	2008	2009	2010	2011	2012	2013	2014
机构数量（家）	14	86	124	147	152	160	165	168	172	185	185	190	200	202	202	209	215	225	225	235
案件数量（件）	1106	1720	4340	7203	7394	9577	12127	17959	28835	37304	48339	60844	61016	65074	74811	78923	88473	97074	104257	113660
标的额（亿元）	61.9	67	96	151	167	221	278	342	421	515	654	725	753	1021	961	932	1133	1280	1646	2656

此外，各个仲裁机构聘用的仲裁员人数已超过 3 万名。[①] 另据国务院法制办的统计，每年被人民法院撤销和不予执行仲裁裁决的数量不到全部仲裁裁决的 1%。[②] 仲裁正逐步得到市场主体的认可，并在民商事争议解决领域发挥着越来越重要的作用。[③] 在 1994 年《仲裁法》改革中，原有的两个涉外仲裁机构——中国国际经济贸易仲裁委员会（以下简称贸仲）和中国海事仲裁委员会（以下简称海仲），根据《仲裁法》第 66 条的规定保持不变。然而，根据 1996 年 6 月 8 日国务院办公厅通知，以及 1997 年 3 月 26 日最高人民法院司法解释，[④] 重新组建的仲裁委员会也可受理涉外仲裁案件。[⑤] 自此，贸仲和海仲不再专门享有涉外仲裁案件的管辖权。作为回应，贸仲于 2000 年也修改了规则，开始受理国内仲裁案件。此后，贸仲受理案件数量和标的额也得到快速增长。[⑥]

---

① 参见卢云华《中国仲裁的特色与发展》，《法制日报》2005 年 5 月 11 日第 12 版。

② 同上。但确切的进入司法审查程序的仲裁案件统计数字不明。

③ 谭兵主编：《中国仲裁制度的改革与完善》，人民出版社 2005 年版，第 23—25 页。

④ 见 1996 年 6 月 8 日国务院办公厅《关于贯彻实施〈中华人民共和国仲裁法〉需要明确的几个问题的通知》（国办发〔1996〕22 号）第三项，以及 1997 年 4 月 23 日最高人民法院《关于实施〈中华人民共和国仲裁法〉几个问题的通知》（法发〔1997〕4 号）。

⑤ 有关"涉外"的概念见第六章第二节。

⑥ 有关贸仲受案统计数据参阅该仲裁委员会网站：http://www.cietac.org.cn/AboutUS/AboutUS4Read.asp，以及该仲裁机构网站公布的年度工作总结报告。另见于 Wang, J. Int'l Arb. 23（2006），49（54）；Moser/Yu, J. Int'l Arb. 24（2007），555（558）. 其中 2008 年和 2009 年的统计数字包括在天津和重庆新成立的两个分支机构所办理的仲裁案件。2012 年以前的数据包括原贸仲上海分会、华南分会办理的案件。

表5—2 贸仲受理案件情况

	1990	1991	1992	1993	1994	1995	1996	1997	1998	1999	2000	2001	2002	2003	2004	2005	2006	2007	2008	2009	2010	2011	2012	2013	2014
案件数量（件）	238	274	267	486	829	902	778	723	678	669	633(90)	731(169)	684(216)	709(287)	850(388)	979(552)	981(539)	1118(689)	1230(682)	1482(923)	1352(934)	1435(965)	1060(729)	1256(881)	1610(1223)
标的额（亿元）	—	—	—	—	—	—	—	—	—	—	74	105	112	82	72	121	92	114	209	173	138	157	155	244	378

注：括号内所标数字为所受理的国内仲裁案件数量。

从有关数据来看，与其他国际知名仲裁机构相比，贸仲所受理的仲裁案件数量在国际上也是领先的。[①]

表5—3 国际知名仲裁机构受理案件数量

Jahre	1992	1993	1994	1995	1996	1997	1998	1999	2000	2001	2002	2003	2004	2005	2006
CIETAC	267	486	829	902	778	723	645	609	543	731*	684*	709*	850*	979*	981*
ICC	337	352	384	427	433	452	466	529	541	566*	593*	580*	561*	521*	593*
AAA	204	207	187	180	226	320	387	453	510	649	672	646	614	580	586
LCIA*	21	29	39	49	37	52	70	56	81	71	88	104	87	118	130
SCC-Institut	44	78	74	70	75	82	92	104	73	74	55	82	50	56	141
HKIAC	185	139	150	184	197	218	240	257	298	307	320	287*	280	281	394
SIAC	7	15	22	37	25	43	67	67	83	99	114	100	129	103	119
ISG	100	100	100	100	100	100	100	100	100	100	33	45	50	55	k/A
BCICAC*	44	52	54	40	57	41	49	60	88	88	71	76	84	77	4
JCAA	5	3	4	7	8	13	6	12	10	17	9	14	21	11	11
KCAB	30	28	33	18	36	51	59	40	40	65	47	38	46	53	47
KLRCA	4	3	8	7	3	5	7	10	11	1	2	4	3	6	1
DIS	20	—	—	—	—	—	—	—	—	—	—	—	—	—	74

注：表中带星号的数字表示仅包括国际仲裁案件数量。

---

① 参见香港国际仲裁中心网站：http：//www.hkiac.org/sc/hkiac/statistics。新加坡国际仲裁中心自2000年以来的受理案件统计数据参见该机构网站：http：//www.siac.org.sg/2014 - 11 - 03 - 13 - 33 - 43/facts - figures/statistics。有关德国仲裁协会统计数据见 Böckstiegel/Kröll/Nacimiento, *Arbitration in Germany*, p.6.

贸仲自 1995 年以来多次修改仲裁规则，以满足仲裁程序符合国际标准。[1] 贸仲仲裁规则第九版于 2014 年 11 月 4 日修订并通过，自 2015 年 1 月 1 日起施行。

我国仲裁事业所取得的非凡成就，除了仲裁制度本身的一些优势之外，主要得益于国内经济建设快速发展，以及我国对外贸易和外国投资的显著增长。此外，政府对新组建的各仲裁机构也给予了经济和政策上的大力支持。从某种程度上，大多数新成立的仲裁委员会是借用了政府的信用。此外，在人力资源上，从政府部门、事业单位和高校转任或聘用到仲裁委员会办事机构的骨干，以及受过良好训练的专业人士担任仲裁员，也为仲裁事业的迅猛发展提供了条件。[2]

二 司法解释的发展

仲裁案件数量迅速增长，推动了人民法院相关司法解释的发展。据统计，在 1994 年《仲裁法》颁布以后，最高人民法院共出台了 30 余项仲裁司法解释或司法解释性文件。[3] 这些司法解释主要涉及仲裁协议的效力、管辖权、法院撤销仲裁裁决的程序、仲裁裁决的执行、仲裁费用等，诸多规定都旨在填补《仲裁法》和《民事诉讼法》的漏洞。[4] 较为全面的仲裁司法解释是 2006 年 9 月 8 日公布的《最高人民法院关于适用〈中华人民共和国仲裁法〉若干问题的解释》，该解释详细规定了人民法院在认定仲裁协议效力和撤销仲裁裁决方面的各种问题。[5] 最高法院有关司法解释基

---

[1] 在此次变更仲裁规则之前，还存在 1956 年、1988 年、1994 年、1995 年、1998 年、2000 年、2005 年和 2012 年仲裁规则。

[2] 以北京仲裁委为例，在早期聘用的 20 名仲裁工作人员中有 15 人具有硕士学位，而平均年龄则低于 28 岁，并具备掌握一至两种外语的能力。

[3] 根据《人民法院组织法》第 33 条和 1981 年 6 月 10 日《全国人民代表大会常务委员会关于加强法律解释工作的决议》，最高人民法院被授权能够就具体适用法律和法规的问题作出司法解释。根据《最高人民法院关于司法解释工作的规定》（法发〔2007〕12 号）第 6 条的规定，司法解释的形式分为"解释""规定""批复"和"决定"四种。"解释"这种形式，主要针对在审判工作中如何具体应用某一法律或者某一类案件、某一类问题如何应用法律。根据立法精神对审判工作中需要制定的规范、意见等司法解释，采用"规定"的形式。对高级人民法院、解放军军事法院就审判工作中具体应用法律问题的请示制定的司法解释，采用"批复"的形式。"决定"的形式主要应用于修改或者废止司法解释。

[4] 见附录 3。

[5] 法释〔2006〕7 号。

本上是本着支持仲裁的理念，多数规定都是利于仲裁的较为宽松的解释，促进了刚刚萌发的我国仲裁事业。有关司法解释及时澄清了《仲裁法》规定不明确的问题，对下级法院有着较强的指导作用。

三　仲裁机构的官僚化

一方面，国家对新成立的国内仲裁机构采取支持的政策，极大促进了仲裁事业的快速发展。另一方面，由于地方政府的参与，也给仲裁事业带来不少负面的影响。较为常见的，新成立的仲裁委员会主任通常由当地市政府一名副市长担任，一些政府部门的负责人也往往是仲裁委员会的委员。各仲裁委员会的常设机构（如仲裁办、秘书处）也往往与当地政府存在隶属或依附关系。在大多数城市，仲裁机构秘书长都是由地方党委政府直接任命的。上述情况不仅有违《仲裁法》的立法精神，同时也带来地方保护主义和行政管理混乱的现象。①

此外，严苛的仲裁费用收支体制也广受诟病。根据国务院多个部委的联合下文，② 各仲裁机构应当采取"收支两条线"，即先将有关仲裁费收入上缴政府财政部门，然后再根据财政部门核定批准的年度预算，由财政部门拨回资金进行支出。③ 上述比照行政和司法机关的收支两条线政策，由于可能影响仲裁的独立性而受到广泛的批评。④ 对于那些发展较好的仲裁机构，由于缺乏一个较为灵活的仲裁费用收支体系，往往限制了仲裁业务推广和仲裁员培训等活动的开展。与此相反，对那些较为落后的小城市的仲裁机构，通过这种收支体制就能争取到政府补贴。⑤ 于是就导致那些每

---

① 王红松：《仲裁行政化的危害及应对之策》，《北京仲裁》2007 年第 2 期。

② 见 2003 年 5 月 9 日财政部、国家发改委、监察部、审计署等四部委《关于加强中央部门和单位行政事业性收费等收入"收支两条线"管理的通知》。这项政策的主要目的是防止公共部门财务腐败行为。

③ 2007 年清华大学和北京仲裁委员会联合开展的一项调查显示，全国 200 多个仲裁机构中至少有 46 个仲裁委员会都属于这种模式；见王亚新《关于仲裁机构问卷调查的统计分析》，《北京仲裁》2007 年第 3 期。

④ See Moser/Yu, J. Int'l Arb. 24 (2007), 555 (557)；王红松《仲裁行政化的危害及应对之策》，《北京仲裁》2007 年第 2 期；赵健《转变政府职能与我国仲裁机构仲裁费管理体制的革新》，《北京仲裁》2006 年第 3 期；康明《我国商事仲裁收费与分配问题初探》，《仲裁与法律》2004 年第 1 期。

⑤ 根据上述调查显示，在被调查的共计 80 个仲裁机构中，有 42.5% 的机构从本地政府获得财政资助；见王亚新《关于仲裁机构问卷调查的统计分析》，《北京仲裁》2007 年第 3 期。

年受案寥寥的仲裁机构，由于受到政府的长期资助，依然能继续生存。

《仲裁法》第 15 条所规定的中国仲裁协会，因种种人为原因至今尚未成立。一种可能的原因是，人们担心一个由政府部门组建的中国仲裁协会会再次依赖于政府机关。

仲裁机构的官僚化问题已经引起了立法机关的关注。[①] 为回应人大代表和全国人大的批评与建议，财政部专门就上文所述的仲裁费用"收支两条线"问题进行了深入调研，并发布了新的规定。[②] 反对官僚主义——这在其他国家根本不是问题的问题，将成为我国未来仲裁法改革中的一项重点。

第四节 大陆、香港、澳门和台湾地区之间 仲裁裁决的相互承认与执行

一 内地与香港和澳门之间的两个"安排"

在香港回归前，内地和香港之间承认和执行仲裁裁决主要参照《纽约公约》。英国于 1977 年 1 月 21 日按照《纽约公约》第 10 条第 2 款作出声明，将《纽约公约》的适用扩展及香港。[③] 我国自 1997 年 7 月 1 日恢复对香港行使主权。由于仅适用于主权国家之间，因此只能根据该公约承认和执行外国仲裁裁决，而内地与香港之间仲裁裁决的承认和执行就不能再适用《纽约公约》了。[④] 按照"一国两制"原则，以及根据《香港特别行政区基本法》第 2 条和第 8 条的规定，香港被视为一个独立法域。因此，两地相关仲裁裁决的强制执行可能要比本地裁决的执行更加麻烦。在澳门也

---

① 胡康生：《仲裁的本质是民间性》，《法制日报》2004 年 9 月 8 日第 12 版。

② 见财政部、国家发展改革委《关于调整仲裁收费管理政策有关问题的通知》。

③ See treaties. un. org/doc/Publication/MTDSG/Volume% 20II/Chapter% 20XXII/XXII – 1. en. pdf；See Lynch, International Commercial Dispute Resolution in Greater China, in：Horn, Norbert/Norton, Joseph Jude（ed.）, *Non-Judicial Dispute Settlement in International Financial Transactions*, p. 95（104）.

④ 我国于 1997 年 6 月 6 日作出利于香港的公约适用声明；见 Yb. Com. Arb. 1998（Bd. XXIII）, p. 581 Fn. 10. 参阅 Kniprath, *Die Schiedsgerichtsbarkeit der Chinese International Economic and Trade Arbitration Commission（CIETAC）*, S. 157.

存在类似的情况。① 1999 年 12 月 20 日澳门回归祖国后，澳门的法律制度也保持基本不变。澳门 55/98/M 法令第 35 条和第 36 条明文规定由"任何国家或地区"作出的仲裁裁决均具有可强制执行性。这样，理论上内地作为一个"地区"，在内地所作出的仲裁裁决就可以在澳门得到执行。但是，由于内地对承认和执行澳门仲裁裁决并没有明确的法律规定，而 55/98/M 法令第 36 条第 1 款字母 b 还规定有互惠保留，因此来自内地的仲裁裁决要想在澳门强制执行还有一定的风险。② 于是这就产生了一个法律真空。

为解决上述问题，分别根据《香港特别行政区基本法》第 95 条和《澳门特别行政区基本法》第 93 条的规定，最高人民法院和香港、澳门特别行政区分别签署了关于相互承认和执行仲裁裁决的两项"安排"（Arrangements）。③ 在内地，这两项"安排"（Arrangements）分别于 2000 年 1 月 24 日④和 2007 年 12 月 12 日⑤原封不动地以最高人民法院司法解释的形式进行了公布。而在香港，立法会于 2000 年 1 月 5 日将上述"安排"作为第 IIIA 部分（旧法第 40A—40F 条）加入到《仲裁条例》（Arbitration Ordinance）中。⑥ 在澳门，特别行政长官则于 2007 年 11 月 28 日将该安排作为法令进行颁布，并于 2008 年 1 月 1 日生效实施。⑦

这两个"安排"在内容上基本一致。自此，内地仲裁机构根据《仲裁法》所作出的仲裁裁决，能够向香港和澳门法院申请强制执行。反之亦然。在内地，在香港与澳门作出的仲裁裁决按照涉外仲裁裁决对待，由当事人向财产所在地或者被申请人所在地的中级人民法院申请执行。而在香港，则由高等法院（High Court）管辖。在澳门，承认有关仲裁裁决由中

---

① 葡萄牙 1994 年 10 月 18 日加入《纽约公约》时并没有按照第 10 条第 2 款的规定作出扩展适用说明。见 Yb. Com. Arb. 1995（Bd. XX），S. 606. 2005 年 7 月 19 日，我国作出利于澳门的公约适用说明。见 www. uncitral. org/uncitral/en/uncitral_ texts/arbitration/NYConvention_ status. html.

② See Kniprath, *Die Schiedsgerichtsbarkeit der Chinese International Economic and Trade Arbitration Commission*（*CIETAC*），S. 159.

③ 1999 年 6 月 21 日，最高人民法院副院长和香港特别行政区律政司司长在深圳签署了《关于内地与香港特别行政区相互执行仲裁裁决的安排》。2007 年 10 月 30 日，最高人民法院副院长又与澳门特别行政区行政法务司司长在北京签署了《关于内地与澳门特别行政区相互认可和执行仲裁裁决的安排》。

④ 法释〔2000〕3 号。

⑤ 法释〔2007〕17 号。

⑥ 2010 年香港《仲裁条例》（*Arbitration Ordinance*）修改以后，对应条文为第 92 条至第 98 条。

⑦ 见 2007 年 12 月 12 日第 22/2007 号行政长官公告（*Chief Executive Bulletin-AVCE*）。

级法院管辖，执行则由初级法院（Tribunal Judicial de Base）管辖。上述两个"安排"中的拒绝承认和执行仲裁裁决的理由基本上与《纽约公约》第5条相同。有关实体审查的限制，在内地主要为《民事诉讼法》第258条（旧法第260条）所规定的"违反社会公共利益"，而在香港和澳门，则主要依据《示范法》中规定的"公共秩序"。① 除此以外，在最高法院和澳门之间商定的"安排"中还出现了一些新的规定。譬如根据"安排"第9条，一方当事人向一地法院申请执行仲裁裁决，而另一方当事人向另一地法院申请撤销该仲裁裁决，被执行人申请中止执行且提供充分担保的，执行法院应当中止执行。

二　香港与澳门之间的承认与执行

根据香港《仲裁条例》（Arbitration Ordinance）第84条的规定，仲裁庭在仲裁程序中作出的裁决，不论是在香港或香港以外地方，均可如具有同等效力的原诉法庭判决一样，以同样方式强制执行。这一规定可以作为在澳门所作出的仲裁裁决在香港申请强制执行的法律依据。② 同样，根据澳门55/98/M法令第35条和第36条，香港符合上述规定有关"地区"的描述，因此在香港作出的仲裁裁决也可在澳门申请强制执行。因此，从法律层面上讲，香港与澳门之间仲裁裁决的相互承认与执行并不存在特殊困难。

三　有关台湾地区仲裁裁决的强制执行

随着大陆和台湾地区之间经济和社会联系日益加强，最高人民法院早在1991年《民事诉讼法》生效后，就考虑到执行台湾地区仲裁裁决的问题。时任最高法院院长任建新在1991年《最高人民法院工作报告》中明确提道："对台湾地区的民事判决……具体解决承认其效力问题"，对台湾地区居民根据台湾民事法律而获得民事权利，包括因仲裁裁决确

---

① 从法释〔2007〕17号第7条第3款的文义来看，"法律的基本原则""社会公共利益"以及"公共秩序"等作为对应的概念，似乎没有本质的区别。

② 参阅香港特别行政区律政司司长黄仁龙于2005年11月28日在"Arbitration in China"会议上的演讲，www.doj.gov.hk/eng/archive/pdf/sj20051128e.pdf。

认的民事权利，只要和大陆地区基本法律原则与社会公共利益不相冲突，人民法院均确认其效力。① 台湾方面则根据 1992 年 7 月 31 日的"台湾地区和大陆地区人民关系条例"第 74 条的规定，对在大陆地区作出的仲裁裁决予以执行。② 该条例第 74 条第 1 款和第 2 款规定，在不违背台湾地区公共秩序或善良风俗前提下，在大陆地区作出的民事仲裁裁决，可向台湾地区法院申请裁定认可。1997 年 5 月 14 日，上述条例第 74 条又增加了互惠保留的规定。在大陆地区，1998 年 1 月 15 日最高人民法院通过了《关于人民法院认可台湾地区有关法院民事判决的规定》，并在第 18 条和第 19 条规定了台湾地区仲裁机构的裁决可向大陆法院申请认可。如获认可，则按照《民事诉讼法》规定的程序申请强制执行，同时也对互惠保留进行了规定。2009 年 3 月 30 日，最高人民法院又通过了《关于人民法院认可台湾地区有关法院民事判决的补充规定》。至此，大陆执行台湾地区的仲裁裁决有了明确的根据。③ 此后，两地法院均有强制执行对方仲裁裁决的案例。④ 台湾地区法院在审查承认和执行大陆地区仲裁裁决有关案件时，主要类推适用台湾地区"仲裁法"第 45—51 条有关承认和执行外国仲裁裁决的规定。而在大陆地区，在台湾地区所作出的仲裁裁决既不作为国内仲裁裁决，也不作为外国仲裁裁决，而是按照"涉外仲裁裁决"案件处理。法律适用的依据主要为最高人民法院的司法

---

① 该工作报告于 1991 年 4 月 9 日由七届全国人大四次会议批准通过，公布于《中华人民共和国最高人民法院公报》1991 年第 2 期。

② 公布于台湾地区 1992 年 7 月 31 日第 5061 号法律公报。该法于 1992 年 9 月 18 日生效。

③ 《最高人民法院关于人民法院认可台湾地区有关法院民事判决的规定》（法释〔1998〕11 号），于 1998 年 1 月 15 日由最高人民法院审判委员会第 957 次会议通过，自 1998 年 5 月 26 日起施行。《最高人民法院关于人民法院认可台湾地区有关法院民事判决的补充规定》（法释〔2009〕4 号），于 2009 年 3 月 30 日由最高人民法院审判委员会第 1465 次会议通过，自 2009 年 5 月 14 日起施行。

④ 台湾地区法院承认和执行的第一个在大陆地区作出的仲裁裁决的案例是 2003 年 6 月 24 日的申请人国胜电子（江苏）有限公司与被申请人坤福营造股份有限公司工程合同纠纷案，由中国国际经济贸易仲裁委员会于 2003 年 1 月 20 日作出裁决。在大陆地区，经台湾地区的中华仲裁协会裁决，因可供执行的财产在内地的厦门市，申请人和华（海外）置地有限公司与被申请人凯歌（厦门）高尔夫球俱乐部有限公司因投资纠纷，向福建省厦门市中级人民法院提出申请，厦门中院于 2004 年 6 月 13 日裁定予以认可，并于 7 月 23 日裁定予以执行。对上述两案的讨论见宋连斌《试论我国大陆与台湾地区相互认可和执行仲裁裁决》，《时代法学》2006 年第 6 期。

解释。①

　　根据 1997 年 4 月 2 日台湾地区的"香港澳门关系条例"② 第 42 条第 2 款的规定，在香港或澳门作出的民事仲裁裁决，在台湾地区具有可执行性。而承认和执行在香港和澳门作出的仲裁裁决，则类推适用台湾地区"仲裁法"第 45—51 条有关外国仲裁裁决的规定。③ 根据上述规定，在司法实践中，台湾地区法院也曾多次承认或执行在香港作出的仲裁裁决。④

　　香港法院在过去曾拒绝过在台湾地区作出的仲裁裁决，理由是台湾地区不是一个主权国家，因而在该地作出的仲裁裁决不能适用相关规定。⑤ 近些年来，司法解释的态度有了很大的改变。在 2000 年的一个案例中，香港终审法院（Court of Final Appeal）指出，为了中华人民共和国的利益，并考虑到必要性常识（matter of common sense），只要不与公共秩序相抵触，在台湾地区作出的有关民事判决应当在香港得到执行。⑥ 而根据上述精神，在台湾地区作出的仲裁裁决根据香港《仲裁条例》（Arbitration Ordinance）第 84 条得到承认与执行。⑦ 与对待香港仲裁裁决类似，澳门 55/98/M 法令，第 35、36 条规定中的"地区"对台湾一样适用。

　　由于台湾地区的"香港澳门关系条例"第 42 条第 2 款并没有规定互惠保留，因此澳门 55/98/M 法令第 36 第 1 款字母 b 所规定互惠保留也不适用于在台湾地区作出的仲裁裁决。

---

① 参阅宋连斌《试论我国大陆与台湾地区相互认可和执行仲裁裁决》，《时代法学》2006 年第 6 期。

② 公布于台湾地区 1997 年 4 月 2 日第 6146 号法律公报，该法于 1997 年 7 月 1 日生效。

③ 根据该条例第 42 条第 2 款，"在香港或澳门作成之民事仲裁判断，其效力、声请法院承认及停止执行，准用商务仲裁条例第三十条至第三十四条之规定"。而上述 1961 年商务仲裁条例有关条文则被 1998 年台湾地区"仲裁法"第 45—51 条所替代。

④ See Liao, *Die Schiedsgerichtsbarkeit in Taiwan*, Anhang 13, S. 342；Sanger/Segorbe/Niu, J. Int'l Arb. 24（2007），651（670）. 迄今为止，根据台湾地区"最高法院"判例网站（www. judicial. gov. tw）的搜索信息系统，尚没有承认或执行在澳门作出的仲裁裁决的案例。

⑤ Sommer, *Die Handelsschiedsgerichtsbarkeit in der VR China und Hongkong*, S. 115.

⑥ See Chen Li Hung and another v. Ting Lei Miao and others,［2000］1 HKLRD 252.

⑦ 参阅香港特别行政区律政司司长黄仁龙于 2005 年 11 月 28 日在"Arbitration in China"会议上的演讲，www. doj. gov. hk/eng/archive/pdf/sj20051128e. pdf. 7。

第五节　外国仲裁裁决在大陆
地区的承认与执行

一　承认与执行外国仲裁裁决的法律渊源

　　1994 年《仲裁法》没有专门针对外国仲裁裁决的规定。① 大陆地区有关承认和执行外国仲裁裁决的规定主要包含在《民事诉讼法》《纽约公约》和最高法院有关司法解释之中。在加入《纽约公约》之前，大陆地区主要依据1982 年《民事诉讼法（试行）》第 204 条的规定，人民法院应按照有关国际条约和对等原则审查外国仲裁裁决的执行。② 1986 年 12 月 2 日，第六届全国人民代表大会常务委员会第十八次会议决定加入《纽约公约》，并同时作出商事保留和互惠保留。为了贯彻执行《纽约公约》，最高人民法院于 1987 年4 月 10 日颁布了关于执行《纽约公约》的通知。③ 该通知对商事保留和互惠保留、法院的管辖权、审查有关请求承认和执行外国仲裁裁决的方式，以及申请期限进行了规定。1991 年 4 月 9 日《民事诉讼法》正式颁布施行，1982年《民事诉讼法（试行）》同时废止。《民事诉讼法》于 2007 年和 2012 年又进行了两次修订，但对执行外国仲裁裁决的规定没有大的变化。④ 根据2012 年《民事诉讼法》第 283 条（2007 年《民事诉讼法》第 267 条，1991年《民事诉讼法》第 269 条），有关国外仲裁机构裁决的承认和执行，应当由当事人直接向被执行人住所地或者其财产所在地的中级人民法院申请。针对当事人的申请，人民法院应当依照中华人民共和国缔结或者参加的国际条

---

① 根据《仲裁法》第 78 条的规定，《仲裁法》在我国商事仲裁领域法律中占据最高效力层级地位，在《仲裁法》施行前制定的有关规定与《仲裁法》相抵触的，均应以《仲裁法》为准。《仲裁法》由全国人大常委会制定，在国内和涉外仲裁裁决的执行方面，仅仅援用了全国人大制定的《民事诉讼法》的相关规定。

② 在我国加入《纽约公约》之前对在德国作出的仲裁裁决的执行，参见 Schütze, RIW 1986, 269（270 f.）.

③ 法（经）发〔1987〕5 号。

④ 2012 年 8 月 31 日，第十一届全国人大常委会第二十八次会议通过了《关于修改〈中华人民共和国民事诉讼法〉的决定》，自 2013 年 1 月 1 日起施行。

约，或者按照互惠原则办理。而根据第 260 条的规定，除中华人民共和国声明保留的条款外，国际条约具有优先适用的效力。此外，有关承认和执行外国仲裁裁决的"报告制度"、收费、审查期限，以及法院管辖，则分别由若干个最高法院的司法解释进行规范。①

二 外国仲裁裁决的概念

《民事诉讼法》第 283 条再次显露出对机构仲裁的偏好。从文义上，该条仅提到"国外'仲裁机构'的裁决"。这一表述似乎将所有外国仲裁机构作出的裁决都视为外国仲裁裁决，而不考虑仲裁地或者仲裁适用法律等因素。因此，仲裁裁决的国籍仅取决于仲裁机构所在的国家。这一观点曾在大陆地区司法界广为传播，② 但明显与《纽约公约》第 1 条第 1 款第 1 句所确定的"地域原则"和第 2 句所确定的"程序地原则"存在差别。③尽管如此，人民法院一度主要按照仲裁机构所在地来确定仲裁裁决的国籍。④ 由于这种标准完全忽视了仲裁裁决与仲裁地法的特殊关系，因而受到广泛批评。此外，这种标准还经常导致在撤销仲裁裁决阶段有关管辖权的冲突。⑤ 较新的一些司法解释在现有法律框架内开展了一些变革，开始采用仲裁机构、仲裁地和程序法适用等混合标准来确认仲裁裁决的国籍。⑥

---

① 对报告制度的讨论见下文。

② 杨弘磊：《中国内地司法实践视角下的〈纽约公约〉问题研究》，法律出版社 2006 年版，第 66 页。

③ Schlosser, *Das Recht der internationalen privaten Schiedsgerichtsbarkeit*, Rn. 64.

④ 在 Marubeni Int. Petroleum（Singapore）Ltd. v. Shenzhen Petrochemical Industry（group）Co. Ltd. 一案中，深圳中院曾于 2001 年认定一个由新加坡国际仲裁院作出的仲裁裁决为新加坡仲裁裁决，并予以承认和执行。对该案的讨论见韩健、林一飞主编《商事仲裁法律报告》（第 1 卷），中信出版社 2005 年版，第 274—278 页。在 TH&T Int. Co. v. Chengdu Hualong Ltd. 一案中，成都中院曾于 2003 年 12 月 12 日认定一份以洛杉矶为仲裁地、由国际商会（ICC）仲裁院作出的仲裁裁决为法国仲裁裁决，并予以承认和执行。该案件见：www. ccmt. org. cn/showws. php？ id = 2464。

⑤ 参阅杨弘磊《中国内地司法实践视角下的〈纽约公约〉问题研究》，法律出版社 2006 年版，第 72—73 页；赵秀文《论国际商会国际仲裁院裁决的国籍》，《政法论丛》2005 年第 5 期。

⑥ 在 Yideman（Singapore）Ltd. v. Wuxi Huaxin Ltd. 一案中，江苏高院认为，对于一份由英国伦敦的一仲裁机构作出的仲裁裁决应适用《纽约公约》；对于该案见万鄂湘主编《中国涉外商事海事审判指导与研究》（2003 年第 3 卷），人民法院出版社 2004 年版，第 98—107 页。然而有较大争议的是 Zueblin GmbH v. Wuxi Woco-Tongyong Rubber Engineering Co. Ltd. 一案，在该案中，无锡中院于 2006 年 7 月 19 日将一份由国际商会仲裁院在上海作出的仲裁裁决认定为"非国内仲裁裁决"。参阅 Yeoh/Fu, J. Int'l Arb. 24（2007），635（648）.

但是，由于存在以仲裁机构来判断仲裁裁决国籍，有关确认仲裁裁决国籍问题上的混乱仍无法解决。另外，人民法院并不排斥外国临时仲裁庭作出的临时（Ad-hoc）仲裁裁决。① 在实践中，人民法院也确实强制执行过这种外国临时（Ad-hoc）仲裁裁决。② 随着司法实践的不断发展，《纽约公约》所确定的以仲裁地来判断仲裁裁决国籍的做法越来越得到认可，并很可能在未来的我国仲裁法改革中得到确认。这种趋势在最高人民法院与香港、澳门的两个"安排"（Arrangements）中得到进一步确认。两个"安排"均在第 1 条明确，判断是不是香港或澳门仲裁裁决的主要标准是仲裁地。

三　程序规定与报告制度

（一）程序规定

1. 法院的管辖

申请承认和执行外国仲裁裁决，根据《民事诉讼法》第 283 条的规定应由被执行人住所地或者其财产所在地的中级人民法院管辖。为了遏制地方保护主义，提高法律的确定性，最高人民法院于 2001 年 12 月 25 日通过司法解释将有管辖权的中级人民法院的数量进行了进一步限制。③ 根据该解释第 1 条规定，有管辖权的法院仅限于省会、自治区首府、直辖市所在地的中级人民法院和经济特区、计划单列市中级人民法院，以及国务院批准设立的经济技术开发区人民法院等。④ 在内部分工上，外国仲裁裁决的承认主要由人民法院的民事审判庭负责；而根据最高人民法院 1998 年 7 月 18 日发布的《关于人民法院执行工作若干问题的规定（试行）》第 2 条

---

① 在一次对时任最高人民法院院长肖扬的访谈中，有关外国临时仲裁裁决的可执行性得到人民法院的明确肯定；见高菲《中国法院对仲裁的支持与监督：访最高人民法院院长肖扬》，《中国对外贸易》2001 年第 6 期。

② 例如 1990 年的 Guangzhou Ocean Shipping Co. v. Marships of Connecticut Co. Ltd. ，1996 年的 Dalian Ocean Transportation Co. v. Tekso Pte；见 Wang, Int'l Bus. Law. 30 (2002)，133 (136) .

③ 法释〔2002〕5 号。

④ 根据《最高人民法院关于涉外民商事案件诉讼管辖若干问题的规定》（法释〔2002〕5 号）第 1 条规定，第一审涉外民商事案件由下列人民法院管辖：（一）国务院批准设立的经济技术开发区人民法院；（二）省会、自治区首府、直辖市所在地的中级人民法院；（三）经济特区、计划单列市中级人民法院；（四）最高人民法院指定的其他中级人民法院；（五）高级人民法院。

的规定，外国仲裁裁决的执行则由人民法院执行机构负责。①

2. 申请期间和前提要件

对于外国仲裁裁决的承认和执行，当事人应当在规定的期间内提出申请。② 1992 年《民事诉讼法》第 219 条规定，当事人一方为自然人的，申请执行的期间为一年。双方均为法人或者其他组织的为六个月。这种较短的申请强制执行期间对于复杂的国际商事纠纷往往显得捉襟见肘。在 2007 年的《民事诉讼法》改革中，申请执行的期间已延长到两年。③ 期间的起算从仲裁裁决规定的履行期间的最后一日计算。如未规定履行期间的，从仲裁裁决生效之日起计算。

在申请承认和执行外国仲裁裁决时，当事人应当按照《纽约公约》第 4 条的规定，除应向人民法院提供仲裁裁决和仲裁协议正本和副本外，还应提供相应的经公证或认证的中文翻译，以及申请书和申请人身份证明材料。

3. 费用和审查期限

当事人向人民法院申请承认外国仲裁裁决时，应当预缴相应的费用。④ 人民法院收到关于申请后七日内对是否受理作出通知或裁定。如果人民法院受理了当事人请求承认并执行外国仲裁裁决的案件，就会要求当事人按照《人民法院诉讼收费办法》的规定，根据申请执行的金额或标的价额预收执行费。当事人同时申请承认和执行外国仲裁裁决案件，仅缴纳一次费用，人民法院不得对承认和执行分别两次收费。⑤ 如果人民法院决定仅承认外国仲裁裁决，而不予执行外国仲裁裁决时，应当在扣除有关承认费用后，其余退还申请人。⑥

---

① 法释〔1998〕15 号。

② 见《最高人民法院关于执行我国加入的〈承认及执行外国仲裁裁决公约〉的通知》（法经发〔1987〕5 号）第 5 条。

③ 在 2007 年的改革中，第 219 条被修改为第 215 条；在 2012 年的改革中，有关执行期间的规定被调整为第 239 条，但内容未做改动。新的规定在执行期间上也不再区分公民或法人和其他组织。

④ 根据《最高人民法院关于承认和执行外国仲裁裁决收费及审查期限问题的规定》（法释〔1998〕28 号）第 1 条为 500 元。

⑤ 见《最高人民法院关于承认和执行外国仲裁裁决收费及审查期限问题的规定》（法释〔1998〕28 号）第 3 条。

⑥ 见《最高人民法院关于承认和执行外国仲裁裁决收费及审查期限问题的规定》（法释〔1998〕28 号）第 2 条。

在受理当事人的申请后，如决定承认并执行，人民法院应当在两个月内作出裁定。除非有特殊情况，人民法院必须在作出裁定的六个月内完成执行。如果法院拟决定对外国仲裁裁决不予承认和不予以强制执行，应当自受理当事人申请之日起两个月内向高级人民法院进行报告，并中止作出裁定。[①]

（二）报告制度

为了满足《纽约公约》所规定的义务，最高人民法院于 1995 年 8 月 28 日颁布了《关于人民法院处理与涉外仲裁及外国仲裁事项有关问题的通知》的司法解释。根据该司法解释，一方当事人向人民法院申请承认和执行外国仲裁裁决，如果人民法院认为该申请不符合我国参加的国际公约规定或者不符合互惠原则的，在裁定不予执行或者拒绝承认和执行之前，必须报请本辖区高级人民法院进行审查。如果高级人民法院也认为应当拒绝承认和执行，应将其审查意见报最高人民法院。只有在最高人民法院答复后，相关法院才可以裁定拒绝承认和执行外国仲裁裁决。[②] 上述的规定也适用于"涉外仲裁裁决"。[③] 1998 年后，根据最高人民法院相关司法解释，有关涉外仲裁裁决的撤销和发回重裁也开始适用上述规定向最高人民法院报告。[④] 这就是人们常说的"报告制度"或"报告义务"。

由于高级人民法院和中级人民法院在决定拒绝承认和执行外国仲裁裁决方面的权力受到进一步限制，因此报告制度有利于外国仲裁裁决得到承认和执行。[⑤] 实行这种集中化的控制，主要是为了有效地监督外国仲裁裁决的承认和执行，并加大由于地方保护原因而拒绝承认和执行外国仲裁裁决的难度。[⑥] 然而，报告制度仅是一种人民法院的内部控制机制。由于缺乏法定的程序保障，它也广受人们的批评。例如，在最高法院司法解释中，人民法院对外国仲裁裁决进行司法审查和进行报告的期间就没有明文

---

① 见《最高人民法院关于承认和执行外国仲裁裁决收费及审查期限问题的规定》（法释〔1998〕28 号）第 4 条。

② 见最高人民法院《关于人民法院处理与涉外仲裁及外国仲裁事项有关问题的通知》（法发〔1995〕18 号）第 2 条。

③ 有关"涉外"的概念见第六章第二节。

④ 见 1998 年 4 月 23 日最高人民法院《关于人民法院撤销涉外仲裁裁决有关事项的通知》（法〔1998〕40 号）第 1 条。

⑤ Wang, Int'l Bus. Law. 30 (2002), 133 (135).

⑥ 按照最高人民法院官方的说法，大约 80% 起初由中级或高级人民法院拒绝承认和执行的仲裁裁决，被最高人民法院最终裁予以承认和执行；见 Wang, Int'l Bus. Law. 30 (2002), 133 (135)；亦见于 Li, Arb. Int'l 20 (2004), 167 (172).

规定，当事人通常没有得到"法定听审"的保障，甚至无法在此阶段提供相应的法律文件支持自身的请求。①

四　承认与执行外国仲裁裁决的实践

(一) 数据统计

随着我国经济在全球市场的参与度日益加深，人民法院对外国仲裁裁决的承认与执行的司法实践，也越来越多地引起外国投资者和法律界人士的关注。② 然而，截至目前，国内有关承认和执行外国仲裁裁决的统计数据依然不够完整。即使对最高人民法院来讲，要想获得一份完整的相关统计数据也是困难重重。其中原因，主要是自从开展报告制度以来，全国有超过 300 个中级人民法院对外国仲裁裁决的承认与执行具有管辖权，而且只有高级人民法院也同意不予承认和执行外国仲裁裁决时，案件才能到达最高人民法院。然而，一些非官方的统计数字大致勾勒出在引入报告制度前后这一阶段，大陆地区对外国仲裁裁决的强制执行情况：

表 5—4 所显示的是 1997 年由中国国际商会仲裁研究所（Arbitration Research Institut）调查得出的结果。③

表 5—4　　　　　　　对外国仲裁裁决的强制执行情况

	1990	1991	1992	1993	1994	1995	1996	1997 （至 8 月）	总计
申请数	3	0	1	1	2	0	1	6	14
已执行	3	0	1	0	1	0	1	4	10
未执行	0	0	0	1	1	0	0	1	3 *

注：* 为一个案件尚在审理当中。

---

① 陈治东：《国际商事仲裁法》，法律出版社 1998 年版，第 337 页；Kniprath, *Die Schiedsgerichtsbarkeit der Chinese International Economic and Trade Arbitration Commission（CIETAC）*, S. 154 f. ; Guo, Enforcement of Foreign Arbitral Awards in China, in FS Horn, S. 957（966）；Peerenboom, APLPJ 1（2000）, 1（29）.

② See Guo, *Enforcement of Foreign Arbitral Awards in China*, in FS Horn, S. 957.

③ 数据来源为中国贸促会仲裁研究所；有关报告见 Wang, The Practical Application of Multilateral Conventions Experience with Bilateral Treaties, in: Van den Berg, Albert Jan（ed.）, *Improving the Efficiency of Arbitration Agreements and Awards: 40 Years of Application of the New York Convention（ICCA Congress Series no. 9）*, p. 461（482）.

表5—5 所显示的是由 Randall Peerenboom 采集而来的数据,[1] 但该数据与表5—4 有明显区别。[2]

表5—5　　　　　　　　　外国仲裁裁决在中国大陆执行情况

	1991	1992	1993	1994	1995	1996	1997	1998	1999	总计
申请数	3	0	1	2	5	5	4	4	2	25 *
已执行	3	0	1	2	3	1	1	3	0	13
未执行	0	0	0	0	2	4	3	1	2	12

注:* 为尚在审理阶段的案件未计。

为了查找各级人民法院在贯彻落实最高人民法院《关于运用〈中华人民共和国仲裁法〉若干问题的解释》中出现的各种问题,最高人民法院专门于 2007 年开展了一项针对涉外和外国仲裁裁决司法审查情况的调研。此次调研以 2002—2006 年期间案件为主,调研结果见表5—6、图5—1。[3]

表5—6　　　　对涉外和外国仲裁裁决司法审查的统计 (2002—2006 年)

类型　　　地点	确认仲裁协议效力（件）	申请撤销涉外仲裁裁决（件）	拒绝执行涉外仲裁裁决（件）	承认和执行外国仲裁裁决（件）	总计（件）
北京	40	195	7	8	250
上海	12	33	71	6	122
广东	5	89	3	14	111
江苏	8	6	9	9	32
辽宁	8	4	1	14	27
福建	7	6		9	22
山东	2		5	6	13
湖北	3		7		10
浙江	6	1		2	9

---

[1] 数据来源见 Peerenboom, The China Business 28 (2001), 8 (9).

[2] 对数据产生差异的原因分析见 Peerenboom, Am. J. Comp. L. 49 (2001), 249 (267 f.).

[3] 杨弘磊:《人民法院涉外仲裁司法审查情况的调研报告》,《武大国际法评论》2009 年第 1 期。据调查,仅有 17 个高级法院报告办理过涉外仲裁或外国仲裁裁决的司法审查案件并参与了各项数据的统计工作。

续表

类型 地点	确认仲裁 协议效力 （件）	申请撤销涉外 仲裁裁决 （件）	拒绝执行涉外 仲裁裁决 （件）	承认和执行外国 仲裁裁决 （件）	总计 （件）
天津	2	1		2	5
黑龙江	1	1			2
湖南	1	1			2
广西				1	1
海南				1	1
山西				1	1
四川				1	1
重庆		1			1
总计	95	337	104	74	610
百分比（%）	15.57	55.25	17.05	12.13	100

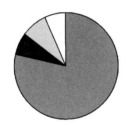

A.承认和执行案件（58件，78.38%）

B.拒绝承认和执行（5件，6.78%）

C.当事人撤回申请（6件，8.1%）

D.再审案件（5件，6.76%）

图5—1　对涉外和外国仲裁裁决司法审查的统计（2002—2006 年）

此外，在这五年（2002—2006 年）中，被中级和高级人民法院拒绝承认和执行的 9 个外国仲裁裁决中，有 4 个经最高人民法院审查后又被准予强制执行。[①] 根据上述统计，大陆地区在承认和执行外国仲裁裁决方面，并非如一些外国投资者和法律界人士想象的那样困难。[②]

[①]　万鄂湘：《〈纽约公约〉在中国的司法实践》，《法律适用》2009 年第 3 期；另见杨弘磊《人民法院涉外仲裁司法审查情况的调研报告》，《武大国际法评论》2009 年第 1 期。

[②]　与此相反的观点，见 Kniprath, *Die Schiedsgerichtsbarkeit der Chinese International Economic and Trade Arbitration Commission（CIETAC）*, S. 179.

（二） 实践中的拒绝理由

在 1997 年中国国际商会仲裁研究所的调查报告中有三个拒绝执行的案例，其中两件拒绝执行的原因分别为被执行的债务人不存在，不存在可供强制执行的财产，一件没有给出拒绝理由。① 在 Randall Peerenboom 所做的调查中，人民法院不予执行涉外仲裁裁决与拒绝承认和执行外国仲裁裁决的理由主要包括：仲裁员指定程序存有缺陷（一件），仲裁庭对争议问题缺乏管辖权（两件），因被申请人缺乏当事人能力导致仲裁协议无效（一件），仲裁协议无效（三件），送达存在缺陷（三件），超出了人民法院的职权（五件），违反社会公共利益（一件），以及证据不足（两件）。②

自 2000 年以来，又有多件拒绝或部分承认和执行外国仲裁裁决的案例见诸报道。③ 其中，有两件是由于超过执行期间而被拒绝执行。④ 另有四件是由于仲裁协议无效、⑤ 不存在⑥而被拒绝执行。在适用《纽约公约》第 5 条第 2 款字母 b 因违反公共秩序而拒绝承认和执行外国仲裁方面，最高法院通常会非常慎重。譬如，在 E. D. & F. Man（Hong Kong）v. China

---

① Wang, "The Practical Application of Multilateral Conventions Experience with Bilateral Treaties", in: Van den Berg, Albert Jan (ed.), *Improving the Efficiency of Arbitration Agreements and Awards: 40 Years of Application of the New York Convention (ICCA Congress Series No. 9)*, p. 461 (482 – 483).

② Peerenboom, Am. J. Comp. L. 49 (2001), 249 (265 – 266).

③ 资料来源：vip. chinalawinfo. com/Case 和 www. ccmt. org. cn，以及 Yeoh/Fu，J. Int'l Arb. 24 (2007), 635 (647 – 649)；万鄂湘（主编）：《中国涉外商事海事审判指导与研究》（2003 年第 3 卷），人民法院出版社 2004 年版，第 98—107 页。

④ 在 Vysanthi Shipping Co. Ltd. v. 中国粮油饲料有限公司等一案中，天津海事法院于 2004 年 10 月 29 日以超出申请期间为由拒绝了一份在伦敦作出的仲裁裁决执行申请。有关裁定见 http://www. ccmt. org. cn/showws. php？id =2056。在另外一个涉及一瑞典当事人和一深圳贸易公司的案件中，广州海事法院于 2008 年 2 月 1 日以同样理由拒绝了另一份在伦敦作出的仲裁裁决执行申请。两个法院均以援引原《民事诉讼法》第 219 条第 2 款的规定，即双方均为法人和其他组织的为六个月。该期限虽在 2008 年《民事诉讼法》修改时延长为 2 年，但不幸的是，对于后一个案件修改后《民事诉讼法》于 2008 年 4 月 1 日才生效。

⑤ 见 Zueblin GmbH v. Wuxi Woco-Tongyong Rubber Engineering Co. Ltd 案；参阅 Yeoh/Fu，J. Int'l Arb. 24 (2007), 635 648)；在 Glencore UK Ltd. v. Chongqing Machinery & Equipment Import & Export Co. 一案中，最高法院以没有代理权为由认定仲裁协议无效；参阅杨弘磊《中国内地司法实践视角下的〈纽约公约〉问题研究》，法律出版社 2006 年版，第 228—231 页。

⑥ 见 Future E. N. E v. Shenzhen Cereals Group Co. Ltd. 案，该案见于 http:// vip. chinalawinfo. com/Case；Yideman（Singapore）Ltd. v. Wuxi Huaxin Ltd 案，见万鄂湘主编《中国涉外商事海事审判指导与研究》（2003 年第 3 卷），人民法院出版社 2004 年版，第 98—107 页。

National Sugar & Alcohol Group Co. 和 Mitsui & Co. Ltd. v. Hainan Province Textile Industry Co. 这两个案件中，最高人民法院指出，仲裁裁决虽违反了我国法律强制性规定，但并不意味着一定违反了社会公共利益，从而驳回了有关人民法院拒绝承认和执行外国仲裁裁决的意见。①

---

① 对上述案件详细讨论见杨弘磊《中国内地司法实践视角下的〈纽约公约〉问题研究》，法律出版社 2006 年版，第 366—367 页。

第六章 我国仲裁法的进一步改革：吸纳《示范法》

第一节 我国仲裁法改革的必要性

一 当前存在的问题和进一步改革的目标

我国1994年《仲裁法》强调了仲裁机构的独立性，以确保仲裁的公正性。[①] 但是，面对国内众多仲裁机构长期存在的官僚化现实，《仲裁法》所追求的"依法独立进行，不受行政机关、社会团体和个人的干涉"的目标是否真正得以实现，却是不无争议的。[②] 在现行《仲裁法》中，私法自治和仲裁庭的职权仍然受到严格的限制。受严格的仲裁协议生效条件的影响（《仲裁法》第16条），当事人请求提交仲裁的意思表示往往难以实现。我国《仲裁法》实际上还排除了临时（Ad-hoc）仲裁的合法性。由于《仲裁法》强制规定仲裁委员会应设置仲裁员名册，当事人自愿选择仲裁员的意思自治权利受到了进一步限制。仲裁庭不具有自裁管辖权，也没有作出临时保全措施的职权。《仲裁法》所规定的仲裁程序还显得过于正式，并且有着明显的"诉讼化"的痕迹。[③] 由于程序规则缺乏灵活性，从程序经济角度来看也是不利的。在司法审查方面，特别是对国内仲裁裁决，《仲

[①] 见第五章第二节。

[②] 参阅王红松《坚持民间性深化仲裁体制改革——论仲裁法修改应重视的问题》，《北京仲裁》2007年第1期；宋连斌、赵健《关于修改1994年中国〈仲裁法〉若干问题的探讨》，《仲裁与法律》2000年第6期；张斌生主编《仲裁法新论》，厦门大学出版社2010年版，第581页；谭兵主编《中国仲裁制度的改革与完善》，人民出版社2005年版，第37—38页。

[③] 谭兵主编：《中国仲裁制度的改革与完善》，人民出版社2005年版，第38—39页。

裁法》规定中还存在广泛的进行实体审查的可能。① 此外，《仲裁法》中一些重要的制度规则依然缺失，如法院管辖权和撤销程序，书面通知的送达，仲裁地和裁决的国籍等。近年来，随着我国的仲裁事业的快速发展，1994 年《仲裁法》的缺点正变得越来越明显，以至于为了弥补法律漏洞，最高人民法院先后发布了超过 30 项司法解释性文件。②

全国人大曾于 2003 年将《仲裁法》的修改纳入立法改革规划。③ 从各国仲裁立法改革的趋势来看，我国《仲裁法》需要进一步与国际接轨，扩大私法自治范围和增强司法支持力度。④ 为逐步解决我国《仲裁法》的诸多问题，进一步实现我国仲裁法的自由化、国际化，必将成为将来改革的主要立法目标。

二　通过吸纳《示范法》改革我国仲裁法

《示范法》被公认为充分体现了"对仲裁友好"和"自由主义"。⑤《示范法》自颁布以来，不仅被众多国家通过整体吸纳将其转换为国内法，甚至许多具有悠久仲裁传统的国家，也在本国仲裁法改革中对《示范法》给予特别的关注。⑥《示范法》在协调各国仲裁法制方面取得了巨大的成功，已经成为判断各国仲裁立法现代化最重要的国际标准。

虽然我国在 1994 年《仲裁法》改革时也参考了《示范法》的内容，⑦然而我国仲裁法无论是立法精神还是立法技术依然落后于《示范法》。⑧ 因此，《示范法》为我国仲裁法的进一步改革提供了一个理想的参照体系。

---

① 见第五章第二节。

② 见附录 3。

③ 庄会宁：《全国人大五年立法规划正式出台五年立法：人民利益至上》，《瞭望新闻周刊》2003 年第 49 期。

④ See Thorp, J. Int'l Arb. 24 (2007), 607 (608)；宋连斌、赵健《关于修改 1994 年中国〈仲裁法〉若干问题的探讨》，《仲裁与法律》2000 年第 6 期；Zhao/Kloppenberg, Front. Law China 3 (2006), 393 (406)；张斌生主编《仲裁法新论》，厦门大学出版社 2010 年版，第 584、598—599 页。

⑤ Schlosser, *Das Recht der internationalen privaten Schiedsgerichtsbarkeit*, Rn. 126.

⑥ 见第二章第二节。

⑦ 全国人大常委会法制工作委员会编著：《中华人民共和国仲裁法律释评》，法律出版社 1997 年版，第 5、13 页。

⑧ Sun, *Internationale Handelsschiedsgerichtsbarkeit in der Bundesrepublik Deutschland und in der Volksrepublik China*, S. 182.

首先，通过吸纳《示范法》的各种原则与精神，对克服当前我国仲裁实践中的许多问题，如仲裁机构的官僚化和法院的过度干预，都有借鉴意义。尽管《示范法》起初是针对国际商事仲裁而起草的，然而众多国家吸纳《示范法》的立法经验已经证明，《示范法》的有关规定也同样适用于国内仲裁。[①] 根据《示范法》，当事人和仲裁庭享有广泛的自治权，如能吸纳《示范法》，则有助于限制仲裁机构在程序管理方面的影响（如根据《仲裁法》第20条仲裁机构对仲裁协议效力的认定，根据第31、32条委员会主任对首席仲裁员的指定），以及限制政府机关对仲裁干预。由于《示范法》严格限制了实体审查，通过吸纳《示范法》，现行《仲裁法》第58条和第63条所规定的人民法院对仲裁裁决实体审查的问题，也能得到顺利解决。此外，《示范法》条文在起草过程中经过许多国家充分讨论，有关开展仲裁程序的各种规定体系相对完备。因此，吸纳《示范法》有助于解决我国仲裁法所存在的技术缺陷。通过吸纳《示范法》还可以引起外国用户的高度重视。[②] 这种"信号效应"往往能够促进外国仲裁当事人对一国仲裁制度的信任，[③] 利于我国仲裁机构加强在全球范围内的竞争力，创造友好和宽松的外来投资环境。由于《示范法》的广泛传播，近年来研究《示范法》的文献和案例也大量涌现。[④] 这些信息资源和研究成果有助于我国仲裁学术研究和法律实践提高。

除了上述诸多优点外，纳入《示范法》同时也会带来一些问题。首先，由于各国法院在适用《示范法》时存在不同的司法解释，因此《示范法》缺乏一个国际统一的解释系统。[⑤] 其次，《示范法》的文本起初是用英文起草的，然后再翻译成中文和联合国其他官方语言。其中翻译出的西方语言，其准确性通常是可以保证的。再次，阅读官方翻译出的中文，一

---

① 见第二章第二节。

② Lörcher, ZRP 1987, 230（232）.

③ Berger, *Internationale Wirtschaftsschiedsgerichtsbarkeit*, S. 534.

④ 自1986年以来，联合国贸法会每年都会对各国《示范法》研究文献进行更新，并通过文件进行公布，见 UN-Doc. A/CN. 9/625；A/CN. 9/602；A/CN. 9/581；A/CN. 9/566；A/CN. 9/538；A/CN. 9/517；A/CN. 9/502；A/CN. 9/481；A/CN. 9/463；A/CN. 9/452；A/CN. 9/441；A/CN. 9/429；A/CN. 9/417；A/CN. 9/402；A/CN. 9/382；A/CN. 9/369；A/CN. 9/354；A/CN. 9/339；A/CN. 9/326；A/CN. 9/313；A/CN. 9/295；A/CN. 9/284）。联合国贸法会还汇编有案例数据库 CLOUT（Case Law on UNCITRAL Texts），专门收集有关《示范法》的司法案例，通过这些案例可以了解各国法院对《示范法》的适用和解释。

⑤ Zerbe, *Die Reform des deutschen Schiedsverfahrensrechts*, S. 66.

些条文的措辞往往是很拗口的。[①]

总体而言，我国仲裁事业仍然可以通过吸纳《示范法》而从中获益。瑕不掩瑜，即便存在上述吸纳《示范法》所出现的问题，也不影响《示范法》在自由化和国际化方面给国内法所带来的巨大推动作用。[②] 在国内已经有越来越多的学者开始讨论如何全面吸纳《示范法》这一问题。[③]

第二节　我国仲裁法亟待修改的规定以及《示范法》和德国仲裁法的解决方案

下文主要通过分析和比较《示范法》与我国 1994 年《仲裁法》相关规定，从而为我国仲裁法改革提供借鉴。在从《示范法》中寻找启发的同时，下文还将兼顾德国《民事诉讼法》第十章对《示范法》的有关修改，从而提出更具有可行性的解决方案。展开更多角度的法律比较，也有助于我们对上述法律规范形成更为全面的理解，为相关法律改革提供更多的备选方案。

一　总则

（一）适用范围

1. 国内、国际仲裁程序的统一适用

《示范法》在起草阶段就被设计为国际商事仲裁程序特别法（lex specialis），希望通过这样的限制来推动各国广泛接纳《示范法》。[④] 同时，《示范法》的起草者也兼顾到《示范法》作为国内仲裁程序法的可能性，并交由各个国家自行决定是否将《示范法》适用于本国国内仲裁程序。[⑤] 随着《示范法》被各国广泛接纳，有一半以上的《示范法》国家和地区将

---

① 参阅第三章第二节。

② Zerbe, *Die Reform des deutschen Schiedsverfahrensrechts*, S. 76.

③ 例如 Wang/Hilmer, Int'l A. L. R. 2006, 1（7）；宋连斌、赵健《关于修改 1994 年中国〈仲裁法〉若干问题的探讨》，《仲裁与法律》2000 年第 6 期；Zhao/Kloppenberg, Front. Law China 3（2006），393（406）.

④ UN-Doc. A/CN. 9/264, Art. 1 para. 22；*Böckstiegel*, RIW 1984, 670（675）.

⑤ Holtzmann/Neuhaus, *A Guide to the UNCITRAL Model Law*, p. 40.

《示范法》统一适用于国内和国际仲裁程序，不再区分国际和国内仲裁程序。① 德国立法机关在纳入《示范法》的过程中就决定将其统一适用于国际和国内仲裁程序，以避免区分国内和国际仲裁所带来的问题。②

在我国 1994 年《仲裁法》改革中，虽然没有对国际仲裁程序进行单独立法，但在《仲裁法》第七章对涉外仲裁程序进行了特别规定。这种对国内仲裁和涉外仲裁程序的区分往往会产生许多问题。首先，"涉外"概念会引起国外用户不必要的认识混乱。一项法律纠纷是否具有涉外因素，其标准主要是由最高人民法院的司法解释来规定的。③ 而与国外通用的"国际仲裁"的概念相比，我国法律术语中"涉外仲裁"的概念仅仅是为了某些涉港澳台的特殊法律关系的需要。由于我国还存在"两岸四地"不同法制区域的问题，即大陆地区和香港、澳门以及台湾地区的法律体系各自不同，但四地又不属于国际关系，因此涉及香港、澳门和台湾地区的有关问题，均参照适用所谓的"涉外民事关系"。④ 除此之外，"国际"和"涉外"民事关系并没有什么根本上的不同。⑤

而 1994 年《仲裁法》对国内仲裁和涉外仲裁的区分更具有争议。根据该法和《民事诉讼法》的相应规定，国内仲裁的司法审查标准要比涉外仲裁更为严格。⑥ 除了法院依职权对违反公共秩序进行审查以外，根据

---

① 有关不再区分国内和国际仲裁程序的国家，见第二章第二节。其他《示范法》国家（如埃及、保加利亚、立陶宛、墨西哥、新西兰、尼日利亚、阿曼、巴拉圭、西班牙和匈牙利）的仲裁法，则用少量的特别规定来规范国际仲裁程序。

② 见于《德国仲裁法草案政府立法说明》，BT-Drucks. 13/5274 vom 12. Juli 1996，S. 25；参阅 Jaeger, *Die Umsetzung des UNCITRAL-Modellgesetzes über die internationale Handelsschiedsgerichtsbarkeit im Zuge der nationalen Reformen*，S. 40.

③ 根据 1988 年 4 月 2 日的《最高人民法院关于贯彻执行〈中华人民共和国民法通则〉若干问题的意见（试行）》第 178 条规定，凡民事关系的一方或者双方当事人是外国人、无国籍人、外国法人的；民事关系的标的物在外国领域内的；产生、变更或者消灭民事权利义务关系的法律事实发生在外国的，均为涉外民事关系。

④ Kniprath, *Die Schiedsgerichtsbarkeit der Chinese International Economic and Trade Arbitration Commission (CIETAC)*，S. 8 f.

⑤ Kniprath, *Die Schiedsgerichtsbarkeit der Chinese International Economic and Trade Arbitration Commission (CIETAC)*，S. 8；另参阅谭兵主编《中国仲裁制度的改革与完善》，人民出版社 2005 年版，第 467 页。

⑥ 见《仲裁法》第 70、71 条。对是否应当采用同一标准对国内和涉外仲裁裁决进行审查，在学界曾有过较为激烈的讨论，见陈安《中国涉外仲裁监督机制申论》，《中国社会科学》1995 年第 4 期；肖永平《也谈我国法院对仲裁的监督范围——与陈安先生商榷》，《法学评论》1998 年第 1 期；肖永平《内国、涉外仲裁监督机制之我见——对〈中国涉外仲裁监督机制评析〉一文的商榷》，《中国社会科学》1998 年第 2 期；陈安《英、美、德、法等国涉外仲裁监督机制辨析——与肖永平先生商榷》，《法学评论》1998 年第 5 期。

《仲裁法》第 58 条的规定，人民法院在撤销国内仲裁裁决程序中还存在实体审查的可能，而在撤销涉外仲裁程序中仅限于程序审查。上述规定与国际上放宽司法对仲裁的管制的自由化趋势并不相符。① 而《仲裁法》在撤销涉外仲裁裁决的规定上则存在明显法律漏洞：《仲裁法》第 70 条并没有对法院依职权撤销违反社会公共利益的仲裁裁决作出规定。而这种实体审查又恰恰符合国际通行的司法审查的标准。② 对这些问题，可以通过在国内和国际仲裁程序中统一适用《示范法》中撤销和不予执行仲裁裁决的规定来解决。此外，《仲裁法》第七章（第 66 条及以下条款）针对涉外仲裁机构作出专门规定似乎并无太大意义。由于新组建的仲裁机构也能够受理涉外仲裁案件、选聘外国仲裁员，同时中国国际贸易仲裁委员会也开始大量受理国内仲裁案件。③ 因此，就没有必要对同一仲裁机构所管理的仲裁程序采用不同的方式进行司法审查。最后，《仲裁法》第七章的其他条款（如中级人民法院管辖、开庭笔录要点、由国际商会制定仲裁规则），均在区分国内和国际仲裁程序方面没有显著的作用。④

　　《仲裁法》对国内和涉外仲裁作出相应的区分，一部分原因是我国仲裁制度的发展历史造成的。《仲裁法》颁布之前，国内仲裁和涉外仲裁分别由各级行政部门和中国贸促会设立和管理。⑤ 随着国内仲裁案件质量的不断提升，以及我国对外开放的不断深入，区分国内仲裁和涉外仲裁的必要程度将进一步降低。⑥

---

① 见第一章第二节。

② 参阅陈安《中国涉外仲裁监督机制申论》，《中国社会科学》1995 年第 4 期；韩德培主编《国际私法问题专论》，武汉大学出版社 2004 年版，第 406 页。

③ 见第五章第三节。

④ 如《仲裁法》第 68 条规定中级人民法院对涉外仲裁程序的证据保全的管辖权。然而，根据《仲裁法》第 46 条国内仲裁案件的证据保全由基层人民法院管辖。实际上，涉外仲裁的证据保全也不一定要由较高层级的法院管辖。如果需要保全的证据位于郊县的话，由那些位于大城市中的中级人民法院管辖反而距离更远，成本更高。关于开庭记录，对国内仲裁案件，《仲裁法》第 48 条规定应将开庭情况记入笔录，而对涉外仲裁案件，《仲裁法》第 69 条则准许将开庭情况作出笔录要点。而实践中，二者也难以进行严格区别。而第 72 条（向有管辖权外国法院申请承认和执行）和第 73 条（由中国国际商会制定仲裁规则），都是不言而喻的，没有规范的必要。

⑤ 见第五章第一节。

⑥ 参阅赵秀文《21 世纪中国国际仲裁法律制度现代化与国际化的发展方向》，《河南省政法管理干部学院学报》2001 年第 3 期；谭兵主编《中国仲裁制度的改革与完善》，人民出版社 2005 年版，第 429—430 页；Kniprath, *Die Schiedsgerichtsbarkeit der Chinese International Economic and Trade Arbitration Commission（CIETAC）*, S. 184.

鉴于全球范围不再区分国际和国内仲裁的趋势，《仲裁法》第七章的规定则显得多余。在未来仲裁法改革中，可以采取统一适用于国内仲裁和国际仲裁程序的立法模式。因此，《示范法》第 1 条第 3 款有关"国际性"定义的规定在未来我国仲裁法改革中没有必要纳入。

2. 地域适用范围

根据《示范法》第 1 条第 2 款，《示范法》的地域适用范围采用仲裁地原则（即严格的属地原则）。而此前一些国家（如德国）沿用的程序地原则，则逐步被仲裁地原则所替代。①

仲裁程序进行地对仲裁程序法（lex arbitri）的适用，确定仲裁裁决的国籍，以及司法支持与监督仲裁的管辖权方面具有十分重要的意义。②《示范法》第 1 条第 2 款和第 20 条第 2 款规定的对仲裁地的选择，也涉及对仲裁程序法的适用。而根据《示范法》第 19 条的规定，只要不违反法律强制性规定，当事人可以对程序性事项进行自由约定，甚至可以约定适用外国仲裁程序法。③ 我国 1994 年《仲裁法》没有赋予当事人自由约定仲裁程序规则的权利。因此，如能吸纳《示范法》第 1 条第 2 款，将会大大提高当事人对仲裁程序的处分权，并提高我国《仲裁法》与国际仲裁程序法制的协调程度。我国《仲裁法》和《民事诉讼法》都没有对仲裁裁决的国籍进行规定。在我国的司法实践中，人民法院通常以仲裁机构所在的国家（Sitz der Schiedsinstitution）来确定仲裁裁决的国籍。这种标准往往导致承认和执行外国仲裁裁决时出现混乱。④ 因此，通过引入属地原则，能对国内或国外仲裁裁决的区分问题作出明确的回答。

然而，《示范法》第 1 条第 2 款在确定法律适用方面还存在一个漏洞。常见的情况是，如果双方当事人纠纷发生前后没有对仲裁地达成协议，按照《示范法》第 20 条第 1 款的规定，应当由仲裁庭来确定仲裁地；但要组成仲裁庭，按照《示范法》的规定，往往还需要某个国家的法院来行使指定仲裁员的司法支持职责，这就带来了法律适用的问题。⑤ 对于这种情况，德国仲裁法（《民事诉讼法》第 1025 条第 2、3 款）规定，只要申请

---

① 见第四章第二节。
② 见第三章第一节。
③ UN-Doc. A/40/17, para. 73；参阅 Zerbe, *Die Reform des deutschen Schiedsverfahrensrechts*, S. 115.
④ 见第五章第五节。
⑤ Holtzmann/Neuhaus, *A Guide to the UNCITRAL Model Law*, p. 36；Calavros, *Das UNCITRAL-Modellgesetz über die internationale Handelsschiedsgerichtsbarkeit*, S. 29.

人或被申请人在德国有住所或惯常居住地的，德国法院依然具有管辖权。这种限制属地原则的补充规定具有参考意义。实际上，其他一些在仲裁庭组成前发生的事务，如书面通知（《示范法》第 3 条）、对司法机关行为范围的限制（《示范法》第 5 条）、仲裁协议的形式与的缔结方式（《示范法》第 7 条）、向法院提交仲裁协议的后果（《示范法》第 8 条），也应当按照上述方式提早确定相关法律的适用。①

（二）书面通知的送达

为保证仲裁程序的顺利开展，《示范法》第 3 条不仅规定了各种书面通知的方式，而且还专门规定了推定收到通知的时间。② 而德国《民事诉讼法》第 1028 条的规定则有所不同，对上述推定送达附加了当事人居住地不明的限制。③ 根据《仲裁法》第 25 条、第 33 条、第 41 条和第 52 条的规定，仲裁委员会必须将仲裁规则、仲裁申请书副本、仲裁员名册、答辩书、仲裁庭组成通知、开庭通知，以及调解书送达或通知相关当事人（未规定仲裁裁决书的送达属于一项漏洞）。如果上述文件没有在规定期间内送达或通知给有关当事人，则有可能因违反《仲裁法》规定的法定程序而导致仲裁裁决被人民法院撤销、发回重新仲裁或不予执行。④ 然而，《仲裁法》却没有对送达的方式进行具体规定。在实践中，经常发生有接收书面通知义务的一方当事人故意拒绝接收有关书面通知的情形，从而在随后的撤销和不予执行程序中寻找理由申请撤销或不执行该裁决。为了有效推动仲裁程序，各仲裁机构纷纷利用自行制定的仲裁规则填补这一空白，甚至部分仲裁机构直接援用《民事诉讼法》有关送达的规定。⑤ 但是，参照适用《民事诉讼法》的规定不仅需要很长的送达时间，而且有些送达方式（如公告）还会损害仲裁的保密性。因此，为了使仲裁程序能够顺利开展，《仲裁法》在修改时应当参照《示范法》第 3 条的做法，对书面通知的送达方式，以及到达的时间（包括推定到达的时间）作出清晰的规定。值得注意的是，电子邮件地址是否也属于《示范法》第 3 条第 1 款规定的"邮

---

①　Oberhammer, *Entwurf eines neuen Schiedsverfahrensrechts*, S. 31.

②　Hußlein-Stich, *Das UNCITRAL-Modellgesetz über die internationale Handelsschiedsgerichtsbarkeit*, S. 27.

③　见第四章第二节。

④　黄进、宋连斌、徐前权：《仲裁法学》，中国政法大学出版社 2008 年版，第 154 页。

⑤　例如《广州仲裁委员会 2007 年仲裁规则》第 73 条；《天津仲裁委员会 2014 年仲裁规则》第 88 条；《郑州仲裁委员会 2008 年仲裁规则》第 74 条；但北京仲裁委员会于 2008 年仲裁规则修改时已经删除了公告送达方式。

件地址"（mailing address）呢？随着国际上对仲裁协议形式要求进一步自由化的趋势，电子文档被普遍接受为能够满足书面形式的要求。① 但是，为了避免疏忽和大意，通过电子邮件送达有关仲裁法律文书应当谨慎。通常有接收义务的一方当事人应当向仲裁庭明确表示电子邮件可作为己方的送达方式。如果当事人变更电子邮件送达方式，或者变更新的电子邮件地址，并明确通知仲裁庭的，仲裁庭应当满足当事人的变更请求。

（三）异议权的放弃

《示范法》第 4 条和德国《民事诉讼法》第 1027 条均规定了异议权的放弃，即当事人因自身原因不遵守仲裁程序规则，仍继续程序而不提出异议，就因此被视为放弃异议的权利。这种规定的理论基础是诚实信用下的禁止反言原则（在英美法中称作"estoppel"，在大陆法中又称作"venire contra factum proprium"）。② 由于部分当事人出于战术的原因（如希望裁决或许对其有利），在仲裁程序中或之前就明知存在某些程序错误和缺陷却不提出，而是在承认和执行仲裁裁决阶段提出，从而造成仲裁程序的拖延。因此，异议权放弃的规定对加快仲裁程序、提高仲裁裁决的确定性有着重要意义。③ 我国《仲裁法》没有明确规定异议权的放弃。而根据《中国国际经济贸易仲裁委员会仲裁》，如果当事人"理应知道"（ought to have known）程序未被遵守，就可能导致异议权的放弃。④ 按照这种标准，因疏忽大意也可能会丧失异议权。而根据《示范法》的标准，异议权的丧失只是发生在当事人"明知"而故意违反程序的情况下。⑤ 因此，如果我国《仲裁法》在修改时吸收《示范法》第 4 条的规定，还应考虑异议权丧

---

① 见第一章第二节。

② Vgl. Calavros, *Das UNCITRAL-Modellgesetz über die internationale Handelsschiedsgerichtsbarkeit*, S. 34; Jaeger, *Die Umsetzung des UNCITRAL-Modellgesetzes über die internationale Handelsschiedsgerichtsbarkeit im Zuge der nationalen Reformen*, S. 47.

③ Huβlein-Stich, *Das UNCITRAL-Modellgesetz über die internationale Handelsschiedsgerichtsbarkeit*, S. 28; Jaeger, *Die Umsetzung des UNCITRAL-Modellgesetzes über die internationale Handelsschiedsgerichtsbarkeit im Zuge der nationalen Reformen*, S. 47.

④ 2015 年《中国国际经济贸易仲裁委员会仲裁规则》第 10 条规定："一方当事人知道或理应知道本规则或仲裁协议中规定的任何条款或情事未被遵守，仍参加仲裁程序或继续进行仲裁程序而且不对此不遵守情况及时地、明示地提出书面异议的，视为放弃其提出异议的权利。"

⑤ 在《示范法》草案早期的文本中，也是使用的"本应知道"（ought to have known）的表述方法，但是在最终文本中却因会由此产生不确定性，以及与联合国贸法会仲裁规则表述不够统一而被修改；参阅 UN-Doc. A/CN. 9/WG. II/WP. 48, Art. 4; A/40/17, para. 54.

失的主观因素问题。事实上，《示范法》所要求的当事人积极地故意不遵守仲裁程序规则的状态，往往是很难证明的。① 在德国的仲裁法改革中，政府法律修改草案一度对德国《民事诉讼法》第 1027 条异议权丧失的规定也采取严格的"明知"主观故意标准，但在最终稿建议决定和对法律委员会的报告中放弃了这一标准。② 奥地利在仲裁法改革中也放弃了对当事人"明知"的要求，其理由是通过开庭、书面答辩等环节，能够较为容易地证明双方当事人对放弃异议权的主观状态。③

（四）法院的职权范围

国际仲裁立法自由化潮流对司法机关转变对仲裁的监督职能产生深刻影响。法院干预仲裁的范围被逐渐缩小，顺利推进仲裁程序的支持功能被逐步强化，法院有配合仲裁程序执行有关强制措施的义务，以弥补仲裁庭在采取强制措施方面的不足。这种趋势反映在《示范法》第 5 条，就是除非有仲裁法的明文规定，法院不得干预仲裁。④ 然而，《示范法》第 5 条并不排除各国在仲裁立法时扩大法院对仲裁监督和支持职权范围。例如，德国立法机关就在《民事诉讼法》第十编赋予本国法院另外三项干预仲裁的职权，即根据第 1032 条第 2 款判定仲裁程序合法或不合法、根据第 1034条第 2 款指定仲裁员、根据第 1050 条采取其他司法行为。而根据我国《仲裁法》，法院没有指定仲裁员、更换仲裁员和要求仲裁员回避的职权。而有关指定仲裁员和回避等职权，则根据《仲裁法》第 31、32 条和第 37条由仲裁委员会行使。问题是，如果我国在仲裁法修改中引入临时（Ad-hoc）仲裁制度，是否可以由人民法院承担起指定、更换仲裁员和决定仲裁员回避的职能。对于临时仲裁而言，如果赋予人民法院上述职权，而不是由仲裁协会来行使，可能便于当事人就近提出相关申请。毕竟由于我国幅员辽阔，当事人更容易通过当地法院获得有关司法支持。

---

① Granzow, *Das UNCITRAL-Modellgesetz über die internationale Handelsschiedsgerichtsbarkeit von 1985*, S. 79.

② 在德国《民事诉讼法》政府修改草案第 1027 条末尾规定："... und auch nicht bekannt sein musste"。见《德国仲裁法草案政府立法说明》，BT-Drucks. 13/5274 vom 12. Juli 1996, S. 5；以及对政府草案最终稿建议决定和对法律委员会的报告，BT-Drucks. 13/9124 vom 24. November 1997, S. 6.

③ Oberhammer, *Entwurf eines neuen Schiedsverfahrensrechts*, S. 33.

④ Zerbe, *Die Reform des deutschen Schiedsverfahrensrechts*, S. 123；Jaeger, *Die Umsetzung des UNCITRAL-Modellgesetzes über die internationale Handelsschiedsgerichtsbarkeit im Zuge der nationalen Reformen*, S. 48.

二　仲裁协议

在民商事仲裁中，任何仲裁程序均建立在一个有效的仲裁协议基础之上。仲裁协议被认为是现代仲裁制度的"基石"。① 随着我国 1994 年《仲裁法》改革，有效仲裁协议成为仲裁程序启动和开展的前提条件。而此前的国内经济合同仲裁制度，其管辖权直接来自法律规定。因此，从尊重当事人意思自治方面，1994 年《仲裁法》向前迈出了重要一步。然而，现行《仲裁法》对仲裁协议的生效条件规定过于严格，在确定仲裁协议效力的程序方面规定也存在缺陷，因而受到广泛批评。②

（一）仲裁协议效力认定的法律适用

1. 连接因素

要想对仲裁协议的效力进行判断，首先要确定判断仲裁协议效力所适用的法律，这对涉外仲裁程序来讲尤其重要。对仲裁协议的法律适用规则，《示范法》在第 34 条第 2 款字母 a（i）和第 36 条第 1 款字母 a（i）有关撤销与不予承认和执行仲裁裁决理由的规定中有所涉及。根据上述规定，法官首先要适用双方当事人约定的法律，如果当事人未约定，则适用仲裁裁决作出地国家的法律。这种冲突法规则与《纽约公约》第 5 条第 1 款字母 a 关于拒绝承认和执行外国仲裁裁决的理由完全一致。在这里，仲裁裁决作出地与《示范法》第 20 条第 1 款和第 31 条第 3 款所指的仲裁地相同。

问题是，在较早程序阶段如何适用法律对仲裁协议效力进行审查，如在法院提出管辖权异议、请求法院对仲裁庭作出的管辖权决定进行审查，对此《示范法》和《纽约公约》并没有明文规定。③ 在有关文献中，参照《欧洲国际商事仲裁公约》第 6 条第 2 款字母 c 的规定，仲裁地法律被认

---

① Schwab/Walter, *Schiedsgerichtsbarkeit*, Kap. 3 Rn. 1; UN-Doc. A/CN. 9/264, Art. 7, para. 1; Redfern/Hunter, *Law and Practice of International Commercial Arbitration*, Rn. 1 – 08.

② See Zhou, J. Int'l Arb. 23（2006），145（147）；Zhao/Kloppenberg, Front. Law China 3（2006），393（407）；韩德培主编《国际私法问题专论》，武汉大学出版社 2004 年版，第 404 页；Kniprath, *Die Schiedsgerichtsbarkeit der Chinese International Economic and Trade Arbitration Commission（CIETAC）*, S. 182；Hantke, SchiedsVZ 2007, 36（37）.

③ 见 UN-Doc. A/CN. 9/207, para. 45；A/CN. 9/216, para. 25；放弃制定一个一般性的冲突规则的原因，主要是因为各国普遍抵触对法律冲突问题进行规定；见 UN-Doc. A/CN. 9/246, para. 198 – 201；vgl. Saucken, *Die Reform des Österreichischen Schiedsverfahrensrechts*, S. 44.

为适用于整个仲裁程序，[①] 因为无论是在异议程序还是仲裁庭自裁管辖权司法审查程序，仲裁协议的效力问题均应由继续推进仲裁程序所在国家的法院进行审查。而《纽约公约》第 5 条第 1 款字母 a 也明确援引了第 2 条对仲裁协议的定义。[②]

　　如果当事人在仲裁协议中没有对法律适用进行约定，并且此时仲裁地也尚未确定，则根据法院地有关冲突法规则确定可适用的法律。[③] 在德国的冲突法规范中，如果当事人没有约定，有关仲裁协议的法律适用主要根据 2008 年 6 月 17 日欧洲议会和理事会《关于合同之债关系法律适用的法令》（EG 2008/593）第 3 条及以下条款所确定的最密切联系原则确定。根据最密切联系原则，仲裁协议所适用的法律既可以是主合同约定法律，也可以是仲裁员（特别是首席仲裁员）所属国家的法律。[④]

　　在我国《仲裁法》中没有对仲裁协议的法律适用进行规定。[⑤] 在司法解释中，人民法院对涉外仲裁案件中的当事人约定仲裁协议的适用法律是认可的。[⑥] 如果当事人没有对适用法律达成协议，人民法院确定仲裁协议法律适用的司法实践并不一致。1999 年，广东高院援引一份在租船合同的船运提单中的仲裁条款，根据我国《仲裁法》认定该仲裁协议无效，而该仲裁条款中明确约定了仲裁地为伦敦。审判人员在裁定中认为，仲裁协议效力问题属于程序性事项，因此应当适用法院地法（lex fori）。[⑦] 但在另外

① Holtzmann/Neuhaus, *A Guide to the UNCITRAL Model Law*, S. 303；Granzow, *Das UNCITRAL-Modellgesetz über die internationale Handelsschiedsgerichtsbarkeit von 1985*, S. 94 f.；Calavros, *Das UNCITRAL-Modellgesetz über die internationale Handelsschiedsgerichtsbarkeit*, S. 153 f.；Huβlein-Stich, *Das UNCITRAL-Modellgesetz über die internationale Handelsschiedsgerichtsbarkeit*, S. 49；Schlosser, in：*Stein/Jonas*, *ZPO*, Anh. § 1061 Rn. 40；Schwab/Walter, *Schiedsgerichtsbarkeit*, Kap. 43 Rn. 2.

② Schlosser, in：Stein/Jonas, *ZPO*, Anh. § 1061 Rn. 38.

③ Schwab/Walter, *Schiedsgerichtsbarkeit*, Kap. 43 Rn. 3.

④ Baumbach/Lauterbach/Albers/Hartmann, ZPO, § 1029 Rn. 11；亦见于 Basedow, "Vertragsstatut und Arbitrage nach neuem IPR", in：JPS, S. 3 (10) .

⑤ 韩德培主编：《国际私法问题专论》，武汉大学出版社 2004 年版，第 406 页。

⑥ 最高人民法院民四他字〔2004〕第 43 号；参阅杨弘磊《中国内地司法实践视角下的〈纽约公约〉问题研究》，法律出版社 2006 年版，第 211 页。

⑦ 见北京和德（集团）有限公司与希腊 Cherry Valley 有限公司提单纠纷案，对该案有关评论见宋伟力《论认定国际商事仲裁协议效力的法律适用》，载《中国海事审判年刊》2000 年；其他案例参阅 Kniprath, *Die Schiedsgerichtsbarkeit der Chinese International Economic and Trade Arbitration Commission（CIETAC）*, S. 39 Fn. 16；赵秀文《国际商事仲裁及其适用法律研究》，北京大学出版社 2002 年版，第 270 页。

一个类似案件中，最高人民法院却按照仲裁地法（香港法）认定仲裁协议的效力。① 在此后的司法解释中，最高人民法院明确了有关冲突法适用原则，即只有在当事人没有约定适用法律，以及对仲裁地约定不明确的情况下，才能直接适用法院地法（lex fori）。② 然而，鉴于我国现行《仲裁法》对仲裁协议生效要件规定十分严格，适用法院地法则依然显得尤其不利。2011 年我国《涉外民事关系法律适用法》施行后，有关仲裁协议的法律适用有了进一步发展。《涉外民事关系法律适用法》第 18 条不仅明确规定当事人可以协议选择仲裁协议适用的法律，还规定了当事人没有选择的，适用仲裁机构所在地法律或者仲裁地法律。但遗憾的是，该法依然没有明确在临时仲裁情况下，当事人没有约定仲裁地，如何解决仲裁协议的法律适用问题。因此有人建议，在我国未来仲裁法改革中，可以参照瑞士《联邦国际私法》第 178 条第 2 款的规定，基于主合同所适用的法律来确定仲裁协议的效力。实际上，在中国国际私法协会草拟的中国国际私法示范法中，也参照了瑞士《联邦国际私法》第 178 条第 2 款的规定。③ 但也有学者批评认为，由于主合同和仲裁协议的目的并不一致，因此直接适用主合同所适用的法律也不是理想的解决方案。④

总之，我国未来的仲裁法应该包括一个独立的、自由的仲裁协议法律适用规则，并秉承有利于生效（in favorem validitatis）的原则。按照首先由当事人约定，其次根据仲裁地原则，在当事人未约定仲裁地时，根据最密切联系原则，综合考虑主合同法律适用、仲裁员国籍、仲裁机构所在地、受理有关申请的法院所在地等多种因素，来确定仲裁协议所适用的法律。毕竟一个明确的规定将使仲裁协议法律适用更具有可预见性，并且与《涉外民事关系法律适用法》做到协调。

2. 仲裁协议的法律性质

仲裁协议的法律适用问题一旦查明，接下来就会出现另一个问题，即到底适用何种法律，即实体法抑或程序法，来判断仲裁协议的效力。这就涉及仲裁协议的法律性质问题。人们对仲裁协议的法律性质依然存有争

① 见最高人民法院法经〔1999〕第 143 号；参阅杨弘磊《中国内地司法实践视角下的〈纽约公约〉问题研究》，法律出版社 2006 年版，第 216 页。

② 法释〔2006〕7 号第 16 条；法发〔2005〕26 号第 58 条。

③ 宋连斌、赵健：《关于修改 1994 年中国〈仲裁法〉若干问题的探讨》，《仲裁与法律》2000 年第 6 期。

④ Schütze/Tscherning/Wais, *Handbuch des Schiedsverfahrens*, Rn. 560.

论。一般来讲，学者们比较倾向于将仲裁协议纳入实体法的范畴，① 而司法实践部门更多地把仲裁协议视为一种程序性协议。② 在德国法中，仲裁协议的法律性质也存在较大争议。在有关文献中，仲裁协议有时被当作一种实体法性质的合同，③ 有时又被当作一种纯粹的程序合同。④ 根据德国最高法院民事审判庭（BGH）的判例，仲裁协议被当作一种"有关程序关系的实体性协议"。⑤ 支持按照这种观点的学者认为，⑥ 正是仲裁协议的性质决定了仲裁协议的双重功能。⑦ 持相反观点的学者提出批评认为，不存在所谓双重性质的仲裁协议，且民法上也没有支持仲裁协议产生程序效果的法律基础。⑧ 当前，德国最高法院的立场是将仲裁协议作为"程序合同的一种"（Unterfall des Prozessvertrags）。⑨ 有人认为，仲裁协议的法律性质是由仲裁作为民间司法的法律性质所决定的，⑩ 仲裁协议应被归为程序协议，毕竟仲裁协议的主要功能是在程序法领域展开的。⑪ 有关仲裁协议的合法性、签订、效力均来自程序法。⑫

仲裁协议建立在双方当事人意思自治的基础之上。它的目的与主合同不同，仲裁协议双方当事人的权利和义务在方向上均是一致的，即将争议

---

① 韩德培主编：《国际私法问题专论》，武汉大学出版社 2004 年版，第 406 页；更多的文献见 Kniprath, *Die Schiedsgerichtsbarkeit der Chinese International Economic and Trade Arbitration Commission (CIETAC)*, S. 38 Fn. 11.

② 如上文提到的北京和德（集团）有限公司与希腊 Cherry Valley 有限公司提单纠纷案；对仲裁协议的书面形式要件，根据最高人民法院法发〔2005〕26 号第 66 条的规定，应当符合合同法的规定。

③ 这种观点主要是从仲裁庭的私法特征，以及从冲突法的角度作为出发点而得出的。参阅 Lorenz, AcP 157 (1958–1959), 265 (267, 284); Wagner, *Prozeβverträge*, S. 579.

④ Henn, *Schiedsverfahrensrecht*, Rn. 17; Geimer, in: Zöller, *ZPO*, § 1029, Rn. 15; Jauernig, *Zivilprozessrecht*, S. 302; Rosenberg/Schwab/Gottwald, *Zivilprozessrecht*, § 174, Rn. 7; Schlosser, in: *Stein/Jonas*, *ZPO*, § 1029, Rn. 1; Schwab/Walter, *Schiedsgerichtsbarkeit*, Kap. 7 Rn. 37; Wagner, *Prozeβverträge*, S. 582, 更多的文献见该书 S. 579 Fn. 112.

⑤ *BGHZ* 23, 198 (200); 40, 320 (323); 49, 384 (386).

⑥ Baumbach/Lauterbach/Albers/Hartmann, *ZPO*, § 1029 Rn. 10; Münch, in: MünchKomm-*ZPO*, § 1029 Rd. 6; Thomas/Putzo, *ZPO*, § 1029 Vorbem. Rn. 8.

⑦ Schütze, *Schiedsgericht und Schiedsverfahren*, Rn. 107.

⑧ Wagner, *Prozeβverträge*, S. 582.

⑨ *BGHZ* 99, 143 (147).

⑩ Schlosser, in: *Stein/Jonas*, *ZPO*, § 1029, Rn. 1 und vor § 1025, Rn. 2.

⑪ Schwab/Walter, *Schiedsgerichtsbarkeit*, Kap. 7 Rn. 37; Jauernig, *Zivilprozessrecht*, S. 302.

⑫ Rosenberg/Schwab/Gottwald, *Zivilprozessrecht*, § 174 Rn. 7.

提交仲裁解决，而不是在法院对簿公堂。[①] 这就是仲裁协议只是对争议解决程序产生影响的原因。合同之债的法律规则对解释仲裁协议往往不太适用。例如，将民法中为第三方设定义务的规定作为仲裁协议的基础，就会造成仲裁员的职权范围非常狭窄。[②] 合同法中的合同解除、抵消、免除等规定，均由于仲裁协议缺乏相互给付的义务而无法适用。[③] 因此，民事实体法的规定不能直接适用于仲裁协议，而只能适当地适用，并不得与程序法的规定相冲突。毕竟，民法中合同法的规定最为详尽和周全，而各种协议达成和生效的基本原理也是相通的。[④] 仲裁协议作为一个纯粹的程序协议，将有助于提高仲裁行为的法律确定性，以及增强国际仲裁法制的协调。如果以高度国际化的仲裁法为依据，要查明仲裁协议的生效要件，往往比查明各国纷纭复杂的合同法生效要件要容易得多。这有助于加速仲裁程序，促进仲裁程序的经济性。

（二）仲裁协议的生效要件

仲裁协议的效力问题会在仲裁程序的不同阶段被提出。例如，在法院或仲裁庭受理案件后当事人提出管辖异议，或者仲裁庭作出具有管辖权的决定之后当事人向法院提出撤销，以及在仲裁裁决作出之后当事人向法院申请撤销和不予执行。根据我国现行《仲裁法》，在审查仲裁协议效力问题上会涉及仲裁协议的实质和形式要件，以及仲裁协议的客观和主观可仲裁性。

1. 实质要件

仲裁协议的内容可以分为两种类型：必要的内容和推荐的内容。仲裁协议的推荐内容主要是指需要达成补充协议的内容（如国际仲裁程序中的仲裁地），或者可选择达成协议的内容（如选择适用的仲裁规则）。上述内容在法律上，或者从顺利推进仲裁程序上被视为需要当事人进行约定。[⑤] 但是，如果当事人没有约定，有关事项将按照法律的规定，或者由仲裁庭的决定来确定。也就是说，推荐的内容对仲裁协议的效力并不直接产生影响。而仲裁协议的必要内容则是直接影响仲裁协议的存在、生效、有效或无效的内容。大多数国家的仲裁法都没有对仲裁协议的最低效力内容作出过高的要求。从

① 黄进、宋连斌、徐前权：《仲裁法学》，中国政法大学出版社 2008 年版，第 77 页。

② Wagner, *Prozeβverträge*, S. 581.

③ Schwab/Walter, *Schiedsgerichtsbarkeit*, Kap. 8 Rn. 10.

④ Schwab/Walter, *Schiedsgerichtsbarkeit*, Kap. 7 Rn. 37.

⑤ Lionnet/Lionnet, *Handbuch der internationalen und nationalen Schiedsgerichtsbarkeit*, S. 149 – 151.

《示范法》第 7 条第 1 款的规定来看，一个仲裁协议的必要内容仅为当事人将某法律争议提交仲裁解决的共同意思表示。① 因此，对争议进行裁决，并将裁决的权力委托给仲裁庭，才构成仲裁协议的必要组成部分。②

但我国《仲裁法》对仲裁协议的必要生效条件提出了很高的要求。《仲裁法》第 16 条第 2 款规定仲裁协议应当具有下列内容：（一）请求仲裁的意思表示；（二）仲裁事项；（三）选定的仲裁委员会。

在实践中，上述第三项的规定尤其容易出现问题。在这里所说的"仲裁委员会"必须得到明确约定。否则，结合《仲裁法》第 18 条的规定，将导致仲裁协议的无效。③ "仲裁委员会"广义上是指中国国际经济贸易仲裁委员会、中国海事仲裁委员会、根据《仲裁法》重新组建的仲裁机构，以及国外的常设仲裁机构。在司法实践中，最高人民法院就将当事人是否协商选择某个特定的仲裁委员会作为确定仲裁协议效力的必要条件。例如，如果仲裁协议约定的仲裁机构名称不准确，但能够确定具体的仲裁机构（如贸仲的名称曾发生过多次变更），或者在仲裁协议中仅约定了仲裁规则，而根据该规则能够确定仲裁机构，法院就会认定仲裁协议已经就仲裁委员会达成了一致。④ 如果当事人约定由某地的仲裁机构仲裁，且该地只有一个仲裁委员会，根据最高人民法院的司法解释，该仲裁机构就可以被视为当事人约定的仲裁机构。⑤

《仲裁法》第 16 条第 2 款第 3 项有关仲裁协议必须约定明确仲裁机构的规定，还同时排除了当事人协商达成临时（Ad-hoc）仲裁程序的可能。而我国《仲裁法》否定在大陆地区范围内临时（Ad-hoc）仲裁的合法性备受批评。⑥ 因此，有必要在将来的仲裁法改革中明确许可临时（Ad-hoc）仲裁程序。⑦

---

① Schütze, *Schiedsgericht und Schiedsverfahren*, Rn. 133.

② Schwab/Walter, *Schiedsgerichtsbarkeit*, Kap. 3 Rn. 2 – 9, 20 f.

③ 根据《仲裁法》第 18 条规定，如果当事人对仲裁事项或者仲裁委员会没有约定或者约定不明确时，当事人可以补充协议。达不成补充协议，仲裁协议无效。

④ 见最高人民法院法释〔2006〕7 号第 3、4 条；法发〔2005〕26 号第 62 条。

⑤ 见最高人民法院法释〔2006〕7 号第 6 条；法发〔2005〕26 号第 64、69 条。

⑥ 参阅 Zhao/Kloppenberg, Front. Law China 3 (2006), 393 (407 – 409)；谭兵主编《中国仲裁制度的改革与完善》，人民出版社 2005 年版，第 269—274 页；张斌生主编《仲裁法新论》，厦门大学出版社 2010 年版，第 594 页；康明《临时仲裁及其在我国的现状和发展》（下），《仲裁与法律》2000 年第 4 期；韩健《仲裁协议中关于仲裁机构的约定》，《法学评论》1997 年第 84 期。

⑦ 有关讨论见第七章第二节。

2. 形式要件

《仲裁法》仅在第 16 条第 1 款仲裁协议的定义中提及书面方式，但对书面形式的具体认定标准，则留给法官和仲裁员根据法律的精神进行解释。仲裁协议的书面形式要求是否得到满足，人民法院在相关司法解释中主要参照《合同法》有关书面形式的规定。① 《合同法》第 11 条所规定的书面形式，是指合同书、信件和数据电文（包括电报、电传、传真、电子数据交换和电子邮件）等可以有形地表现所载内容的形式。我国参照《联合国国际贸易法委员会电子签名示范法》（2001），于 2004 年颁布了《电子签名法》，并于 2006 年签署了《联合国国际合同使用电子通信公约》（2005）。根据上述法律和公约，电子文件和电子签名均符合书面形式要求。根据最高人民法院的司法解释，如果援引适用其他书面合同、文件，以及国际条约中的有效仲裁协议，也能满足书面形式要求。② 如果船运提单援引了租船合同中的仲裁条款或包含仲裁条款，根据最高人民法院的司法解释，通过接受承运人签发的船运提单，也可以在承运人和提单持有人之间达成仲裁协议，并符合书面形式。③ 但无论是《仲裁法》还是最高人民法院的司法解释，都对另外一种单方作出的书面仲裁协议，即"商业确认书"的合法性，保持了沉默。这种商业确认书通常是由一方当事人根据前期口头达成的协议（包括仲裁条款）进行总结后以书面形式作出，并在通知另一方当事人时，告知其在一定时间内保持沉默即视为同意该确认书内容。德国立法机关在进行仲裁法改革时，通过《民事诉讼法》第 1031 条第 2 款明确规定以这种方式达成的仲裁协议符合书面形式要求，从而进一步放松了对仲裁协议书面形式的要求。

事实上，在近年来的全球仲裁立法改革中，仲裁协议的书面形式要求已经被大大弱化。在一些国家，口头仲裁协议也得到法律所许可和承认。④ 随着现代科技的发展，"书面"和"口头"也进一步变得模糊，并涉及意思表示的发出和到达等一系列问题。譬如，双方通过语音通话达成一份含仲裁条款的协议，并同意该语音通话被记录。然后将记录的语音文件，或者将通过语音识服务把该语音通话转化而来的文本文件，作为电子邮件附

---

① 法发〔2005〕26 号第 66 条。
② 法释〔2006〕7 号；法发〔2005〕26 号第 66 条、第 70 条；法函〔1996〕177 号。
③ 法函〔1995〕135 号。
④ 见第一章第二节。

件分别发送双方当事人。但总的来讲，对于在国际经济贸易合同中十分常见的仲裁条款，如果对其形式要件比那些更为"危险"的义务性条款的形式要件更为严苛，是不合理的。① 因此，需要认真考虑在未来的我国仲裁法改革中，根据 2006 年《示范法》第 7 条（方案二）的规定，完全放弃对仲裁协议有效要件中的书面形式要求的规定。联合国贸法会对《纽约公约》第 2 条第 2 款的解释表明，即使废除书面形式要求的规定也与《纽约公约》第 7 条第 1 款规定的最惠国条款不相违背。

3. 对可仲裁性的要求

仲裁协议的争议事项必须具有客观可仲裁性，这也是有效仲裁协议的基本前提。《示范法》在可仲裁性问题上没有做限定性的澄清，而是有意把这一问题留给各国法律进行具体规定。我国 1994 年《仲裁法》第 2 条首先对具有可仲裁性的事项做了一般性规定：合同纠纷和其他财产权益纠纷，可以仲裁。② 而根据《仲裁法》第 17 条第 1 项的规定，如果约定的仲裁事项不具有可仲裁性，就会导致仲裁协议无效。

至于主体可仲裁性要求，《示范法》和德国《民事诉讼法》均要求根据当事人所属的属人法，当事人应当有订立仲裁协议的行为能力。③ 在连接方法上，各方当事人的属人状态（如自然人国籍、经常居住地、法人营业地、登记地等）④，以及法律对订立仲裁协议的专门规定往往意义重大。⑤ 与《示范法》和德国《民事诉讼法》规定不同，我国《仲裁法》第 17 条第 2 项直接作出规定，无民事行为能力人或限制行为能力人订立的仲裁协议无效。很明显，《仲裁法》的这种对主体可仲裁性的限制规定要比《示范法》和德国《民事诉讼法》的规定更加宽泛。禁止限制行为能力人订立仲裁协议的规定在其他国家仲裁法中是罕见的。实际上，根据《民法通则》第 12 条和第 13 条的规定，限制行为能力人可以由其法定代理人或征得法定代理人同意后从事民事活动。因此，参照《示范法》第 34 条第 2

---

① Jaeger, *Die Umsetzung des UNCITRAL-Modellgesetzes über die internationale Handelsschiedsgerichtsbarkeit im Zuge der nationalen Reformen*, S. 57.

② 有关我国《仲裁法》中的客观可仲裁性的讨论参见第七章第二节。

③ 参阅《示范法》第 34 条第 2 款字母 a（i），以及第 7 条；德国《民事诉讼法》第 1059 条第 2 款第 1 项字母 a，以及第 1029 条、第 1031 条。

④ Geimer, in：*Zöller*, *ZPO*, § 1029 Rn. 23；Schlosser, in：Stein/Jonas, *ZPO*, § 1025 Rn. 31；Schütze/Tscherning/Wais, *Handbuch des Schiedsverfahrens*, Rn. 563.

⑤ Lachmann, *Handbuch für die Schiedsgerichtspraxis*, Rn. 286.

款字母 a（i）的规定，只要规定"无民事行为能力人订立的仲裁协议无效"即可。我国《仲裁法》并没有限制国家和某些公共机构，以及国有企业作为一方当事人订立仲裁协议。相较于其他国家或独立法域限制公法人订立仲裁协议的规定，我国《仲裁法》在这方面倒是更为自由一些。①

（三）仲裁协议的独立性

在实践中，仲裁协议更多地表现为主合同中的仲裁条款，由此也就产生了仲裁条款是否受主合同法律效力"命运"影响的问题。有关仲裁协议的独立性或可分性原则（separability doctrine）的学说，起初是从国际仲裁的实践中发展而来的，即仲裁协议的效力不受主合同效力的影响，而是基于不同目的而相互独立存在。② 仲裁协议作为一种程序合同，其目的是解决主合同的实体权利义务纠纷。仲裁协议的独立性作为一项基本原则，在《示范法》第 16 条第 2 款，以及德国《民事诉讼法》第 1040 条第 1 款等众多仲裁法律中得以普遍规定。我国法律和司法解释也都承认仲裁协议独立性原则。例如，《仲裁法》第 19 条第 1 款明确规定，合同的变更、解除、终止或者无效，不影响仲裁协议的效力。《合同法》第 57 条还规定，合同被撤销的，不影响合同中独立存在的有关解决争议方法的条款的效力。但是，我国《仲裁法》第 19 条并没有对主合同未成立时仲裁协议的独立性作出规定。最高人民法院通过颁布有关司法解释试图填补这项法律漏洞：当事人在订立合同时就争议达成仲裁协议但合同未成立，以及合同成立后未生效，均不影响仲裁协议的效力。③ 上述规定是可取的，应当在未来我国《仲裁法》修改中予以吸收。④

（四）仲裁协议的效力

基于有效的仲裁协议，各方当事人均有参与仲裁程序的权利和服从仲裁裁决的义务，⑤ 仲裁庭也基于有效仲裁协议获得审理和裁决的职权，此

---

① 参阅第一章第二节。

② Schwab/Walter, *Schiedsgerichtsbarkeit*, Kap. 4 Rn. 16.

③ 法释〔2006〕7 号第 10 条第 2 款。

④ 宋连斌、赵健：《关于修改 1994 年中国〈仲裁法〉若干问题的探讨》，《仲裁与法律》2000 年第 6 期。

⑤ Baumbach/Lauterbach/Albers/Hartmann, *ZPO*, § 1029 Rn. 19；Lionnet/Lionnet, *Handbuch der internationalen und nationalen Schiedsgerichtsbarkeit*, S. 175；Lachmann, *Handbuch für die Schiedsgerichtspraxis*, Rn. 441 f.；Schlosser, in：*Stein/Jonas*, *ZPO*, § 1029 Rn. 30.

外，有效仲裁协议还产生阻却法院管辖的效果。[1] 特别是对于当事人而言，仲裁协议的法律效力主要表现为指定仲裁员组成仲裁庭，遵守仲裁规则，以及向仲裁庭或仲裁机构支付仲裁费用等。[2] 但这并不排除原告通过提起诉讼、被告通过放弃异议权，从而免除仲裁协议对双方的约束。根据我国《仲裁法》第 5 条，人民法院对于存在有效仲裁协议的案件一方起诉的，人民法院应依职权（ex officio）通知当事人不予受理。在例外情况下，如果一方在起诉时没有声明有仲裁协议，那么另一方在首次开庭前未提出异议的，法院可根据《仲裁法》第 26 条继续审理此案。与此相反，《示范法》第 8 条第 1 款和德国《民事诉讼法》第 1032 条第 1 款却不要求法院依职权审查，而是在一方当事人就仲裁协议的争议事项向法院提起诉讼时，根据另一方当事人的请求（ex parte），法院才指示原告提交仲裁。也就是说，原告可以通过提起诉讼行为，被告可以通过默认行为而变更仲裁协议的内容。对于这种当事人的意思自治，法律应当予以尊重。

至于向法院提起管辖异议的时间限制，《示范法》第 8 条第 1 款要求至迟在首次对实体提交答辩前提出。与《示范法》不同的是，我国《仲裁法》第 26 条规定应当"在首次开庭前"提出，否则即视为当事人放弃仲裁协议，人民法院继续审理。按照最高人民法院的司法解释，"首次开庭"是指答辩期满后人民法院组织的第一次开庭审理，但不包括庭审前的各项准备活动。[3] 从程序经济的角度看，《示范法》的规定更加合理，便于及时确定管辖。如果我国《仲裁法》能够采用《示范法》的上述规定，也便于和我国《民事诉讼法》第 127 条有关诉讼管辖异议的协调一致起来。

三　仲裁庭的组成

（一）仲裁庭人数

在确定仲裁庭人数上，《示范法》第 10 条一如既往地首先尊重当事人的意思自治（第 1 款），只有在当事人未达成一致的情况下才默认由三人

---

[1]　黄进、宋连斌、徐前权：《仲裁法学》，中国政法大学出版社 2008 年版，第 92 页。

[2]　Lionnet/Lionnet, *Handbuch der internationalen und nationalen Schiedsgerichtsbarkeit*, S. 175；Lachmann, *Handbuch für die Schiedsgerichtspraxis*, Rn. 433 – 458；Schwab/Walter, *Schiedsgerichtsbarkeit*, Rn. 21.

[3]　法释〔2006〕7 号第 14 条。

组成仲裁庭（第 2 款）。① 该规定之目的是通过这种双层机制（two-level system），最大程度上给予当事人自由选择空间，而只有在当事人未能预见或者由于某种原因未约定时，法律才进行干预。② 德国《民事诉讼法》第 1034 条第 1 款的表述与《示范法》第 10 条的规定完全一致。但我国《仲裁法》第 30 条仅规定了三人仲裁庭和独任仲裁庭的情形。虽然在实践中三人仲裁庭和独任仲裁庭最为常见，但依然不应排除当事人通过协议确定仲裁庭人数的自由。为了避免出现偶数仲裁庭合议意见出现平局，可以参照英国《1996 年仲裁法》（*Arbitration Act 1996*）的做法，即如果双方约定仲裁庭人数为偶数，应视为要求委任另外一名仲裁员担任首席仲裁员。③ 如果仲裁庭依然无法形成多数意见，则可以参照《仲裁法》第 53 条的规定，有关裁决和决定按照首席仲裁员的意见作出。

（二）仲裁员指定程序

在仲裁员指定程序上，我国《仲裁法》与《示范法》存在两处不同。首先，根据我国《仲裁法》第 13 条，当事人必须从仲裁机构设置的仲裁员名册中选定仲裁员。而《示范法》第 11 条第 2 款则更为自由。根据该款规定，当事人各方可以自由地就仲裁员指定程序进行约定。④ 其次是关于首席仲裁员的指定。按照我国《仲裁法》第 31 条第 1 款的规定，在三人仲裁庭的情况下，除了当事人各自选定或者各自委托仲裁委员会主任指定一名仲裁员外，由当事人共同选定或者共同委托仲裁委员会主任指定第三名仲裁员，第三名仲裁员是首席仲裁员。而《示范法》对三人仲裁庭中首席仲裁员的任命采用下列顺序：首先，由双方当事人共同协商选定（《示范法》第 11 条第 2 款），其中包括当事人协议适用的仲裁规则；其次，如果当事人未达成上述协议，双方当事人各自选定一名仲裁员，这两名仲裁员协商选定第三名仲裁员担任首席仲裁员（《示范法》第 11 条第 3 款字母 a 第 1 句）；最后，如果在规定时间内一方当事人未选定仲裁员，或者上述两名仲裁员未就第三名仲裁员达成协议，则由指定机关进行指定（《示范法》第 11 条第 3 款字母 a 第 2 句）。我国《仲裁法》第 31 条明显

---

① Berger, *Internationale Wirtschaftsschiedsgerichtsbarkeit*, S. 139; Böckstiegel, RIW 1984, 670 (672).

② See UN-Doc. A/CN. 9/264, Art. 10, para. 1; Jaeger, *Die Umsetzung des UNCITRAL-Modellgesetzes über die internationale Handelsschiedsgerichtsbarkeit im Zuge der nationalen Reformen*, S. 71; Hußlein-Stich, *Das UNCITRAL-Modellgesetz über die internationale Handelsschiedsgerichtsbarkeit*, S. 55.

③ 类似规定亦见于 1966 年《欧洲仲裁统一法》和奥地利、孟加拉国等国家的仲裁法。

④ 有关仲裁员的资格的讨论见第七章第二节。

忽略《示范法》上述第二个选项。仲裁实践中，由当事人共同协商选定第三名仲裁员的情况是罕见的。而由仲裁机构指定第三名仲裁员则存在内部人控制和滥用职权干预裁决的可能。一般来讲，仲裁员相互认识和了解，如果能够由两位仲裁员协商产生第三名仲裁员，将对协同工作有一定好处。因此，基于将仲裁机构的作用限制在纯粹程序管理的需要，以及考虑到将来引入临时（Ad-hoc）仲裁的需要，《示范法》的规定不失为一种有益补充，应当在将来仲裁法改革中纳入《示范法》的上述规定。由于《示范法》的制定者似乎忘记了澄清第三名仲裁员即首席仲裁员（尽管《示范法》第 29 条也提及首席仲裁员这种说法），[①] 因此，我国《仲裁法》第 30 条和第 31 条关于确定首席仲裁员的现行规定应当继续保留。

（三）仲裁员职权的终止

1. 仲裁员的回避

与国家司法审判行为类似，仲裁作为一种真正的非官方司法行为，也必须保证仲裁员的独立性和公正性。《示范法》第 12 条试图从两个方面确保仲裁的独立性和公正性：首先，仲裁员有义务披露可能对其公正性或独立性引起正当怀疑的任何情况（第 1 款）；其次，如果存在引起对仲裁员公正性或独立性正当怀疑的情况，或仲裁员不具备当事人约定的资格，当事人有权对仲裁员提出回避（第 2 款第 1 句）。

我国《仲裁法》第 34 条则罗列了具体的回避事由。而有关回避事由显然又是引用了《民事诉讼法》第 44 条对审判人员的规定。相比之下，《示范法》第 12 条显得更具有概括性。此外，我国《仲裁法》第 34 条并未规定仲裁的披露义务，而是直接强制要求仲裁员根据回避事由进行回避。实际上，比照法官对可能的仲裁员回避事由作出具体规定，以及强制要求仲裁员进行回避都是没有必要的。首先，与法官相比，由于仲裁员具有兼职性质，以及当事人与仲裁庭成员存在特殊的指定关系，可能出现的回避事由往往更加复杂和多样。其次，《仲裁法》第 34 条所列回避情形，只是在仲裁员与当事人存在某种密切关系时，推断仲裁员不能保持公正和独立。而是否真正会影响仲裁员的公正性或独立性，还是应当由当事人自行决定。

在决定回避的程序上，我国《仲裁法》第 36 条规定由仲裁委员会主

---

① Huβlein-Stich, *Das UNCITRAL-Modellgesetz über die internationale Handelsschiedsgerichtsbarkeit*, S. 158.

任作出回避决定。如果当事人申请回避被仲裁委员会驳回，根据《仲裁法》不得就该决定向人民法院请求司法审查。这种规定显然没有考虑临时（Ad-hoc）仲裁制度。如果考虑在将来仲裁法改革中设置临时仲裁制度，则应当参照《示范法》第 13 条的规定，由仲裁庭自行作出是否回避的决定，同时不排除仲裁委员会根据仲裁规则对回避作出决定，但当事人有权对上述驳回回避申请的决定，再次向人民法院申请要求回避。

2. 仲裁员的辞职

除了仲裁员的回避以外，仲裁员的职权还可以通过辞职而终止。根据《示范法》第 14 条第 1 款第 1 句，当仲裁员在法律上或事实上不能履行职责而辞职时，该仲裁员的职权即告终止。我国《仲裁法》对仲裁员出现不履行或者不能履行职责时其职权的终止没有作出规定，而是把这些问题留给了各仲裁机构所制定的仲裁规则。① 原则上，仲裁员通过辞职而终止其作为仲裁庭成员的职权，相关法律后果应当得到法律的确认。毕竟强迫仲裁员参加一个仲裁程序与仲裁的意思自治精神不符。② 通过辞职也有利于当事人及时更换仲裁员，从而推动仲裁程序的顺利开展。

3. 其他更换仲裁员的情形

仲裁员的职权还会因为其他原因而终止，例如，由当事人共同约定而终止，仲裁员死亡，仲裁程序的结束，等等。根据《示范法》第 14 条第 1 款，当仲裁员因其他原因过分迟延履行职责，当事人可以通过协议终止对其委任，并可以请求有管辖权的法院就终止仲裁员职权作出裁定。为防范实践中时有出现的仲裁员故意拖延程序的情况，在法律中明确规定回避以外更换仲裁员的情形，有助于减少上述情况的发生，维护程序的经济性。

（四）重新指定仲裁员

根据我国《仲裁法》第 37 条第 1 款的规定，仲裁员回避后应当重新选定或者指定仲裁员。而按照该条第 2 款，仲裁庭既可以根据当事人的请求，也可以自行决定已进行的仲裁程序是否重新进行。如果重新进行仲裁程序，是重复全部程序，还是仅重复一部分程序，《仲裁法》和《民事诉讼法》都没有给出答案。同时，《仲裁法》第 37 条第 2 款把是否重新仲裁

---

① 如《中国国际经济贸易仲裁委员会 2015 年仲裁规则》第 33 条；《北京仲裁委员会 2015 年仲裁规则》第 23 条。

② UN-Doc. A/CN. 9/264, Art. 15 para. 3; Huβlein-Stich, *Das UNCITRAL-Modellgesetz über die internationale Handelsschiedsgerichtsbarkeit*, S. 80.

程序的自由裁量权全部交给了仲裁庭，而忽视当事人双方就部分或全部仲裁程序重新达成协议的情形。根据仲裁私法自治的原则，可参照《示范法》第 19 条第 1 款和德国《民事诉讼法》第 1042 条第 3 款的规定，对当事人的上述协议仲裁庭应当尊重。

四　仲裁庭的管辖权

（一）仲裁庭自裁管辖权

仲裁庭的自裁管辖权，是指仲裁庭对于自身是否具有管辖权，包括对有关仲裁协议是否存在和有效作出决定的职权。自裁管辖权源自德国法并逐步成为国际公认的原则，《示范法》第 16 条明确规定了仲裁庭的自裁管辖权。① 此外，仲裁庭也有权就有关纠纷是否超出当事人约定的仲裁事项作出决定。尽管仲裁庭的自裁管辖权属于一种初步的决定，要受到法院最终裁定的制约，但仲裁庭的这种职权能够取得"抢先优势"，并限制当事人过于迟延提出仲裁庭无管辖权的异议，以确保程序的稳定。② 然而，我国《仲裁法》并没有给予仲裁庭这种职权，而是赋予仲裁委员会部分有限的自裁管辖权。例如，在判断仲裁协议效力问题上，法律并未规定仲裁庭有权作出决定，而是规定由仲裁委员会作出决定（第 20 条第 1 款第 1 句）；其次，如果一方当事人向仲裁委员会提出异议，那么另一方向人民法院提出异议，则法院具有作出管辖权优先性（第 20 条第 1 款第 2 句）。立法机关的上述制度设计以机构仲裁为基础，试图在较早的程序阶段将管辖权问题予以解决，以求节约时间和费用成本。③ 但是，赋予仲裁委员会这一职权，首先可能会影响仲裁员的独立性，以及当事人对仲裁庭的信任。因为这样会给人一种感觉，即仲裁员即便是对仲裁管辖权存在其他看法，也必须为了仲裁委员会而进行裁决。由于《仲裁法》第 20 条第 2 款规定在首次开庭前当事人可就管辖权提出异议，因此在仲裁庭组成后，上述问题表现得更为明显。其次，由于在仲裁委员会作出管辖权决定期间，

---

① 《示范法》第 16 条主要参照了《欧洲国际商事仲裁公约》第 5 条，《世界银行公约》第 41 条，《联合国贸法会仲裁规则》第 21 条的规定；参阅 Holtzmann/Neuhaus，*A Guide to the UNCITRAL Model Law*，S. 478 f.

② 参阅第一章第二节。

③ 参阅全国人大常委会法制工作委员会民法室、中国国际经济贸易仲裁委员会秘书局编著《中华人民共和国仲裁法全书》，法律出版社 1995 年版，第 88 页。

仲裁程序往往需要中止，因此也会对仲裁的效率产生影响。①

《示范法》第16条第2款则对当事人提出管辖权异议的时间作出了两项限制。根据该款第1句，有关管辖权异议至迟应当在实体问题答辩的最后期限前提出。而根据该款第3句，对于仲裁庭超越职权的异议，则必须在仲裁程序过程中发生越权情形后立即提出。除非有正当理由，迟延提出异议不仅会在仲裁程序中导致失权，还会在下一步法院的撤销程序和强制执行程序中造成失权。② 根据我国《仲裁法》第20条第2款，当事人必须在仲裁庭首次开庭前对仲裁协议的效力提出异议。由于《仲裁法》第39条还规定当事人协议不开庭审理，仲裁庭可以进行书面审理。因此《仲裁法》第20条明显存在一处法律漏洞，即没有规定书面审理时提出管辖权异议的最后期限。③ 此外，《仲裁法》第20条对未提出管辖权异议的法律后果也没有作出规定。相比之下，《仲裁法》第26条对当事人没有在法院首次开庭前提出管辖权异议的法律后果则规定得非常清楚，即视为放弃仲裁协议。为明确有关法律后果，最高人民法院的司法解释作出下列规定：如果当事人在首次仲裁开庭前没有对仲裁协议的效力提出异议，而此后向人民法院申请确认仲裁协议无效的，人民法院不予受理。④

在将来的我国仲裁法改革中，对于仲裁庭的自裁管辖权问题，建议参考国际商会仲裁院的做法，⑤ 在《仲裁法》中规定在仲裁庭组成前由仲机构先行作出临时管辖决定。同时，引入《示范法》第16条的规定，在法律中明确授予仲裁庭作出管辖权决定的职权，并对当事人提出管辖权异议的期限作出规定。

（二）仲裁庭作出临时措施的职权

除了《示范法》第9条所规定的向司法机构申请临时措施的可能性，《示范法》第17条还规定了仲裁庭作出临时保全措施的职权。受《示范法》的影响，绝大多数国家的仲裁法均授予仲裁庭能够作出临时保全措施

① 宋连斌：《国际商事仲裁管辖权研究》，法律出版社2000年版，第95页。
② See UN-Doc. A/CN. 9/264, Art. 16 para. 8；Hußlein-Stich, *Das UNCITRAL-Modellgesetz über die internationale Handelsschiedsgerichtsbarkeit*, S. 91；有关德国法的规定参阅《德国仲裁法草案政府立法说明》，BT-Drucks. 13/5274 vom 12. Juli 1996, S. 44；Baumbach/Lauterbach/Albers/Hartmann, *ZPO*, § 1040 Rn. 3；Geimer, in: *Zöller*, *ZPO*, § 1040 Rn. 12.
③ 谭兵主编：《中国仲裁制度的改革与完善》，人民出版社2005年版，第372页。
④ 法释〔2006〕7号第13条第1款。
⑤ 《ICC仲裁规则》第6条第2款。

的职权。① 德国在仲裁法改革中也顺应国际潮流对仲裁庭作出临时保全措施进行了相应规定。德国《民事诉讼法》第 1041 条明确规定，仲裁庭有权命令采取临时保全措施。

我国现行《仲裁法》没有授予仲裁庭作出保全措施决定的职权。根据《仲裁法》第 28 条第 2 款和第 46 条、第 68 条，以及《民事诉讼法》第 256 条，当事人提出财产保全或证据保全申请，仲裁委员会应当将当事人的申请提交有管辖权的人民法院。我国《仲裁法》的这种落后规定不断受到批评。事实上，由于仲裁庭对案件事实和争议焦点更为了解，更适于作出是否采取临时措施的判断，从而有利于减少错误保全申请，防止造成扩大的损失。② 因此在各种文献中，不断有建议希望在将来仲裁法改革中赋予仲裁庭作出保全措施的职权。③

在《示范法》2006 年的改革中，最重要的一项成果就是细化了仲裁庭作出临时保全措施职权的各项规定。《示范法》第 17 条第 2 款列举了四种临时保全措施的类型。④ 相比而言，1991 年通过的我国《民事诉讼法》仅规定了财产和证据保全，在 2012 年的《民事诉讼法》修改中又增加了责令和禁止作出一定行为的规定。而在 1999 年通过的《海事诉讼特别程序法》中，第 51 条规定了所谓的海事强制令的强制措施，即海事法院根据海事当事人的请求，责令被请求人作为或不作为的强制措施。⑤ 原则上，仲裁庭应受执行临时保全措施当地民事诉讼法律中有关临时措施类型的限制。这是因为，即使仲裁庭作出了临时保全措施的决定，但依然需要司法机构进行执行。如果一国民事诉讼法律中没有规定某种临时保全措施类型（如英国法中的禁诉令 anti-suit injunctions，在民法法系国家民事诉讼法中就非常罕见），就会给法院的执行带来困难。为此，德国《民事诉讼法》第 1041 条第 2 款明确规定，法院可以在执行仲裁临时保全措施命令时，

---

① 见第一章第二节；参阅 Jaeger, *Die Umsetzung des UNCITRAL-Modellgesetzes über die internationale Handelsschiedsgerichtsbarkeit im Zuge der nationalen Reformen*, S. 86.

② 谭兵主编：《中国仲裁制度的改革与完善》，人民出版社 2005 年版，第 370 页；张斌生主编：《仲裁法新论》，厦门大学出版社 2010 年版，第 601 页。

③ Wang/Hilmer, Int'l A. L. R. 2006, 1 (6 f.)；Zhao/Kloppenberg, Front. Law China 3 (2006), 393 (414 f.)；赵秀文：《21 世纪中国国际仲裁法律制度现代化与国际化的发展方向》，《河南省政法管理干部学院学报》2001 年第 66 期；谭兵主编：《中国仲裁制度的改革与完善》，人民出版社 2005 年版，第 376 页。

④ 见第二章第二节。

⑤ 1999 年 12 月 25 日九届全国人大常务委员第十三次会议通过，2000 年 7 月 1 日起施行。

在必要时对该命令进行修改。根据修改后的《示范法》第17 I 条第 1 款字母 b（i），如果临时保全措施与寻求执行法院的职权不符，该临时保全措施将不予承认和执行。

此外，对于仲裁前的保全，我国《海事诉讼特别程序法》首先作出了相应的规定（第 14 条、第 53 条和第 64 条）。但直到 2012 年《民事诉讼法》修改时，对当事人申请仲裁前保全，以及法院管辖，在《民事诉讼法》中才有了明确规定（第 101 条）。因此，在将来我国仲裁法改革中，一方面可以要求仲裁庭应援引《民事诉讼法》和其他法律有关保全的规定作出临时性保全措施，另一方面也可以参考德国《民事诉讼法》的做法，同时规定如果仲裁庭作出的临时保全措施与《民事诉讼法》及其他有关法律保全规定不符，人民法院有权作出与请求不同的裁定。而现行《仲裁法》中有关对申请有误时申请人应负赔偿责任的规定则应当保留，以避免当事人恶意申请临时措施。

五　仲裁程序的推进

（一）推进程序的基本原则

1. 平等对待双方当事人和法定听审

《示范法》第 18 条第 1 款包含了两项仲裁程序的重要原则：一是应当平等对待当事人，二是应当给予当事人充分机会陈述其请求。[1] 这两项原则都属于公共秩序（ordre public）的一部分，因此具有强制性，必须在整个仲裁程序中得到认真遵守。[2] 在我国现行《仲裁法》中，公平原则还主要表现在法律适用方面，如第 7 条规定：仲裁应当根据事实，符合法律规定，公平合理地解决纠纷。虽然《仲裁法》并没有明文规定"法定听审"原则，但是《仲裁法》通过对通知、答辩、开庭等环节的规定，保障当事人在仲裁程序中有充分的机会向仲裁庭及时陈述意见，如第 47 条就规定了当事人在仲裁过程中的辩论权。至于具有"东方特色"的仲裁和调解相

---

① Huβlein-Stich, *Das UNCITRAL-Modellgesetz über die internationale Handelsschiedsgerichtsbarkeit*, S. 105.

② Fouchard/Gaillard/Goldman, *On International Commercial Arbitration*, para. 1638; Schwab/Walter, *Schiedsgerichtsbarkeit*, Kap. 15 Rn. 1; Geimer, in: *Zöller*, *ZPO*, § 1042 Rn. 2;《德国仲裁法草案政府立法说明》，BT-Drucks. 13/5274 vom 12. Juli 1996, S. 46; Kronke, RIW 1998, 257（260）; Berger, DZWiR 1998, 45（51）.

结合，由"背靠背"调解等产生的双方当事人信息不对等的问题，已通过长期实践得到普遍认可，并且可以通过事前告知权利义务、先查明案件事实再行调解、调解失败披露信息等措施，防止出现与公平原则相违背的情形。因此，原则上在未来我国仲裁法改革中吸纳《示范法》第 18 条的规定是没有问题的，吸收该条规定能够加强公平原则对程序部分规定的统领作用。①

2. 程序规则中的当事人意思自治

《示范法》第 19 条第 1 款规定当事人可以就仲裁庭应遵循的程序进行自由约定，该规定也被《示范法》的缔造者称为"仲裁程序的大宪章"（Magna Carta of Arbitral Procedure）。② 参照《示范法》的规定，德国《民事诉讼法》第 1042 条第 3 款也规定，在不违反《民事诉讼法》第十编强制性规定的前提下，当事人得自由决定或援引一套仲裁规则来开展仲裁程序活动。根据《示范法》起草者的设想，只要不与《示范法》的强制性条款相违背，当事人还可以自由约定适用某外国仲裁程序法，并引用某个仲裁规则来确定仲裁程序。③ 因此，在确定仲裁程序规则适用方面，《示范法》第 19 条和德国《民诉法》第 1042 条实际上涵盖了四个层级：首先要考虑公共秩序（ordre public）和法律强制性规定，其次是当事人的协议，再次是法律在当事人未进行约定时直接作出的程序规定，最后则由仲裁庭酌情按照其认为适当的方式进行仲裁。④ 其中，当事人的约定可以在任何程序阶段作出。在《示范法》的起草者们看来，不仅在仲裁程序开始之前（如仲裁协议），而且在仲裁程序进展之中，当事人均具有量身定制仲裁程序的权利。⑤

我国现行《仲裁法》中还没有类似由当事人自由选择适用仲裁程序法或者仲裁规则的规定。因此，对于在大陆地区开展的仲裁程序，直接选择

① 有关仲裁中调解的讨论见第七章第二节。

② UN-Doc. A/CN. 9/264，Art. 19 para. 1.

③ UN-Doc. A/40/17，para. 73；A/CN. 9/264，Art. 19 para. 2.

④ Granzow，*Das UNCITRAL-Modellgesetz über die internationale Handelsschiedsgerichtsbarkeit von 1985*，142 f.；die Regierungsbegründung zum deutschen SchiedsVfG-Entwurf，BT-Drucks. 13/5274 vom 12. Juli 1996，S. 47；Berger，DZWiR 1998，45（51）.

⑤ See UN-Doc. A/40/17，para. 172；A/CN. 9/264，Art. 19 para. 3；Huβlein-Stich，*Das UNCITRAL-Modellgesetz über die internationale Handelsschiedsgerichtsbarkeit*，S. 107 f.；Granzow，*Das UNCITRAL-Modellgesetz über die internationale Handelsschiedsgerichtsbarkeit von 1985*，S. 143.

适用外国仲裁法是不允许的。① 虽然在贸仲仲裁规则中有规定，如果当事人达成协议根据其他仲裁规则开展仲裁程序，应当按照该协议执行。然而，人们也同样担心这样的规定无法得到执行，主要原因是当事人所选的外国仲裁规则无法与我国《仲裁法》规定进行协调。② 因此在文献中有人提出，应当在将来仲裁法修改时吸纳《示范法》第 19 条的做法，即除强制性的法律规定以外，赋予当事人对仲裁程序法或仲裁程序规则自行选择的权利，以确保当事人的意思自治。③

（二）仲裁地

《示范法》第 20 条第 1 款涉及"仲裁地"（place of arbitration）的规定。仲裁地会直接影响到仲裁程序所适用的国内仲裁程序法（属地原则），以及由哪个法院负责对仲裁进行司法支持和司法监督，并决定仲裁裁决在何处作出（仲裁裁决国籍）。按《示范法》的逻辑，仲裁地首先由当事人自行确定，如果当事人没有达成协议则由仲裁庭确定程序地。《示范法》第 20 条第 2 款中出现的"地点"（place），则与"仲裁地"的概念不同，是指仲裁庭基于实际需要开展各种仲裁程序实际发生的地点。该"地点"不仅要受到当事人协议的约束，还受到仲裁庭组成人员所处国家、语言甚至基础设施便利条件，以及政治稳定等因素的影响。④

我国《仲裁法》对上述两个概念均没有作出明确的规定。但仲裁地的概念经常在最高人民法院的各种司法解释中得到使用。例如在最高人民法院与香港、澳门关于相互执行仲裁裁决的两个"安排"（Arrangements）第 7 条⑤和第 16 条中⑥，均使用了仲裁地这一概念来确定应适用的法律。但是，在我国的司法解释中，仲裁裁决的国籍并不是由仲裁地决定的，而是由仲裁机构所在地所决定的。⑦ 仲裁机构的所在地还对撤销仲裁裁决的法院管辖权（《仲裁法》第 58 条），以及确认仲裁协议效力的法院管辖权

① 参阅朱克鹏《国际商事仲裁的法律适用》，法律出版社 1999 年版，第 87 页。

② See Kniprath, *Die Schiedsgerichtsbarkeit der Chinese International Economic and Trade Arbitration Commission（CIETAC）*, S. 41.

③ 参阅赵秀文《国际商事仲裁及其适用法律研究》，北京大学出版社 2002 年版，第 291 页；宋连斌、赵健《关于修改 1994 年中国〈仲裁法〉若干问题的探讨》，《仲裁与法律》2000 年第 6 期；张斌生主编《仲裁法新论》，厦门大学出版社 2010 年版，第 591 页。

④ See Saucken, *Die Reform des Österreichischen Schiedsverfahrensrechts*, S. 211.

⑤ 见法释〔2007〕17 号，以及法释〔2000〕3 号；另参阅第五章第四节。

⑥ 见法释〔2006〕7 号。

⑦ 见第五章第五节。

（最高人民法院法释〔2006〕7号第12条）发挥着至关重要的作用。开庭地点一般也是受理该案的仲裁机构所在地。但根据国内大多数仲裁委员会的仲裁规则，当事人可以约定在仲裁机构所在地以外的地点进行开庭；当事人没有达成协议的，仲裁庭可与仲裁机构的仲裁秘书协商确定在仲裁机构所在地以外的地点进行开庭。①

鉴于仲裁地在整个仲裁程序中起着基础性作用，以及国际仲裁立法统一采用仲裁地标准的实践，建议在仲裁法修改中采纳《示范法》第20条的规定，以使我国仲裁法与国际仲裁立法标准进一步进行协调，并充分尊重当事人在仲裁活动中的意思自治。

（三）仲裁程序的开始

根据《示范法》第21条（并联系第3条第1款），除非当事人另有协议，仲裁程序自被申请人收到申请人"就有关纠纷提起仲裁的申请"（Request for that dispute）之日起开始。值得注意的是，《示范法》第21条规定的"仲裁申请"与第23条中的"仲裁请求"（Statement of claim）并不一致。② 此外，除了《示范法》第21条之外，德国《民事诉讼法》第1044条还规定了该仲裁申请应具明当事人名称、争议事项，以及所援引的仲裁协议。因此，根据德国《民事诉讼法》第1044条第2句的文义，仲裁申请应当以书面方式提交。③ 只有仲裁程序开启，有关争议才会得到审理和裁决，即德国法中所谓的"系属"。④ 随着仲裁程序的开始，有关时效问题才会像提起诉讼那样开始发生中断。⑤

我国《仲裁法》中没有仲裁程序开始的规定。《仲裁法》第74条仅规定了法律对仲裁时效有规定的，适用该规定；如果法律对仲裁时效没有规定则适用诉讼时效的规定。根据我国《合同法》第129条、《产品质量法》第45条、《海商法》第257—265条、《民法通则》第135条和第136条，

---

① 如《中国国际经济贸易仲裁委员会2015年仲裁规则》第36条。

② UN-Doc. A/CN. 9/264，Art. 21 para. 2；Huβlein-Stich，*Das UNCITRAL-Modellgesetz über die internationale Handelsschiedsgerichtsbarkeit*，S. 114；Lionnet/Lionnet，*Handbuch der internationalen und nationalen Schiedsgerichtsbarkeit*，S. 317.

③ Baumbach/Lauterbach/Albers/Hartmann，*ZPO*，§ 1044 Rn. 2；Schlosser，in：Stein/Jonas，*ZPO*，§ 1044 Rn. 2；Lionnet/Lionnet，*Handbuch der internationalen und nationalen Schiedsgerichtsbarkeit*，S. 318.

④ Schlosser，*Das Recht der internationalen privaten Schiedsgerichtsbarkeit*，Rn. 615.

⑤ Lionnet/Lionnet，*Handbuch der internationalen und nationalen Schiedsgerichtsbarkeit*，S. 319.

仲裁或诉讼时效根据不同情况分别为一年到四年不等。而根据《民法通则》第140条的规定，诉讼时效因提起诉讼而中断。由于仲裁程序开始时间与时效中断紧密相关，因此《示范法》第21条的规定，以及德国《民事诉讼法》第1044条第2句的规定，应当在未来我国仲裁法改革中加以借鉴。

（四）程序语言

在国际仲裁中，对仲裁程序语言的约定较为常见。因此《示范法》第22条对程序语言进行了专门规定。根据该条，首先由当事人自行约定仲裁程序语言。其次，如当事人未约定则由仲裁庭来确定程序语言。我国1994年《仲裁法》没有对仲裁程序语言进行规定。然而，国内多数仲裁机构的仲裁规则均对程序语言进行了规定，如贸仲仲裁规则第67条就规定，当事人有权对程序语言进行自由约定。然而，与《示范法》第22条第2款不同的是，该规则规定如果缺乏当事人约定，则默认中文为程序语言。

实际上，仲裁程序所在地的官方语言并不见得对程序开展具有决定性意义。这是因为在确定开展仲裁程序地点时，人们往往是出于其他考虑（如中立性），与开展程序的地点并没有实际需求或法律要求上的必然联系。① 即使由仲裁庭确定程序语言也绝不能过于随意。由于确定程序语言对仲裁费用、当事人在程序中的平等权、法定听审权的实现等，都具有非常重要的意义，② 因此仲裁庭必须综合考虑当事人的真实意愿、实体合同语言、仲裁协议语言、当事人和仲裁员的语言知识，以及对有关仲裁规则的引用等多项因素。③ 对于国内仲裁程序而言，由于当事人双方能够基于他们对程序的主导地位随时变更程序语言，因此可以防止仲裁庭采用对其不利的外语开展仲裁程序。以德国为例，《民事诉讼法》第十章并没有区分国内和国际仲裁程序，而《示范法》第22条原封不动地被第1045条所吸收。因此，在未来我国仲裁法改革中直接吸纳《示范法》第22条应该是没有问题的。

---

① Lionnet/Lionnet, *Handbuch der internationalen und nationalen Schiedsgerichtsbarkeit*, S. 334；另参阅《德国仲裁法草案政府立法说明》，BT-Drucks. 13/5274 vom 12. Juli 1996, S. 48；Baumbach/Lauterbach/Albers/Hartmann, *ZPO*, § 1045 Rn. 2.

② Thomas/Putzo, *ZPO*, § 1045 Rn. 1；Lionnet/Lionnet, *Handbuch der internationalen und nationalen Schiedsgerichtsbarkeit*, S. 332.

③ Schütze, *Schiedsgericht und Schiedsverfahren*, Rn. 192；Lionnet/Lionnet, *Handbuch der internationalen und nationalen Schiedsgerichtsbarkeit*, S. 334.

（五）仲裁申请

《示范法》第 23 条第 1 款主要对仲裁申请和答辩的内容进行了规定。我国《仲裁法》第 23 条和第 25 条也有相应的规定，其中第 23 条对仲裁申请书应具有的内容进行了详细规定，如当事人的姓名、性别、年龄、职业、工作单位和住所，法人或者其他组织的名称、住所和法定代表人或者主要负责人的姓名、职务。我国《仲裁法》并未像《示范法》第 23 条或德国《民事诉讼法》第 1046 条那样，[1] 规定任何一方当事人均得修改或补充其请求或答辩。另根据我国《仲裁法》第 25 条第 2 款规定，仲裁答辩书应当在仲裁规则规定的期限内提交给仲裁委员会，并由仲裁委员会在仲裁规则规定的期限内将答辩书副本送达申请人。

我国《仲裁法》中对仲裁申请书内容的强制性规定，可能会与当事人自行约定的仲裁规则存在潜在的矛盾。[2] 由于不在答辩期限内提交答辩书与导致当事人缺席或丧失答辩权利的法律后果并无必然联系，因此在《仲裁法》第 25 条第 2 款中对被申请人提交答辩的义务性描述也是不恰当的。[3] 德国在吸纳《示范法》时去除了申请书"争议点"的要求。这种规定是有积极意义的，因为在程序初期，争议点对确定正确的争议标的和仲裁请求并非必要。[4]

《示范法》第 23 条第 2 款和第 2 条（f）项有关变更、补充仲裁请求，以及反请求的规定，主要见于我国《仲裁法》第 27 条。与《示范法》不同的是，《仲裁法》并没有对变更和补充仲裁请求进行任何限制。基于程序经济原则，以及当事人各方尽可能降低仲裁费用的利益，驳回当事人随意申请变更和补充仲裁的请求往往是必要的。在《示范法》起草过程中，在仲裁庭驳回当事人变更和补充仲裁申请的权限问题上，一度曾参照联合国贸法会仲裁规则第 20 条的规定，赋予仲裁庭较大的自由裁量权。然而在《示范法》的最终版本中，仲裁庭驳回的权限仅限于变更和补充仲裁申请过于迟延。[5] 通过这种办法，《示范法》试图在法定听审原则和程序经济

①　见第四章第二节。

②　Saucken, *Die Reform des Österreichischen Schiedsverfahrensrechts*, S. 217.

③　Oberhammer, *Entwurf eines neuen Schiedsverfahrensrechts*, S. 97.

④　见第四章第二节。

⑤　Binder, *International Commercial Arbitration and Conciliation in UNCITRAL Model Law Jurisdictions*, Rn. 5 – 094.

仲裁立法的自由化、国际化和本土化

原则之间达到一种折中和平衡。① 尽管我国《仲裁法》第27条准许变更仲裁请求，但却未明文规定反请求亦可进行相应变更。因此，在将来仲裁法改革中应当参考德国《民事诉讼法》第1046条第3款的规定，明确规定对反请求的内容、反请求的变更和补充，类推适用有关仲裁申请的规定，以及过分迟延提交变更和补充仲裁申请的法律后果。

（六）开庭审理与书面程序

《示范法》第24条对开庭审理和书面审理进行了规定。是否举行开庭，或者基于文件和其他材料进行书面审理，首先由当事人双方自行决定。如果当事人没有对此达成协议，原则上由仲裁庭根据自由裁量权决定是否开庭（《示范法》第24条第1款第1句）。根据《示范法》第24条第1款第2句，只要一方当事人提出开庭请求，仲裁庭就应当开庭，以通过开庭审理保障正确地裁决。② 另外，进行开庭审理还可以帮助仲裁庭在庭审结束后组织双方当事人面对面地进行调解，从而尽快地解决纠纷。③ 根据我国《仲裁法》第39条，仲裁通常应当开庭进行，仲裁庭只有在双方当事人协议不开庭时，才根据仲裁申请书、答辩书以及其他材料进行书面审理。从该条的语义来看，《仲裁法》并没有赋予仲裁庭进行自由裁量的职权。在双方当事人未对排除书面审理达成协议的情况下，我国《仲裁法》实际上限制了仲裁庭决定进行书面审理的职权。这既不符合程序经济原则，也与国际通行立法标准不符。④ 由于《示范法》第24条第1款第2句规定了当事人有要求仲裁庭应在仲裁程序的适当阶段进行开庭的权利，因此《示范法》的规定与《仲裁法》第39条所规定的开庭原则并不矛盾。

《仲裁法》第25条、第41条仅规定了仲裁委员会应当在仲裁规则规定的期限内将申请书副本送达被申请人，并将开庭日期通知双方当事人。相比而言，《示范法》第24条第2款和第3款所规定的通知义务则更为广

① UN-Doc. A/CN. 9/SR. 323, para. 19 ff.; A/CN. 9/264, Art. 23 para. 4; Huβlein-Stich, *Das UNCITRAL-Modellgesetz über die internationale Handelsschiedsgerichtsbarkeit*, S. 121.

② Schwab/Walter, *Schiedsgerichtsbarkeit*, Kap. 16 Rn. 32.

③ Berger, RIW 2001, 7 (17); Raeschke-Kessler/Berger, *Recht und Praxis des Schiedsverfahrens*, Rn. 666.

④ 大多数《示范法》国家都吸纳了《示范法》第24条第1款的内容；参阅 Binder, *International Commercial Arbitration and Conciliation in UNCITRAL Model Law Jurisdictions*, Rn. 12－025；根据英国《1996年仲裁法》（*Arbitration Act 1996*）第34条第2款字母h，瑞典《1999年仲裁法》（*Arbitration Act 1999*）第24条，《国际商会仲裁规则》第20条第6款等规定，仲裁庭均可自由裁量是否开庭，或者根据书面等材料进行裁决。

泛：任何开庭和仲裁庭为了检查货物、其他财产或文件而举行的任何会议，均应充分提前通知各方当事人。这样具体规定的好处在于能够更好地保障法定听审权利，应当在将来我国仲裁法改革中予以吸纳。

（七）缺席审理

《示范法》第 25 条规定了当事人一方无正当理由不履行程序义务应负的法律后果。我国《仲裁法》对申请人无正当理由不履行义务的规定与《示范法》有所不同：如果原告无正当理由不到庭，或者未经仲裁庭许可中途退庭，按照《仲裁法》第 42 条的规定可以视为撤回仲裁申请；而根据《示范法》第 25 条字母 c，任何一方当事人不出庭或不提供文件证据，仲裁庭可以继续仲裁程序并根据其所收到的证据作出裁决。我国《仲裁法》明显是仿照《民事诉讼法》的规定，即原告经传票传唤无正当理由拒不到庭的，或者未经法庭许可中途退庭的，可以按撤诉处理。这种强制性规定剥夺了当事人自行撤回仲裁申请的处分权，同时也忽略了被申请人获得最终裁决结果的合法权益。因此，应当参照《示范法》的相应内容进行修改。

（八）证据

随着《示范法》被各国广泛接受，《示范法》第 19 条第 2 款第 2 句所规定的仲裁庭对证据的自由裁量权，也成为国际仲裁证据规则的主要标准。按照该项规定，除非当事人另有约定，仲裁庭有权确定任何证据的合法性、关联性、实质性和重要性。这种证明程序的自由性往往被视为仲裁的巨大优势之一，并得到了大多数《示范法》国家的认可。[1] 然而，我国《仲裁法》第 43 条还囿于两个相互竞争的证据原则：该条第 1 款采用了谁主张谁举证的原则，第 2 款则授予仲裁庭依职权收集证据。这种证据规则在实践中往往会出现许多问题。例如，第 1 款就疏漏了举证责任倒置和无须举证规则。而第 2 款规定的仲裁庭自行调查证据的职权，由于没有国家机关的支持和法律责任制度往往无法实现：仲裁员既无法强迫证人出庭并作证，也无法在当事人不愿支付相关费用的情况下询问证人、专家，以及

---

① Raeschke-Kessler, "Stand und Entwicklungstendenzen der nationalen und internationalen Schiedsgerichtsbarkeit in Deutschland", in: *Gottwald* (Hrsg), *Revision des EUGVÜ-Neues Schiedsverfahrensrecht*, S. 211 (229); Binder, *International Commercial Arbitration and Conciliation in UNCITRAL Model Law Jurisdictions*, Rn. 12 – 019.

得到鉴定机构的鉴定结论，甚至无法取得相关政府部门和金融机构的配合。① 所以，最好的办法是由立法机关把证据规则留给当事人或仲裁员自行决定，例如由当事人约定或仲裁员自主决定适用国内民事诉讼证据规则，或者国际律师协会的民事证据规则。按照一些国际民事证据规则，仲裁员对证据的自由裁量基本上仅受公正原则的限制。

按照《示范法》第 26 条的规定，除非当事人另有约定，仲裁庭有权委任专家进行鉴定。我国《仲裁法》第 44 条虽然也规定了仲裁庭对专门问题认为需要鉴定的，可以交由有关鉴定部门进行鉴定，但这种委托鉴定却不受当事人约定的限制。由于鉴定费用终究要由当事人来承担，因此这种规定不尽合理。此外，《示范法》第 26 条第 2 款所规定的当事人进一步派出专家证人就争议点进行作证的权利，在我国《仲裁法》第 44 条第 2 款没有明文规定。参照国际立法经验，我国仲裁法在未来改革中不应排除上述专家证人的规定。

虽然我国《仲裁法》第 43 条第 2 款授权仲裁庭依职权收集证据，但除了证据保全措施以外，仲裁庭实际上在收集证据过程中无法得到司法机关的协助。在实践中，仲裁庭的调查取证多数局限在勘验（如对建设项目的位置进行查看），查阅有关部门存放的证书（如检验检疫部门和海关的进出口商品证书）等活动，但法律并没有明文规定上述当事人或有关部门有配合义务和不配合应负的法律责任。② 由于仲裁庭没有强制手段可用，因此司法协助通常是必要的，以确保能有效开展仲裁程序。③《示范法》第 27 条规定了仲裁庭和国家法院之间在证据调查方面的互动。即仲裁庭或一方当事人在取得仲裁庭同意的情况下，有权请求有管辖权的法院协助获得证据。而法院则在其权限范围内进行司法支持。通过这种折中的解决办法，仲裁庭可以有效阻止一方当事人利用证据问题拖延程序的战术。④ 按照《示范法》第 27 条第 2 句，法院也可以驳回当

---

① Lionnet/Lionnet, *Handbuch der internationalen und nationalen Schiedsgerichtsbarkeit*, S. 358.

② 陈治东：《国际商事仲裁法》，法律出版社 1998 年版，第 195—196 页；Kniprath, *Die Schiedsgerichtsbarkeit der Chinese International Economic and Trade Arbitration Commission（CIETAC）*, S. 121.

③ Schwab/Walter, *Schiedsgerichtsbarkeit*, Kap. 16 Rn. 47；Huβlein-Stich, *Das UNCITRAL-Modellgesetz über die internationale Handelsschiedsgerichtsbarkeit*, S. 136.

④ Huβlein-Stich, *Das UNCITRAL-Modellgesetz über die internationale Handelsschiedsgerichtsbarkeit*, S. 137；Jaeger, *Die Umsetzung des UNCITRAL-Modellgesetzes über die internationale Handelsschiedsgerichtsbarkeit im Zuge der nationalen Reformen*, S. 92.

事人超出其职权范围的证据调查请求。① 因此，《示范法》的这一规定完全可以安全地吸纳。

六　仲裁裁决与仲裁程序的终止

（一）实体法的适用

关于对实体法的适用，《示范法》第 28 条规定应首先尊重当事人的意思自治，如果当事人没有协议选择实体法，则由仲裁庭按照冲突规范所确定适用的实体法律。我国《仲裁法》中没有对仲裁庭如何适用实体法律进行规定。② 但根据其他法律，如《民法通则》第 145 条第 1 款和《合同法》第 126 条第 1 款第 1 句，则承认当事人自行协商选择适用的实体法。我国新的《涉外民事关系法律适用法》颁布以后，当事人选择涉外民事关系（包括物权、债权、知识产权、婚姻家庭和继承等领域）适用的法律作为一项基本原则被法律确定下来。③ 当事人选择涉外民事关系适用法律的权利，仅受到我国法律的强制性规定和社会公共利益的限制。④ 德国立法机关在修改仲裁法时将这一原则在《民事诉讼法》第十章中进行了明确规定。尽管德国《民事诉讼法》第 1051 条第 1 款第 1 句首先强调了当事人的意思自治，但是按照立法机关的理解，当事人应当遵守法律的强制性规定是不言而喻的。⑤ 为了确保在选择适用法律方面的诚实信用（bona

---

① 见《德国仲裁法草案政府立法说明》，BT-Drucks. 13/5274 vom 12. Juli 1996，S. 51；Kronke，RIW 1998，257（261）．

② 朱克鹏：《国际商事仲裁的法律适用》，法律出版社 1999 年版，第 152 页。

③ 该法于 2010 年 10 月 28 日第十一届全国人民代表大会常务委员会第十七次会议通过，2011 年 4 月 1 日生效。但是，该法对认定仲裁协议效力的法律适用问题没有规定。

④ 根据我国《合同法》第 126 条第 2 款，在我国境内履行的中外合资经营企业合同、中外合作经营企业合同、中外合作勘探开发自然资源合同，强制适用我国法律。根据我国《民法通则》第 150 条，适用外国法律或国际惯例的，不得违背我国的社会公共利益。而《涉外民事关系法律适用法》第 4 条和第 5 条亦重申了这两项原则。参阅 Horn，"Die Gesetzgebung zum materiellen und internationalem Vertragsrecht"，in：*ders. /Schütze*（Hrsg.）：*Wirtschaftsrecht und Außenwirtschaftsverkehr der Volksrepublik China*，S. 67（101 f.）；Kniprath，*Die Schiedsgerichtsbarkeit der Chinese International Economic and Trade Arbitration Commission*（*CIETAC*），S. 49；朱克鹏《国际商事仲裁的法律适用》，法律出版社 1999 年版，第 137 页。

⑤ 参阅《德国仲裁法草案政府立法说明》，BT-Drucks. 13/5274 vom 12. Juli 1996，S. 52；Schwab/Walter，*Schiedsgerichtsbarkeit*，Rn. 55 Rn. 6.

fide），并不与公共秩序相违背，对当事人作出相应的限制是必要的。① 按照我国《涉外民事关系法律适用法》第 2 条第 2 款的规定，如果有当事人没有协议选择有关法律适用，我国《涉外民事关系法律适用法》和其他法律对涉外民事关系法律适用没有规定的，则适用与该涉外民事关系有最密切联系的法律。与《示范法》第 28 条第 2 款不同的是，德国《民事诉讼法》第 1051 条第 2 款将冲突规范直接具体化为最密切联系的法律。这种修改在立法机关看来并非"重大"（gravierend）的修改。② 由于"最密切联系"可以通过有关冲突法（例如欧洲议会和理事会《关于合同之债关系法律适用的法令》第 9 条）得到具体化，因此作出这样的规定使连接因素更加客观，增强了法律适用的可预期性和可执行性。③

我国《仲裁法》对仲裁庭是否能够根据"商业惯例"作出裁决保持了沉默。根据《民法通则》第 142 条第 3 款，在我国法律和我国缔结或者参加的国际条约没有规定的情况下，可以适用"国际惯例"。④ 在《合同法》中则使用的是"交易惯例"，其对合同的订立（第 22 条和第 26 条）、合同履行（第 60 条第 2 款）、后合同义务（第 92 条）和合同解释（第 125 条第 1 款）能够产生影响。因此，《示范法》第 28 条第 4 款有关仲裁庭应按照合同约定并考虑适用该项交易的贸易惯例作出裁决的规定，完全可以在未来我国仲裁法改革中进行吸收。问题在于，《示范法》第 28 条第 3 款有关按照公允及善良原则或作为友好仲裁员（ex aequo et bono, amiable compositeur）进行裁决能否吸收到我国仲裁制度中去。我国《仲裁法》第 7 条倒是有相似的规定，即仲裁庭应当根据事实，符合法律规定，公平合理地解决纠纷。但主流观点认为，该条仅适用于双方当事人未对适用法律达成协议，法律也未作出明确规定，从而作为补充性的法律适用规则；或者适用某法律却导致显失公平的后果，从而作为纠正性的法律适用规则。⑤ 因

---

① Redfern/Hunter, *Law and Practice of International Commercial Arbitration*, Rn. 2 – 37.

② 见第四章第二节。

③ Jaeger, *Die Umsetzung des UNCITRAL-Modellgesetzes über die internationale Handelsschiedsgerichtsbarkeit im Zuge der nationalen Reformen*, S. 103.

④ 类似规定还见于我国《海商法》第 268 条第 2 款，《民用航空法》第 184 条第 2 款，《票据法》第 95 条第 2 款等规定。然而，我国《涉外民事关系法律适用法》却没有涉及"国际惯例"这一概念。

⑤ Kniprath, *Die Schiedsgerichtsbarkeit der Chinese International Economic and Trade Arbitration Commission* （*CIETAC*）, S. 53, Fn. 109；韩德培主编：《国际私法问题专论》，武汉大学出版社 2004 年版，第 417 页；全国人大常委会法制工作委员会编著：《中华人民共和国仲裁法律释评》，法律出版社 1997 年版，第 21 页。

此，我国《仲裁法》通过吸纳上述《示范法》第 28 条第 3 款的内容，有助于澄清仲裁庭依据公平原则进行裁决的法律依据。

（二）仲裁庭成员的合议与裁决

与《示范法》第 29 条第 1 句相似，我国《仲裁法》第 53 条第 1 句也规定了仲裁裁决应当按照多数仲裁员的意见作出。二者的区别在于，根据《示范法》第 29 条第 1 句，双方当事人可以通过协议变更对仲裁裁决按多数意见作出裁决的规则。如果仲裁庭不能形成多数意见，《仲裁法》第 53 条第 2 句规定裁决应当按照首席仲裁员的意见作出。这种方案的优点在于能够比较有效地推进程序，但缺点是某些情况下会排除仲裁庭其他成员的合理意见。《示范法》在遇到仲裁庭意见不统一时提供了一种更为尊重当事人意愿的解决方案：这时当事人可以达成协议，约定仲裁庭要么按照简单多数意见，要么按照首席仲裁员的意见作出裁决。① 此外，从《示范法》第 29 条的文义来看，其适用范围包括所有的程序决定和实体裁决。由于我国《仲裁法》对程序问题的决定方式没有明确规定，因此《示范法》的表决范围超过了《仲裁法》第 53 条所针对的实体裁决。《示范法》对仲裁员拒绝参加表决没有规定。对此，德国《民事诉讼法》第 1052 条第 2 款的规定较为实用，② 即在个别仲裁员无正当理由拒不参加合议的情况下，仲裁庭表决继续进行，从而避免仲裁员故意缺席合议导致仲裁庭合议无法进行的问题。

（三）仲裁和解与调解

《示范法》第 30 条和我国《仲裁法》第 49 条都规定了依据当事人申请并根据仲裁和解协议制作裁决书的可能性。与《示范法》第 30 条不同的是，我国《仲裁法》第 49 条似乎没有赋予仲裁庭对和解协议进行审查的职权。《示范法》解决方案的积极意义在于，将"仲裁庭无异议"作为仲裁和解的前提条件，可以有效地参与审查，防止出现违反社会公共利益的裁决。③ 因此，德国《民事诉讼法》第 1053 条也明确规定，仲裁和解内容不得违反公共秩序。

---

① UN-Doc. A/40/17, para. 244；A/CN. 9/264, Art. 29, para. 3；Huβlein-Stich, *Das UNCITRAL-Modellgesetz über die internationale Handelsschiedsgerichtbarkeit*, S. 156 f.

② 见第四章第二节。

③ Zerbe, *Die Reform des deutschen Schiedsverfahrensrechts*, S. 237；Broches, *Commentary on the UNCITRAL Model Law on International Commercial Arbitration*, S. 159.

（四）仲裁裁决的形式与内容

从我国《仲裁法》第 54 条的文义来看，仲裁裁决应以书面形式作出。同时，书面形式也是申请强制执行仲裁裁决的前提条件。[①] 第 54 条同时规定，仲裁裁决一般应由全体仲裁庭成员签名。对裁决持不同意见的仲裁员，可以签名，也可以不签名。并不要求在裁决书中写明不签名的理由。而《示范法》第 31 条第 1 款第 2 句的规定似乎更加严格，仲裁裁决不仅需要仲裁庭全体成员的多数仲裁员进行签字，而且还须说明未签字的理由。根据我国《仲裁法》第 54 条，有不同的观点的仲裁员无须强制性地签字，这无疑是积极的。但该条没有规定应当说明不签字的理由，因此还存在缺乏透明性的不足。此外，第 54 条仅涉及少数仲裁员因不同意见不签字的情形，对仲裁员生病、死亡或无法取得联系等无法签字的情形却没有给予充分考虑，因此其科学性不及《示范法》。[②] 应当注意的是，《示范法》在第 31 条第 1 款有关裁决形式规定中并没有给当事人意思自治留出空间。[③] 为了能与《示范法》第 29 条第 1 句相协调，应该在该问题上首先考虑是否当事人各方已经达成了协议。由于我国《仲裁法》以机构仲裁制度为出发点，所以对裁决书形式上还要求加盖仲裁委员会印章。如果新的《仲裁法》能够引入临时（Ad-hoc）仲裁方式，那么有关加盖印章的规定就应当及时删除。

从内容来看，根据我国《仲裁法》第 54 条裁决书应当包括仲裁请求、争议事实、裁决理由、裁决结果、仲裁费用的负担和裁决日期。而对于争议事实和裁决理由内容，根据该条规定如果当事人协议不写的，可以不写。这种规定与《示范法》第 31 条第 2 款相一致。但《示范法》第 31 条第 3 款所要求的裁决书应当写明仲裁地点，在我国《仲裁法》中却非仲裁裁决的必要内容。如果我国《仲裁法》能够吸纳《示范法》第 31 条第 3 款的规定，将澄清我国司法实践中长期存在的认定仲裁裁决国籍标准不统一的问题[④]。

（五）仲裁裁决的更正、解释和补充

关于仲裁裁决的更正、解释和补充问题，《示范法》第 33 条进行了明

---

① 见《最高人民法院关于人民法院执行工作若干问题的规定（试行）》（法释〔1998〕15 号）第 2 条和第 20 条，以及《纽约公约》第 4 条第 1 款字母 a。

② UN-Doc. A/CN. 9/264, Art. 31, para. 2.

③ Hußlein-Stich, *Das UNCITRAL-Modellgesetz über die internationale Handelsschiedsgerichtsbarkeit*, S. 159.

④ 见第五章第五节。

确规定。所不同的是，我国《仲裁法》第 56 条只规定了文字、计算错误，或者已经裁决但在裁决书中遗漏事项的补正。而《示范法》第 33 条第 1 款字母 b 所指的仲裁庭在作出裁决后作出解释，在我国《仲裁法》中并没有规定。我国《仲裁法》应当吸收《示范法》中对裁决书进行解释的规定。首先，在当事人协议和一方当事人申请的基础上，对裁决书进行解释不妨碍裁决的终局性；其次，仲裁庭对裁决书作出解释也有利于裁决书的完善，澄清有关表述；最后，通过裁决书解释，还有利于双方当事人在裁决基础上进一步和解或自动履行。[①] 特别是对于那些含义模糊、易产生歧义的仲裁裁决，由于会在当事人之间产生怀疑或误解，从而会导致当事人无法自动履行，甚至导致当事人以此为由申请撤销仲裁裁决。为了防止可能出现的当事人拖延战术，[②] 德国仲裁法在吸纳《示范法》第 33 条第 1 款字母 b 时，并没有要求以当事人达成协议为前提，同时也规定仲裁庭有义务对裁决作出解释。[③] 此外，通过吸收《示范法》第 33 条的规定，还可以弥补我国《仲裁法》中没有规定仲裁庭对补正仲裁裁决设定期限的法律漏洞。同时，建议参考德国《民事诉讼法》第 1058 条的组织结构，分为更正、解释、补正申请，申请期限，仲裁庭的期限，主动更正情形，更正、解释、补正的形式与内容，从而作出全面规范。

（六）仲裁程序的终止

仲裁程序终止的问题，对计算仲裁费用和程序期间等都有密切的关系。一般来讲，仲裁员的职权随着仲裁程序的终止而结束（但裁决的更正、解释和补充除外）。根据《示范法》第 32 条，仲裁程序依终局裁决而终止，或者由于一方当事人撤回申请或双方当事人协议终止，以及仲裁庭认为无必要或不可能继续进行，由仲裁庭作出程序决定而终止。我国《仲裁法》对程序终止情形未做规定。尽管《仲裁法》在第 42 条和第 49 条均涉及当事人撤回仲裁申请，但没有明确撤回申请导致程序终止的法律后果。在我国仲裁实践中，申请人撤回仲裁申请也无须被申请人的同意。[④] 通过吸纳《示范法》第 32 条的内容，将有助于提高我国《仲裁法》对仲

---

① Zerbe, *Die Reform des deutschen Schiedsverfahrensrechts*, S. 243.

② UN-Doc. A/40/17, para. 266; Huβlein-Stich, *Das UNCITRAL-Modellgesetz über die internationale Handelsschiedsgerichtsbarkeit*, S. 170; Berger, *Internationale Wirtschaftsschiedsgerichtsbarkeit*, S. 452.

③ 见第四章第二节。

④ 见《中国国际经济贸易仲裁委员会 2015 年仲裁规则》第 46 条；《北京仲裁委员会 2015 年仲裁规则》第 41 条。

裁程序规定的完整性。德国在吸纳《示范法》第 32 条第 2 款字母 c 时作出了一定的修改。根据德国《民事诉讼法》第 1056 条第 2 款第 3 项的规定，仲裁庭认为仲裁程序不可能继续进行时，还需要以当事人双方的不作为等为要件。① 这样的前提条件为仲裁庭决定终止仲裁程序提供了更为客观的标准。因此，这种有益的修改应当在将来我国《仲裁法》修改时予以吸收。

七 对仲裁裁决的法律救济

（一）撤销理由

我国现行《仲裁法》第五章规定了申请撤销国内仲裁裁决的程序，并在第 70 条中对撤销涉外仲裁裁决进行了特别规定。这是我国法律首次规定准许当事人向司法机关申请撤销仲裁裁决。关于撤销国内仲裁裁决的原因，我国《仲裁法》第 58 条第 1 款与《示范法》第 34 条第 2 款字母 a 的主要区别，主要存在于证据认定问题（《仲裁法》第 4、5 项）和仲裁员违反职业道德或违法犯罪等问题（《仲裁法》第 6 项）。根据上述规定，如果裁决所根据的证据是伪造的，或者对方当事人隐瞒了足以影响公正裁决的证据的，或者仲裁员在仲裁该案时有索贿受贿、徇私舞弊、枉法裁决行为的，人民法院可以根据当事人申请裁定撤销仲裁裁决。而《示范法》却无此类规定。另外，我国《仲裁法》第 58 条第 1 款第 1 项虽然与《示范法》第 34 条第 2 款字母 a（i）类似，但与《示范法》规定的"无效仲裁协议"不同，而是将"没有仲裁协议"作为撤销仲裁的理由。根据《仲裁法》第 58 条第 1 款第 3 项，仲裁庭组成或者仲裁的程序违反法定程序也构成裁决撤销理由。上述规定实际上是参照原《民事诉讼法》有关不予执行仲裁裁决理由的规定，但在仲裁实践中却显露出诸多问题。首先，我国《仲裁法》第 58 条第 1 款第 4 项、第 5 项规定的伪造证据和隐瞒了足以影响公正裁决证据的情形，不仅在实践中难以证明，而且还属于实体审查的范畴，不符合国际仲裁立法中禁止实体审查自由化趋势。② 其次，是否存在仲裁协议与仲裁协议的效力应当分属不同的范畴。③ 因此，《仲裁法》第 58 条

---

① 见第四章第二节。
② 见第一章第二节。
③ 关于这两个概念参见《示范法》第 16 条第 1 款的规定。

第 1 款第 1 项存在一个法律漏洞，没有明确把仲裁协议无效作为一个撤销理由。① 此外，有关违反当事人约定或仲裁规则规定的程序错误也应当属于撤销仲裁裁决的理由，而不仅仅限于第 58 条第 1 款第 3 项的违反法定程序情形。否则的话，这将与仲裁中的私法自治原则相悖。② 尽管我国《仲裁法》第 58 条第 3 款规定人民法院认定违反社会公共利益的，应当依职权（ex officio）裁定撤销。但是，对于不具有可仲裁性的纠纷，仲裁法却没有规定依职权撤销，而是放置在依申请撤销的第一款中。

关于涉外仲裁裁决的撤销，我国《仲裁法》第 70 条仅援引了《民事诉讼法》有关不予执行涉外仲裁裁决的规定，而该规定与《纽约公约》第 5 条拒绝承认和执行外国仲裁裁决的理由接近。因此人民法院在涉外仲裁裁决司法审查中，一般不进行实体审查。或许是立法技术上的漏洞，《仲裁法》在援引《民事诉讼法》不予执行涉外仲裁裁决理由时没有援引违反公共利益不予执行的条款。因此，违反公共秩序（ordre public）是否也应当作为依职权（ex officio）审查的撤销理由，还存在一定争议。一种观点认为，鉴于《仲裁法》在第 78 条规定了该法在法律适用上的优先效力，以及国际仲裁立法中限制法院基于公共秩序（ordre public）进行审查的趋势，公共秩序（ordre public）审查不应成为涉外仲裁的撤销理由。③ 与此相反，也有观点认为，由于绝大多数国家法律都进行了公共秩序保留，我国法院也不应当轻易放弃所谓的"社会公共利益"审查。④ 事实上，由于公共秩序（ordre public）保留发挥着重要的维护社会基本公平正义的作用，因此无论是对程序法还是对实体法，公共秩序（ordre public）保留都不以《仲裁法》是否规定而存在。⑤

---

① 随着 2006 年 9 月 8 日法释〔2006〕7 号司法解释的出台，此项法律漏洞才得以改善：根据该解释第 18 条，没有仲裁协议包括当事人没有达成仲裁协议、仲裁协议被认定无效或者被撤销。

② 为此，最高人民法院对《仲裁法》第 58 条第 1 款第 3 项"违反法定程序"进行了扩大解释：根据 2006 年 9 月 8 日出台的法释〔2006〕7 号司法解释第 20 条，违反法定程序是指违反《仲裁法》规定的仲裁程序和当事人选择的仲裁规则可能影响案件正确裁决的情形。

③ 参阅高菲《中国海事仲裁的理论与实践》，中国人民大学出版社 1998 年版，第 463 页；Kniprath, *Die Schiedsgerichtsbarkeit der Chinese International Economic and Trade Arbitration Commission (CIETAC)*, S. 164.

④ 赵健：《国际商事仲裁的司法监督》，法律出版社 2000 年版，第 246、219—220 页。

⑤ Huβlein-Stich, *Das UNCITRAL-Modellgesetz über die internationale Handelsschiedsgerichtsbarkeit*, S. 185.

鉴于《示范法》对申请撤销仲裁裁决理由，以及对依职权（ex officio）撤销仲裁裁决情形的规定较为科学和完整，因此，如果在将来我国《仲裁法》修改时吸收《示范法》第34条第1款和第2款的规定，将对解决我国《仲裁法》现存的法律漏洞有较大帮助。而我国《仲裁法》第58条第1款第6项撤销理由所包含的索贿受贿、徇私舞弊、枉法裁决等情形，鉴于其本身危害性较大，可以纳入违反社会公共利益范畴，因此也可以删去。[①]

（二）撤销期间

根据《示范法》第34条第3款，当事人应当在收到仲裁裁决之日起三个月时间内向有管辖权的法院提出撤销仲裁裁决的申请。在德国仲裁制度中，上述期限可以通过当事人协议进行变更（德国《民事诉讼法》第1059条第3款）。我国《仲裁法》第59条规定当事人应当在收到裁决书之日起6个月内提出撤销申请。这种过长的期间规定，由于会给仲裁裁决带来较长时间的不确定性而受到批评。[②] 此外，《仲裁法》也没有对仲裁庭更正仲裁裁决后，以及对仲裁庭重新仲裁后，当事人申请撤销裁决的期间作出规定。对于后一种情况，根据最高人民法院的司法解释，当事人对重新仲裁裁决不服的，依然适用《仲裁法》第58条有关六个月期间的规定。[③] 与德国仲裁法中一旦仲裁裁决可宣告执行就不能再提出撤销的规定所不同（德国《民事诉讼法》第1059条第3款第4句），我国《仲裁法》准许一方当事人申请执行后，另一方申请撤销仲裁裁决。在这种情况下人民法院应裁定中止执行（《仲裁法》第64条第1款），并在人民法院审判部门进行审查作出裁定后，执行部门再恢复执行或者终结执行。在我国当前司法资源配置的背景下，上述规定具备一定合理性。人民法院负责撤销仲裁裁决的部门一般为业务审判部门，往往具有更多的司法审查经验，这样更有利于维护当事人的合法权益。

（三）发回重裁

参照《示范法》第34条第4款的规定，我国《仲裁法》第61条授权

---

① See UN-Doc. A/40/17, para. 297; Binder, *International Commercial Arbitration and Conciliation in UNCITRAL Model Law Jurisdictions*, Rn. 7 – 023; Roth, in: Weigand（ed.），*Practitioner's Handbook on International Arbitration*, Part 5 Art. 34 Rn. 23.

② 谭兵主编：《中国仲裁制度的改革与完善》，人民出版社2005年版，第425页；陈治东：《国际商事仲裁法》，法律出版社1998年版，第275页。

③ 见法释〔2006〕7号第23条。

人民法院可以通知仲裁庭在一定期限内重新仲裁，并裁定中止撤销程序。重新仲裁一般应由原仲裁庭进行。① 在是否发回重裁问题上，人民法院有较大的自由裁量权。按照最高人民法院的司法解释，人民法院应当在通知仲裁庭重新仲裁时说明原因，如果仲裁庭在人民法院指定的期限内未开始重新仲裁的，人民法院应当裁定恢复撤销程序。② 但是，该司法解释并未规定仲裁庭应当在多长时间内完成审理和裁决。对此，参照英国《1996 年仲裁法》（*Arbitration Act 1996*）第 71 条第 3 款的立法规定，建议我国《仲裁法》也应规定仲裁庭重新仲裁时应当在三个月内作出仲裁裁决。③ 此外，与《示范法》第 34 条第 4 款所不同的是，我国《仲裁法》第 61 条并未把当事人申请作为重新仲裁的一个要件。这种依职权发回重裁的方式赋予了法院较大的自由裁量权，有利于推动程序的开展，且在普通法国家也较为常见，因此可以考虑继续保留。④

八　对仲裁裁决的承认与执行

（一）国内仲裁裁决

1. 承认与强制执行申请

《示范法》在第 35 条第 1 款中有意区分了承认仲裁裁决和执行仲裁裁决。一般认为，国家司法机关对仲裁裁决的承认并非执行仲裁裁决的前提。法院对外国仲裁裁决的承认具有独立意义，特别是双方当事人的另外一个诉讼或仲裁程序与本案相关时，由司法机关承认本案仲裁裁决，往往会对另外一案的事实认定产生较大影响。⑤ 一旦仲裁裁决发生法律效力，即使强制执行程序尚未启动，法院往往会尊重仲裁裁决的既判力（res judicata）。⑥ 根据我国现行《仲裁法》和《民事诉讼法》，仲裁机构作出的仲裁裁决具有法律效力，直接具有可执行性，不需要由法院进一步承认或

---

① Schwab/Walter, *Schiedsgerichtsbarkeit*, Kap. 26 Rn. 20.

② 见法释〔2006〕7 号第 21 条和第 22 条。

③ 谭兵主编：《中国仲裁制度的改革与完善》，人民出版社 2005 年版，第 459 页。

④ Huβlein-Stich, *Das UNCITRAL-Modellgesetz über die internationale Handelsschiedsgerichtsbarkeit*, S. 188 Fn. 937.

⑤ UN-Doc. A/CN. 9/ 246, para. 146；A/CN. 9/264, Art. 35, para. 4.

⑥ Huβlein-Stich, *Das UNCITRAL-Modellgesetz über die internationale Handelsschiedsgerichtsbarkeit*, S. 193.

进行可执行宣告。在德国，根据《民事诉讼法》第 1060 条第 1 款，国内仲裁裁决并不需要进行承认，而是需要进行可强制执行宣告。然而，这种宣告属于一种程序性宣告。根据德国《民事诉讼法》第 1055 条的规定，由于仲裁裁决在当事人之间产生的效力等同于法院终局判决，所以仲裁裁决的实体性法律约束力是不必经强制执行宣告就得到承认的。一般来讲，由于通过提起撤销程序本身就涵盖了不予承认仲裁裁决的意思，因此申请对国内仲裁不予承认是多余的。对此，我国《仲裁法》第 9 条、第 57 条规定，仲裁实行一裁终局，仲裁书自作出之日起生效，裁决作出后当事人不得就同一纠纷再次申请仲裁或者向人民法院起诉。因此按照我国立法机关的观点，国内仲裁裁决的承认也是没有必要的。存有疑问的是，把有关仲裁裁决法律效力的条款直接置于总则部分是否妥当。如果能够参照德国仲裁法，直接在"裁决的作出"一章规定仲裁裁决具有法院判决的效力，似乎能够提供更为丰富的解释空间。

在申请强制执行时，《示范法》第 35 条第 2 款规定当事人一方应当提供符合该国官方语言、经正式认证的裁决书，仲裁协议正本或经正式认证的副本。根据我国《仲裁法》第 62 条，当事人依照《民事诉讼法》的有关规定向有管辖权的人民法院申请执行。同时最高人民法院有关执行的司法解释还规定，强制执行申请人应当出示仲裁裁决和仲裁协议，在执行外国仲裁裁决时，还需要当事人向人民法院提交外国仲裁裁决的中文译本。[①]相比之下，德国《民事诉讼法》第 1064 条第 1 款只需要申请人提交仲裁裁决，并不需要提交仲裁协议。鉴于《示范法》准许当事人自由选择程序语言，因此《示范法》第 35 条第 2 款第 2 句有关要求提供本国官方语言的裁决书译本的规定应当考虑吸纳。但是，由于仲裁协议往往已经在仲裁裁决中进行了描述，且争议往往较小，因此有关必须提交仲裁协议正本或经认证的副本的规定就显得冗余。[②]

2. 执行障碍

我国《仲裁法》区分了国内仲裁裁决和涉外仲裁裁决。对于国内仲裁裁决不予执行的理由，《仲裁法》第 63 条直接援引了《民事诉讼法》的有关规定。在 2012 年我国《民事诉讼法》改革之前，原《民事诉讼法》第 213 条第 2 款第 3、4 项规定了对仲裁裁决实体审查的内容，即认定事实的

---

① 法释〔1998〕15 号第 21 条。

② 见于《德国仲裁法草案政府立法说明》，BT-Drucks. 13/5274 vom 12. Juli 1996, S. 65.

主要证据不足和适用法律确有错误的情形。① 这种广泛的实体审查损害了仲裁的独立性。特别是在全球仲裁立法改革中限制对仲裁裁决实体审查得到普遍认可背景下，我国法律有关规定显得十分落后与过时。2012 年《民事诉讼》法修改后，《民事诉讼法》又把不予执行国内仲裁裁决的理由转回来，与《仲裁法》第 58 条撤销理由规定保持一致。从而使我国仲裁法律制度中严格实体审查的问题得到了部分改善。②

与国内仲裁裁决不同，我国《仲裁法》第 71 条不予执行涉外仲裁裁决的理由援引了《民事诉讼法》涉外民事诉讼程序中的特别规定，人民法院对涉外仲裁裁决的内容不进行实体审查。长期以来，这种"双轨制"的司法监督体制存在较大争议。近来，已经有越来越多的呼声支持建立一个统一的司法审查标准，不再区分国内仲裁裁决和涉外仲裁裁决。③

在 2012 年《民事诉讼法》修改以前，撤销理由与不予执行理由的不统一造成了很大的问题。④ 由于标准不统一，往往会给被申请人第二次机会要求司法机关对仲裁裁决进行审查。一方面，这可能会导致仲裁程序的拖延，并影响仲裁裁决的终局性，⑤ 另一方面，由于撤销法院与执行法院往往并不一致，这会导致不同的法院在司法审查标准和结果方面出现矛盾。为避免上述问题，最高人民法院曾在有关司法解释中明确，当事人在申请撤销仲裁裁决被驳回后，在执行程序中以相同理由提出不予执行抗辩的，人民法院不予支持。⑥《示范法》第 36 条第 1 款有关拒绝承认或执行的理由与第 34 条第 2 款撤销理由完全一致。而德国《民事诉讼法》第 1060 条第 2 款第 1 句也规定，如存在第 1059 条撤销裁决的理由，则宣告裁决可执行性的申请应被拒绝并且裁决同时被撤销。此外，德国《民事诉讼法》第 1060 条第 2 款第 3 句还规定，如果被申请人未能在第 1059 条第 3 款规定的撤销期限内提交撤销申请，那么被申请人再根据第 1059 条第 2 款第 1 项所述撤销理由提出不予执行，法院也将不予支持。也就是说，除了第 1059 条第 2 款第 2 项规定的违反公共秩序依职权撤销仲裁裁决的理由

① Kniprath, *Die Schiedsgerichtsbarkeit der Chinese International Economic and Trade Arbitration Commission* (*CIETAC*), S. 156.
② 见第一章第二节。
③ 见本章第二节。
④ 见本章第二节和第五章第二节。
⑤ 参阅谭兵主编《中国仲裁制度的改革与完善》，人民出版社 2005 年版，第 424 页。
⑥ 见法释〔1998〕15 号第 26 条。

以外，被申请人基于同样理由只能要么申请撤销要么申请不予执行，只有一次机会。《示范法》第36条的规定，以及德国在吸纳《示范法》的上述经验，值得我国在未来的《仲裁法》修改中借鉴吸收。

（二）外国仲裁裁决

我国《仲裁法》没有涉及对外国仲裁裁决的规定。虽然《示范法》第35条规定仲裁裁决无论在何国境内作出，均应承认其具有可强制执行的约束力。但是，在吸纳《示范法》过程中，相当一部分国家（包括德国）还是对本国和外国仲裁裁决进行了区分。① 德国立法机关在《民事诉讼法》第1061条第1款中规定，外国仲裁裁决的承认和执行适用1958年的《纽约公约》和其他有关条约。对德国的做法，我国的立法机构也可以参考。在未来仲裁法改革中明确进行规定，承认和执行外国仲裁裁决适用有关国际公约和条约，从而解决我国《民事诉讼法》中将外国裁决仅限于外国"仲裁机构"作出的裁决这一问题。②

---

① 见第三章第一节。
② 见第五章第五节。

第七章 未来我国仲裁法改革应对《示范法》的补充

第一节 对《示范法》进行补充的必要性

许多在《示范法》起草过程中所讨论的法律问题，最终在《示范法》正式文本中被有意舍弃。[①] 例如客观可仲裁性问题，《示范法》的起草者认为最好由各国立法者根据其不同的公共秩序规定进行判断（《示范法》第1条第5款）。[②] 而涉及法院的程序问题，则尽量留给各国进行具体规定，以便与各国纷繁多样的诉讼程序法保持协调。[③] 而对于其他一些虽然需要国际法制协调但时机依然不甚成熟的问题，《示范法》起草者也没有在最终文本中对其强行规定。因此也就不奇怪，在《示范法》颁布后有关问题得到进一步的讨论，而在各国将《示范法》纳入本国法律体系过程中，也相应进行了补充规定。[④] 我国1994年《仲裁法》也是如此，该法在起草过程中吸取了其他国家制定仲裁法时对《示范法》条文增补的经验。

在我国仲裁法律制度发展中逐步形成了一些特点，如机构仲裁体制、调解与仲裁相结合制度等。为保障法律制度的连续性，上述具有本地特色的制度应当在未来我国仲裁法改革中予以保留。而基于上述我国特色法律制度发展而来的有关司法解释和学说，也会对我国参与国际仲裁地竞争起

---

① 参阅第三章第一节。
② Sanders, *Quo Vadis Arbitration? Sixty Years of Arbitration Practice*, S. 117; Jaeger, *Die Umsetzung des UNCITRAL-Modellgesetzes über die internationale Handelsschiedsgerichtsbarkeit im Zuge der nationalen Reformen*, S. 67.
③ Craig, Tex. Int'l L. J. 30 (1995), 1 (58).
④ 参阅第三章第二节。

到有益的促进作用。对《示范法》规定的补充，首先应建立在该规定不违反《示范法》基本原则的基础上。

在未来我国仲裁法改革中，应当在客观可仲裁性、仲裁与调解相结合、仲裁机构组织、仲裁费用的分担、法院有关仲裁案件的程序等方面，对《示范法》进行补充。

第二节　需要对《示范法》条文进行补充的主要问题

一　客观可仲裁性

并非任何一起纠纷都可以通过由私法自治获得授权的仲裁员来进行裁决。在一些情况下，国家保留了司法管辖权垄断，以保障第三方的合法权益不受损害，或者对那些具有普遍利益的事务进行专门规范。①《示范法》第 1 条第 5 款将客观可仲裁性这种法律问题指向各国国内法的有关规定。在过去二三十年间各国仲裁法的改革中，立法机关对客观可仲裁性的规定也有多种表现形式。例如，韩国《仲裁法》第 1 条规定，该法立法目的是通过仲裁方式解决私法上有关纠纷，② 而日本《仲裁法》在第 13 条第 1 款规定，只有当事人有权进行和解的民事纠纷才可以通过仲裁解决，否则当事人订立的仲裁协议无效。③ 大多数国家都肯定了如果当事人能对争议进行处分，该争议就具有客观可仲裁性，并由此产生了可处分权标准或者可和解性标准。④ 英国《1996 年仲裁法》（*Arbitration Act 1996*）并没有对可

---

① 参阅《德国仲裁法草案政府立法说明》，BT-Drucks. 13/5274 vom 12. Juli 1996，S. 34；Kröll, NJW 2001，1173（1177）；Raeschke-Kessler/Berger，*Recht und Praxis des Schiedsverfahrens*，S. 41；Saucken，*Die Reform des Österreichischen Schiedsverfahrensrechts*，S. 53.

② Oh，*Recht und Praxis der internationalen Schiedsgerichtsbarkeit in Korea*，S. 61.

③ Kondo/Goto/Uchibori/Hiroshi/Kataoka，*Arbitration Law of Japan*，S. 46.

④ 例如突尼斯《仲裁法》第 8 条；意大利《民事诉讼法》第 806 条；荷兰《民事诉讼法》第 1020 条第 3 款；法国《民法典》第 2059 条；西班牙《2003 年仲裁法》第 2 条第 1 款；亦参阅 Kirry，Arb. Int'l 12（1996），373（383）；Gottwald，*Internationale Schiedsgerichtsbarkeit*，S. 23 Fn. 148；Jaeger，*Die Umsetzung des UNCITRAL-Modellgesetzes über die internationale Handelsschiedsgerichtsbarkeit im Zuge der nationalen Reformen*，S. 67 Fn. 297.

仲裁性问题作出定义。① 然而，近年来的立法改革趋势表明，客观仲裁性已经获得非常大的延伸。② 例如在德国，在自由主义的影响下，参照瑞士《联邦国际私法》第 177 条第 1 款的规定，德国《民事诉讼法》第 1030 条第 1 款第 1 句就将仲裁协议的标的延展到任何财产权利请求。

根据我国《仲裁法》第 2 条，平等主体之间的合同纠纷和其他财产权益纠纷可以仲裁。对于合同纠纷的可仲裁性，在《仲裁法》后颁布的《合同法》中（第 128 条第 2 款）进行了再次确认。而其他财产权益纠纷的概括规定则给可仲裁性留出了广泛的解释空间。原则上，有关侵权赔偿纠纷按照最高人民法院司法解释和有关判例及主流学说具有可仲裁性。③ 在知识产权方面，虽然我国 2001 年的《著作权法》第 54 条第 1 款明确肯定了有关著作权争议的可仲裁性，但在 2001 年的《商标法》第 53 条和 2000 年的《专利法》第 57 条中却没有规定采用仲裁方式解决有关商标和专利侵权纠纷。在有关文献中，人们对商标和专利侵权纠纷的可仲裁性也多持肯定态度。④ 根据 2013 年修正的《消费者保护法》第 39 条和 1993 年的《股票发行与交易管理暂行条例》第 79 条的规定，有关消费者与经营者之间的消费者权益争议，以及与股票发行或者交易有关的争议，当事人可以提交仲裁解决。一些主要与人身相关的非财产权益领域，如婚姻、收养、监护、扶养和继承，以及那些应当由行政机关处理的行政争议，根据《仲裁法》第 3 条的规定，所产生的法律纠纷不能仲裁。至于其他民事非财产权益纠纷是否能够通过仲裁解决，《仲裁法》没有作出一个概括的规定。对此，德国在仲裁立法改革中的解决方案或许在今后我国《仲裁法》修改中进行借

---

① Anselm, *Der englische Arbitration Act 1996: dargestellt und erläutert anhand eines Vergleichs mit dem SchiedsVfG 1997*, S. 36 f.

② 见第一章第二节。

③ 见法（经）发〔1987〕5 号第 2 条；法发〔2005〕26 号第 7 条；江苏省物资集团轻工纺织总公司诉（香港）裕亿集团有限公司（Topcapital Holding Ltd. Hongkong），（加拿大）太子发展有限公司（Prince Development Canada）侵权损害赔偿纠纷上诉案，载《中华人民共和国最高人民法院公报》1998 年第 1 期，第 109—110 页；参阅谭兵主编《中国仲裁制度的改革与完善》，人民出版社 2005 年版，第 124 页；全国人大常委会法制工作委员会编著《中华人民共和国仲裁法律释评》，法律出版社 1997 年版，第 15 页；Kniprath, *Die Schiedsgerichtsbarkeit der Chinese International Economic and Trade Arbitration Commission（CIETAC）*, S. 67 f.；其他文献参考见本章第一节。

④ 参阅宋连斌《国际商事仲裁管辖权研究》，法律出版社 2000 年版，第 126 页；谭兵主编《中国仲裁制度的改革与完善》，人民出版社 2005 年版，第 124 页；赵秀文《国际商事仲裁及其适用法律研究》，北京大学出版社 2002 年版，第 284 页。

鉴：如果涉及非财产权益争议，应当以当事人有权就争议能够缔结和解协议为限（德国《民事诉讼法》第 1030 条第 1 款第 2 句）。根据我国《仲裁法》第 77 条，劳动争议和农业集体经济组织内部的农业承包合同纠纷，不适用《仲裁法》的规定，法律另行规定。在《仲裁法》颁布的 13 年后，《劳动争议调解仲裁法》于 2007 年 12 月 29 日颁布，并于 2008 年 5 月 1 日起施行。不久，《农村土地承包经营纠纷调解仲裁法》也于 2009 年 6 月 27 日颁布，并于 2010 年 1 月 1 日起施行。由于上述纠纷的可仲裁性法律已专门作出规定，在未来仲裁法改革中有关法律规定不受影响。

二 仲裁与调解相结合

"仲裁与调解相结合"被认为是我国仲裁制度的一项重要特色。[①] 其特别之处在于仲裁员在仲裁程序中还可同时担任调解员尝试进行调解，而在许多法律制度中，仲裁员和调解员的角色往往必须相互分离。[②] 在我国《仲裁法》中，仲裁和调解相结合得到第 51 条的明确认可。根据该规定，仲裁在作出裁决前"可以"先行调解（第 1 款第 1 句）。当事人自愿调解的，仲裁庭"应当"调解（第 1 款第 2 句）。尽管根据第 51 条第 1 款第 1 句文义来看，仲裁庭可以不受限制地开展调解程序，但仲裁庭进行调解依然具有前提，即当事人双方先前达成协议或者由仲裁庭征得双方当事人的同意。[③] 实际上，仲裁调解自愿原则在《仲裁法》生效后颁布的《合同法》第 128 条第 2 款中得到再次明确的规定。此外，法律对当事人请求仲裁调解的协议并无形式上的要求。[④]

与《民事诉讼法》一样，《仲裁法》中这种鼓励调解的规定源自我国自古以来"和为贵"的法律文化。[⑤] 此外，仲裁与调解相结合还存在诸多好处。首先，能为当事人节省额外的独立调解程序费用。在实践中，如果能在较早程序阶段达成调解协议，实际上减少了程序支出，因此根据一些仲裁机构的仲裁规则，将减少有关仲裁费用。如果当事人经过调解达成协

---

① 王生长：《仲裁与调解相结合的理论与实务》，法律出版社 2001 年版，第 80 页。

② Kniprath, SchiedsVZ 2005, 197 (199); Glatter, RIW 1996 (Beilage 2 zu Heft 6), 11 (15).

③ Schroeter, RIW 2006, 296 (299 f.).

④ 全国人大常委会法制工作委员会民法室、中国国际经济贸易仲裁委员会秘书局编著：《中华人民共和国仲裁法全书》，法律出版社 1995 年版，第 116 页。

⑤ Trappe, SchiedsVZ 2006, 258 (265); 亦参阅第五章第一节。

议，基于该协议所制作的调解书或裁决书，根据《仲裁法》第51条第2款和第62条具有可强制执行性。相比之下，非经诉讼或仲裁的调解书一般不具备我国法律规定的强制执行名义性质。其次，在仲裁程序中经调解达成和解不仅可以一揽子地解决纠纷，往往还可以促进双方当事人今后的合作。① 根据贸仲1987—2000年的统计，每年有20%—30%的案件经调解，通过当事人撤案或者根据和解协议制作调解书、裁决书而结案。因此，在多数案件中，仲裁庭的调解发挥了重要的作用。②

在许多国家法律中，调解失败后从调解员到仲裁员这种再次角色转换，往往被认为存在很大问题。③ 人们担心，一方面，由于调解员同时兼任仲裁员而具有更广泛的职权，因此不能完全获得双方当事人的信任，会使其调解行为受到限制；另一方面，调解员重新转换成为仲裁员后，其在调解阶段中所获得的案情事实，很难与仲裁阶段所进行的调查与评价完全分开。④ 如果有关案情是通过仲裁员和一方当事人单独会面（私会，private caucus）而获得的，例如在背对背调解中获得的，则另一方很难实现抗辩的权利，这就会引发违反法定听审原则的担心。⑤ 为了解决这些问题，贸仲2015年仲裁规则曾在第47条第9款规定，如果调解不成功，一方当事人不得在其后的仲裁等程序中援引对方当事人或仲裁庭在调解过程中曾发表的意见、提出的观点、作出的陈述、表示认同或否定的建议或主张作为其请求、答辩或反请求的依据。然而，这种仅在仲裁规则层面规定的"无损现状"原则显然是不够的。⑥ 只有在未来我国仲裁法改革中明确规定上述原则，并参照新加坡和中国香港仲裁法中有关披露制度，由仲裁员及时向当事人披露在调解过程中所获得的重要机密信息，才能有效打破国外当事人对我国仲裁与调解相结合制度的顾虑。⑦

---

① 参阅王生长《仲裁与调解相结合的理论与实务》，法律出版社2001年版，第82页。

② 同上书，第83、123页。

③ 例如Schroeter，RIW 2006，296（300）；Thirgood，J. Int'l Arb. 17（2000），89（94 f.）.

④ Kniprath，SchiedsVZ 2005，197（199）；亦参阅Zhang，J. Int'l Arb. 11（1994），87（116 f.）；Harpole，J. Int'l Arb. 24（2007），623（628）.

⑤ Redfern/Hunter，*Law and Practice of International Commercial Arbitration*，Rn. 1 - 82；Thirgood，J. Int'l Arb. 17（2000），89（94）.

⑥ Kniprath，*Die Schiedsgerichtsbarkeit der Chinese International Economic and Trade Arbitration Commission*（*CIETAC*），S. 174.

⑦ 见第三章第二节；另参阅王生长《仲裁与调解相结合的理论与实务》，法律出版社2001年版，第170—173页。

从我国《仲裁法》第51条第1款第1句的文义来看，仲裁庭可以自仲裁庭组成之日起直至作出裁决前进行调解，并无时间点上的限制。在实践中，多数仲裁庭会在庭审调查结束后尝试进行调解。仲裁程序经过这一阶段后，有关事实往往得到查明，有利于当事人知晓利害而进行和解，同时也会减少仲裁员因调解单方获得案情所受到的影响。

如果调解成功，仲裁庭可以按照《仲裁法》第51条第2款根据协议结果制作仲裁调解书或仲裁裁决书。以仲裁裁决的形式则有利于适用《纽约公约》在国外得到执行。① 此外，仲裁调解书和仲裁裁决书的另外一个区别就是文书内容和发生法律效力的时间点不同，与仲裁裁决内容（《仲裁法》第54条）不同的是，仲裁调解书仅要求写明仲裁请求和当事人协议的结果（《仲裁法》第52条第1款第1句）。此外，根据《仲裁法》第52条第2款的规定，调解书经双方签收后发生法律效力，而仲裁裁决自作出之日起发生法律效力（《仲裁法》第57条）。但是，我国《仲裁法》的这种区分也存在一些问题。首先，根据《仲裁法》第54条，仲裁裁决中的争议事实和裁决的理由也可以按照当事人的协议进行省略，因此根据二者内容进行区分并无意义。其次，在生效时间上的区分带来更大的问题，特别是当一方和另一方当事人在仲裁员的调解下已经达成了协议，由于制作调解书并加盖仲裁机构公章还需要一段时间，因此即使另一方在调解协议上签字，也可能通过拒绝签收调解书，从而导致调解书不产生法律效力。这种行为往往是令人恼火的，前期的调解努力和让步都归于徒劳，而对这种"后悔权"的保护也与诚实信用原则不符。因此，在未来仲裁法改革中参照《示范法》第30条的规定，仲裁庭根据当事人的和解、调解协议仅作出仲裁裁决。如果一定要和《民事诉讼法》保持一致，准许调解书这种形式，也应规定与仲裁裁决一样，自作出之日起生效。

有关调解书或者根据和解协议制作的仲裁裁决书是否能被撤销或宣告不执行，《仲裁法》没有明确规定。《仲裁法》第58条有关撤销的规定也是仅针对仲裁裁决。值得注意的是，2006年9月8日起施行的最高人民法院司法解释对此作出了较为自由的规定：② 当事人请求不予执行仲裁调解书或者根据当事人之间的和解协议作出仲裁裁决书的，人民法院不予支

---

① 全国人大常委会法制工作委员会编著：《中华人民共和国仲裁法律释评》，法律出版社1997年版，第59页。

② 法释〔2006〕7号第28条。

持。但这种规定也许走得太远了。法院仍然应当履行对仲裁调解书的司法审查权，毕竟当事人自行达成的和解属于对个人私权利的处分，对此仲裁庭的审查也相对有限。而在转换为具有强制执行力的法律文书后，就可能涉及利用公权力实现私权。特别对于是否损害第三人利益、社会公共利益的问题，必须由公权部门进行审查。有的司法机关以尊重仲裁独立性为由不进行审查，实际上属于推卸责任的"懒政"行为。但《仲裁法》第58条和第63条规定其他撤销或不予执行理由（如程序违法、枉法裁决等），基于当事人处分权原则，在与调解、和解不相关的前提下，则不应当适用于调解书或根据和解协议作出的仲裁裁决书。

三　仲裁机构的组织

（一）仲裁员

1. 仲裁员资格

我国《仲裁法》第13条详细规定了仲裁员的资格条件。有关资格条件又可分为职业道德条件和专业资格条件。首先，按照该条第1款的规定仲裁员必须满足公道正派条件。其次，对仲裁员的专业资格条件，《仲裁法》也提出了较高的要求，即所谓"三八两高"：如从事仲裁或者律师工作，以及曾任审判员满八年的（第13条第2款第1—3项）人员，从事法律研究、教学工作并具有高级职称的（第13条第2款第4项）人员，以及具有法律知识，从事经济贸易等专业工作并具有高级职称或者具有同等专业水平的人员，才有资格担任仲裁员。由于"职称"是我国特有的一项人才认证制度，结合《仲裁法》第13条与第67条的规定来看，第13条有关职称的条件只适用于对我国仲裁员的要求。[①] 对于外籍仲裁员的资格要求，《仲裁法》第67条虽然也提出了应具有法律、经济贸易、科学技术等专门知识，但实际认定有关条件却有很大的余地。[②] 法律对仲裁员资格的严格要求，反映了立法机关对民间争议解决方式公正性和专业性的忧虑。在20世纪90年代我国由计划经济全面向市场经济转型的大背景下，

[①] 参见1995年7月28日的国务院办公厅《重新组建仲裁机构方案》第3条第2款；另参阅黄进、宋连斌、徐前权《仲裁法学》，中国政法大学出版社2008年版，第58页。

[②] Kniprath, *Die Schiedsgerichtsbarkeit der Chinese International Economic and Trade Arbitration Commission* (*CIETAC*), S. 104.

这种严格要求对全国范围内高起点重新组建仲裁机构是有利的。时至今日，这些严格要求依然被认为是保障仲裁案件质量的重要条件。特别是在我国还处于现代法制建设的发展阶段，现代法治国家的理念虽然得到广泛传播，但法学理论与司法实践依然不够成熟，全民守法的自觉程度还较低，各种保障法律实施的设施与机制还不健全，有关社会矛盾问题难免会在仲裁领域显现，因此应当继续对仲裁员的资格进行限定，特别是应当严格限制《仲裁法》中"具有同等专业水平的人员"的准入，以及公务员中专业人士兼职担任仲裁员与《公务员法》的协调问题。

问题是，如果在未来我国仲裁法改革中不再区分国内仲裁和涉外仲裁程序，如何规范一个统一适用于本国和外籍仲裁员的资格条件。由于在国际仲裁中，有关仲裁专家要满足我国"三八两高"条件并非难事，因此可以保留我国《仲裁法》中有关仲裁员资格的规定，同时规定外籍仲裁员也应当提供符合相当于上述条件的证明。此外，还应当明确由谁对本国和外籍仲裁员的资格条件进行审核。[①] 建议在我国《仲裁法》修改时，立法机关将此任务委托给中国仲裁协会，由该协会在全国范围内对仲裁员资格进行审核，并建立仲裁员名册，由各仲裁机构从中聘任本机构仲裁员，以增强仲裁员的公信力和违纪仲裁员的纪律处分，同时打消社会对临时仲裁的顾虑。

2. 仲裁员名册

我国《仲裁法》第 13 条第 3 款规定，各仲裁机构按照不同专业设仲裁员名册。这种仲裁员名册被视为是强制性的，即当事人只能在仲裁委员会公布的仲裁员名册中选定仲裁员。[②] 强制仲裁员名册制的主要问题在于限制了当事人选定仲裁员的自由。此外，强制仲裁员名册的另外一个缺点是限制了其他专业人才和法律专家作为仲裁员参与仲裁程序的机会。[③] 因此，在未来我国《仲裁法》修改时应当明确，准许当事人在仲裁委员会提供的仲裁员名册以外选定仲裁员。通过这种规定可以克服强制裁判员名册

[①] 目前，我国大多数仲裁机构仲裁员的资格审核和聘任均由各仲裁机构自行管理。然而，一些省级司法部门也发布有关文件规定对仲裁员资格进行审核，例如陕西省司法厅就出台了仲裁员管理规定（试行），见 www. sxsf. gov. cn/admin/pub_ newsshow. asp? id = 1000254&chid = 100072。但是，由于受到《立法法》对仲裁制度的立法保留，此地方政府部门规定的法律效力存疑。

[②] 黄进、宋连斌、徐前权：《仲裁法学》，中国政法大学出版社 2008 年版，第 61 页；谭兵主编：《中国仲裁制度的改革与完善》，人民出版社 2005 年版，第 177 页。

[③] 黄进、宋连斌、徐前权：《仲裁法学》，中国政法大学出版社 2008 年版，第 62 页。

的缺点，并有助于尽可能地尊重当事人的意思自治。

仲裁机构依然可以设置并公布自己的仲裁员名册，但只是作为一个选择建议提供给当事人优先选定。但无论是仲裁机构推荐的仲裁员，还是当事人在仲裁机构仲裁员名册以外选定的仲裁员，都应当属于上述中国仲裁协会审核公布的大名单中的仲裁员。好的仲裁来自好的仲裁员。通过这种措施，能兼顾当事人意思自治与仲裁员的专业水准，从而保障仲裁案件的质量。在这方面，贸仲自 2005 年以来的仲裁规则，就突破了《仲裁法》强制仲裁员名册制度的规定，认可当事人在仲裁员名册以外选定仲裁员。这种有益的仲裁实践，如果能在未来我国仲裁法改革中得到吸收借鉴无疑将受到欢迎。①

3. 仲裁员责任

我国《仲裁法》第 38 条规定，如果仲裁员违反《仲裁法》第 34 条第 4 项和第 58 条第 6 项法律禁止性规定，应当承担相应法律责任。从《仲裁法》上述仲裁员禁止行为的规定来看，其本质上均属于受贿或妨碍司法公正的行为。其中，第 34 条第 4 项是禁止仲裁员私自会见当事人、代理人，或者接受其请客送礼，如果违反此项规定，可以构成回避事由。此外，第 58 条第 6 项规定的是禁止仲裁员索贿受贿、徇私舞弊、枉法裁决，否则裁决将被撤销。如果存在以上行为，且情节严重的，仲裁员应当承担法律责任，并被仲裁机构除名。

但《仲裁法》第 38 条并没有清楚地指出，违反法律禁止性规定的仲裁员应当承担何种法律责任。按照《仲裁法》起草者的观点，第 38 条中的法律责任主要是指纪律处分责任和刑事法律责任。除了上述被仲裁机构除名外，其中枉法裁决行为还会因触犯《刑法》第 399 条承担刑事责任。② 如何进行纪律处分可以通过仲裁委员会章程和中国仲裁协会的章程进行详细规定。对于刑事责任，"枉法仲裁罪"已由 2006 年 6 月 29 日通过的《刑法第六修正案》第 20 条正式引入刑法。但对于仲裁员是否应当承担民事责任还存在较大争议。原则上，仲裁法应当在改革中明确规定仲裁员享有民

① Kniprath, SchiedsVZ 2005, 197 (199).

② 见《关于〈中华人民共和国仲裁法（草案）〉的说明》，《中华人民共和国全国人民代表委员会常务委员会公报》1994 年第 6 期；参阅全国人大常委会法制工作委员会编著《中华人民共和国仲裁法律释评》，法律出版社 1997 年版，第 53—54 页；谭兵主编《中国仲裁制度的改革与完善》，人民出版社 2005 年版，第 173 页；相反，也有一些学者认为这种责任仅属于民事责任，参阅黄进、宋连斌、徐前权《仲裁法学》，中国政法大学出版社 2008 年版，第 74 页。

事责任豁免，从而保证仲裁员能够心无旁骛地独立裁决纠纷。①

因此，只要仲裁员不存在重大过失或故意违反法律禁止性规定，就不应承担责任。② 就裁决行为而言，由于仲裁员所从事的仲裁活动与法官所从事的司法活动并没有什么本质上的不同，因此仲裁员类似于法官的法律责任豁免被普遍认可。③ 也只有如此，才能保障仲裁员不受干扰地独立查明事实和适用法律。④ 只有当仲裁员违法行为十分严重，足以构成犯罪的情况下，仲裁员才对其裁决行为承担民事赔偿责任。除了裁决行为以外，仲裁员其他违反职责的行为，诸如私自会见当事人、未主动披露回避事由、无正当理由延误仲裁程序、没有充分理由辞去仲裁员职务，以及违反案件保密义务，考虑到案情的复杂性和仲裁员的独立性，一般也应当仅承担纪律责任。⑤ 从程序而言，即使要仲裁员承担民事责任，也必须以裁决被法院撤销或不予执行为前提。也就是说，在针对仲裁员的行动开始之前，要用尽所有针对仲裁裁决的救济方式，以保护正直仲裁员免受当事人恶意骚扰，防止专业人士因惧怕无端承担责任而排斥参加仲裁活动。⑥

（二）仲裁机构与临时仲裁

1. 仲裁机构的法律地位

我国《仲裁法》第10—12条详细规定了仲裁委员会的设立和有关组织架构。然而，有关仲裁委员会的法律地位却有意地未在《仲裁法》中明确。尽管在《〈仲裁法〉草案》中一度将仲裁机构界定为"非营利性事业单位"。但是，在人大审议过程中该表述被认为并不准确和确定，并在最终法律文本中被删去。⑦ 在我国《民法通则》有关法人的规定中（第36—

---

① 参阅第一章第二节。

② Van den Berg, "Liability of Arbitrators under Netherlands Law", in: Lew (ed.), *The Immunity of arbitrators*, S. 59 (64).

③ Hausmaninger, J. Int'l Arb. 7 (1990), 7 (20 f.); Schwab/Walter, *Schiedsgerichtsbarkeit*, Kap. 12 Rn. 9; Schütze/Tscherning/Wais, *Handbuch des Schiedsverfahrens*, Rn. 230; Glossner/Bredow/Bühler, *Das Schiedsgericht in der Praxis*, Rn. 265.

④ Jaeger, *Die Umsetzung des UNCITRAL-Modellgesetzes über die internationale Handelsschiedsgerichtbarkeit im Zuge der nationalen Reformen*, S. 124; Lachmann, *Handbuch für die Schiedsgerichtspraxis*, Rn. 4334.

⑤ Lionnet/Lionnet, *Handbuch der internationalen und nationalen Schiedsgerichtsbarkeit*, S. 264.

⑥ Jaeger, *Die Umsetzung des UNCITRAL-Modellgesetzes über die internationale Handelsschiedsgerichtbarkeit im Zuge der nationalen Reformen*, S. 126; Berger, *Internationale Wirtschaftsschiedsgerichtsbarkeit*, S. 162 f.

⑦ 《关于〈中华人民共和国仲裁法（草案）〉的说明》，《中华人民共和国全国人民代表大会常务委员会公报》1994年第6期。

53 条），法人被分为企业、机关、事业单位和社会团体。按照我国《事业单位登记管理暂行条例》第 2 条，事业单位被定义为国家为了社会公益目的，由国家机关举办或者其他组织利用国有资产举办的，从事教育、科技、文化、卫生等活动的社会服务组织。① 与事业单位不同，根据《社会团体登记管理条例》第 2 条，社会团体是指中国公民自愿组成，为实现会员共同意愿，按照其章程开展活动的非营利性社会组织。② 近年来，我国一些重新组建的仲裁机构越来越倾向于仿照机关法人模式进行运作，由此也带来越来越官僚化的问题。③ 为了确保仲裁机构在组织上和财务上的独立，我国立法机关应当在未来仲裁法改革中明确仲裁机构的社会团体法人地位。还应当在《仲裁法》中明确仲裁机构的非营利组织属性，以便能够按照《企业所得税法》第 26 条第 4 款享有免税优惠。④ 根据现行《仲裁法》，非涉外仲裁机构由政府组织有关部门和商会统一组建。实际上，有关仲裁机构的组织没有必要在《仲裁法》中进行规定。即使有必要，也完全可以通过单独的行政法规或规章进行规范，以便使仲裁机构的设立、运转能通过灵活的规范体系快速进行调整或安排，增强自身在国际上的竞争力。

2. 仲裁委员会仅承担管理职能

根据现行《仲裁法》第 20 条规定，仲裁委员会（而非仲裁庭）有权对仲裁协议的效力作出决定。从国际仲裁立法强调仲裁庭独立性的趋势来看，以及考虑到临时仲裁的可能性，应在法律中避免授予仲裁机构如此广泛的职权。尽管在指定仲裁员之前由仲裁机构作出管辖权决定可以节省时间和费用，⑤ 但这种做法也存在一些弊端，譬如会令人担心仲裁庭的独立性受到限制，以致对仲裁裁决的公正性产生影响；⑥ 人们还会担心，仲裁委员会可能会出于收入的需要，在组庭前趋于作出其具有管辖权的决定，

---

① 该条例于 1998 年 9 月 25 日国务院第 8 次常务会议通过，1998 年 10 月 25 日以第 252 号国务院令发布并施行。2004 年 6 月 27 日以第 411 号国务院令进行了修改。

② 该条例于 1998 年 9 月 25 日国务院第 8 次常务会议通过，1998 年 10 月 25 日以第 250 号国务院令发布并施行。

③ 见第五章第三节。

④ 王红松：《关于深化仲裁机构体制改革试点方案（讨论稿）》，《北京仲裁》2007 年第 63 期。

⑤ 参阅全国人大常委会法制工作委员会民法室、中国国际经济贸易仲裁委员会秘书局编著《中华人民共和国仲裁法全书》，法律出版社 1995 年版，第 88 页；宋连斌《国际商事仲裁管辖权研究》，法律出版社 2000 年版，第 204 页。

⑥ Kniprath, *Die Schiedsgerichtsbarkeit der Chinese International Economic and Trade Arbitration Commission* (*CIETAC*), S. 95.

但组庭以后如果仲裁庭质疑其管辖权，仲裁员就会有种被强迫参加仲裁活动的感觉。因此，仲裁机构的活动应主要限于对程序的管理和对仲裁员的有效监督。《仲裁法》应当明确规定仲裁庭对自身是否具有管辖权可以作出决定，且不受仲裁庭组成前有关管辖权决定的影响。

3. 临时仲裁的合法性

由于我国《仲裁法》第 16 条和第 18 条明确规定当事人约定的仲裁委员会是有效仲裁协议的必要条件，因此可以得出临时（Ad-hoc）仲裁在我国不具有合法性的结论。鉴于仲裁是国际贸易首选的解决争议方式，而我国《仲裁法》未设立临时仲裁制度，这实际上削弱了我国当事人的可选择性。对于某些类型的纠纷（如海事纠纷），临时仲裁基于其灵活性，往往是迅速解决该类纠纷的不二之选。我国《仲裁法》中不承认临时仲裁，不仅会造成中外当事人之间的不对等，还造成内地与港澳当事人之间的不对等。① 这是因为，外国当事人可以在本国通过临时仲裁获得仲裁裁决，并根据《纽约公约》在我国申请强制执行；同样，港澳当事人也可以凭在当地制作的临时仲裁裁决，根据两个"安排"（Arrangements）请求在内地法院强制执行。但我国内地当事人却无法在外国或港澳地区申请执行在大陆地区作出的临时裁决。② 由于我国仲裁法律制度仅是围绕机构仲裁制度而进行设计的，基本上没有考虑临时仲裁的合法性，这也成为我国《仲裁法》中许多规定都与国际通行仲裁制度不能协调的一个重要原因。一个典型的例子，就是仲裁协议生效要件中必须要载明仲裁委员会的名称（《仲裁法》第 16 条第 2 款第 3 项），以及根据作出仲裁裁决的仲裁机构判断仲裁裁决的国籍（《民事诉讼法》第 283 条）。实际上，即使《仲裁法》不承认临时仲裁制度的合法性，从理论上讲也不能完全禁止在大陆地区开展临时仲裁活动。例如，当事人完全可以通过在仲裁协议中约定以外国为仲裁地，但实际上临时仲裁程序均在我国内地开展，在作出临时仲裁裁决后，根据《纽约公约》在内地法院申请承认和执行。③ 基于上述原因，建议在未来《仲裁法》修改中明确以我国为仲裁地的临时仲裁具有合法性，以克服现

---

① Zhao/Kloppenberg, Front. Law China 3 (2006), 393 (407 f.).

② 见第五章第四节和第五节。

③ 法释〔2006〕7 号司法解释第 16 条，以及《涉外民事关系法律适用法》第 18 条均肯定了涉外仲裁协议的效力审查，应适用仲裁地法律。参阅 Thorp, J. Int'l Arb. 24 (2007), 607 (617)；Zhou, J. Int'l Arb. 23 (2006), 145 (168)。

行《仲裁法》的缺点，保证我国在国际仲裁地竞争中处于有利地位。

（三）中国仲裁协会

根据我国《仲裁法》第 15 条，中国仲裁协会是所有中国仲裁机构自律性组织。立法机关赋予中国仲裁协会两项任务：首先，它可以根据章程对仲裁委员会及其组成人员、仲裁员的违纪行为进行监督。其次，依照《仲裁法》和《民事诉讼法》的有关规定制定仲裁规则。①

中国仲裁协会作为一个法定机构至今未能成立。出现这种情况，令人唏嘘不已。这也从侧面反映出有关部门依法治国理念的淡漠，人治思想的顽固。同时，在中国仲裁协会迟迟未能成立的情况下，部分仲裁机构依然得到长足发展，使人进一步质疑，即使协会成立，其是否能够担当得起立法机关授予其职权。例如，由于我国各地经济发展水平差别较大，各个仲裁机构发展也不均衡，如果制定全国统一的仲裁规则就可能无法灵活应对不同的需求。② 实际上，应当由中国仲裁协会制定一部示范仲裁规则，③ 统一或协调各地仲裁机构仲裁规则的差别，或者通过比较显现差异，以提高各地仲裁规则的科学性和可预期性。原则上，中国仲裁协会的各项职权必须由所有成员通过其章程进行设置。如果取消强制仲裁员名册制度，立法机关还可以授权仲裁协会审查仲裁员的资格。此外，如果未来我国《仲裁法》能够准许临时仲裁制度，除法院可作为临时仲裁员指定机构以外，仲裁协会也可以作为备选的仲裁员指定机构。毕竟通过遴选仲裁员，仲裁协会能够更清楚地了解仲裁员的情况。④ 但无论如何，中国仲裁协会绝不能成为我国仲裁事业的中央集权的官僚行政机构。

四　仲裁费用规则

（一）程序费用

现行《仲裁法》第 76 条规定了当事人应当按照规定缴纳仲裁费用的

---

① 由于仲裁协会至今未能成立，不仅无法从外部对仲裁员违纪进行调查处理，而且也不能制定全国统一的仲裁规则，只是由各仲裁机构根据《仲裁法》第 75 条制定各自五花八门的仲裁暂行规则。

② 宋连斌、赵健：《关于修改 1994 年中国〈仲裁法〉若干问题的探讨》，《仲裁与法律》2000 年第 6 期。

③ 林一飞：《中国仲裁协会与仲裁机构的改革》，《北京仲裁》2007 年第 2 期。

④ 王红松：《仲裁行政化的危害及应对之策》，《北京仲裁》2007 年第 62 期。

义务。对于重新组建的仲裁委员会，收取仲裁费用的法律依据是国务院公布的《仲裁委员会仲裁收费办法》。[①] 按该办法，仲裁费用包括案件受理费和案件处理费。案件处理费实行实际支出原则，主要用于仲裁员办案出差、开庭费用，证人、鉴定人、翻译人员出庭支出，咨询、鉴定、勘验、翻译等费用，以及复制、送达案件材料、文书的费用等。仲裁受理费由申请人或反请求申请人根据争议金额，按照上述办法所列出的受理费表的规定预交。当事人一般应当在收到仲裁委员会受理通知书之日起 15 日内预交。如果不在规定期限内预交费用，又未提交缓交申请的，将被视为撤回仲裁申请。案件受理费则属于一次性包干费用，主要用于给付仲裁员报酬，维持仲裁委员会正常运转。在实践中，多数仲裁机构的案件处理费也是按照受理费的一定比例预收的，其合法性往往受到质疑。为增加透明性，并参照国际多数仲裁机构惯例，建议在未来仲裁法改革中明确有关收费的原则，并将案件受理费分为仲裁员报酬和程序管理费用。[②] 原则上，仲裁费用的具体数额由仲裁机构自行在仲裁规则中规定。只有在临时（Ad-hoc）仲裁情形下，并且当事人之间没有对仲裁费用达成协议，才依据有关规定的仲裁员报酬等指导标准支付有关费用。仲裁费用可以由行政法规进行规定，以便灵活进行调整。同时还应当受到政府监管，对最高额进行限制，以保护经济实力较弱的当事人不至于因过高仲裁费用而掉入"仲裁陷阱"，无法保障自身合法权益。此外，《仲裁法》还应明确规定仲裁收费作为服务性收费的法律性质，不得纳入行政事业性收费的范畴，从而彻底解决困扰我国仲裁发展的"收支两条线"财务问题。[③]

（二）对费用的裁决

根据《仲裁法》第 54 条第 1 句，仲裁庭有义务在裁决中写明仲裁费用的承担。至于在当事人之间如何确定仲裁费用分担的比例及金额，具体则由《仲裁委员会仲裁收费办法》第 9 条进行了规定。[④] 根据该条，原则

---

① 见国务院办公厅 1995 年 7 月 28 日关于印发《重新组建仲裁机构方案》《仲裁委员会登记暂行办法》《仲裁委员会仲裁收费办法》的通知；但是根据《仲裁法》第 73 条，涉外仲裁规则可以由中国国际商会依照《仲裁法》和《民事诉讼法》的有关规定自行制定，因此贸仲和海仲在其仲裁规则中对仲裁费用进行了规定。

② 参阅康明《我国商事仲裁收费与分配问题初探》，《仲裁与法律》2004 年第 1 期；宋连斌、赵健《关于修改 1994 年中国〈仲裁法〉若干问题的探讨》，《仲裁与法律》2000 年第 6 期。

③ 见第五章第三节。

④ 见本章第二节。

上仲裁费用应由败诉一方当事人承担。如果申请人部分胜诉部分败诉的，则根据当事人各方责任大小确定其各自应当承担的仲裁费用的比例。当事人通过和解或者调解结案的，由仲裁庭根据当事人的仲裁费协议作出有关费用承担的决定，并在调解书或裁决书中写明当事人最终应当支付的仲裁费金额。上述规定应当在《仲裁法》中进一步明确规定，毕竟仲裁费用可能会对当事人的实体权利产生重大影响。① 此外，在仲裁程序开启后因采取法律措施而产生的一些其他合理费用，特别是双方当事人事前没有约定的情况下，如律师代理费和仲裁保全费，有关法律法规也没有作出进一步明确。参照德国《民事诉讼法》第 1057 条第 1 款第 1 句，以及英国《1996 年仲裁法》（*Arbitration Act 1996*）第 65 条等规定，立法机关可以授予仲裁庭自由裁量权，一方面应对适当仲裁请求或答辩而产生的必要费用进行裁决，另一方面应对仲裁程序产生全部费用具体数额进行限制。在对律师费进行自由裁量时，仲裁庭应特别考虑已发生的实际损失、责任大小，以及相关律师收费指导标准，保护当事人对仲裁费用的可预期性。

五　法院的程序

（一）管辖权

我国《仲裁法》在多处对人民法院的管辖权作出了规定。譬如第 46 条规定国内仲裁证据保全由证据所在地的基层人民法院管辖。第 68 条规定涉外仲裁的证据保全由证据所在地的中级人民法院管辖。在第 58 条规定，撤销仲裁裁决由仲裁委员会所在地的中级人民法院管辖。此外，《民事诉讼法》第 272 条和第 273 条对涉外仲裁案件的财产保全和强制执行应由被申请人住所地或者财产所在地的中级人民法院管辖作出了规定。第 281 条对外国仲裁裁决的承认与执行的级别管辖也作出了规定。而其他关于仲裁案件法院管辖权的规定则主要见于最高人民法院的多个司法解释。例如，有司法解释将《仲裁法》第 28 条规定的国内仲裁案件的财产保全，明确规定由被申请人住所地或者财产所在地的基层人民法院管辖。② 另有司法解释对《仲裁法》第 20 条规定的确认仲裁协议效力的案件，规定由仲裁协议约定的仲裁机构所在地、仲裁协议签订地、申请人或者被申请人住所地的中级人民法

---

① 参阅《德国仲裁法草案政府立法说明》，BT-Drucks. 13/5274 vom 12. Juli 1996, S. 57.

② 见法发〔1997〕4 号。

院管辖；涉及海事海商纠纷仲裁协议效力的案件，由仲裁协议约定的仲裁机构所在地、仲裁协议签订地、申请人或者被申请人住所地的海事法院或就近的海事法院管辖。① 对于当事人申请执行仲裁裁决案件，由被执行人住所地或者被执行的财产所在地的中级人民法院管辖。②

上述分散于各个法律和司法解释的管辖规则应该予以集中规范。因此在未来我国仲裁法改革中，应参照德国仲裁立法改革的经验，列出专章对管辖权进行规定，以增加法律规范的科学性。此外，为配合临时（Ad-hoc）仲裁制度，还应当增加与之有关的法院管辖规定。建议由仲裁协议约定的中级人民法院，或者约定不明时由仲裁协议签订的、被申请人或者申请人住所地的中级人民法院管辖临时仲裁员的指定、回避、职权终止和临时仲裁裁决的撤销、强制执行，以及对仲裁庭自裁管辖权的决定。对于仲裁机构组庭后仲裁庭作出的自裁管辖权决定的司法审查，建议由仲裁机构所在地的中级人民法院进行管辖。此时，仲裁庭的自裁管辖权决定相当于第一审，与确认仲裁协议效力案件类似，因此由中级人民法院管辖较为妥当。③此外，由于我国幅员辽阔，中级人民法院也多设在经济较为发达的设区市，因此由中级人民法院管辖也便于当事人及时寻求司法监督与支持。在临时仲裁指定仲裁员这一环节，如果一方当事人向中国仲裁协会提出申请，另一方向有关中级人民法院提出申请，则由最先受理的机构享有管辖权。但是，对于国内仲裁裁决的强制执行和财产保全，则建议按照各地人民法院以争议标的额等因素划分相应的级别管辖规定，而将申请不予执行的司法审查管辖保留在中级人民法院这一层级，从而既能兼顾较小标的额案件由县区法院方便执行，也能保障仲裁案件司法审查标准相对统一。④

（二）程序

根据《仲裁法》第 58 条第 2 款和第 70 条，《民事诉讼法》第 237 条和第 274 条，以及最高人民法院《关于运用〈中华人民共和国仲裁法〉若干问题的解释》第 15 条，人民法院审理申请撤销和不予执行仲裁裁决、确认仲裁协议效力案件，应当组成合议庭，一般还应当询问当事人，进行审查核

---

① 见法释〔2006〕7 号第 12 条。

② 见法释〔2006〕7 号第 29 条。

③ 参阅《德国仲裁法草案政府立法说明》，BT-Drucks. 13/5274 vom 12. Juli 1996，S. 63.

④ 有关仲裁案件财产保全由被申请人住所地或者财产所在地的基层人民法院管辖的规定仅见于司法解释（如法发〔1997〕4 号第 2 条，法释〔1998〕15 号第 19 条）。

实。对于上述情形是否应当进行开庭，以及是否应当公开，《仲裁法》与《民事诉讼法》均没有作出规定。尽管根据最高人民法院司法解释，法院在作出决定前应当询问当事人，但开庭程序却不是必需的。在实践中，各个法院在开庭审理和公开问题上的做法也不一致。[①] 反观德国《民事诉讼法》第1063条第2款，如果存在第1059条第2款所述撤销理由，法院在审理申请撤销、承认或宣告裁决可执行性时应当开庭审理。由此可见，在德国法中对上述情况进行开庭是必不可少的。从某种意义来讲，德国立法机关把上述案件的审理比照普通程序进行了制度安排。[②] 德国的立法经验值得在我国仲裁法改革中借鉴，不仅能够保障双方当事人法定听审的权利，还有利于提高法院在司法审查过程中的规范化和司法保护水平。但是，对于其他有关法院的裁定（如临时措施），原则上可以通知、询问被申请人后进行裁定，而不必开庭。尽管仲裁法律制度中的程序不公开性被认为是仲裁的一个特别优势，但如果该案件进入了诉讼程序，因为涉及诉讼制度的公开原则，所以应当公开进行。[③] 但是，如果兼顾两种制度的特点，可以参考奥地利《民事诉讼法》第616条的解决方案，即如果一方当事人提请不公开进行，则法庭可以凭自由裁量权对该请求进行裁定。

（三）救济手段

如果仲裁当事人在相关诉讼程序中败诉，是否可以进一步向上级法院提起上诉，对此《仲裁法》没有明确进行规定。根据我国《民事诉讼法》第154条，撤销或者不予执行仲裁裁决的裁定不在可上诉范围之内。此外，最高人民法院《关于人民法院裁定撤销仲裁裁决或驳回当事人申请后当事人能否上诉问题的批复》进一步作出明确答复，对人民法院撤销仲裁裁决或驳回当事人申请的裁定，当事人无权上诉。然而，人民法院拟拒绝承认和执行外国仲裁裁决，以及拟撤销和不予执行涉外仲裁裁决的，最高人民法院还规定有所谓的报告制度，由高级人民法院乃至最高人民法院进行审查纠正。[④] 但报告制度毕竟不是法定程序，因此缺乏必要的程序保障。[⑤] 此外，报告制度

---

① 韦小宣：《关于审理涉外仲裁裁决异议案件中不予执行仲裁裁决的法律思考》，《法律适用》1998年第12期。

② 参见《德国仲裁法草案政府立法说明》，BT-Drucks. 13/5274 vom 12. Juli 1996, S. 65.

③ Oberhammer, *Entwurf eines neuen Schiedsverfahrensrechts*, S. 155.

④ 见第五章第五节。

⑤ 报告制度的依据仅为最高人民法院的司法解释（法发〔1995〕18号和法〔1998〕40号），仍属于一种我国法院系统的内部控制机制。

也仅适用于外国仲裁裁决和涉外仲裁裁决。对于国内仲裁程序而言，上级法院不对中级人民法院的撤销和不予执行仲裁裁决的裁定再次进行审查。在这种情况下，如果未来在我国仲裁法改革中不再区分国内和国际（涉外）仲裁程序，立法机关就应当将报告制度转化为正式的法律制度，准许当事人提起上诉。但随之而来的问题是，一方面，我国《民事诉讼法》中没有类似德国法中由最高司法机关主持的法律研修性质的第三审制度，取消了报告制度，最高人民法院就失去了统一进行国际仲裁裁决和外国仲裁裁决司法审查的抓手；另一方面，从国内仲裁案件受理案件逐年上升的情况来看，如果准予所有仲裁司法审查案件上诉的话，恐不能达到仲裁为法院诉讼分流减负案件的效果。除了考虑在将来《民事诉讼法》修改中增加第三审上诉制度以外，比较现实的做法就是在《仲裁法》和《民事诉讼法》中增加限制可上诉的条件。① 因此建议在《仲裁法》和《民事诉讼法》中增加规定，只有当人民法院裁定撤销或者不予执行仲裁裁决，以及裁定拒绝承认或执行外国仲裁裁决时，才准许当事人上诉至高级人民法院；高级人民法院如果同意中级人民法院意见，应将其审查意见报最高人民法院，待最高人民法院答复后，方可裁定撤销、不予执行或者拒绝承认和执行。

而对于涉及仲裁案件的人民法院其他裁定，则应当不准许当事人上诉，从而保障仲裁程序的顺利推进，同时减轻司法机关的负担。这样也与《示范法》的规定保持一致。根据《示范法》规定，法院指定有关仲裁员的裁定（第 11 条第 5 款），法院对回避事项作出的裁定（第 13 条第 3 款），法院终止仲裁员职权的裁定书（第 14 条第 1 款），法院对仲裁庭自裁管辖权的裁定（第 16 条第 3 款），均不准许当事人上诉。

---

① 江伟主编：《民事诉讼法典专家修改建议稿及立法理由》，法律出版社 2008 年版，第 291 页。

结　论

以上研究表明，过去几十年间全球性集中仲裁立法改革展现出自由化、国际化和本地化的趋势。德国等国家的仲裁立法改革紧随上述趋势并进行了有益的修改和补充。尽管我国 1994 年《仲裁法》改革对原有行政仲裁体制进行了质的突破，但依然落后于国际仲裁法律制度的发展。

民商事仲裁制度是一种建立在私法自治基础上的争议解决方式。私法自治是整个仲裁制度的合法性基础，并成为限制国家干预的主要法理依据。仲裁本质上属于一种民间司法，但仲裁裁决在当事人之间所产生的与法院判决相同的法律效力，已被各国立法机关普遍承认，国家还通过强制执行等多项司法支持保障了仲裁程序的顺利开展。承认仲裁作为建立在私法自治基础上的民间司法，反映出立法机关对仲裁态度的彻底转变，即从不信任到赋予更多的职权。过去几十年间，世界各国前所未有地集中仲裁法立法改革恰恰反映了这种自由化的转变。申请人与被申请人之间、当事人与仲裁庭之间、法庭与仲裁庭之间、法庭与当事人之间的法律关系都随着自由化的趋势而发生了较大的变化。

各国仲裁法随着立法改革逐步趋向高度的国际化。随着战后国际经济贸易投资领域的迅猛发展，以及通过一系列仲裁领域的国际交流合作，在自由化的趋势下，国际仲裁领域逐渐形成了一些全球通行的惯例与标准。由于《示范法》在起草过程中充分吸收了多方面的意见，在世界范围内取得最大的共识，同时从国际视野维护规范体系的适用性和可靠性，可以说，《示范法》已成为国际商事仲裁国际标准的集中体现。在世界各国对本国仲裁法进行修改以实现现代化时，《示范法》要么被吸纳为本国仲裁法（通过援引或者直接纳入），要么成为本国仲裁法改革的标杆。在经济全球化的潮流中，鉴于区分国内和国际仲裁程序所出现的众多问题，许多国家的仲裁法修改后开始不再区分国内和国际仲裁程序。

通过适用符合国际标准的仲裁程序规则，国内仲裁机构的仲裁规则也深受影响，并逐步向国际仲裁程序靠拢，国内和涉外仲裁程序规则得到进一步协调。

在各国的仲裁法改革中，属地原则——强制适用仲裁地仲裁程序法，被广泛得到强调。非国家化的拥趸所主张的将国际仲裁完全从各国仲裁程序法中独立出来的理论，并没有在各国仲裁法改革中得到支持。尽管国内仲裁程序法通过采用国际仲裁立法标准而趋于协调和统一，但各国国内仲裁程序法依然存在差异性或多样性。各国仲裁法存在的多样性主要源于各国法律文化差异、国内法律制度与国际法治进行协调的内在需求程度等原因。基于这些原因，也就出现了各国一面吸纳《示范法》将其转换为本国法，同时又根据需求对《示范法》进行修改和补充的现象。

各国立法机关从整体上遵循自由主义思想，同时对已经形成的国际标准给予特别的关注。大多数对《示范法》的修改和补充均非实质性的，并与业已形成的国际标准并不矛盾。国际标准也不是一成不变的。一些新的国际标准的形成，往往受到各国仲裁法中那些特别规定的启发。

在德国，立法机关正是通过吸纳《示范法》而实现本国仲裁法律制度的现代化。在那些对仲裁友好的国家，仲裁法律制度严格贯彻了私法自治原则，始终将其置于开展仲裁程序活动的优先地位。在吸纳《示范法》的过程中，德国还对《示范法》作了一定的修改与补充。特别值得一提的是，新法统一适用于国内仲裁程序和国际仲裁程序，并且不像旧法那样仅适用于商事纠纷范围。其他一些补充性的规定，主要是为了与本国司法体制进行衔接，同时与《示范法》的立法精神和基本原则不相违背。从国际评价来看，德国此次仲裁立法改革是较为成功的，新法被公认为对仲裁友好的法律制度。

尽管在我国历史上，不通过官府的民间争议解决方式有着深厚的传统，但仲裁领域的法律规定也仅仅是在近代才出现的。在经济转型的大背景下，我国于1994年8月31日通过了历史上首部《仲裁法》。1994年《仲裁法》的颁布，破除了以往国内仲裁程序的行政仲裁体制，建立了一系列与现代仲裁制度接轨的法律原则，如仲裁机构独立于行政机关、尊重当事人的意思自治、仲裁裁决的终局性等，是我国仲裁法律制度发展的一个重要里程碑。自从1994年《仲裁法》改革以来，我国仲裁机构受理的仲裁案件数量取得巨大的增长。随着《仲裁法》及其相关法律制度的出台,大陆地区、香港、澳门和台湾地区之间的相互执行仲裁裁决,以及中国大陆地区对外国仲裁裁决的承认和执行工作也更加规范。但是,与较为自由的国际仲裁标准相比,我国《仲裁法》的有关规定仍显得十分落后。譬如,《仲裁法》对仲裁协议生效条件过严、未准许临时(Ad-hoc)仲裁程序、实行强制仲裁员名册制度、仲裁庭职权不足、仲裁程序规定缺乏灵活性、对国内仲裁裁决仍进行实体审查、对确定外国仲裁裁决国籍规定不明确,以及对仲裁机构法律地位定位不明确导致其普遍官僚化,等等。因此,我国《仲裁法》需要进一步进行改革。

通过本项课题研究表明,我国未来《仲裁法》改革可以采取吸纳《示范法》的方式,进一步与国际通行的仲裁法律制度接轨,实现与国际仲裁法制的协调。同时,通过吸纳较为自由的《示范法》各项规定,克服我国《仲裁法》现有的立法缺陷。我国在吸纳《示范法》时应当参考其他国家的成功经验。特别是德国在将《示范法》成功转化为《民事诉讼法》第十编有关仲裁的特别规定过程中所进行的修改和补充,值得我们借鉴。通过吸纳《示范法》,将有利于吸引外国当事人适用我国《仲裁法》,从而增强我国作为国际仲裁地的竞争力,提高我国的软实力。此外,鉴于《示范法》广泛传播,相关学术研究和司法实践非常丰富,这也将有助于快速提高我国的仲裁理论和实践水平。

但是,吸纳《示范法》并不能一揽子解决我国《仲裁法》现存的众多问题。从各国立法实践经验来看,对《示范法》未涉及问题进行补充往往是必要的。对此,我国立法机关可以参考有关国家对可仲裁性和法院程序的补充规定。而对于其他一些问题,如仲裁与调解相结合、仲裁机构的组织等具有中国特色的制度,只要符合《示范法》支持仲裁的立法精神,仍可以在我国《仲裁法》中予以保留。

因此,吸纳《示范法》并对其进行必要的修改和补充,可以作为我国仲裁立法现代化的一个有效途径。随着我国进一步深化改革和对外开放,可以预见将会有更多的国内和国际经济贸易与投资纠纷通过仲裁方式进行解决。特别是在国际贸易和投资领域,随着我国产业升级,以及"走出去""一带一路"战略的实施,我们更加需要一部能够达到国际标准,保障我国投资者平等参与国际竞争的仲裁法律制度。基于仲裁的独特优势,无论是立法机关还是司法机关对仲裁的态度正变得越来越宽容。同时,吸纳《示范法》还有利于促进国际仲裁法制的协调。

相互交流和社会协作，正是我们人类社会发展的源泉。早在 2500 年前，我们的先哲就提出了"和"的思想。仲裁是如此灵活和巧妙，我们人类又是如此智慧，如果能够诚于协作，善加设计，谁又能说仲裁不会成为我们将来止争致"和"的一条主流呢？

缩 略 语 表

AAA	American Arbitration Association 美国仲裁协会
AALCC	Asian – African Legal Consultative Committee 亚非法律协商委员会
Abs.	Absatz 款
AcP	*Archiv für die civilistische Praxis*《民事实务文献》
ADR	Alternative Dispute Resolution 替代性争议解决
a. F.	alte Fassung 旧法
AGB	Allgemeine Geschäftsbedingungen 一般交易条件
Am. J. Comp. L.	*American Journal of Comparative Law*《美国比较法杂志》
Am. Rev. Int'l Arb.	*American Review of International Arbitration*《美国国际仲裁评论》
APLPJ	*Asian – Pacific Law & Policy Journal*《亚太法律与政策杂志》
Arb. Int'l	*Arbitration International*《国际仲裁》
Art.	Artikel 条
Aufl.	Auflage 版
BB	*Betriebs – Berater*《企业顾问》
BCICAC	British Columbia International Commercial Arbitration Centre 加拿大不列颠哥伦比亚国际商事仲裁中心
Bd.	Band 卷
Bde.	Bände 卷（复数）
Bearb.	Bearbeiter/in 编辑人
BeurkG	*Beurkundungsgesetz*《德国文书作成法》
BGB	*Bürgerliches Gesetzbuch*《德国民法典》
BGB1	*Bundesgesetzblatt*《德国联邦法律公报》
BGE	*Entscheidungen des Bundesgerichts der Schweiz*《瑞士联邦最高法院判例集》
BGH	Bundesgerichtshof 德国联邦最高法院

续表

BGHZ	*Entscheidungen des Bundesgerichtshofs in Zivilsachen*《德国联邦最高法院民事判例集》
BIT	Bilateral Investment Treaty 双边投资条约
Bl.	Blatt 公报
BMJ	Bundesministerium der Justiz 德国司法部
BR – Drucks.	Bundesrats – Drucksache 德国联邦参议院印刷品
Brüssel IIa – VO	*Verordnung（EG）Nr. 2201/2003 des Rates vom 27. November 2003 über die Zuständigkeit und die Anerkennung und Vollstreckung von Entscheidungen in Ehesachen und in Verfahren betreffend die elterliche Verantwortung*《关于婚姻事务和父母亲责任案件的管辖权及承认与执行相应裁判的理事会条例》，第 2201/2003 号，2003 年 11 月 27 日
BT – Drucks.	Bundestags – Drucksache 德国联邦众议院印刷品
Bulletin ASA	Bulletin de l'Association Suisse de l'Arbitrage（Bulletin der schweizerischen Vereinigung für Schiedsgerichtsbarkeit）瑞士仲裁协会通报
CCOIC	China Chamber of International Commerce 中国国际商会
CCPIT	China Council for the Promotion of International Trade 中国国际贸易促进委员会
CIDIP	Inter – American Specialized Conference on Private International Law 美洲间国际私法特别会议
CIETAC	China International Economic and Trade Arbitration Commission 中国国际经济贸易仲裁委员会
CMAC	China Maritime Arbitration Commission 中国海事仲裁委员会
CMEA	Council for Mutual Economic Assistance 经济互助委员会、经互会
Comp. L. Yb. Int'l Bus.	*The Comparative Law Yearbook of International Business*《国际商事比较法年报》
CPC	*Code de Procédure Civile*《法国民事诉讼法》
Croat. Arb. Yb.	*Croatia Arbitration Yearbook*《克罗地亚仲裁年报》
DAC	Departmental Advisory Committee 咨询委员会
DB	*Der Betrieb*《企业》
DIS	Deutsche Institution für Schiedsgerichtsbarkeit e. V. 德国仲裁协会
DIS – MAT	DIS – Materialien 德国仲裁协会资料汇编

Diss.	Dissertation 博士论文
Doc.	Document 文件
DSB	Dispute Settlement Body/Streitbeilegungsgremium（WTO）争端解决机构（世贸组织）
DSU	Dispute Settlement Understanding/Vereinbarung über Streitbeilegung（WTO）争端解决谅解（世贸组织）
DZWiR	*Deutsche Zeitschrift für Wirtschaftsrecht*《德国经济法杂志》
Ebda.	Ebenda 出处同上
ECOSOC	United Nations Economic and Social Council 联合国经济及社会理事会
ed.	editor/edition 主编/版本
EDI	Electronic Data Interchange 电子数据交换
EGBGB	*Einführungsgesetz zum BGB*《德国民法典施行法》
EMRK	*Europäische Menschenrechtskonvention*《欧洲人权公约》
EÜ	*Europäisches Übereinkommen über die internationale Handelsschiedsgerichtsbarkeit*《欧洲国际商事仲裁公约》
EVÜ	*EG – Übereinkommen über das auf vertragliche Schuldverhältnisse anzuwendende Recht vom 19. Juni 1980*《1980 年 6 月 19 日欧盟关于合同之债关系法律适用协议》
f.	folgende（Einzahl）/following 下一页
FAA	*Federal Arbitration Act*《美国联邦仲裁法》
Festschr.	Festschrift 纪念文章
ff.	folgende（Mehrzahl）/following 以下（多页）
Fn.	Fußnote 脚注
Front. Law China	*Frontiers of Law in China*《中国法学前沿》
FS	Festschriften 纪念文集
GATS	*General Agreement on Trade in Services*《服务贸易总协定》
GATT	*General Agreement on Tariffs and Trade*《关税及贸易总协定》
Genf. Abk.	*Genfer Abkommen zur Vollstreckung ausländischer Schiedssprüche*《关于执行外国仲裁裁决日内瓦公约》
Genf. Prot.	*Genfer Protokoll über die Schiedsklauseln*《仲裁条款日内瓦议定书》
GG	*Grundgesetz*《德国基本法》

GmbH	Gesellschaft mit beschränkter Haftung 有限责任公司
GWB	*Gesetz gegen Wettbewerbsbeschränkungen*（*Kartellgesetz*）《德国反限制竞争法》（卡特尔法）
HKIAC	Hong Kong International Arbitration Centre 香港国际仲裁中心
HGB	*Handelsgesetzbuch*《商法典》
HKLRD	*Hong Kong Law Reports & Digest*《香港法律报告和摘要》
Hrsg.	Herausgeber 主编
hrsg. v.	herausgegeben von 由……主编
IBA	International Bar Association 国际律师协会
IBA – Rules	*Rules on the Taking of Evidence in International Commercial Arbitration of IBA*《国际律师协会国际商事仲裁取证规则》
Ibid.	同上
ICANN	Internet Corporation of Assigned Names and Numbers 互联网名称与数字地址分配机构
ICC	International Chamber of Commerce 国际商会
ICCA	International Council of Commercial Arbitration 国际商事仲裁大会
ICSID	International Centre for the Settlement of Investment Disputes 解决投资争端国际中心
IDR	*Journal of International Dispute Resolution*（*Beilage zu RIW*）《国际争议解决杂志》（《国际经济法》杂志副刊）
ILA	International Law Association 国际法协会
InsO	*Insolvenzordnung*《破产法》
Int'l A. L. R.	*International Arbitration Law Review*《国际仲裁法律评论》
Int'l Bus. Law.	*International Business Lawyer*《国际商业律师》
Int'l Law.	*The International Lawyer*《国际律师》
IPBPR	*Internationaler Pakt über bürgerliche und politische Rechte*《公民权利和政治权利国际公约》
IPRax	*Praxis des Internationalen Privat – und Verfahrensrechts*《国际私法和程序法实践》
IPRG	*Gesetz über das Internationale Privatrecht*《瑞士联邦国际私法》
JA	*Juristische Arbeitsblätter*《法学工作报》

JCAA	Japan Commercial Arbitration Association 日本商事仲裁委员会
J. Int'l Arb.	*Journal of International Arbitration*《国际仲裁杂志》
JPS	*Jahrbuch für die Praxis der Schiedsgerichtsbarkeit*《仲裁实践年鉴》
KCAB	Korean Commercial Arbitration Board 韩国商事仲裁委员会
KLRCA	Kuala Lumpur Regional Centre for Arbitration 吉隆坡区域仲裁中心
K&R	*Kommunikation & Recht*《通讯与法》
LCIA	London Court of International Arbitration 伦敦国际仲裁院
lit.	litera 字母
Losebl.	Loseblatt 活页本
Mich. J. Int'l L.	*Michigan Journal of International Law*《密歇根大学国际法杂志》
MERCOSUR	Mercado Común del Sur 南方共同市场
NAFTA	*North American Free Trade Agreement*《北美自由贸易协定》
Neubearb.	Neubearbeitung 修订版
NJW	*Neue Juristische Wochenschrift*《新法学周刊》
Nw. J. Int'l L. & Bus.	*Northwestern Journal of International Law & Business*《西北大学国际法和商业杂志》
N. Y. L. Sch. J. Int'l Comp. L.	*New York Law School Journal of International and Comparative Law*《纽约大学法学院国际法与比较法杂志》
OAS	Organisation of American States 美洲国家组织
OHADA	Organisation for the Harmonization of Business Law in Africa 非洲商法协调组织
öZPO	*Österreichische Zivilprozessordnung*《奥地利民事诉讼法》
p.	page（单）页
para.	paragraph（s）段
pp.	pages（多）页
RabelsZ	*Rabels Zeitschrift für ausländisches und internationales Privatrecht*《拉贝尔外国私法与国际私法杂志》
Rev. arb.	*Revue de l'arbitrage*《仲裁杂志》
RG	Reichsgericht 德国帝国最高法院
RGB1	*Reichsgesetzblatt*《德国帝国法律公报》
RGZ	*Entscheidungen des RG in Zivilsachen*《德国帝国最高法院民事判例集》

RIW	*Recht der internationalen Wirtschaft*《国际经济法》
Rn.	Randnummer, Randnummern 边码
RPS	*Recht und Praxis der Schiedsgerichtsbarkeit（Beilage zu BB）*《仲裁法律与实践》（《企业顾问》杂志副刊）
S.	Seite, Satz 页，句
SAA	*Swedish Arbitration Act*《瑞典仲裁法》
SCC – Institut	Schiedsgerichtsinstitut der Stockholmer Handelskammer 斯德哥尔摩商会仲裁院
SchiedsVfG	*Schiedsverfahrens – Neuregelungsgesetz*《德国仲裁程序修订法》
SchiedsVZ	*Zeitschrift für Schiedsverfahren*《仲裁程序杂志》
SchiedsRÄG 2006	*Schiedsrechts – Änderungsgesetz 2006*《奥地利仲裁法修改法 2006》
sec.	section 条
SIAC	Singapore International Arbitration Centre 新加波国际仲裁中心
Syracuse J. Int'l L. & Com.	*Syracuse Journal of International Law and Commerce*《雪城大学国际法商学刊》
Tex. Int'l L. J.	*Texas International Law Journal*《得克萨斯国际法杂志》
TranspR	*Transportrecht*《运输法》
Tul. L. Rev.	*Tulane Law Review*《杜兰法律评论》
U. Miami Inter – Am. L. Rev.	*University of Miami Inter-American Law Review*《迈阿密大学美洲国家间法律评论》
UN	United Nations 联合国
UNCITRAL	United Nations Commission on International Trade Law 联合国贸易法委员会
UNCTAD	United Nations Conference on Trade and Development 联合国贸易和发展会议
UNIDROIT	International Institute for the Unification of Private law 国际统一私法协会
U. S. C.	*United States Code*《美国法典》
v.	vom/versus 由/对
vgl.	vergleiche 请比较、参阅
vol.	volume 卷
VO Rom I	*Verordnung（EG）2008/593 des Europäischen Parlaments und des Rates vom 17. 6. 2008 über das auf vertragliche Schuldverhältnisse anzuwendende Recht* 2008 年 6 月 17 日欧洲议会和理事会《关于合同之债关系法律适用的法令》（EG）2008/593

WiB	*Wirtschaftsrechtliche Beratung*《经济法咨询》
WIPO	World intellectual Property Organisation 世界知识产权组织
WiR	*Wirtschaftsrecht*《经济法》
WTO	World Trade Organisation 世界贸易组织
Yb. Com. Arb.	*Yearbook Commercial Arbitration*《商事仲裁年鉴》
z. B.	zum Beispiel 例如
ZPO	*Zivilprozessordnung*《民事诉讼法》
ZRP	*Zeitschrift für Rechtspolitik*《法律政策杂志》
ZZP	*Zeitschrift für Zivilprozess*《民事诉讼杂志》
ZZPInt	*Zeitschrift für Zivilprozess International*《国际民事诉讼杂志》

附录1 全球自1985年以来仲裁立法改革一览表

序号	国家或独立法域	法律通过、签署或发布时间**	生效时间	法律名称	是否区分国内和国际仲裁程序	备注
1	埃及*	1994.04.21	1994.05.22	*Law on Arbitrationin Civil and Commercial Matters, Law No. 27/1994*	是	最近修改：1997年、2000年
2	阿尔及利亚	1993.04.25		*BookVIII. Arbitration, Algerian Code of Civil Procedure; reformiert durch Decree No. 93 – 09 of 25. April 1993 amending and completing Order No. 66 – 154 of 8 June 1966 on the Code of Civil Procedure*	是	
3	亚美尼亚*	2006			不详	
4	阿塞拜疆*	1999.11.18		*Law of the Azerbaijan Republic on International Arbitration*	是	
5	澳大利亚*	1989.05.15		*International Arbitration Act; intenartional commercial arbitration wurde als Part III durch International Arbitration Amendment Act No. 25/1989 eingeführt*	是	
6	巴林*	1994.08.16		*Decree Law No. 9 of 1994 with respect to Promulgation of International Commercial Arbitration*	是	

续表

序号	国家或独立法域	法律通过、签署或发布时间 **	生效时间	法律名称	是否区分国内和国际仲裁程序	备注
7	孟加拉国 *	2001. 01. 24	2001. 04. 10	*The Arbitration Act, 2001*	否	
8	比利时	1985. 03. 27	1985. 04. 23	*PartieVI, Code judiciaire; Art. 1717 eingeführt*	是	最近修改：1998年；准许通过当事人协议撤销仲裁裁决
9	玻利维亚	1997. 03. 10		*Law on Arbitration and Conciliation, Law No. 1770*	是	最近修改：2015年
10	巴西	1996. 09. 23	1996. 11. 23	*Arbitration Law, Law No. 9307 of 23 September 1996*	否	
11	保加利亚 *	1988. 08. 05		*Law on International Commercial Arbitration*	是	最近修改：1993年，1998年，2001年，2002年
12	智利 *	2004. 09. 10		*International Commercial Arbitration Law, Law No. 19. 971 on International Commercial Arbitration*	是	
13	哥斯达黎加 *	1997. 12. 04		*Law for the Alternative Resolution of Disputes and thePromotion of Social Peace, Decree-Law No. 7727*	否	最近修改：2011年
14	丹麦 *	2005. 06. 24		*Arbitration Act 2005, Act No. 553 of 24 June 2005 on Arbitration*	否	
15	德国 *	1997. 12. 22	1998. 01. 01	*Zehntes Buch der ZPO, durch SchiedsVfG geändert*	否	
16	多米尼加 *	2008	2008. 12. 19	*Ley No. 489 – 08*	不详	
17	厄瓜多尔	1997. 08. 26		*Law on Arbitration and Mediation, Official Registry No. 145 of 4 September 1997*	是	
18	科特迪瓦	1993. 08. 09		*Law on Arbitration*	不详	

续表

序号	国家或独立法域	法律通过、签署或发布时间**	生效时间	法律名称	是否区分国内和国际仲裁程序	备注
19	爱沙尼亚*	2006			不详	
20	芬兰	1992.10.23	1992.12.01	*Arbitration Act, Law of 23 October 1992/967*	否	
21	法国	2011.01.13	2011.05.01	*Décret n° 2011–48*	是	
22	希腊*	1999.08.16	1999.08.18	*Act on International Commercial Arbitration, Law No. 2735/1999*	是	
23	危地马拉*	1995.11.17		*Arbitration Law, Decree-Law No. 67–95*	是	
24	洪都拉斯*	2000.10.25	2001.03	*Conciliation and Arbitration Law, Decree 161–2000*	是	
25	印度*	1996.01.16	1996.01.25	*The Arbitration and Conciliation Act, 1996*	否	
26	印度尼西亚	1999.08.12		*Law Concerning Arbitration and Alternative Dispute Resolution, Law No. 30/1999*	是	
27	伊朗*	1997.10.02	1997.11.05	*Law on International Commercial Arbitration*	是	
28	爱尔兰*	1998.05.20		*Arbitration (International Commercial) Act 1998, Law No. 14/1998*	是	最近修改：2008年
29	意大利	1994.01.05		*TitleVIII, Book IV, ZPO, Law No. 25/1994*	是	最近修改：2006年
30	日本*	2003.08.01	2004.03.01	*Arbitration Law, Law No. 138/2003*	否	
31	约旦*	2001.01.14	2001.07.16	*Arbitration Law of 2001, Law No. 31/2001*	否	
32	柬埔寨*	2006.03.06		*The Commercial Arbitration Law*	否	

续表

序号	国家或独立法域	法律通过、签署或发布时间**	生效时间	法律名称	是否区分国内和国际仲裁程序	备注
33	加拿大*	1986.06.17	1986.08.10	The Federal Commercial Arbitration Act	否	联邦和全部联邦成员均吸纳《示范法》，自 2002 年至 2014 年多次修改，最近修改：2015 年
34	肯尼亚*	1995.08.10	1996.01.02	The Arbitration Act 1995, No. 4 /1995	否	
35	哥伦比亚	1989.10.07		Decree No. 2279 on Arbitration	是	最近修改：1991 年
36	克罗地亚*	2001.09.28	2001.10.19	Law on Arbitration	否	
37	科威特	1995		Law on Judicial Arbitration in Civil and Commercial Matters 1995, Law No. 11/1995	否	
38	立陶宛*	1996.04.02		Law on Commercial Arbitration 1996, Law No. I - 1274	是	
39	马达加斯加*	1998.11.11		Art. 439 - 464.2 of Civil Procedure Law, Law No. 98 - 019	是	
40	马来西亚*	2005.12.30	2006.03.22	Arbitration Act 2005	是	
41	马耳他*	1996.02.13		Arbitration Act, 1996, No. II /1996	是	
42	毛里求斯*	2008		International Arbitration Bill 2008	是	吸纳 2006 年修改后《示范法》内容
43	毛里塔尼亚	2000.03.15		Law Concernig the Arbitration Code, 2000	是	

续表

序号	国家或独立法域	法律通过、签署或发布时间**	生效时间	法律名称	是否区分国内和国际仲裁程序	备注
44	马其顿*	2006		*Law on International Commercial Arbitration*	是	
45	墨西哥*	1993.07.22		*Title IV, Book V, Commercial Code; ChapterVI Federal Code of Civil Procedure, Decree 22 July 1993*	是	
46	摩尔多瓦	1994.05.31		*Law on Arbitration, No. 129 - VIII*	不详	
47	尼泊尔	1999.04.15	1999.06.27	*Arbitration Act*	不详	
48	新西兰*	1996.09.02	1997.07.01	*Arbitration Act 1996*	是	最近修改: 2008年, 吸纳 2006年修改后《示范法》内容
49	尼加拉瓜*	2005.05.25		*Law of Mediation and Arbitration, Law No. 540*		
50	荷兰	1986.07.02		*Viertes Buch der niederländischen ZPO*	否	
51	尼日利亚*	1988.03.14		*Arbitration and Conciliation Decree 1988, Decree No. 11/1988*	是	
52	朝鲜	1999.07.21		*External Economic Arbitration Law*	是	
53	挪威*	2004.05.14	2005.01.01	*The Arbitration Act, Act No. 25 of 14 May 2004 relating to Arbitration*	否	
54	阿曼*	1997.07.28		*Act on Arbitration in Civil and Commercial Matters, Sultanate Decree No. 47/97*	是	
55	奥地利*	2006.01.13	2006.07.01	*Vierter Abschnitt der öZPO, durch SchiedsRÄG 2006 geändert*	否	

续表

序号	国家或独立法域	法律通过、签署或发布时间**	生效时间	法律名称	是否区分国内和国际仲裁程序	备注
56	巴拿马	1999.07.08		Decree-Law No. 5	是	
57	巴拉圭*	2002.04.11	2002.04.24	Arbitration and Mediation Law, Law No. 1879/02	是	
58	秘鲁*	1995.12.20	1996.01.06	General Arbitration Law, Law No. 26572	是	最近修改：2008年，吸纳2006年修改后《示范法》内容
59	菲律宾*	2004.04.02		Alterative Dispute Resolution Act of 2004, Republic Act No. 9285	是	.
60	波兰*	2005.09.16	2005.10.17	Part V, Code of Civil Proceedings, durch the Act of 28 July 2005 on amending the Code of Civil Procedure geändert	否	
61	葡萄牙	1986.08.29	1986.11.29	Law on Voluntary Arbitration, Law No. 31/86 of 29 August 1986	是	
62	卢旺达*	2007.02.14	2008.03.06	Law No. 005/2008 of 14/02/2008 on Arbitration and Conciliation in Commercia Matters	否	吸纳2006年修改后《示范法》内容
63	罗马尼亚	1993.07.23		BookⅣ, Code of Civil Procedure, durch Law No. 59 of 23 July 1993 geändert	是	
64	俄罗斯*	1993.07.07	1993.08.14	Law on International Commercial Arbitration	是	
65	赞比亚*	2000.12.29		Arbitration Act 2000, Act No. 19/2000	否	
66	瑞典	1999.03.04	1999.04.01	Arbitration Act（1999）, Lag（1999：116）om skiljeförfarande	是	

序号	国家或独立法域	法律通过、签署或发布时间**	生效时间	法律名称	是否区分国内和国际仲裁程序	备注
67	瑞士	1987.12.18	1989.01.01	*12. Kapitel, IPRG*	是	
68	塞内加尔	1998		*Code des Obligations Civiles et Commerciales（arts. 795 and 819 – 895），Law No. 98 – 30 of 14 April 1998 and Law No. 98 – 492 of 5 June 1998*	不详	
69	塞尔维亚*	2006		*Arbitration Act 2006*	不详	
70	津巴布韦*	1996.09.13	1996.09.13	*Arbitration Act, 1996, No. 6/1996*	否	
71	新加坡*	1994.10.31	1995.01.22	*International Arbitration Act（Chapter 143A），Act No. 23/1994*	是	最近修改：2002年
72	斯洛文尼亚*	2008		*Law on Arbitration*	不详	吸纳2006年修改后《示范法》内容
73	斯洛伐克	1996		*Arbitration Act, No. 214/1996*	不详	
74	西班牙*	2003.12.23	2004.03.26	*Arbitration Act, Law No. 60/2003*	是	
75	斯里兰卡*	1995.06.30	1995.06.30	*Arbitration Act, No. 11/1995*	否	
76	韩国*	1999.12.31	1999.12.31	*Arbitration Act, Act No. 6083*	否	
77	泰国*	2002.04.23	2002.04.29	*Arbitration Act B. E. 2545*	否	
78	捷克	1994.11.01	1995.01.01	*Law on Arbitral Proceedings and Enforcement of Arbitral Awards, Law No. 216/1994*	否	
79	突尼斯*	1993.04.26	1993.10.27	*Arbitration Code, Law No. 93 – 42*	是	

续表

序号	国家或独立法域	法律通过、签署或发布时间**	生效时间	法律名称	是否区分国内和国际仲裁程序	备注
80	土耳其*	2001.06.21	2001.07.05	*International Arbitration Law, Law No. 4686*	是	
81	乌干达*	2000	2000.05.19	*Arbitration and Conciliation Act*	不详	
82	乌克兰*	1994.02.24	1994.04.20	*Law on International Commercial Arbitration*	是	
83	匈牙利*	1994.11.08	1994.11.23	*Act No. LXXI of 1994 on Arbitration*	是	
84	乌拉圭	1988.10.18	1989.11.20	*Title VIII, X, Book II, General Code of Procedure, durch Law No. 15982 geändert*	是	
85	委内瑞拉*	1998.04.07		*Commercial Arbitration Law, Gaceta Oficial No. 36.430*	否	
86	阿联酋	1996		*Code of Civil Procedure, Act No. 11/1992*	不详	
87	越南	2003.02.25	2003.07.01	*Ordinance on Commercial Arbitration, No. 08/2003/ PL-UBTVQH11*	是	
88	白俄罗斯*	1999.07.09		*On International Arbitration Court (Tribunal), Law of the Republic of Belarus, N279-3 of 9 July 1999*	是	
89	塞浦路斯*	1987.05.29		*The International Commercial Arbitration Law 1987, No. 101/1987*	是	
	中国					
90	中国大陆地区	1994.08.31	1995.09.01	中华人民共和国仲裁法	是	
91	中国香港*	2010.11.10	2011.06.01	仲裁条例 [*Arbitration Ordinance (Chapter 609), L. N. 38 of 2011*]	否	

续表

序号	国家或独立法域	法律通过、签署或发布时间**	生效时间	法律名称	是否区分国内和国际仲裁程序	备注
92	中国澳门*	1998.11.13	1999.01.23	法令第55/98/M号	是	
93	中国台湾	1998.06.24	1998.12.24	《仲裁法》	否	最近修改：2002年
	英国					
94	百慕大*	1993	1993.06.29	International Conciliation and Arbitration Act 1993	是	最近修改：1994年
95	英格兰，威尔士，北爱尔兰	1996.06.17	1997.01.31	Arbitration Act 1996	否	
96	苏格兰*	1990	1991.01.01	Law Reform (Miscellaneous Provisions) (Scotland) Act 1990, Section 66 and Schedule 7	是	最近修改：2010年
	美国					
97	康涅狄格*	1989.06.01		Act Concerning the UNCITRAL Model Law on International Commercial Arbitration, 1989 Conn. Acts No. 89-179	是	
98	佛罗里达*	2010		Florida Arbitration Code, Fl. Stat. Title XXXIX Chapter 682, secs. 682.01-682.22	否	吸纳2006年修改后《示范法》内容
99	佐治亚	1988	1988.07.01	Arbitration Code, Ga. Code Ann., para. 9-9-30—9-9-43	是	
100	夏威夷	1988	1988.06.07	International Arbitration, Mediation, and Conciliation Act, Haw. Rev. Stat. Ann., para. 658D-1—658D-9	是	
101	伊利诺斯*	1998	1998.07.24	International Commercial Arbitration Act	是	

续表

序号	国家或独立法域	法律通过、签署或发布时间**	生效时间	法律名称	是否区分国内和国际仲裁程序	备注
102	加利福尼亚*	1988.03.04	1988.03.07	*Title 9. 3. Arbitration and Conciliation of International Commercial Disputes, (1297. 11 – 1297. 432) of Part3 of the Code of Civil Procedure*	是	
103	路易斯安那*	2006.06.30		*International Commercial Arbitration Act, La. Rev. Stat. Ann., para. 9: 4241 – 4276*	是	
104	马里兰	1990	1990.07.01	*International Commercial Arbitration Act, Md. Cts. & Jud. Proc. Code Ann., para. 3 – 2B – 01—3 – 2B – 09*	是	
105	北卡罗来纳	1991.06.13		*International Commercial Arbitration Act, N. C. Gen. Stat. Ann., para. 1 – 567. 30—1 – 567. 68*	是	
106	俄亥俄	1991	1991.10.23	*International Commercial Arbitration, Ohio Rev, Code Ann., para. 2711. 01 – 2712. 91*	是	
107	俄勒冈*	1991.09.29		*International Commercial Arbitration and Conciliation Act, Or. Rev. Stat. Ann. secs. 36. 450 – 36. 558*	是	
108	得克萨斯*	1989	1989.09.01	*Act Relating to Arbitration or Conciliation of International Commercial Disputes, Tex. Rev. Civ. Stat. Ann. Title 10, arts. 249 – 1—249 – 43*	是	

注：* 为吸纳《示范法》的国家或独立法域；** 以最主要立法改革为准。

附录2 《示范法》与德国《民事诉讼法》第十章规定对照表

规范对象	《示范法》条文	德国《民事诉讼法》条文	《示范法》与德国《民事诉讼法》的区别
实体适用范围	Art. 1（1），(3)，(4)	—	德国《民事诉讼法》删去《示范法》该条内容，并规定有关可仲裁事项不再仅限于"商事"领域，同时不再单独设置国际商事仲裁程序
地域适用范围	Art. 1 (2)	§ 1025	德国《民事诉讼法》删除了《示范法》该条中的"仅"字，为例外情况下适用原则留出空间
客观可仲裁性	Art. 1 (5)	§ 1030	德国《民事诉讼法》加入对客观可仲裁性的一般性规定条款，并增加了对租赁关系的法律纠纷不具有可仲裁性的内容
定义和解释规则	Art. 2 除（f）外	—	《示范法》该条被认为不符合德国立法风格而未被吸纳
反请求	Art. 2 (f)	§ 1046 Abs. 3	内容一致
书面通知的送达	Art. 3	§ 1028	德国《民事诉讼法》将《示范法》该条规定仅适用于收件人住所地不明的情形
失权	Art. 4	§ 1027	完全一样
法院行使职权的范围	Art. 5	§ 1026	内容一致
法院的管辖权和程序	Art. 6	§ § 1062—1065	德国《民事诉讼法》进行了细化，并准许对积极的自裁管辖权决定进行法律救济
仲裁协议的定义设定	Art. 7 Abs. 1	§ 1029	完全一样

续表

规范对象	《示范法》条文	德国《民事诉讼法》条文	《示范法》与德国《民事诉讼法》的区别
仲裁协议的形式要件	Art. 7（2）第1和第2句	§ 1031 Abs. 1 und 6	内容一致
	Art. 7（2）第3句	§ 1031 Abs. 3	
	—	§ 1031 Abs. 2	德国《民事诉讼法》补充规定：以特定默示行为达成的仲裁协议满足书面形式要求
	—	§ 1031 Abs. 4	德国《民事诉讼法》补充规定：以交付船运提单行为达成的仲裁协议满足书面形式要求
	—	§ 1031 Abs. 5	德国《民事诉讼法》补充规定：对消费者保护的特别保护
申请确定仲裁程序是否合法	Art. 8	§ 1032 Abs. 1, 3	内容一致
	—	§ 1032 Abs. 2	德国《民事诉讼法》所做的补充规定
仲裁协议和临时措施	Art. 9	§ 1033	内容一致
仲裁员人数	Art. 10	§ 1034 Abs. 1	完全一样
重新审视条款	—	§ 1034 Abs. 2	德国《民事诉讼法》所做的补充规定
仲裁员指定	Art. 11 Abs. 1	—	因认为不必要，德国《民事诉讼法》去除
	Art. 11（2）-（5）	§ 1035 Abs. 1, 3-5	完全一样
	—	§ 1035 Abs. 2	德国《民事诉讼法》补充规定：对仲裁员指定进行约束
拒绝理由	Art. 12	§ 1036	内容一致
仲裁员回避	Art. 13	§ 1037	内容基本一致，德国《民事诉讼法》另外补充了当事人可以通过协议为向法院申请裁定设定期限的规定

规范对象	《示范法》条文	德国《民事诉讼法》条文	《示范法》与德国《民事诉讼法》的区别
仲裁员不能或不履行职责	Art. 14	§ 1038	内容一致
替代仲裁员的选任	Art. 15	§ 1039	德国《民事诉讼法》删去"任何其他情况下终止对仲裁员的选任时"表述
仲裁庭自裁管辖权	Art. 16	§ 1040	内容基本一致，德国《民事诉讼法》另外增加了仲裁庭通过中间裁决决定自身具有管辖权的规定
仲裁庭作出临时保全措施命令的职权	Art. 17	§ 1041	内容基本一致，德国《民事诉讼法》另外增加可执行宣告，撤销和变更临时保全措施，以及损害赔偿义务的规定
平等对待双方当事人	Art. 18	§ 1042 Abs. 1	内容一致
禁止排除律师担任代理人	—	§ 1042 Abs. 2	德国《民事诉讼法》补充规定
仲裁规则的确定	Art. 19	§ 1042 Abs. 3, 4	内容一致
仲裁地	Art. 20	§ 1043	内容基本一致，德国《民事诉讼法》另外增加了开庭地点的规定
仲裁程序的开始	Art. 21	§ 1044	内容基本一致，德国《民事诉讼法》另外增加了对申请书内容要求的规定
程序语言	Art. 22	§ 1045	完全一样
仲裁申请书和书面答辩	Art. 23	§ 1046 Abs. 1, 2	德国《民事诉讼法》删除《示范法》要求申请书写明有关"争议焦点"和"所寻求的救济或补救"内容的规定
开庭和书面审理程序	Art. 24	§ 1047	内容一致
当事人不履行程序义务和缺席	Art. 25	§ 1048	内容一致
仲裁庭指定的鉴定人	Art. 26	§ 1049	内容基本一致，德国《民事诉讼法》另外增加对鉴定人回避的规定

规范对象	《示范法》条文	德国《民事诉讼法》条文	《示范法》与德国《民事诉讼法》的区别
法院协助协助调查证据	Art. 27	§ 1050	内容基本一致,德国《民事诉讼法》另外增加了兜底性的"其他司法行为"规定
实体法的适用	Art. 28	§ 1051	德国《民事诉讼法》将《示范法》规定的冲突规则具体化为最密切联系原则
仲裁庭合议	Art. 29	§ 1052	内容基本一致,德国《民事诉讼法》另外增加了仲裁员拒绝参加合议可进行表决,以及首席仲裁员仅能对"个别"程序问题进行决定限制的规定
和解	Art. 30	§ 1053 Abs. 1, 2	内容基本一致,德国《民事诉讼法》另外增加了和解协议不得违反公共秩序的规定
	—	§ 1053 Abs. 3	德国《民事诉讼法》补充规定:以当事人的声明来代替公证文书
	—	§ 1053 Abs. 4	德国《民事诉讼法》补充规定:由公证人宣告仲裁裁决的可执行性
仲裁裁决的形式与内容	Art. 31	§ 1054	内容基本一致,德国《民事诉讼法》另外增加了仲裁裁决法律拟制的作出日期
仲裁裁决的效力	—	§ 1055	德国《民事诉讼法》补充规定
仲裁程序的终止	Art. 32	§ 1056	内容基本一致,德国《民事诉讼法》另外增加了两项程序终止理由,即申请人不履行程序义务和当事人双方对推动仲裁程序不作为
关于仲裁费用裁定	—	§ 1057	德国《民事诉讼法》补充规定
裁决的改正、解释和补充规定	Art. 33	§ 1058	德国《民事诉讼法》删去《示范法》有关当事人可协议排除申请解释和补充仲裁裁决的规定

规范对象	《示范法》条文	德国《民事诉讼法》条文	《示范法》与德国《民事诉讼法》的区别
撤销仲裁裁决申请	Art. 34（2）（a）（iv）	§ 1059 Abs. 2 Nr. 1 lit. d	内容基本一致，德国《民事诉讼法》作出进一步限制性规定，即只有程序错误对公正仲裁造成影响，才构成撤销理由
	—	§ 1059 Abs. 3 S. 4	德国《民事诉讼法》补充规定：限制在可执行宣告后提出撤销申请
	Art. 34（4）	§ 1059 Abs. 4	发回仲裁庭重裁时，德国《民事诉讼法》将《示范法》的中止程序修改为撤销仲裁裁决
	—	§ 1059 Abs. 5	德国《民事诉讼法》补充规定：裁决被撤销后仲裁协议重新生效
承认和执行仲裁裁决	Art. 35（1）	§ 1060 Abs. 1, § 1061 Abs. 1	内容基本一致，德国《民事诉讼法》区分本国仲裁裁决和外国仲裁裁决，对本国仲裁裁决没有承认程序，明文规定《纽约公约》仅适用于在外国作出的仲裁裁决
	Art. 35（2）	§ 1064 Abs. 1	内容一致
	—	§ 1061 Abs. 2, 3	德国《民事诉讼法》补充规定：外国仲裁裁决申请可执行宣告被驳回，以及裁决在可执行后宣告后在国外被撤销的法律后果
不予执行仲裁裁决的理由	Art. 36（1）	§ 1060 Abs. 2 S. 1, § 1061 Abs. 1	内容一致
	Art. 36（2）	—	删除
	—	§ 1060 Abs. 2 S. 2	德国《民事诉讼法》补充规定：如已经在撤销程序中被驳回和超出有关撤销期限，则应驳回当事人不予执行仲裁裁决的申请
不以仲裁协议为基础的仲裁庭	—	§ 1066	德国《民事诉讼法》的补充规定：类推适用第十编规定

附录3 最高人民法院有关仲裁司法解释和司法解释性文件

序号	文号	标题名	生效时间
1	法释〔2007〕17号	最高人民法院、澳门特别行政区关于内地与澳门特别行政区相互认可和执行仲裁裁决的安排	2008年1月1日
2	法释〔2006〕7号	最高人民法院关于适用《中华人民共和国仲裁法》若干问题的解释	2006年9月8日
3	法发〔2005〕26号	最高人民法院关于印发《第二次全国涉外商事海事审判工作会议纪要》的通知	2005年12月26日
4	法〔2005〕66号	最高人民法院关于指定上海海事法院管辖与中国海事仲裁委员会上海分会相关的海事仲裁司法审查案件的通知	2005年5月27日
5	法释〔2004〕9号	最高人民法院关于当事人对驳回其申请撤销仲裁裁决的裁定不服而申请再审，人民法院不予受理问题的批复	2004年7月29日
6	法〔2004〕129号	最高人民法院关于现职法官不得担任仲裁员的通知	2004年7月13日
7	法函〔2003〕64号	最高人民法院关于当事人对人民法院驳回申请撤销仲裁裁决的民事裁定不服申请再审人民法院是否受理问题的复函	2003年12月8日
8	法释〔2002〕5号	最高人民法院关于涉外民商事案件诉讼管辖若干问题的规定	2002年3月1日
9	法释〔2000〕46号	最高人民法院关于人民检察院对不撤销仲裁裁决的民事裁定提出抗诉人民法院应否受理问题的批复	2000年12月19日

续表

序号	文号	标题名	生效时间
10	法释〔2000〕25 号	关于当事人对仲裁协议的效力提出异议由哪一级人民法院管辖问题的批复	2000 年 7 月 20 日
11	法释〔2000〕17 号	最高人民法院关于人民检察院对撤销仲裁裁决的民事裁定提起抗诉，人民法院应如何处理问题的批复	2000 年 7 月 15 日
12	法释〔2000〕3 号	最高人民法院关于内地与香港特别行政区相互执行仲裁裁决的安排	2000 年 2 月 1 日
13	法释〔1999〕16 号（已废止）	关于我国仲裁机构作出的仲裁裁决能否部分撤销问题的批复	1999 年 8 月 31 日
14	法经〔1999〕143 号	最高人民法院关于以仲裁地法认定仲裁协议效力给湖北省高院的复函	1999 年
15	法释〔1999〕6 号	最高人民法院关于当事人对人民法院撤销仲裁裁决的裁定不服申请再审人民法院是否受理问题的批复	1999 年 2 月 16 日
16	法释〔1998〕28 号	最高人民法院关于承认和执行外国仲裁裁决收费及审查期限问题的规定	1998 年 11 月 21 日
17	法释〔1998〕27 号	最高人民法院关于确认仲裁协议效力几个问题的批复	1998 年 11 月 5 日
18	法释〔1998〕21 号	最高人民法院关于未被续聘的仲裁员在原参加审理的案件裁决书上签名人民法院应当执行该仲裁裁决书批复	1998 年 9 月 5 日
19	法释〔1998〕16 号	最高人民法院关于审理当事人申请撤销仲裁裁决案件几个具体问题的批复	1998 年 7 月 28 日
20	法释〔1998〕15 号	最高人民法院关于人民法院执行工作若干问题的规定（试行）	1998 年 7 月 18 日
21	法释〔1998〕11 号	关于人民法院认可台湾地区有关法院民事判决的规定	1998 年 5 月 26 日
22	法〔1998〕40 号	最高人民法院关于人民法院撤销涉外仲裁裁决有关事项的通知	1998 年 4 月 23 日
23	法函〔1997〕102 号	关于承认并执行伦敦糖业协会仲裁裁决的复函	1997 年 9 月 8 日

续表

序号	文号	标题名	生效时间
24	法函〔1997〕88 号	最高人民法院关于仲裁条款效力问题的复函	1997 年 7 月 17 日
25	法函〔1997〕80 号	最高人民法院关于仲裁条款效力问题的复函	1997 年 6 月 16 日
26	法复〔1997〕5 号	最高人民法院关于人民法院裁定撤销仲裁裁决或驳回当事人申请后当事人能否上诉问题的批复	1997 年 4 月 23 日
27	法〔1997〕120 号	最高人民法院关于不得以裁决书送达超过期限而裁定撤销仲裁裁决的通知	1997 年 4 月 6 日
28	法发〔1997〕4 号	最高人民法院关于实施《中华人民共和国仲裁法》几个问题的通知	1997 年 3 月 26 日
29	法函〔1997〕36 号	最高人民法院关于仅选择仲裁地点而对仲裁机构没有约定的仲裁条款效力问题的函	1997 年 3 月 19 日
30	法函〔1997〕22 号	最高人民法院关于涉外合同无效是否影响仲裁协议效力问题的答复	1997 年 1 月 29 日
31	法函〔1996〕176 号	最高人民法院关于同时选择两个仲裁机构的仲裁条款效力问题的函	1996 年 12 月 12 日
32	法函〔1996〕177 号	最高人民法院关于涉蒙经济合同未直接约定仲裁条款如何认定案件管辖权的复函	1996 年 12 月 12 日
33	法复〔1996〕8 号	最高人民法院关于当事人因对不予执行仲裁裁决的裁定不服而申请再审人民法院不予受理的批复	1996 年 6 月 26 日
34	法函〔1995〕135 号	最高人民法院关于福建省生产资料总公司与金鸽航运有限公司国际海运纠纷一案中提单仲裁条款效力问题的复函	1995 年 10 月 20 日
35	法发〔1995〕21 号	最高人民法院关于认真贯彻仲裁法依法执行仲裁裁决的通知	1995 年 10 月 4 日
36	法发〔1995〕18 号	最高人民法院关于人民法院处理与涉外仲裁及外国仲裁事项有关问题的通知	1995 年 8 月 28 日

续表

序号	文号	标题名	生效时间
37	法发〔1992〕22 号	最高人民法院关于适用《中华人民共和国民事诉讼法》若干问题的意见	1992 年 7 月 14 日
38	法（经）发〔1987〕5 号	最高人民法院关于执行我国加入的《承认及执行外国仲裁裁决公约》的通知	1987 年 4 月 10 日

注：我国最高人民法院发布的"司法解释"与该院发布的其他司法性文件有所不同。根据《最高人民法院关于司法解释工作的规定》（法发〔2007〕12 号，自2007 年4 月1 日起施行，1997 年7 月1 日发布的《最高人民法院关于司法解释工作的若干规定》同时废止），正式的司法解释从立项到发布施行有着严格程序，文号一般为"法释〔年份〕××号"。

参考文献

中文部分（按作者姓氏拼音顺序）

陈安：《中国涉外仲裁监督机制申论》，《中国社会科学》1995 年第 4 期。

陈安：《英、美、德、法等国涉外仲裁监督机制辨析——与肖永平先生商榷》，《法学评论》1998 年第 5 期。

陈治东：《国际商事仲裁法》，法律出版社 1998 年版。

高菲：《中国海事仲裁的理论与实践》，中国人民大学出版社 1998 年版。

高菲：《中国法院对仲裁的支持与监督：访最高人民法院院长肖扬》，《中国对外贸易》2001 年第 6 期。

韩德培主编：《国际私法问题专论》，武汉大学出版社 2004 年版。

韩健：《仲裁协议中关于仲裁机构的约定——兼评我国仲裁法中有关条款的规定》，《法学评论》1997 年第 4 期。

韩健、林一飞主编：《商事仲裁法律报告》（第 1 卷），中信出版社 2005 年版。

胡康生：《仲裁的本质是民间性》，《法制日报》2004 年 9 月 8 日第 12 版。

黄进、宋连斌、徐前权：《仲裁法学》，中国政法大学出版社 2008 年版。

江伟主编：《民事诉讼法典专家修改建议稿及立法理由》，法律出版社 2008 年版。

康明：《临时仲裁及其在我国的现状和发展（下）》，《仲裁与法律》2000 年第 4 期。

康明：《我国商事仲裁收费与分配问题初探》，《仲裁与法律》2004 年第 1 期。

李虎：《国际商事仲裁的强制执行：特别述及仲裁裁决在中国的强制执

行》，法律出版社 2000 年版。

李永然、钟元珧：《两岸仲裁判断执行实例与展望》，载《马汉宝教授八秩华诞祝寿论文集：法律哲理与制度——国际私法》，元照出版社 2006年版。

林一飞：《中国仲裁协会与仲裁机构的改革》，《北京仲裁》2007 年第2 期。

卢云华：《中国仲裁的特色与发展》，《法制日报》2005 年 5 月 11 日第12 版。

卢云华：《中国仲裁十年》，百家出版社 2006 年版。

毛国权：《宗法结构与中国古代民事争议解决机制》，法律出版社 2007年版。

齐树洁、方建华：《台湾地区"仲裁法"的最新发展及其借鉴意义》，《福建政法管理干部学院学报》2001 年第 2 期。

全国人大常委会法制工作委员会编著：《中华人民共和国仲裁法律释评》，法律出版社 1997 年版。

全国人大常委会法制工作委员会民法室、中国国际经济贸易仲裁委员会秘书局编著：《中华人民共和国仲裁法全书》，法律出版社 1995 年版。

沈卫：《中国加入 WTO 的历程及其启示》，《财经科学》2002 年第 S1 期。

宋连斌、赵健：《关于修改 1994 年中国〈仲裁法〉若干问题的探讨》，《仲裁与法律》2000 年第 6 期。

宋连斌：《国际商事仲裁管辖权研究》，法律出版社 2000 年版。

宋连斌：《中国仲裁的国际化、本地化与民间化——基于 2004 年〈北京仲裁委员会仲裁规则〉的个案研究》，《暨南学报》（哲学社会科学版）2006 年第 5 期。

宋连斌：《试论我国大陆与台湾地区相互认可和执行仲裁裁决》，《时代法学》2006 年第 6 期。

宋伟力：《论认定国际商事仲裁协议效力的法律适用》，《中国海事审判年刊》2000 年。

谭兵主编：《中国仲裁制度研究》，法律出版社 1995 年版。

谭兵主编：《中国仲裁制度的改革与完善》，人民出版社 2005 年版。

万鄂湘主编：《中国涉外商事海事审判指导与研究》（2003 年第 3 卷），人民法院出版社 2004 年版。

万鄂湘：《纽约公约在中国的司法实践》，《法律适用》2009 年第 3 期。

王红松：《坚持民间性深化仲裁体制改革——论仲裁法修改应重视的问题》，《北京仲裁》2007 年第 1 期。

王红松：《仲裁行政化的危害及应对之策》，《北京仲裁》2007 年第 2 期。

王红松：《关于深化仲裁机构体制改革试点方案（讨论稿)》，《北京仲裁》2007 年第 3 期。

王生长：《仲裁与调解相结合的理论与实务》，法律出版社 2001 年版。

王亚新：《关于仲裁机构问卷调查的统计分析》，《北京仲裁》2007 年第 3 期。

韦小宣：《关于审理涉外仲裁裁决异议案件中不予执行仲裁裁决的法律思考》，《法律适用》1998 年第 12 期。

肖永平：《也谈我国法院对仲裁的监督范围——与陈安先生商榷》，《法学评论》1998 年第 1 期。

肖永平：《内国、涉外仲裁监督机制之我见——对〈中国涉外仲裁监督机制评析〉一文的商榷》，《中国社会科学》1998 年第 2 期。

杨弘磊：《中国内地司法实践视角下的〈纽约公约〉问题研究》，法律出版社 2006 年版。

杨弘磊：《人民法院涉外仲裁司法审查情况的调研报告》，《武大国际法评论》2009 年第 1 期。

张斌生主编：《仲裁法新论》，厦门大学出版社 2010 年版。

赵健：《国际商事仲裁的司法监督》，法律出版社 2000 年版。

赵健：《转变政府职能与我国仲裁机构仲裁费管理体制的革新》，《北京仲裁》2006 年第 3 期。

赵秀文：《21 世纪中国国际仲裁法律制度现代化与国际化的发展方向》，《河南省政法管理干部学院学报》2001 年第 3 期。

赵秀文：《国际商事仲裁及其适用法律研究》，北京大学出版社 2002 年版。

赵秀文：《论国际商会国际仲裁院裁决的国籍》，《政法论丛》2005 年第 5 期。

朱克鹏：《国际商事仲裁的法律适用》，法律出版社 1999 年版。

庄会宁：《全国人大五年立法规划正式出台五年立法：人民利益至上》，《瞭望新闻周刊》2003 年第 49 期。

外文部分

Annan, Kofi, "Opening Address Commemorating the Successful Conclusion of the 1958 United Nations Conference On International Commercial Arbitration", in United Nations ed. , *Enforcing Arbitration Awards Under the New York Convention: Experience and Prospect*, New York, 1999.

Anselm, Florian, *Der englische Arbitration Act 1996: dargestellt und erläutert anhand eines Vergleichs mit dem SchiedsVfG 1997* (zugl. Diss. Konstanz 2004 Online-Zugriff, http://kops. ub. uni-konstanz. de/handle/urn: nbn: de: bsz: 352-opus-12497).

Basedow, Jürgen, *Vertragsstatut und Arbitrage nach neuem IPR*, in JPS Bd. 1, Heidelberg, 1987.

Baumbach, Adolf/Lauterbach, Wolfgang/Albers, Jan/Hartmann, Peter, *Zivilprozessordnung, Kommentar*, 66. Aufl. , München, 2008.

Beise, Marc, *Die Welthandelsorganisation (WTO)*, Baden-Baden, 2001.

Berger, Klaus Peter, *Internationale Wirtschaftsschiedsgerichtsbarkeit*, Berlin/New York, 1992.

Berger, Klaus Peter, "Sitz des Schiedsgerichts 'oder' Sitz des Schiedsverfahrens?" *RIW*, 1993.

Berger, Klaus Peter, "Schiedsrichterbestellung in Mehrparteienschiedsverfahren. Der Fall 'Dutco Construction' vor französischen Gerichten", *RIW*, 1993.

Berger, Klaus Peter, "Aufgaben und Grenzen der Parteiautonomie in der internationalen Wirtschaftsschiedsgerichtsbarkeit", *RIW*, 1994.

Berger, Klaus Peter, "Das neue deutsche Schiedsverfahrensrecht", *DZWiR*, 1998.

Berger, Klaus Peter, "Entstehungsgeschichte und Leitlinien des neuen deutschen Schiedsverfahrensrechts", in Berger, Klaus Peter (Hrsg.), *Das neue Recht der Schiedsgerichtsbarkeit*, Köln, 1998.

Berger, Klaus Peter, "Das neue Schiedsverfahrensrecht in der Praxis-Analyse und aktuelle Entwicklungen", *RIW*, 2001.

Berger, Klaus Peter, *Private Dispute Resolution in International Business: Negotiation, Mediation, Arbitration, Bd. II: Handbook*, The Hague, 2006.

Bergsten, Eric E. , "Implementation of the UNCITRAL Model Law on International Commercial Arbitration into National Legislation", *Croat. Arb. Yb.* , 10 (2003) .

Berkovits, Bernard, "Beth Din Arbitration and the Human Rights Act, Section 6", *Arbitration*, 71 (2005) .

Bernard, Alfred, *L'arbitrage volontaire en droit privé*, Bruxelles/Paris, 1937.

Bernstein, Ronald/Tackaberry, John/Marriott, Arthur L. /Wood, Derek, *Handbook of Arbitration Practice*, 3 ed. , London, 1998.

Beuchert, Tobias/Laumann, Daniel/Towfigh, Emanuel, "Schiedsgerichtsbarkeit in der Volksrepublik China", *RIW*, 2002.

Binder, Peter, *International Commercial Arbitration and Conciliation in UNCITRAL Model Law Jurisdictions*, 2 ed. , London, 2005.

Blackaby, Nigel/Lindsey, David/Spinillo, Alessandro, *International Arbitration in Latin America*, The Hague/London/New York, 2002.

Blessing, Marc, "Das neue internationale Schiedsgerichtsrecht der Schweiz-Ein Fortschritt oder ein Rückschritt?" in Böckstiegel, Karl-Heinz (Hrsg.), *Die internationale Schiedsgerichtsbarkeit in der Schweiz (II)*, *Schriftenreihe des Deutschen Instituts für Schiedsgerichtswesen*, Bd. 1/II, Köln u. a. , 1989.

Blessing, Marc, "The New International Arbitration Law in Switzerland: A Significant Step Towards Liberalism", *J. Int'l Arb.* , 5 (1998) .

Böckenförde, Ernst-Wolfgang, *Die verfassungstheoretische Unterscheidung von Staat und Gesellschaft als Bedingung der individuellen Freiheit*, Opladen, 1973.

Böckstiegel, Karl-Heinz, "Das UNCITRAL-Modell-Gesetz für die internationale Wirtschafts-Schiedsgerichtsbarkeit", *RIW*, 1984.

Böckstiegel, Karl-Heinz, "Public Policy and Arbitrability", in Sanders, Pieter, ed. , *Comparative Arbitration Practice and Public Policy in Arbitration (ICCA Congress Series No. 3)*, Deventer u. a. , 1987.

Böckstiegel, Karl-Heinz, "Die Anerkennung der Parteiautonomie in der internationalen Schiedsgerichtsbarkeit", in Geimer, Reinhold (Hrsg.), *Wege zur Globalisierung des Rechts*, *Festschrift für Rolf A. Schütze zum. 65. Geburtstag*, München, 1999.

Böckstiegel, Karl-Heinz, "Die Internationalisierung der Schiedsgerichtsbarkeit", in Bachmann, Birgit (Hrsg.), *Grenzüberschreitungen*, *Beiträge zum internationalen Verfahrensrecht und zur Schiedsgerichtsbarkeit*, *Festschrift für Peter Schlosser zum 70. Geburtstag*, Tübingen, 2005.

Böckstiegel, Karl-Heinz, "The Role of Arbitration within Today's Challenges to the World Community and to International Law", *Arb. Int'l*, 22 (2006).

Böckstiegel, Karl-Heinz/Kröll, Stefan Michael/Nacimiento, Patricia, *Arbitration in Germany: The Model Law in Practice*, Austin u. a., 2007.

Bond, Stephen R., "The International Arbitrator: from the Perspective of the ICC International Court of Arbitration", *Nw. J. Int'l L. & Bus.*, 1991.

Bowman, John P., "The Panama Convention and Its Implementation under the Federal Arbitration Act", *Am. Rev. Int'l Arb.*, 11 (2000).

Boyer, Robert, *The Convergence Hypothesis Revisited: Globalization But Still the Century of Nations?* Paris, 1993.

Bredow, Jens, "Das neue 10. Buch der ZPO-ein Überblick", *RPS*, 1998 (*BB Beilage* 2).

Briner, Robert/von Schlabrendorff, Fabian, "Article 6 of the European Convention on Human Rights and its Bearing upon International Arbitration", in *Law of International Business and Dispute Settlement in the 21st Century*, *Liber amicorum Karl-Heinz Böckstiegel*, Köln u. a., 2001.

Broches, Aron, "Bilateral Investment Protection Treaties and Arbitration of Investment Disputes", in Schultsz, Jan C./Van den Berg, Albert Jan eds., *The Art of Arbitration*, *Essays on International Arbitration*, *Liber amicorum Pieter Sanders*, Deventer u. a., 1982.

Broches, Aron, *Commentary on the UNCITRAL Model Law on International Commercial Arbitration*, Deventer/Boston, 1990.

Bühring-Uhle, Christian, *Arbitration and Mediation in International Business*, The Hague/London/Boston, 1996.

Bülow, Oskar, *Die Lehre von den Prozeßeinreden und die Prozeßvoraussetzungen*, Gießen, 1868 (Nachdruck 1969).

Calavros, Constantin, *Das UNCITRAL-Modellgesetz über die internationale Handelsschiedsgerichtsbarkeit*, Bielefeld, 1988.

Calavros, Constantin, "Grundsätzliches zum Rechtsverhältnis zwischen Schiedsrichtern und Parteien nach griechischem Recht", in Lindacher, Walter F. (Hrsg.), *Festschrift für Walther J. Habscheid zum 65. Geburtstag*, Bielefeld, 1989.

Carbonneau, Thomas E., *Cases and Materials on the Law and Practice of Arbitration*, 3ed., Huntington/New York, 2003.

Carbonneau, Thomas E., *The Law and Practice of Arbitration*, New York, 2004.

Castellane, Beatrice, "The New French Law on International Arbitration", *J. Int'l Arb.* 28 (2011).

Chatterjee, C., "The Reality of the Party Autonomy Rule in International Arbitration", *J. Int'l Arb.* 20 (2003).

Chazournes, Laurence Boisson de, "Arbitration at the WTO: A *Terra Incognita* to be Further Explored", in Charnovitz, Steve/Steger, Debra P./Van den Bossche, Peter eds., *Law in the Service of Human Dignity: Essays in Honour of Florentino Feliciano*, New York, 2005.

Chen, Min, "The Arbitration Act of the People's Republic of China: A Great Leap Forward", *J. Int'l Arb.* 12 (1995).

Cotran, Eugene/Amissah, Austin, *Arbitration in Africa*, The Hague/London/Boston, 1996.

Craig, W. Laurence, "Some Trends and Developments in the Laws and Practice of International Commercial Arbitration", *Tex. Int'l L. J.* 30 (1995).

Cremades, Bernardo M., "Overcoming the Clash of Legal Cultures: The Role of Interactive Arbitration", *Arb. Int'l* 14 (1998).

David, René, *International Encyclopedia of Comparative Law*, Vol. II (*The Legal System of the world, Their Comparison and Unification*), Chapter 5, *The International Unification of Private Law*, Tübingen u. a., 1975.

David, René, *Arbitration in International Trade*, Deventer u. a., 1985.

Deutsches Institut für Schiedsgerichtswesen e. V. (Hrsg.), *Übernahme des UNCITRAL Modellgesetzes über die internationale Handelsschiedsgerichtsbarkeit in das deutsche Recht, Entwurf eines Gesetzes für die Bundesrepublik Deutschland*, Köln, 1989.

Dezalay, Yves/Garth, Bryant G., *Dealing in Virtue: International Commercial Arbitration and the Construction of a Transnational Legal Order*, Chicago/London, 1996.

Do, Y Thanh, "Arbitration in Vietnam", in McConnaughay, Philip J. /Ginsburg, Thomas B. eds., *International Commercial Arbitration in Asia*, New York, 2006.

Dolzer, Rudolf, "Das deutsch-chinesische Investitionsschutzabkommen", in Horn, Norbert/Schütze, Rolf A. (Hrsg.), *Wirtschaftsrecht und Außenwirtschaftsverkehr der Volksrepublik China*, Berlin u. a. , 1987.

Domke, Martin, *Domke on Commercial Arbitration*, *Practice Guide*, Losebl. 1999.

El-Ahdab, Abdul Hamid, *Arbitration with the Arab Countries*, Deventer/Boston, 1990.

Feddersen, Christoph T. , *Der ordre public in der WTO*, Berlin, 2002.

Fouchard, Philippe/Gaillard, Emmanuel/Goldman, Berthold, *On International Commercial Arbitration*, The Hague/Boston/London, 1999.

Franck, Susan D. , "The Liability of International Arbitrators: A Comparative Analysis and Proposal for Qualified Immunity", *N. Y. L. Sch. J. Int'l Comp. L. 20* (2000) .

Gaillard, Emmanuel, "Laws and Court Decisions in Civil Law Countries", in van den Berg, Albert Jan, ed. , *International Council for Commercial Arbitration: I. Preventing Delay and Disruption of Arbitration*, *II. Effective Proceedings in Construction Cases*, Deventer, 1991.

Geimer, Reinhold, "Nichtvertragliche Schiedsgerichte", in Bachmann, Birgit (Hrsg.), *Grenzüberschreitungen*, *Beiträge zum internationalen Verfahrensrecht und zur Schiedsgerichtsbarkeit*, *Festschrift für Peter Schlosser zum 70. Geburtstag*, Tübingen, 2005.

Glatter, Joachim, "Neue Regeln über Internationale Schiedsgerichtsbarkeit in der Volksrepublik China", *RIW*, 1996 (Beilage 2 zu Heft 6) .

Glossner, Ottoarndt/Bredow, Jens/Bühler, Michael, *Das Schiedsgericht in der Praxis*, 3. Aufl. , Heidelberg, 1990.

Gottwald, Peter, *Internationale Schiedsgerichtsbarkeit*, Bielefeld, 1997.

Granzow, Joachim H. , *Das UNCITRAL-Modellgesetz über die internationale Handelsschiedsgerichtsbarkeit von 1985*, München, 1988.

Guldener, Max, *Schweizerisches Zivilprozessrecht*, 3. Aufl. , Zürich, 1979.

Guo, Guang, "Enforcement of Foreign Arbitral Awards in China", in Berger, Klaus Peter (Hrsg.), *Zivil-und Wirtschaftsrecht im europäischen und globalen Kontext. Festschrift für Norbert Horn zum 70. Geburtstag*, Berlin, 2006.

Haas, Ulrich, "Zur formellen und materiellen Wirksamkeit des Schiedsvertrages", *IPRax*, 1993.

Haas, Ulrich, "Die Reform des englischen Schiedsverfahrensrechts-Der englische Arbitration Act 1996", *ZZPInt* (1997) .

Häberlein, Thorsten, *Unwilligkeit im nationalen und internationalen Schiedsverfahren*, zugl. Diss. Tübingen 2008, Online-Zugriff http: //tobias-lib. ub. uni-tuebingen. de/volltexte/2008/3288/.

Hacking, David, "Arbitration Law Reform: The Impact of the UNCITRAL Model Law on the English Arbitration Act 1996", *Arbitration*, 63 (1997) .

Hacking, David, "Arbitration Law Reform in Europe", *Arbitration*, 65 (1999) .

Haddad, Hamzeh, "The 1987 Amman Convention on Commercial Arbitration", *Am. Rev. Int'l Arb.* 1 (1990) .

Hahnkamper, Wolfgang, "Neue Regeln für Schiedsvereinbarungen-Liberalisierung der Schriftform-und Vollmachtserfordernisse", *SchiedsVZ*, 2006.

Hantke, Dietmar, "China ist anders: Neue ICC-Schiedsklausel", *SchiedsVZ*, 2007.

Harpole, Sally, "The Combination of Conciliation with Arbitration in the People's Republic of China", *J. Int'l Arb.* 24 (2007) .

Harris, Bruce/Planterose, Rowan/Tecks, Jonathan, *The Arbitration Act 1996: A Commentary*, 3ed. , Oxford, 2003.

Hausmaninger, Christian, "Civil Liability of Arbitrators—Comparative Analysis and Proposals for Reform", *J. Int'l Arb.* 7 (1990) .

Heger, Susanne, "Internationale Schiedsgerichtsbarkeit in Osteuropa", *RIW*, 1999.

Henn, Günter, *Schiedsverfahrensrecht*, 3. Aufl. , Heidelberg, 2000.

Herrmann, Gerold, "The UNCITRAL Model Law—Its Background, Salient Features and Purposes", *Arb. Int'l* 1 (1985) .

Herrmann, Gerold, "Aktueller Stand der Rezeption des Modellgesetzes", in

Deutsches Institut für Schiedsgerichtswesen（Hrsg.）, *Übernahme des UNCITRAL-Modellgesetzes über die internationale Handelsschiedsgerichtsbarkeit in das deutsche Recht*, Köln, 1989.

Hobeck, Paul/Weyhreter, Matthias, "Anordnung von vorläufigen oder siche-rnden Maβnahmen durch Schiedsgerichte in ex-parte-Verfahren", *SchiedsVZ*, 2005.

Bernd von Hoffmann, "Die Novellierung des deutschen Schiedsverfahrensrechts von 1986", *IPRax*, 1986.

Holtzmann, Howard M. /Neuhaus, Joseph E. , *A Guide to the UNCITRAL Model Law on International Commercial Arbitration: Legislative History and Commentary*, Deventer, 1989.

Horn, Norbert, "Die Gesetzgebung zum materiellen und internationalem Vertragsrecht", in Horn, Norbert/Schütze, Rolf A. （Hrsg.）, *Wirtschaftsrecht und Auβenwirtschaftsverkehr der Volksrepublik China*, Berlin u. a. , 1987.

Horváth, Èva, "Arbitration in Central and Eastern Europe", *J. Int'l Arb.* 11 （1994）.

Hunter, Martin/Marriott, Arthur/Veeder, V. V. eds. , *London Court of International Arbitration: The Internationalisation of International Arbitration: The LCIA Centenary Conference*, London u. a. , 1995.

Huβlein-Stich, Gabriele, *Das UNCITRAL-Modellgesetz über die internationale Handelsschiedsgerichtsbarkeit*, Köln u. a. , 1990.

Jaeger, Jana Dominique, *Die Umsetzung des UNCITRAL-Modellgesetzes über die internationale Handelsschiedsgerichtsbarkeit im Zuge der nationalen Reformen*, Frankfurt am Main u. a. , 2001（zugl. Diss. Köln 2000）.

Jaksic, Aleksandar, *Arbitration and Human Rights*, Frankfurt am Main u. a. , 2002.

Jalili, Mahir, Kompetenz-Kompetenz, "Recent U. S. and U. K. Developments", *J. Int'l Arb.* 13（1996）.

Jauernig, Othmar, *Zivilprozessrecht*, 29. Aufl. , München, 2007.

Jayme, Erik, "Menschenrechte und Theorie des internationalen Privatrechts", *Internationale Juristenvereinigung Osnabrück*, Jahresheft 1991/92.

Jayme, Erik, *Internationales Privatrecht und Völkerrecht*, *Gesammelte Schriften Bd.* 3, Heidelberg, 2003.

Johnston, Douglas M. /Johnston, Gerry, *Asia-Pacific Legal Development*, Vancouver, 1998.

Kaplan, Neil/Spruce, Jill/Cheng, Teresa Y. W., *Hong Kong Arbitration: Cases and Materials*, Singapore, 1991.

Karrer, Pierre, "Internationale Schiedsordnung der Schweizerischen Handelskammern", in Schütze, Rolf A. (Hrsg.), *Institutionelle Schiedsgerichtsbarkeit*, Köln/Berlin/München, 2006.

Kirry, Antoine, "Arbitrability: Current Trends in Europe", Arb. Int'l 12 (1996).

Klein, Frédéric-Edouard, *Considérations sur l'arbitrage en droit international privé*, Bâle, 1955.

Kleinheisterkamp, Jan, *International Commercial Arbitration in Latin America*, Dobbs Ferry, N. Y., 2005.

Kloiber, Barbara/Rechberger, Walter H. /Oberhammer, Paul/Haller, Hartmut, *Das neue Schiedsrecht, Schiedsrechts-Änderungsgesetz 2006*, Wien, 2006.

Kniprath, Lutz, *Die Schiedsgerichtsbarkeit der Chinese International Economic and Trade Arbitration Commission (CIETAC), Administration und Verfahren*, Köln/Berlin/München, 2004.

Kniprath, Lutz, "Neue Schiedsordnung der Chinese International Economic and Trade Arbitration Commission (CIETAC)", *SchiedsVZ*, 2005.

Kondo, Masaaki/Goto, Takeshi/Uchibori, Kotatsu/Hiroshi, Maeda. /Kataoka, Tomomi, *Arbitration Law of Japan*, Tokyo, 2004.

Kröll, Stefan, "Das neue deutsche Schiedsrecht vor staatlichen Gerichten: Entwicklungslinien und Tendenzen 1998-2000", *NJW*, 2001.

Kronke, Herbert, "Internationale Schiedsverfahren nach der Reform", *RIW*, 1998.

Lachmann, Jens-Peter, *Handbuch für die Schiedsgerichtspraxis*, 2. Aufl., Köln, 2002.

Lau, Hildegard/Lau, Emil, "Die deutsche Schiedsgerichtsbarkeit und der internationale Standard", *TranspR*, 1990.

Leible, Stefan, "Parteiautonomie im IPR-Allgemeines Anknüpfungsprinzip oder Verlegenheitslösung?" in Mansel, Heinz-Peter (Hrsg.), *Festschrift für Erik Jayme Bd. 1*, München, 2004.

Levin, Chaim Alexander, "International Commercial Arbitration: Domestic Recognition and Enforcement of the Inter-American Convention on International Commercial Arbitration", *Syracuse J. Int'l L. & Com.* 10 (1983).

Lew, Julian D. M., *Applicable Law in International Commercial Arbitration: A Study in Commercial Arbitration Awards*, Dobbs Ferry, N. Y., 1978.

Lew, Julian D. M., *Contemporary Problems in International Arbitration*, Dordrecht u. a., 1987.

Lew, Julian D. M., "Achieving the Dream: Autonomous Arbitration", *Arb. Int'l* 22 (2006).

Lew, Julian D. M. ed., *The Immunity of Arbitrators*, London, 1990.

Lew, Julian D. M./Mistelis, Loukas A./Kröll, Stefan, *Comparative International Commercial Arbitration*, The Hague/London/New York, 2003.

Li, Hu, "Enforcement of Foreign Arbitral Awards and Court Intervention in the People's Republic of China", *Arb. Int'l* 20 (2004).

Liao, Wei-ming, *Die Schiedsgerichtsbarkeit in Taiwan unter besonderer Berücksichtigung der internationalen Handelsschiedsgerichtsbarkeit und mit Hinweisen zu der Entwicklung in Deutschland*, Frankfurt am Main, 2003 (zugl. Diss. Saarbrücken 2002).

Lillich, Richard B./Brower, Carles N. eds., *International Arbitration in the 21st Century, Towards "Judicialization" and Uniformity?* Irvington, N. Y., 1994.

Lin, Mark, "Supreme People's Court Rules on PRC Arbitration Issues", *J. Int'l Arb.* 24 (2007).

Lionnet, Klaus/Lionnet, Annette, *Handbuch der internationalen und nationalen Schiedsgerichtsbarkeit*, 3. Aufl., Stuttgart u. a., 2005.

Lörcher, Gino, "Schiedsgerichtsbarkeit: Übernahme des UNCITRAL-Modellgesetzes?" *ZRP*, 1987.

Lörcher, Gino, "Das neue Recht der Schiedsgerichtsbarkeit", *DB*, 1998.

Lörcher, Gino/Lörcher, Heike, *Das Schiedsverfahren-national/international-nach deutschem Recht*, 2. Aufl., Heidelberg, 2001.

Lorenz, Werner, "Die Rechtsnatur von Schiedsvertrag und Schiedsspruch", *AcP*, 157 (1958 – 1959).

Lüke, Gerhard/Wax, Peter (Hrsg.), *Münchener Kommentar zur Zivilproze-*

βordnung, *Bd. 3*, *§ § 803 – 1066*, *EGZPO*, *GVG*, *EGGVG*, *IZPR*, 2. Aufl. , München 2001.

Lynch, Katherine, "International Commercial Dispute Resolution in Greater China: the Prospects and Problems for International Commercial Arbitration: One country, Three Systems?" in Horn, Norbert/Norton, Joseph Jude, eds. , *Non-Judicial Dispute Settlement in International Financial Transactions*, London/Boston, 2000.

Lynch, Katherine, *The Forces of Economic Globalization: Challenges to the Regime of International Commercial Arbitration*, The Hague/London/New York, 2003.

Mann, F. , "Lex Facit Arbitrum", in Sanders, Pieter, ed. , *International Arbitration*, *Liber amicorum for Martin Domke*, The Hague, 1967.

Martiny, Dieter, "Die Bestimmung des anwendbaren Sachrechts durch das Schiedsgericht", in Geimer, Reinhold (Hrsg.), *Wege zur Globalisierung des Rechts*, *Festschrift für Rolf A. Schütze zum 65. Geburtstag*, München, 1999.

Mayer, Pierre, "The Trend towards Delocalisation in the Last 100 Years", in Hunter, Martin/Marriott, Arthur/Veeder, V. V. eds. , *London Court of International Arbitration: The Internationalisation of International Arbitration: The LCIA Centenary Conference*, London u. a. , 1995.

McDonald, Neil, "More Harm than Good? Human Rights Considerations in International Commercial Arbitration", *J. Int'l Arb.* , 20 (2003) .

McLaughlin, Joseph T. , "Arbitrability: Current Trends in the United States", *Arb. Int'l* 12 (1996) .

Melis, Werner, " Function and Responsibility of Arbitral Institutions ", *Comp. L. Yb. Int'l Bus.* 1991.

Mezger, E, "Kernpunkte der französischen Reform des Schiedsgerichtswesens", *RIW* 1980.

Mezger, E, " Kernpunkte der Reform des Rechts der internationalen Handelsgerichtsbarkeit in Frankreich", *RIW* 1981.

Montineri, Corinne, "Legal Harmonisation through Model Laws: The Example of the UNCITRAL Model Law on International Commercial Arbitration", in UNCITRAL/SIAC, eds. , *Celebrating Success: 20 years UNCITRAL Model Law on*

International Commercial Arbitration, Singapore, 2006.

Moser, Michael J. /Yu, Jianlong, "CIETAC and Its Work: An Interview with Vice Chairman Yu Jianlong", *J. Int'l Arb.* 24 (2007).

Münzel, Frank, "Volksrepublik China: Zivilprozessordnung der Volksrepublik China (zur versuchsweisen Durchführung) vom 8. 3. 1982", *RabelsZ* 47 (1983).

Mustill, Michael J., "Arbitration: History and Background", *J. Int'l Arb.* 6 (1989).

Mustill, Michael J., "A New Arbitration Act for the United Kingdom? The Response of the Departmental Advisory Committee to the UNCITRAL Model Law", *Arb. Int'l* 6 (1990).

Mustill, Michael J. /Boyd, Stewart C., *The Law and Practice of Commercial Arbitration in England*, 2. Aufl., London u. a., 1989.

Naón, Horacio A. Grigera, "Arbitration in Latin America: Overcoming Traditional Hostility (An Update)", *U. Miami Inter-Am. L. Rev.* 22 (1991).

Nariman, Fali S., "The Spirit of Arbitration", *Arb. Int'l* 16 (2000).

Nöcker, Thomas, "Gesetzgebungstechnische Aspekte bei einer Übernahme des UNCITRAL-Modellgesetzes", *RIW*, 1990.

Oberhammer, Paul, *Entwurf eines neuen Schiedsverfahrensrechts*, Wien 2002.

Oberhammer, Paul, "Der Weg zum neuen österreichischen Schiedsverfahrensrecht", *SchiedsVZ* 2006.

Oh, Chang-Seog, *Recht und Praxis der internationalen Schiedsgerichtsbarkeit in Korea-eine rechtsvergleichende Untersuchung mit deutschem Recht unter Berücksichtigung des UNCITRAL-Modellgesetzes über die internationale Handelsschiedsgerichtsbarkeit*, zugl. Diss. Köln 2005 Online-Zugriff, http: //kups. ub. uni-koeln. de/volltexte/2005/1383/pdf/Dissertation. pdf.

Paulsson, Jan, "The Extent of Independence of International Arbitration from the Law of the *Situs*", in Lew, Julian D. M. ed., *Contemporary Problems in International Arbitration*, Dordrecht u. a., 1987.

Peerenboom, Randall, "The Evolving Regulatory Framework for Enforcement of Arbitral Awards in the PRC", *APLPJ* 1 (2000).

Peerenboom, Randall, "Enforcement of Arbitral Awards in China", *The China*

Business 28（2001）.

Peerenboom, Randall, "Seek Truth from Facts: An Empirical Study of Enforcement of Arbitral Awards in the PRC", *Am. J. Comp. L.* 49（2001）.

Petersmann, Ernst-Ulrich, *The GATT/WTO Dispute Settlement System. International Law, International Organizations and Dispute Settlement*, London/The Hague/Boston, 1998.

Pinto, M. C. W., "Thoughts on the 'True Nature' of International Arbitration", in Aksen, Gerald u. a. eds., *Global Reflections on International Law, Commerce and Dispute Resolution: Liber amicorum in Honour of Robert Briner*, Paris, 2005.

Pirrung, Jörg, *Die Schiedsgerichtsbarkeit nach dem Weltbankübereinkommen für Investitionsstreitigkeiten, unter besonderer Berücksichtigung der Rechtslage bezüglich der Bundesrepublik Deutschland*, Berlin, 1972.

Prütting, Hanns, "Schiedsgerichtsbarkeit und Verfassungsrecht", in Bachmann, Birgit（Hrsg.）, *Grenzüberschreitungen, Beiträge zum internationalen Verfahrensrecht und zur Schiedsgerichtsbarkeit, Festschrift für Peter Schlosser zum 70. Geburtstag*, Tübingen, 2005.

Raeschke-Kessler, Hilmar, "Staatliche Gerichtsbarkeit und Schiedsgerichtsbarkeit nach der Neufassung der ZPO-Vorschriften", *DIS-MAT IV*（1998）.

Raeschke-Kessler, Hilmar, "Stand und Entwicklungstendenzen der nationalen und internationalen Schiedsgerichtsbarkeit in Deutschland", in Gottwald, Peter（Hrsg.）, *Revision des EUGVÜ-Neues Schiedsverfahrensrecht*, Bielefeld, 2000.

Raeschke-Kessler, Hilmar/Berger, Klaus Peter, *Recht und Praxis des Schiedsverfahrens*, 3. Aufl., Köln, 1999.

Redfern, Alan/Hunter, Martin, *Law and Practice of International Commercial Arbitration*, 4ed., London, 2004.

Rheinstein, Max, *Einführung in die Rechtsvergleichung*, 2. Aufl., München, 1987.

Robinson, William/Kasolowsky, Boris, "Will the United Kingdom's Human Rights Act Further Protect Parties to Arbitration Proceedings?" *Arb. Int'l* 18（2002）.

Rogers, Catherine A., "Fit and Function in Legal Ethics: Developing a Code of

Conduct for International Arbitration", *Mich. J. Int'l L.* 2002.

Rooney, Kim M., "ICSID and BIT Arbitrations and China", *J. Int'l Arb.* 24 (2007).

Rosenberg, Leo/Schwab, Karl Heinz/Gottwald, Peter, *Zivilprozessrecht*, 16. Aufl., München, 2004.

Rupp, Hans Heinrich, "Die Unterscheidung von Staat und Gesellschaft", in Isensee, Josef/Kirchhof, Paul (Hrsg.), *Handbuch des Staatsrechts der Bundesrepublik Deutschland Bd. II Verfassungsstaat*, Heidelberg, 2003.

Samuel, Adam, *Jurisdictional Problems in International Commercial Arbitration: A Study of Belgian, Dutch, English, French, Swedish, Swiss, U. S. and West German Law*, Zurich, 1989.

Sanders, Pieter, "A Twenty Years' Review of the Convention on the Recognition and Enforcement of Foreign Arbitral Awards", *Int'l Law.* 13 (1979).

Sanders, Pieter, "Unity und Diversity in the Adoption of the Model Law", *Arb. Int'l* 11 (1995).

Sanders, Pieter, *International Encyclopedia of Comparative Law*, Vol. XVI (Civil Procedure), Chapter 12, Arbitration, Tübingen u. a., 1996.

Sanders, Pieter, *Quo Vadis Arbitration? Sixty Years of Arbitration Practice*, The Hague u. a., 1999.

Sanders, Pieter, "The Harmonising Influence of the Work of UNCITRAL on Arbitration and Conciliation", in Center for Transnational Law ed., *Understanding Transnational Commercial Arbitration*, Münster 2000.

Sanders, Pieter, *The Work of UNCITRAL on Arbitration and Conciliation*, 2ed., The Hague u. a., 2004.

Sanders, Pieter, "UNCITRAL's Model Law on International and Commercial Arbitration: Present Situation and Future", *Arb. Int'l* 21 (2005).

Sanders, Pieter ed., *UNCITRAL's Project for a Model Law on International Commercial Arbitration*, ICCA Congress Series No. 2, Deventer u. a., 1984.

Sandrock, Otto, "Das Gesetz zur Neuregelung des Internationalen Privatrechts und die internationale Schiedsgerichtsbarkeit", *RIW* 1987 (Beilage 2 zu Heft 5).

Sandrock, Otto, "*Ex aequo et bono*" -und "*amiable composition*" -Vereinbarung: *ihre Qualifikation, Anknüpfung und Wirkungen*, in: *JPS Bd. 2*, Heidelberg, 1988.

Sanger, Kathryn/Segorbe, Beatriz/Niu, Jill, "Arbitration in Greater China: Hong Kong, Macau and Taiwan", *J. Int'l Arb.* 24 (2007).

Saucken, Alexander von, *Die Reform des österreichischen Schiedsverfahrensrechts auf der Basis des UNCITRAL-Modellgesetzes über die internationale Handelsschiedsgerichtsbarkeit, Ein Diskussionsbeitrag*, Frankfurt am Main u. a., 2004 (zugl. Diss. Salzburg 2003).

Sauzier, Eric/Yu, Honglin, "From Arbitrator's Immunity to the Fifth Theory of International Commercial Arbitration", *Int'l A. L. R.* 3 (2000).

Fabian von Schlabrendorff, "Auswirkung des neuen Rechts auf die Praxis der Schiedsverfahren", *DIS-MAT IV* (1998).

Schlosser, Peter, *Entwicklungstendenzen in Recht und Praxis der internationalen privaten Schiedsgerichtsbarkeit*, Karlsruhe/Heidelberg, 1976.

Schlosser, Peter, *Das Recht der internationalen privaten Schiedsgerichtsbarkeit*, 2. Aufl., Tübingen, 1989.

Schlosser, Peter, "Bald neues Recht der Schiedsgerichtsbarkeit in Deutschland?" *RIW* 1994.

Schlosser, Peter, "Die Schiedsfähigkeit im engeren und weiteren Sinne", *DIS-MAT IV* (1998).

Schlosser, Peter, "Das neue deutsche Recht der Schiedsgerichtsbarkeit", in Gottwald, Peter (Hrsg.), *Revision des EUGVÜ-Neues Schiedsverfahrensrecht*, Bielefeld, 2000.

Schmitthoff, Clive Maximilian, *Commercial Law in a Changing Economic Climate*, 2ed., 1981.

Schmitthoff, Clive Maximilian, *Clive M. Schmitthoff's Select Essays on International Trade Law*, Dordrecht/Boston/London, 1988.

Schroeter, Ulrich G., "Schiedsverfahren im China-Geschäft: Die neue Schiedsordnung der China International Economic and Trade Arbitration Commission (CIETAC)", *RIW* 2006.

Schumacher, Klaus, "Das neue 10. Buch der Zivilprozeβordnung im Vergleich zum UNCITRAL-Modellgesetz über die international Handelsschiedsgerichtsbarkeit", *RPS* 1998 (BB Beilage 2).

Schumann, Claus-Dieter, "Plan eines Zentralen Gerichtshofs für die Anerkennung von Schiedssprüchen", *RIW*, 1987.

Schumann, Ekkehard, "Der Zivilrozeβ als Rechtsverhältnis", *JA* 1976.

Schütze, Rolf A., "Die Anerkennung und Vollstreckbarerklärung von Zivilurteilen und Schiedssprüchen im deutsch-chinesischen Rechtsverkehr", *RIW*, 1986.

Schütze, Rolf A., "Privatisierung richterlicher Tätigkeit: Ersetzung staatlicher Gerichte durch private Schiedsrichte?" *ZVglRWiss* 99 (2000).

Schütze, Rolf A., *Institutionelle Schiedsgerichtsbarkeit*, Köln/Berlin/München, 2006.

Schütze, Rolf A., *Schiedsgericht und Schiedsverfahren*, 4. Aufl., München, 2007.

Schütze, Rolf A./Tscherning, Dieter/Wais, Walter, *Handbuch des Schiedsverfahrens*, 2. Aufl., Berlin/New York, 1990.

Schwab, Karl Heinz, "Das Uncitral-model law und das deutsche Recht", in Habscheid, Walther J./Schwab, Karl Heinz (Hrsg.), *Beiträge zum internationalen Verfahrensrecht und zur Schiedsgerichtsbarkeit. Festschrift für Heinrich Nagel zum 75. Geburtstag*, Münster, 1987.

Schwab, Karl Heinz/Walter, Gerhard/Baumbach, Adolf, *Schiedsgerichtsbarkeit. Systematischer Kommentar zu den Vorschriften der Zivilprozeβordnung, des Arbeitsgerichtsgesetzes, der Staatsverträge und der Kostengesetze über das privatrechtliche Schiedsgerichtsverfahren*, 7. Aufl., München u. a., 2005.

Sekolec, Jernej, "The Need for Modern and Harmonized Regime for International Arbitration", *Croat. Arb. Yb.* 1 (1994).

Smit, Hans, "A-National Arbitration", *Tul. L. Rev.* 63 (1989).

Solomon, Dennis, *Die Verbindlichkeit von Schiedssprüchen in der internationalen privaten Schiedsgerichtsbarkeit, Zur Bedeutung nationaler Rechtsordnungen und der Entscheidungen nationaler Gerichte für die Wirksamkeit internationaler Schiedssprüche*, München, 2007.

Sommer, Jörg, *Die Handelsschiedsgerichtsbarkeit in der VR China und Hongkong*, Frankfurt am Main u. a., 1998 (zugl. Diss. Berlin 1998).

Statistisches Bundesamt, *Statistisches Jahrbuch für die Bundesrepublik Deutschland, *Jahrgang 1996 und 2007*.

Stein, Friedrich/Jonas, Martin, *Kommentar zur Zivilprozessordnung*, Bd. 9, § § 916-1068, 22. Aufl. , Tübingen, 2002.

Steinmann, Matthias/Stadtmann, Dunja, "Das neue chinesische Schiedsgerichts- barkeitsgesetz; Einführung und Übersetzung", *China Aktuell* 1995.

Steyn, John, "England's Response to the UNCITRAL Model Law of Arbitration", *Arb. Int'l* 10 (1994) .

Strempel, Hans/Hobér, Kaj, "Das neue schwedische Gesetz über Schiedsver- fahren, neue Regeln für das Schiedsinstitut der Handelskammer Stockholm", *RPS* 1999 (BB Beilage 4) .

Stucki, Blaise/Geisinger, Elliontt, "Swiss and Swiss-based Arbitral Institu- tions", in Kaufmann-Kohler, Gabrielle/Stucki, Blaise eds. , *International Ar- bitration in Switzerland*, *a Handbook for Practitioners*, The Hague u. a. , 2004.

Stumpf, Herbert, "Bedeutung der internationalen Schiedsgerichtsbarkeit für Exportgeschäfte", in Plantey, Alain (Hrsg.), *Festschrift für Ottoarndt Gloss- ner zum 70. Geburtstag*, Heidelberg, 1994.

Sun, Jun, *Internationale Handelsschiedsgerichtsbarkeit in der Bundesrepublik Deutschland und in der Volksrepublik China*: *eine historische und rechtliche Be- trachtung*, Hamburg, 2002 (zugl. Diss. Marburg 2002) .

Sutton, David St John/Gill, Judith, *Russell on Arbitration*, 22ed. , London, 2003.

Thirgood, Russell, "A Critique of Foreign Arbitration in China", *J. Int'l Arb.* 17 (2000) .

Thomas, Heinz/Putzo, Hans, *Zivilprozessordnung*, 28. Aufl. , München, 2007.

Thorp, Peter, "The PRC Arbitration Law: Problems and Prospects for Amend- ment", *J. Int'l Arb.* 24 (2007) .

Trappe, Johannes, "Änderung der Regeln über die internationale Schiedsgerich- tsbarkeit der VR China", *RIW* 1998.

Trappe, Johannes, "Zur Schiedsgerichtsbarkeit der CIETAC", *SchiedsVZ* 2006.

Ulrichs, Lars/Akerman, Richard, "The New Swedish Arbitration Act", *Am. Rev. Int'l Arb.* 10 (1999) .

Van den Berg, Albert Jan, *The New York Arbitration Convention of 1958*: *Towards a Uniform Judicial Interpretation*, Deventer/Boston, 1981（Nachdruck 1994, Diss, 1981）.

Van den Berg, Albert Jan, "Liability of Arbitrators under Netherlands Law", in Lew, Julian D. ed., *The Immunity of Arbitrators*, London u. a., 1990.

Van den Berg, Albert Jan, "The New York Convention 1958 and Panama Convention 1975: Redundancy or Compatibility?" *Arb. Int'l* 5（1989）.

Vischer, Frank/Volken, Paul, *Bundesgesetz über das internationale Privatrecht（IPR-Gesetz）, Gesetzesentwurf der Expertenkommission und Begleitbericht*, Zürich, 1978.

Wagner, Gerhard, *Prozeßvertrβge, Privatautonomie im Verfahrensrecht*, Tübingen, 1998.

Wagner, Gerhard, "Internationale Schiedsgerichtsbarkeit in der Schweiz-ein Rechtsprechungsbericht", *ZZPInt* 6（2001）.

Wang, Shengchang, "Enforcement of Foreign Arbitral Awards in the People's Republic of China", in Van den Berg, Albert Jan ed., *Improving the Efficiency of Arbitration Agreements and Awards: 40 Years of Application of the New York Convention（ICCA Congress Series No. 9）*, The Hague u. a., 1999.

Wang, Shengchang, "Enforcement of Foreign Arbitral Awards in China", *Int'l Bus. Law.* 30（2002）.

Wang, Shengchang/Hilmer, Sarah E., "China Arbitration Law v. UNCITRAL Model Law", *Int'l A. L. R.* 2006.

Wang, Wenying, "Distinct Features of Arbitration in China: A Historical Perspective", *J. Int'l Arb.* 23（2006）.

Weigand, Frank-Bernd, "The UNCITRAL Model Law: New Draft Arbitration Acts in Germany and Sweden", *Arb. Int'l* 11（1995）.

Weigand, Frank-Bernd, "Das neue englische Schiedsverfahrensrecht", *RIW* 1997.

Weigand, Frank-Bernd, "Das neue deutsche Schiedsverfahrensrecht: Umsetzung des UNCITRAL-Modellgesetzes", *WiB* 24（1997）.

Weigand, Frank-Bernd ed., *Practitioner's Handbook on International Arbitration*, München, 2002.

Wetter, J. Gillis, "Issues of Corruption before International Arbitral Tribunals:

The Authentic Text and True Meaning of Judge Gunnar Lagergren's 1963 Award in ICC Case No. 1110", *Arb. Int'l* 10 (1994).

Wetter, J. Gillis, "The Internationalization of International Arbitration: Looking Ahead to the Next Ten Years", *Arb. Int'l* 11 (1995).

Winkler, Rolf M./Weinand, Armin, "Deutsches internationales Schiedsverfahrensrecht. Anwendung des neuen deutschen Rechts auf internationale Wirtschaftsverträge", *BB* 1998.

Wolf, Christian, *Die institutionelle Handelsschiedsgerichtsbarkeit*, München 1992.

Wolff, Lutz-Christian, "Übereinkunft zur Vollstreckung von Schiedssprüchen zwischen Hongkong und dem chinesischen Festland", *RIW* 2000.

Yeoh, Friven/Fu, Yu, "The People's Courts and Arbitration: A Snapshot of Recent Judicial Attitudes on Arbitrability and Enforcement", *J. Int'l Arb.* 24 (2007).

Yu, Honglin, "Minmetals Germany Gmbh v. Ferco Steel Ltd. —A Step Further than Localisation", *Int'l A. L. R.* 2 (1999).

Zeiler, Gerold, "Erstmals einstweilige Maβnahmen im Schiedsverfahren?" *SchiedsVZ* 2006.

Zerbe, Götz, *Die Reform des deutschen Schiedsverfahrensrechts auf der Grundlage des UNCITRAL-Model lgesetzes über die internationale Handelsschiedsgerichtsbarkeit*, Baden-Baden, 1995.

Zhang, Yulin, "Towards the UNCITRAL Model Law: A Chinese Perspective", *J. Int'l Arb.* 11 (1994).

Zhao, Xiuwen/Kloppenberg, Lisa A. , "Reforming Chinese Arbitration Law and Practices in the Global Economy", *Front. Law China* 3 (2006).

Zhou, Jian, "Arbitration Agreement in China: Battles on Designation of Arbitral Institution and Ad Hoc Arbitration", *J. Int'l Arb.* 23 (2006).

Zöller, Richard, *Kommentar zur ZPO*, 26. Aufl. , Köln, 2007.

Zweigert, Konrad, "Die kritische Wertung in der Rechtsvergleichung", in Fabricius, Fritz (Hrsg.), *Law and International Irade*, *Festschrift für Clive M. Schmitthoff zum 70. Geburtstag*, Frankfurt a. M. , 1973.

Zweigert, Konrad/Kötz, Hein, *Einführung in die Rechtsvergleichung auf dem Gebiete des Privatrechts*, 3. Aufl. , Tübingen, 1996.

索 引

J

机构协议 27

机构仲裁 120,127,132,139,163,171,186,195,202,203,206,207,245

既判力 7,11,114,191

拒绝承认和执行 44,50,57,61,135,142,145 - 147,158,189,211,212

L

临时性或保全措施 34

临时仲裁 45,140,157,160,163,170,202,204 - 207,210,243

M

民间司法 8,11,161,213

P

平等原则 87

S

社会公共利益 10,13,128,135,136,146,147,153,183,185,189,190,201

司法化 13

T

统一化 2,41,42,47

W

外国仲裁裁决 26,42 - 44,60,61,76,77,84,85,94,100,107,108,116,120,133,136 - 147,154,158,189,191,192,194,209,211,212,215,238,240,242

X

协调化 2,41,42,47

Y

致　谢

衷心感谢中国政法大学黄进教授在本人博士后研究阶段的支持鼓励，没有他的帮助本书写作将无法完成。非常感谢宋连斌教授，与他在学术上的每次交流都使我获益匪浅。宋朝武、刘力、齐湘泉教授均对本书内容提出了宝贵的建议。感谢中国政法大学国际法学院为此次博士后研究工作提供的各种便利，特别是王红庆等博士为博士后报告会做了各种细致周到的服务。同时感谢中国政法大学博士后管理办公室的戈春、杜倩、郑永吉等老师，他们耐心的指导和服务是完成本次博士后研究工作和本书写作的重要保障。此书在出版阶段还得到了中国社会科学出版社梁剑琴博士的无私帮助。郑州大学法学院的几位硕士研究生：吉庆振、毕少东、商君红和陈九丽，也在书稿校阅过程投入了大量时间，在此一并表示感谢。

征稿函附件 2：

第五批《中国社会科学博士后文库》专家推荐表 1

推荐专家姓名	黄进	行政职务	校长
研究专长	国际私法	电　话	
工作单位	中国政法大学	邮　编	100088
推荐成果名称	《仲裁立法的自由化、国际化和本土化》		
成果作者姓名	张志		

（对书稿的学术创新、理论价值、现实意义、政治理论倾向及是否达到出版水平等方面做出全面评价，并指出其缺点或不足）

　　张志同志受到系统的法律教育训练，先后获得郑州大学法学学士、法学硕士和德国海德堡大学法学博士学位，还在中国政法大学国际法学院从事过博士后研究，专业基础扎实。他长期在仲裁实务一线工作，有较为丰富的仲裁实务经验。张志选择国际仲裁立法趋势问题进行研究，对我国仲裁立法改革和仲裁法律制度的完善，都有理论价值和现实意义。其中关于全面吸纳联合国贸法会国际商事仲裁示范法，以克服我国当前仲裁法和仲裁实践中有关问题的观点，具有一定创新性。此项研究目的明确，研究方法适当，具有一定学术水准。因此，我乐于推荐，请支持立项。

签字：

2016 年 1 月 18 日

说明：该推荐表由具有正高职称的同行专家填写。一旦推荐书稿入选《博士后文库》，推荐专家姓名及推荐意见将印入著作。

第五批《中国社会科学博士后文库》专家推荐表2

推荐专家姓名	宋连斌	行政职务	教授、博士生导师
研究专长	仲裁法	电　话	
工作单位	中国政法大学国际法学院	邮　编	100088
推荐成果名称	仲裁立法的自由化、国际化和本土化		
成果作者姓名	张志		

（对书稿的学术创新、理论价值、现实意义、政治理论倾向及是否达到出版水平等方面做出全面评价，并指出其缺点或不足）

　　张志博士毕业于国际著名的德国海德堡大学，该校在国际法研究领域领先。他在攻读博士学位期间，就国际仲裁立法改革问题出版了德文专著，展现出较高的学术水平和科研能力。

　　本书重点对全球仲裁立法改革趋势下的我国仲裁法改革开展研究。本书中有关全球仲裁立法改革自由化等趋势分析，以及通过吸纳联合国贸法会仲裁示范法来消除我国现有仲裁法立法缺陷、统一我国国内与国际仲裁程序等观点，都具有理论上的创新性。得益于长期在仲裁机构从事管理工作所积累的经验，作者能够总结和详细分析我国仲裁法律制度各方面的问题，并提出合理化建议，试图为我国仲裁法改革提供完整解决方案。本书采用法律比较方法，不仅将我国仲裁法与示范法进行比较，还参照了德、英、法等有代表性国家对示范法的修改、补充立法经验，这为我国仲裁法修改提供了很好的基础性立法资料。

　　张志博士曾在联合国贸法会工作，收集了大量第一手资料。在整个研究过程中，他细致讨论了联合国贸法会仲裁示范法对仲裁立法改革的影响。鉴于贸法会仲裁示范法已成为国际上最重要的仲裁立法标准，有众多国家将其采纳为本国仲裁法，从而实现了本国仲裁立法的现代化。因此，本书对示范法较为全面的介绍和研究，对我们快速了解各国仲裁法律制度、妥善解决国际经贸纠纷也具有重要的现实意义。

　　因此，我积极支持张志博士进行申报。

　　　　　　　　　　　　　　　签字：宋连斌

　　　　　　　　　　　　　　　2016年2月11日

说明：该推荐表由具有正高职称的同行专家填写。一旦推荐书稿入选《博士后文库》，推荐专家姓名及推荐意见将印入著作。